Zu diesem Buch

Dies ist nicht der fünfte Sammelaufguß linker Lieder, sondern ein Buch mit Liedern und Texten über Lieder – über Entstehen, Gebrauch, Verwandlung und Probleme politischer Lieder. Wer Lieder nur heruntersingt, weil es so schön kämpferisch und selbstversichernd klingt oder der Anlaß gerade nach Lautstärke verlangt, ist gewarnt. Auch die Konsumenten politischer Lieder der Väter und Vorväter (in Stereo natürlich) werden kaum auf ihre Kosten kommen. Der Versuch, wichtige, aber auch fragwürdige Traditionen kritisch zu sichten, Lieder der Rechten und Linken im geschichtlich-politischen Kontext vergleichend darzustellen und in die Analyse literarischer und kompositorischer Elemente und Verfahren einzudringen, erstickt nicht die notwendige Lust am Singen. Wer allerdings weiß, wie die «Wacht am Rhein» und die «Internationale» entstanden sind, wer Text- und Melodiefassungen, Parodien und Gegenlieder kennt, wer die schlimme Geschichte der üppig blühenden (Pseudo-)Bauernkriegslieder verfolgt, wer sich mit Hanns Eislers Kampfliedern und den Liedern aus Wyhl und Brokdorf beschäftigt, wird lernen, produktiv-verändernd mit Texten und Melodien umzugehen. Er wird sich Traditionen lebendig aneignen können, ohne in Ehrfurcht vor linken Kirchenliedern zu erstarren.

Hinweise auf die Autoren finden sich auf S. 370

Walter Moßmann, Peter Schleuning

Alte und neue politische Lieder

Entstehung und Gebrauch, Texte und Noten

rororo

Rowohlt

Die mit dem Aufdruck «Politische Erziehung» versehenen Bände veröffentlichen im Rahmen des rororo-Sachbuch-Programms für Schüler, Lehrlinge, Studenten, Sozialarbeiter und Lehrer:

- Projektberichte aus Schul-, Hochschul-, Stadtteil-, Betriebs- und Sozialarbeit, Berichte und Analysen wichtiger Erziehungskonzeptionen, auch aus anderen Ländern, Erfahrungen und Perspektiven der Organisation aller im Ausbildungsbereich Tätigen;
- Vorschläge, Modelle und Materialien für eine veränderte Praxis in den genannten Bereichen, insbesondere Vorschläge zum Unterricht für Lehrer und Schüler;
- Untersuchungen des Zusammenhangs von Produktion, Ausbildung und Bewußtseinsbildung, die Voraussetzungen sind für eine politische Erziehung.

Herausgeber: Johannes Beck, Heiner Boehncke, Gerhard Vinnai

Redaktion Wolfgang Müller
Umschlagentwurf Jürgen Wulff (Zeichnung Gerhard Seyfried)

Originalausgabe
Veröffentlicht im Rowohlt Taschenbuch Verlag GmbH,
Reinbek bei Hamburg, November 1978

Satz Times (Linotron 505 C)
Gesamtherstellung Clausen & Bosse, Leck/Schleswig
Printed in Germany
1080-ISBN 3 499 17159 7

Inhalt

Vorwort

Wir haben jetzt die Schnauze voll . . .
. . . *von* alledem. Wenn Leute sagen «Basta!» und «Uns langt's!», verstehen wir das. Wer auch von diesen Verhältnissen, in denen wir leben müssen, die Schnauze voll hat, mag dieses Buch lesen und benützen. Es geht nämlich um politische Lieder.

Wir haben jetzt die Schnauze voll . . .
. . . *trotz* alledem – mit Liedern, in denen sich Unzufriedenheit, Wut, Hoffnung, Erfahrung, Utopie ausdrücken.

Aber es fiel uns auf, daß wir nicht nur aus Lippen, Zunge, Gaumenzäpfchen, Stimmband und Zwerchfell bestehen und aus der Fähigkeit, «Stimmungen» zu erzeugen und zu empfinden. Sondern wir verfügen auch über ein Gehirn unter der Schädeldecke. Deshalb haben wir beschlossen, über Lieder nachzudenken, Fragen zu stellen, zu diskutieren. So kam das Buch zustande.

Dies ist kein Liederbuch.

Liederbücher gibt es genug. Die besten sind sowieso Sammlungen, die sich Einzelne oder Gruppen für ihren Gebrauch zusammengestellt haben. Da wird dann ergänzt, bearbeitet, gestrichen, vor allem selber produziert. Zentralistische Tätigkeiten, wie etwa einen Kanon «wertvollen politischen Liedgutes» zusammenstellen, liegen uns fern. Das ist ein Job für den Mann Moses.

Wir versuchen, anhand von etwa 170 Beispielen zu zeigen, was man sich beim, vor dem und nach dem Lieder-Singen alles überlegen kann und was dazu führen kann, daß man manche Lieder nicht mehr singt, andere aber neu lernt. Es handelt sich um Vorschläge: Wir sind gespannt, wie sie aufgegriffen werden.

Es ist zwar auch da und dort in der Linken Mode, die Gedanken unter dem alten Hut «Musik ist Geschmackssache» zu ersticken. Das muß aber nicht so bleiben. Viele haben bemerkt, daß sie auf Musik im Kreisverkehr «abfahren», vielleicht sogar hinter ihren Ausgangspunkt zurückgefahren werden. Unsere eigene Praxis, nämlich der Gebrauch von politischen Liedern in der politischen Arbeit, hat uns gelehrt, den eingefahrenen Geleisen zu mißtrauen.

Es ist so üblich – z. B. in den AKW-Gruppen –, über die Formulierung von Manifesten, Resolutionen, Parolen und Presseerklärungen mehr nachzudenken als über scheinbar sinnlichere Dinge wie Melodie oder Gestus eines AKW-Liedes. Man kann das auch andersherum beschreiben: Was an Flugblättern sinnlich ist wie Sprache, Anordnung, Rhythmus, Gestik, wird so wenig beachtet und bearbeitet, daß man – ohne Übung – in der Sinnlichkeit der Lieder bewußtlos versinkt.

Dafür könnte es zwei Gründe geben:

Entweder wir nehmen sinnliche Ausdrucksformen der Lieder genauso wenig wichtig wie die der Sätze, oder wir akzeptieren, daß uns Musik unterhalb der Bewußtseinsgrenze erwischt, und halten uns da raus. Das könnte politisch ziemlich gefährlich sein und persönlich recht unbefriedigend werden.

Das, was Marx «Pauperisierung» (Verarmung) nennt, ist in unserer Gesellschaft nicht bloß eine Frage von Lohn und Gehalt, letztlich von «Lebensstandard». Dazu gehört auch die kulturelle Armut, besonders in Deutschland. Es besteht kein Anlaß, diese erklärliche Armut zu glorifizieren oder sich darin ungemütlich einzurichten. Wenn die Arbeiterbewegung z. B. nach dem Ersten Weltkrieg aus Mangel an eigenständigen Ausdrucksformen mit wenigen Strichen reaktionäre Soldatenlieder für die Revolution umpolte, kann man das erklären, aber es ist kein Vorbild. Gerade Brecht und Eisler haben vorgeführt, was Spezialisten, also Teilhaber am kulturellen Reichtum, unter besonderen Bedingungen dazu beitragen können, daß es nicht so bleibt, wie es ist.

Eisler sagt dazu 1958 in unvergleichlicher Widersprüchlichkeit:

«Wir können rascher ein Atomkraftwerk bauen und eher auf den Mond gelangen, als es uns gelungen sein wird, das große Erbe der klassischen und der modernen Musik so anzutreten, daß es Besitz des werktätigen Volkes ist. Denn leider muß das Hören von Musik geübt werden. Geschieht das nicht, so bleibt das Hören auch hinter dem fortschrittlichsten gesellschaftlichen Bewußtsein zurück.» (Über die Dummheit in der Musik; Sonderband der Zeitschrift Sinn und Form 1958, S. 764)

Die alte Klage, daß in Deutschland populäre und lebendige Lied-Traditionen in besonderem Maße zerstört worden sind, ist berechtigt. Bloß nutzen uns die exotischen Fluchtwege nach Italien, Irland oder Lateinamerika nichts: Wir haben mehr davon, den Vorgang der Zerstörung in Deutschland zu analysieren und die verschütteten fortschrittlichen Traditionen freizuschaufeln – ohne unsere Kritikfähigkeit abzuschalten –, wie es der immer noch viel zu wenig bekannte Pionier Wolfgang Steinitz vorgemacht hat.[1]

Ein anderes wichtiges Problem in diesem Zusammenhang ist der Kloß im Hals: Warum haben wir solche Schwierigkeiten, uns singend zu äußern? Warum kommen den meisten von uns Töne erst dann aus der Kehle, wenn ein gewisses Stadium der Enthemmung und Bewußtlosigkeit erreicht ist, unter Alkohol und Müdigkeit im Autobus, wenn's draußen dunkel und drinnen warm ist und der Motor einschläfernd summt? Und welche Lieder dann so angestimmt werden!

Warum uns in der Kindheit unsere musikalische Produktivität abtrainiert wird und was man dagegen machen kann, wird hier nicht behandelt. Wer sich dafür interessiert, kann sich das rororo Sachbuch 7115 vornehmen: «Kinderlieder selber machen».

1 Wolfgang Steinitz: Deutsche Volkslieder demokratischen Charakters aus sechs Jahrhunderten. Berlin (DDR), Akademie-Verlag, 2 Bde, gekürzt auch in einem Band.

Beim Schreiben des Buches sind wir so vorgegangen:

Die Arbeit für die einzelnen Kapitel haben wir zunächst aufgeteilt, dann aber ziemlich weitgehend gegenseitig eingegriffen, nachdem die ersten Entwürfe fertig waren. So haben z. B. Peter Schleunings Melodieanalysen im *Wacht am Rhein*-Kapitel zu vielen Textänderungen, d. h. unerwarteten Gedanken, geführt, ebenso umgekehrt Walter Moßmanns zusätzliche Vorschläge zum *Bleede Ofä* (Blöden Ofen). Nach diesem Prinzip der kritisierenden und ergänzenden Zusammenarbeit sind wir insgesamt vorgegangen. Trotzdem, zur Kennzeichnung: Die Kapitel «Wacht am Rhein», «50 Jahre Sacco & Vanzetti-Lieder» und «Zweierlei Geyer», Teile des Kapitels «Die Internationale» (vor allem zum Text) sowie Einschübe über «Freiheitsbüchlein», «Wir haben jetzt die Schnauze voll» und «Regionalismus» hat Walter Moßmann verfaßt, die anderen Kapitel stammen von Peter Schleuning. Zusätzlich enthält das Buch noch zwei unveränderte Erfahrungsberichte von Otfried Halver (Bürgerinitiative Rotherbaum, Hamburg) über die Grüne Liste-Fassung der neuen *Wacht am Rhein* und von dem Göttinger Studenten Michael Rosemayer über die Entstehung des Liedes *Wir haben jetzt die Schnauze voll.*

Ganz besonders herzlich wollen wir uns bei Barbara James vom Deutschen Volksliedarchiv in Freiburg bedanken, deren Vorrat an Ideen, Erkenntnissen und Material so unerschöpflich ist, daß sie uns ständig in Skrupel gestürzt hat, ob wir das Manuskript abschließen sollen oder ein bißchen weiter suchen und überlegen. Wer also an solchen Themen weiterarbeiten will, wie wir es gemacht haben, soll sich auch an sie wenden: DVA, Silberbachstraße 13, 7800 Freiburg.

Es ist uns sinnlos erschienen, aus dem Sessel des Kunstkritikers heraus über politische Lieder jeder Art zu räsonnieren. Das traurige Schicksal der «Musik-Kritik» ist dem Kunstwerk vorbehalten. Politische populäre Lieder leben vom und im alltäglichen Gebrauch, sind Teil in einem Prozeß, den man von solchen Produktionen nicht ablösen kann. Deshalb haben wir auch nur solche Lieder ausgewählt, deren politischer und sozialer Zusammenhang etwas mit unseren Erfahrungen zu tun hat. Wir können z. B. unmöglich darüber reden, was ein Frauenlied in einer bestimmten Situation für Frauen bedeutet.

Die Auswahl der Themenkomplexe ist also subjektiv bestimmt, und zwar vor allem durch unsere Zusammenarbeit seit 1972. Damals fanden wir, d. h. fand eine lose Gruppe von Leuten mit ähnlichen Interessen die 1. Mai-Demonstration in Freiburg so langweilig, daß wir beschlossen, für das nächste Jahr Musik vorzubereiten. Daraus ist dann zur Stützung des Gesanges die Blaskapelle *Rote Note* geworden, und es ist eine rege Beschäftigung mit der den meisten unbekannten Tradition der Musik der Arbeiterbewegung entstanden, zusätzlich die Produktion von aktuellen Flugblattliedern in Zusammenarbeit mit Studenten, Lehrern und der damaligen Freiburger Gewerkschaftsjugend. Erste Vorarbeiten für dieses Buch waren dann die gemeinsamen Diskussionen über die alten Kampflieder, besonders ein Arbeitswochenende in dem damals besetzten Haus Hummelstraße Nr. 6 in Freiburg, das die destruktiven Stadtväter kurz danach abreißen ließen, ungeachtet unserer Gesänge. Seit 1973/74 haben wir dann im Rahmen der badisch-elsässischen Bürgerinitiativen mitgearbeitet, einer Bewegung, die nicht so einfach zu zerschlagen ist wie eine isolierte Hausbesetzergruppe. Daher also unser großes Interesse an Liedern der regionalen Anti-AKW-Bewegung. Im übrigen waren unsere Erfahrungen sehr unterschiedlich. Peter hat Ausbildung und Praxis als Musikwissenschaftler, Musiker und Musiklehrer, Walter als Bündischer, Waldeck-Veteran, Liedermacher und Sammler politisch gebräuchlicher Volksmusik.

Es kommen in diesem Buch bestimmte Themenkomplexe folglich nicht vor. Lieder sammeln kann man aus vielen Bereichen, etwas Vernünftiges schreiben aber nur über Lieder aus Zusammenhängen, in die man Einblick hat. Und dies ist – wie gesagt – kein Liederbuch.

Es fehlen z. B.

- Lieder aus Streiks in den Betrieben; das sollen andere machen, die dort recherchiert haben, am besten als Betroffene,
- Vormärz- und 48er-Lieder; das war geplant und von Walter vorbereitet, paßte dann aber nicht mehr rein – das Manuskript wäre zu dick geworden,
- Frauenlieder; dazu gibt es zwar noch sehr wenig, aber – siehe oben. Was uns als Männer betrifft, so haben wir da und dort versucht anzuzeigen, was uns beim Liedermachen und Liedersingen besonders als männerbündlerisch aufgefallen ist,
- Straßenmusik; da fehlt uns die Erfahrung,
- Jugendzentrums-Lieder; ebenfalls,
- Polit-Rock; das wäre ein Extra-Buch, und es erscheint in jüngster Zeit ja auch ab und zu mal was dazu,
- und dann fehlt vor allem der «private» Bereich, der in Liedern kaum politisch behandelt wird. Die Schamgrenze zwischen Privatleben und Öffentlich-Politischem ist in unserer Gesellschaft eine mächtige Betonmauer. Die meisten Lieder, die sich mit Liebe, Wohnen, Trennung, Tod und der uns alle bestimmenden Alltäglichkeit befassen, sind für die Katz, wiederholen in modernen Varianten Klischees der bürgerlichen Ideologie, ob nun mehr systemstabilisierend positiv oder aschgrau-alkoholisch oder verziert mit dem Band der Bohème. Wenn es überhaupt Anstöße gegeben hat, das Privatleben wirklich zu «politisieren», auch in Liedern, dann gehen sie bis jetzt von der Frauenbewegung aus.

Schlußnotiz

Die Notenbeispiele sind nicht als graphische Ausgestaltung gedacht. Wer von all den lesenden Gitarristen und sonstigen Instrumentalisten an solche Stellen kommt, sollte sich ruhig die Mühe und den Spaß machen, die angegebenen Melodien zu spielen. Bücher müssen ja nicht unbedingt nur immer die Augen strapazieren.

Walter Moßmann, Peter Schleuning
Bremen, 22. März 1978, 130 Jahre danach:

Es wird schon wieder Märzenzeit
Ich spür's im Bauch – trotz alledem
Auch wenn es Paragraphen schneit,
daß manchen friert von alledem
Trotz alledem und alledem
Trotz Maulkorb, Knast und alledem
Der subversive Frühling taut
den Winter auf – trotz alledem.

Zum Geleit:

Freiheits-Büchlein

Heinr. Werner, 1800-33; 1829.

2. Knabe sprach: „Ich breche dich, Röslein auf der Heiden!" Röslein sprach: „Ich steche dich, daß du ewig denkst an mich, und ich will's nicht leiden!"

3. Und der wilde Knabe brach's Röslein auf der Heiden. Röslein wehrte sich und stach, half ihm doch kein Weh und Ach, mußt' es eben leiden.

W. Goethe, 1771 (1749-1832.)

Satz von H. Wagener. Nach einem Volkslied des 16. Jhdt.: „Sie gleicht wohl einem Rosenstock"

Freiheits-Büchlein

Sah ein Knab ein Röslein stehn.
Goethe.

Sah ein Fürst ein Büchlein stehn
In des Ladens Ecken,
Nahm es rasch, es durchzusehn,
Las es auch vorm Schlafengehn,
Doch mit tausend Schrecken.
Büchlein, Büchlein, Büchlein keck,
Aus des Ladens Ecken.

König sprach: ich unterdrück's
Büchlein aus dem Laden,
Büchlein lachte: o des Glück's!
Dann liest man mich hinterrücks,
Und das bringt nie Schaden.
Büchlein, Büchlein, Büchlein keck,
Büchlein aus dem Laden.

Und der gute Fürst verbot
's Büchlein in dem Lande,
Büchlein aber litt nicht Noth,
Ging recht ab wie warmes Brod,
Ging von Hand zu Hande.
Büchlein, Büchlein, Büchlein keck,
Büchlein bleibt im Lande.

Dieses Lied stammt aus der Zeit der Vormärz-Zensur und wurde veröffentlicht in der Sammlung *Lieder eines Hanseaten*, Wesel 1843 (Prinz). Als Autor gibt das Deutsche Volksliedarchiv in Freiburg Lebrecht Dreves an. Zitat aus einem Frankfurter Spitzelbericht an Metternichs Kanzlei über den Hamburger Verleger Campe:

«Campe soll sich indessen wenig aus dem Verbot des Verlags seiner Bücher machen. Er hofft, daß sie dann noch stärker abgesetzt werden. Es ist eine Katzennatur, die auf ihren Vorteil lauert. Er fordert Schriftsteller unaufhörlich auf, Bücher für ihn zu schreiben, welche Skandal erregen, die Regierungen ärgern.»

Eigentlich idyllische Zeiten damals: Die Zensur hat offiziell bestimmt, was nicht verkauft werden darf. Heute ist jeder Verleger, Autor, Buchhändler, Drucker und Verteiler verpflichtet, selbst zu zensieren, weil er sonst ohne Vorwarnung wegen verschiedener Verstöße verurteilt werden kann. Die Infamie dieser protestantischen Lösung (Selbstzensur) gegenüber der katholischen (offizielles Verbot) besteht in der Tatsache, daß sie niemals erfüllt werden kann. (Kein Kiosk-Besitzer wird einen Rechtsanwalt anstellen, um sämtliche Druckerzeugnisse auf vielleicht gefährliche Stellen hin untersuchen zu lassen.)

Noch etwas zu diesem Lied: Es ist eine Ohrfeige für Goethe. Denn der Autor hielt sich eng an das alte Vergewaltigungs-Lied des großen Nationalautors, bis zu kleinen wörtlich übernommenen Wendungen, und zeigte damit auch, welche Herrschaftsverhältnisse bei Goethe normal und positiv gewertet sind: Der Vergewaltiger (der wilde Knabe) ist beim Hanseaten «König» oder «Fürst», das Röslein, also das Opfer, wird zum unterdrückten «Freiheitsbüchlein». Aber während Herr von Goethe und nach ihm Tausende von deutschen Männerchören zufrieden und innig die Vergewaltigung mit dem Vers kommentieren «half ihm doch kein Weh und Ach, mußt es eben leiden», setzt sich das Freiheitsbüchlein mit List und Selbstbewußtsein durch.

Die Wacht am Rhein

Überlegungen zu drei Liedern:

1. Die deutschnationale *Wacht am Rhein*
   (1840 bis 1945 ff.)

„Des deutschen Liedes Klang hat die Herzen gewonnen; ich zähle es zu den Imponderabilien, die den Erfolg unserer Einheitsbestrebungen vorbereitet und erleichtert haben. Und so möchte ich das deutsche Lied als Kriegsverbündeten für die Zukunft nicht unterschätzt wissen, Ihnen aber meinen Dank aussprechen für den Beistand, den die Sänger mir geleistet haben, indem sie den nationalen Gedanken erhalten und über die Grenzen des Reiches hinaus getragen haben." (Bismarck am 18. 8. 1893 in Kissingen vor den Sängern von Barmen)

2. Das sozialdemokratische *Lieb Vaterland*
   (1971)
   «Mehr Demokratie wagen!»
   (Willy Brandt zu Rudi Dutschke, als er ihn einmal vergeblich zum Verteidigungsminister machen wollte.)
   «Mach ich!»
   (Udo Jürgens, als ihm Eckart Hachfeld den Text vorlegte.)

3. Die regionale *Andere Wacht am Rhein*
   (1974 ff.)
   «Elsässisches Protestlied» (DER SPIEGEL)
   «Deutsch-Französische Hymne» (LE MONDE)
   «Mer sin eifach wieder do!» (Buki)

Ursprünglich sollte in diesem Kapitel nur von dem Anti-AKW-Lied *Die Wacht am Rhein* die Rede sein, über dessen Entstehung, Gebrauch und Bearbeitung ich aus eigener Erfahrung ganz gut Bescheid weiß. Dann fiel mir ein Deutsch-Folk-Musiker ein, der das Lied mal mit folgenden Worten einleitete: «Und da haben die Bauern von Wyhl dann auf die alte Melodie einen neuen Text gemacht.» Der hatte also den Widerspruch des neuen, regionalen Liedes gegen die deutschnationale Hymne gar nicht gemerkt, und der kannte die alte Schwarte auch nicht mehr. Also, dachte ich, muß man da historisch noch ein bißchen arbeiten. Und war dann doch gewaltig überrascht: So wichtig, wie sie wirklich war, habe ich mir die alte *Wacht am Rhein* nicht vorgestellt. Tja, dann wurde dieses Kapitel etwas breiter, fast so breit wie ein Männerchor-Schlußakkord. Dann bekam ich unerwartete Hilfe von Barbara James und Professor Brednich vom Deutschen Volksliedarchiv in Freiburg, nämlich zeitgenössisches Material zur deutschnationalen Fassung, aber auch eine ganze Menge sozialdemokratischer Liederbücher mit *Wacht am Rhein*-Fassungen gegen den Strich. Und da fanden sich fast alle Typen von Parodie, die es nur gibt. Obendrein halte ich diese Lieder für wichtige Dokumente der deutschen Sozialdemokratie im wilhelminischen Deutschland. Und schließlich erinnerte ich mich noch an diese merkwürdig schnell wieder verschwundene Single mit der modernisierten *Wacht am Rhein* von Udo Jürgens und ihre Folgen im südbadischen Karneval. So wurde das Maß schließlich voll. (In diesem Jahr, höre ich, haben die Mainzer Gonsbach-Lerchen schon wieder eine *Wacht am Rhein* geliefert . . . die kommt dann in die nächste Auflage.)

WER DEN TOD IM HEILIGEN KAMPF FAND
RUHT AUCH IN FREMDER ERDE IM VATERLAND
Grabinschrift auf einer Gedenktafel des Schützenvereins Warpe, Niedersachsen, für die Gefallenen von
1813 («Befreiungskrieg» gegen Napoleon),
1864/66 (Preußische Hegemonialkriege gegen Dänemark und Hannover),
1870/71 (Deutsch-Französischer Krieg zum Nutzen des Preußisch-Deutschen Reiches),
1914/18 (Erster Weltkrieg des wilhelminischen Deutschland),
1939/45 (Zweiter Weltkrieg Nazideutschlands).

1. Die deutschnationale Wacht am Rhein (1840–1945 ff.)

Im Jahr 1840 konnte man in deutschen Zeitungen lesen, der französische Ministerpräsident Thiers habe geäußert, Frankreich müsse wohl wieder – wie vorher unter Napoleon – seine Grenzen an den Rhein vorschieben.

Das löste in den deutschen Ländern, vor allem in Preußen (das seit dem Wiener Kongreß einen Teil des Rheinlandes als «Rheinprovinz» eingesackt hatte) einen Sturm der Entrüstung aus. Für alle, die auf eine geeinte deutsche Nation scharf waren – egal ob mehr reaktionär oder fortschrittlich – wurde das trübe Gewässer zum Symbol: «Unser deutscher Rhein». Gerade so, wie der Kölner Dom für die Liebhaber des deutsch-kaiserlichen Mittelalters zum Symbol der reaktionären Romantiker wurde. Für den unfertigen Dom konnte man Geld sammeln und Steine schicken, was fleißig betrieben wurde, aber den Rhein mußte man verteidigen, gegen die Franzosen. Zunächst mit Worten, am besten in Reime gebracht. In den Jahren 1840/41 gab es einen gewaltigen Boom von Rhein-Gedichten und Rheinliedern, drei davon sind zeitweise in Deutschland außerordentlich populär geworden:

Ein Dichter namens Nikolaus Becker verfaßte den zuerst unbestritte-

In demselben Verlage ist erschienen:

Lieder zu Schutz und Trutz.

Gaben deutscher Dichter

aus der Zeit des Krieges in den Jahren 1870 und 1871.

Gesammelt und herausgegeben
von
Franz Lipperheide.

Enthaltend fast 300 Gedichte, meistens Original-Beiträge der namhaftesten deutschen Dichter, gegen 100 davon in der getreu nachgebildeten Original-Handschrift, die übrigen mit dem Namenszug der Dichter.

36 Bogen klein Quart-Format.

In 4 Sammlungen à 1 Thlr., oder 12 Lieferungen à 10 Sgr.

Höchst elegant (in **einem** Bande) gebunden, mit Deckelpressung und Goldschnitt, 5 Thlr.

Der Ertrag ist für die Vereine zur Pflege im Felde verwundeter und erkrankter Krieger des deutschen Heeres bestimmt.

(3000 Thlr. wurden bereits abgeliefert.)

Vignette (Deckelpressung in Golddruck) des Einbandes, nach einer Zeichnung von Friedrich Baumgarten.

W. S. g. u.

10. Der deutsche Rhein.

Kraftvoll. Robert Schumann, 1810-1856.

(Aus: Bremer Liederbuch, Oberstufe [7.–8. Schuljahr], 1934)

nen Rhein-Hit: «Sie sollen ihn nicht haben / Den freien deutschen Rhein / Ob sie wie gier'ge Raben / Sich heiser danach schrein . . .»

Der Eifer, daß da ja nichts gestohlen wird, hat den Dichter weit getrieben, zu solchen Versen z. B.:

Sie sollen ihn nicht haben
Den freien deutschen Rhein
Solang sich kühne Knaben
Den Waffen gerne weihn.
Solang die Flosse hebet

Ein Fisch auf seinem Grund,
Solang ein Lied noch lebet
In seiner Sänger Mund.

So kabarettistisch sich das heute liest: damals war offenbar das Lied in aller Sänger Munde. Der Volksliedforscher Franz Magnus Böhme schreibt 1895 (Volkstümliche Lieder der Deutschen im 18. und 19. Jahrhundert), das Lied habe schon über hundert Melodien, u. a. eine von Robert Schumann. Allerdings habe sich keine «recht volksthümlich erwiesen und erhalten». Das war jedoch zu einem Zeitpunkt, als Nikolaus Beckers Verse längst überholt worden waren von den beiden anderen Liedern.

Aber in den vierziger Jahren war dieser Hit ein ernst genommener Ausdruck deutsch-nationaler Propaganda; Alfred de Musset schrieb in Paris eine Erwiderung, und Heinrich Heine läßt im «Wintermärchen» (1844) seinen Vater Rhein klagen:

... doch schwerer liegen im Magen mir
die Verse von Niklas Becker.

Er hat mich besungen, als ob ich noch
die reinste Jungfrau wäre,
die sich von niemand rauben läßt
das Kränzlein ihrer Ehre.

Wenn ich es hör, das dumme Lied,
dann möcht ich mir zerraufen
den weißen Bart, ich möcht fürwahr
mich in mir selbst ersaufen!

Allerdings rieben sich nicht nur die Dichterfürsten wie Heine oder Alfred de Musset an dem offiziell propagierten politischen Lied, sondern auch das Volk, und das machte dann andere Lieder daraus. Varnhagen van Ense beobachtete z. B. 1841 in Berlin:

«Im Volk ist viel gesunder, kräftiger Sinn, aber auch sehr viel Anlage zum Terrorismus. Dem Könige sagt man vielerlei Übles nach. Ein bitteres Lied ist im Umlauf, wieder eine Parodie von ‹Sie sollen ihn nicht haben›; es wird gesagt, wir wollen sie nicht haben, die Könige, welche so oder so – und dann werden die von Bayern, Hannover und Preußen bezeichnet ...»

Daß die aufgeregte Sorge um den Rhein und das Feindbild der Franzosen von den Zuständen im eigenen Land ablenken sollen, haben einige Leute damals offenbar schon gemerkt und es dem Propaganda-Dichter mit politischen Liedern zurückgegeben. Schade, daß Varnhagen die Texte nicht gesammelt hat wie Wolfgang Steinitz später – wir hätten aufschlußreiche Dokumente aus dem Vormärz. Zwei spätere Parodien, geschrieben von Leuten, die was gemerkt haben, möchte ich zum Schluß noch anführen: 1868 (zwei Jahre, nachdem Preußen auch Hannover unter seine Fittiche genommen hatte) erschien in München ein Bändchen *Gelb-Weiße Lieder, gesammelt von einem Hannoveraner.* Darin steht auch eine Fassung von *Wir wollen ihn nicht haben*:

Wir wollen ihn nicht haben
Den räuberischen Aar,
Umschwärmt von schwarzen Raben
Serviler Lügenschaar.

Wir wollen ihm die Krallen
Beschneiden stark genug,
Daß wieder frei sei allen
Des deutschen Geistes Flug.

Ist Preußen denn geschaffen,
Daß Deutschland drin aufgeh?
Jagt doch die Preußschen Laffen
Zurück in ihre Spree!

Deutschthümelei im Munde,
Im Herzen Preußenthum,
Gewalt und List im Bunde –
Das ist eur ganzer Ruhm.

Sprecht nicht von Deutschlands Ehre,
Ihr fördert Deutschlands Schmach,
Daß sich eur Raubstaat mehre,
Dem trachtet ihr nur nach.

Sprecht nicht von deutscher Treue,
Von deutschem Glauben mehr:
Es fehlt dem Wort die Weihe,
Und sein Begriff ist leer.

Nicht Liebe, nicht Vertrauen,
Nein, Eisen nur und Blut
Soll Deutschland jetzt erbauen
In frevlem Übermuth.

Doch nimmermehr gelinget
Euch euer Truggedicht;
Mit Blut und Eisen zwinget
Man deutsche Herzen nicht.

Ja, ***macht*** nur Weltgeschichte
Und sprecht von ‹Mission›: –
Gott nahet zum Gerichte
Und stürzt eur Babylon.

Die Hoffnung aus Hannover wurde enttäuscht, Deutschland wurde aus Blut und Eisen gebaut zu einem noch größeren Raubstaat, als es Preußen war, und das zornige Lied durfte auch nur in München erscheinen, und das vermutlich nach 1871 auch nicht mehr. Statt dessen lernten Millionen deutsche Liedersänger die dümmlichen Verse von Becker, vom deutschen Fisch, der trutzig seine Flosse hebet.

Eine zweite Parodie stammt vom Vormärz- und Revolutionsdichter Georg Herwegh (1841), wurde offenbar um die Jahrhundertwende noch in den «demokratischen Volksvereinen» gesungen nach der Melodie *Sie sollen ihn nicht haben.*

Sie sollen alle singen nach ihres Herzens Lust;
Doch mir soll fürder klingen ein Lied nur aus der Brust;
Ein Lied, um dich zu preisen, du Nibelungenhort,
Du Brot und Stein der Weisen, du freies Wort!

Ihr habet zugeschworen, so treu dem Vaterland,
Doch seid ihr All' verloren und haltet nimmer Stand,
So lang in West und Osten, so lang in Süd und Nord
Das beste Schwert muß rosten, das freie Wort!

Ach! Es will finster werden, wohl finster überall,
Doch ist die Nacht auf Erden ja für die Nachtigall.
Heraus denn aus der Wolke, die, Sänger, euch umflort:
Erst predigt eurem Volke das freie Wort!

Das war allerdings den Herrschaften, die die Rhein- und Franzosenkriegsbegeisterung schürten, gerade eher lästig: das demokratische Recht auf Meinungsfreiheit. Und daß die Sorge um die Innere Sicherheit (damals des deutschen Flusses) oft genug benutzt wird, um demokratische Rechte zu beschneiden, ist ja wohl durchaus eine Weisheit, die mit unseren aktuellen deutschen Erfahrungen übereinstimmt.

Das zweite Schutz-und-Trutzlied von 1840/41 hat eine noch größere Karriere erlebt: *Das Lied der Deutschen* von Heinrich Hoffmann von Fallersleben, verfaßt auf die vorgegebene Melodie von Haydn (damals verbreitet zu dem Text *Gott erhalte Franz den Kaiser*), als Flugblattlied veröffentlicht 1841, wurde zur großdeutschen Nationalhymne und fristet in Gestalt seiner 3. Strophe immer noch ein glanzvolles Leben als Nationalschmarren der BRD. (Dies ist literaturkritisch gemeint, also weder verächtlich machend noch Unglimpf nach §§§). Der Verleger Campe hat die Reklame voll auf den Erfolg der «Rheinlieder» abgestellt und recht gehabt. Der nationalistische Größenwahn und die phrasenhafte Wendung «Einigkeit und Recht und Freiheit», das brachte tatsächlich die Deutschen unter einen Hut, die blindwütenden wie die kritischen. Und wie weit war es wohl her mit des Vormärzdichters eigener Kritikfähigkeit?

1871 dichtete er, hocherfreut über Deutschlands Einigung unter preußischen Bajonetten, für den ersten deutschen Kaiser, der einmal als «Kartätschenprinz» die badische Revolution 1849 blutig niedergeschlagen hatte:

Wer hat für dich in blut'ger Schlacht
Besiegt den ärgsten Feind?
Wer hat dich groß und stark gemacht?
Dich brüderlich geeint?
. . .
Du edles Deutschland, freue dich,
Dein König, hoch und ritterlich,
Dein Wilhelm, dein Wilhelm
Dein Kaiser Wilhelm ist's!

(Im selben Jahr schrieb Pottier die ***Internationale***.)

Kurz vor Abschluß des Manuskripts schickte mir Karl Heinz Roth einen Aufsatz von Wolfgang Schmieder: Wilhelm Weitling und die deutsche politische Handwerkerlyrik im Vormärz, in: International Review of Social History, Volume V – 1960, Assen 1960.

Schmieder hat ein Liederbuch ausgegraben, das unter dem Titel «Volksklänge, eine Sammlung patriotischer Lieder» (Paris 1841) erschienen ist und 100 Lieder für die deutschen Handwerkergesellen enthält, wahrscheinlich entstanden aus dem *Bund der Gerechten*, einem Geheimbund der deutschen Handwerkergesellen und Flüchtlinge, Sitz in Paris.

In diesem Buch finden sich auch, gezeichnet mit dem Pseudonym «Freimann», 12 Lieder des bekannten Propagandisten des Handwerkerkommunismus Wilhelm Weitling, u. a. auch ein *Rheinlied*, gewiß als Reaktion auf das Lied von Nikolaus Becker. Weitlings *Rheinlied* finde ich sehr bemerkenswert: 1. greift er zunächst die Nationalparole vom deutschen Rhein auf, um daraus eine internationalistische zu machen; 2. geht er weit über die verbreitete Forderung nach politischer Freiheit, wie sie von der deutschen Opposition erhoben wurde, hinaus und propagiert ebenso die soziale Freiheit und Gleichheit (vgl. Strophe 3).

Rheinlied.
Melodie des sächsischen Volksliedes.

Bald soll an deinem Strand, o Rhein,
Kein Deutscher mehr ein Sklave sein!
Rings um dich werden schön und grün
Der Freiheit Saaten herrlich blüh'n.
Drum wollen wir dir Lieder weih'n;
Drum hurrah hoch, du deutscher Rhein!
Am Rhein, am Rhein, am deutschen Rhein
Soll alles Freund und Bruder sein.

Der Franke will am deutschen Rhein,
Der Russe Herr in Polen sein.
Ei, fegt doch erst zum eignen Haus
Den alten Sauerteig hinaus:
Dann kommt zu uns am deutschen Rhein;
Wir wollen Freund und Bruder sein.
Am Rhein, etc.

Wenn einst an unserm deutschen Rhein
Der Gleichheit alle ernst sich weih'n;
Wenn jeder hat, was ihm gebricht:
Dann gibt es Herrn und Knechte nicht;
Denn fühlt sich glücklich groß und klein,
Dann hurrah hoch, du deutscher Rhein!
Am Rhein, etc.

Und so, wie einst am deutschen Rhein,
So soll's in allen Ländern sein.
Der Müßiggänger sei verbannt
Vom Rhein und fernsten Meeresstrand.
Dann wird kein Fremder Herr am Rhein,
Kein Rheinbewohner Sklave sein!
Am Rhein, etc.

Einst wird auf seinen Rebenhöh'n
Man unser stolzes Banner seh'n.
Der Menschheit Banner soll es sein,
Das sich erhebt am deutschen Rhein!
Dann stimmen alle Völker ein:
Wir machen's auch, wie die am Rhein!
Am Rhein, etc.

(«Volkslied» hieß im damaligen Sprachgebrauch auch so viel wie Hymne, vgl. S. 198; leider ist es uns nicht gelungen, die Melodie der sächsischen Nationalhymne von damals zu finden.)

Das dritte Lied schließlich aus jener patriotischen Zeit hat wahrscheinlich die merkwürdigste Karriere und die schlimmsten Folgen gehabt. Oder genauer (weil ein Lied ja nur ansprechen kann, was schon vorher da war): hat sich mit den schlimmsten Auswirkungen des deutschen aggressiven Nationalbewußtseins verbunden, und das über hundert Jahre lang.

Zunächst der Text in der Form, wie er ab 1854 verbreitet wurde:

Die Wacht am Rhein.

Es braust ein Ruf wie Donnerhall,
Wie Schwertgeklirr und Wogenprall:
Zum Rhein, zum Rhein, zum deutschen Rhein!
Wer will des Stromes Hüter sein?
Lieb' Vaterland, magst ruhig sein,
Fest steht und treu die Wacht am Rhein!

Durch Hunderttausend zuckt es schnell,
Und Aller Augen blitzen hell,
Der deutsche Jüngling, fromm und stark,
Beschirmt die heil'ge Landesmark.
Lieb' Vaterland, magst ruhig sein,
Fest steht und treu die Wacht am Rhein!

Er blickt hinauf in Himmelsau'n,
Wo Heldengeister niederschau'n,
Und schwört mit stolzer Kampfeslust:
„Du Rhein bleibst deutsch wie meine Brust."
Lieb' Vaterland, magst ruhig sein,
Fest steht und treu die Wacht am Rhein!

„Und ob mein Herz im Tode bricht,
Wirst du doch drum ein Welscher nicht;
Reich wie an Wasser deine Flut
Ist Deutschland ja an Heldenblut."
Lieb' Vaterland, magst ruhig sein,
Fest steht und treu die Wacht am Rhein!

„So lang ein Tropfen Blut noch glüht,
Noch eine Faust den Degen zieht,
Und noch ein Arm die Büchse spannt,
Betritt kein Feind hier deinen Strand."
Lieb' Vaterland, magst ruhig sein,
Fest steht und treu die Wacht am Rhein!

Der Schwur erschallt, die Woge rinnt,
Die Fahnen flattern hoch im Wind:
Zum Rhein, zum Rhein, zum deutschen Rhein!
Wir Alle wollen Hüter sein!
Lieb' Vaterland, magst ruhig sein,
Fest steht und treu die Wacht am Rhein!

Im Kontext der Zeitmode sind diese Verse nicht blöder als viele andere. Verbreitet war die Idee, daß Krieg etwas Natürliches sei, wie Sturm und Gewitter («Stahlgewitter» heißt es später bei Jünger). «Mann» heißt: «Soldat», und für ihn heißt «Leben»: «Kämpfen». Im heiligen Krieg darf alles geschehen, was in Liebesliedern nicht vorkommt: es «zuckt» und «braust» und «blitzt» und «glüht» und «rinnt» und «flattert». Verführerisch war dieser Text wohl für die jungen Männer, die mit solchen Liebesliedern 1914 nach Langemarck oder 1916 nach Verdun oder 1941 nach Stalingrad gezogen sind. Und verführerisch wohl auch der Volksliedton «Lieb Vaterland, magst ruhig sein», diese den Vätern abgeguckte Geste, wenn Mann den Arm um die Heimat legt.

Der
Tonsetzer

Der
Dichter

Ein Bilderbuch-Dichter und ein professioneller Vertoner

Autor: Max Schneckenburger, schrieb den Text als Einundzwanzigjähriger im November 1840, zuerst unter dem Titel *Die Rheinwacht.* Da hatte das Lied eine Strophe mehr und keinen Refrain; «Lieb Vaterland . . .» war der ursprüngliche Schluß. Die Veränderungen kamen später durch Einfluß der Komponisten zustande.

Herkunft: Aus Thalheim bei Tuttlingen. Vater: Großbauer; Großvater: Seidenfabrikant; Bruder: Arzt usw. Schwäbisches Besitz- und Bildungsbürgertum.

Beruf: Kaufmann, Teilhaber einer Eisengießerei in Burgdorf, Kanton Bern.

Politisch-literarisch-gesellige Einflüsse: In der Jugend die Lektüre von Schiller, Uhland, von Ranke. Gehört zu einer «national» orientierten (im Gegensatz zu den «kosmopolitischen» Linken) deutschen Kolonie in Burgdorf. Am Samstagabend-Stammtisch sitzt da z. B. der Begründer des deutschen Schulturnens, Adolf Spieß. Zwei alte Lützower Jäger schwelgen in Kriegserinnerungen. Außerdem lernt der junge Freizeitdichter dort den Schwaben Paul Achatius Pfizer kennen, einen bekannten Publizisten, der als erster die Forderung nach der Einheit Deutschlands unter preußischer Hegemonie erhoben hat (im Gegensatz zu den antipreußischen Kollegen aus Baden). Begeistert vom preußischen Militär und seinem Oberkommando. Verachtet die Franzosen als «oberflächlich», «ohne gediegene Volksbildung und echte Religiosität»,«entsittlicht», beklagt bei jenen «die zähen Überbleibsel alter Revolutionstheorien, die ins Fratzenhafte verzerrt und auf soziale Fragen angewendet immer mehr Boden gewinnen», nimmt «die absolute Notwendigkeit einer Eisen- und Blutkur» an.

Als er von Thiers Forderung nach der Rheingrenze hört und liest, schreibt er das Lied (schickt während der Arbeit Kostproben an seine Braut), und prompt improvisiert Turnmeister Spieß eine Melodie; das Lied kommt beim gehobenen Bildungsbürger-Stammtisch in Burgdorf zur Uraufführung. Es wird mitgesungen.

In Schneckenburgers Biographie wird noch angemerkt, daß er sich in die Schriften und Verse von Ernst Moritz Arndt vertieft hat (*Der Gott, der Eisen wachsen ließ . . .*). Den Versen merkt man das an, den Gedanken erst recht: Arndt hatte schon 1813 eine vielgelesene Schrift veröffentlicht: «Der Rhein, Teutschlands Strom, aber nicht Teutschlands Grenze». Der Lehrer Arndt hatte noch die Befreiung von der napoleonischen Besetzung im Auge, der Schüler blickte schon weiter, vielleicht nach Paris, von wegen der «absoluten Notwendigkeit einer Eisen- und Blutkur».

Der junge deutschnationale Unternehmer-Dichter erlebte nur die ersten bescheidenen Erfolge seines Werkes (er starb schon mit 30); ein Komponist namens Mendel bearbeitete den Text und schrieb eine Komposition für Männerchor, die allerdings zu spät auf den Markt kam: die Chöre wollten damals Beckers Rheinlied singen.

1853 schreibt ein anderer Musiker eine inzwischen verschollene 2.

Chorfassung, schickt sie an den Herausgeber der offenbar verbreiteten «Männerlieder», dem gefällt die Musik nicht, und er gibt den Text an Carl Wilhelm weiter, und dieser tut dann den Geniestreich.

Carl Wilhelm, professioneller Klavierspieler, Dirigent und Komponist aus Schmalkalden (Thüringen), arbeitet von 1840 bis 1865 im preußischen Rheinland, leitet in Krefeld die «Liedertafel» (Männerchor) und den (gemischten) Singverein. Mitbegründer der berühmten *Niederrheinischen Sängerfeste.* 1854 schreibt er die Melodie und den Satz der *Wacht am Rhein* und läßt sie in Greefs «Männerliedern» (Moers) herausgeben. 1865 kehrt er nach Schmalkalden zurück.

Fünf Jahre später schlägt seine große Stunde: Das preußische Reich Deutscher Nation braucht nur noch einen Krieg, um aus der Blut- und Eisen-Taufe gehoben zu werden. Und der Krieg braucht nicht nur Soldaten, sondern auch Schlachtgesänge, an denen die Soldaten sich berauschen können. Und als brauchbarster Schlachtgesang für diesen (und die beiden folgenden ...) erweist sich *Die Wacht am Rhein.* Es gibt unzählige heroische Geschichten, in denen beschrieben wird, wie die deutschen Soldaten aus verschiedenen Ländern, endlich Brüder (unter Vater Wilhelms Zuchtstock), Seite an Seite französische Bastionen stürmen, *Die Wacht am Rhein* singend.

Eine dieser Geschichten handelt von einem Sängerkrieg: Im September 1870 gab es auf dem Bahnhof von Nancy eine Fast-Meuterei der bei Sedan gefangenen 300 französischen Offiziere, die durch den Aufmarsch von preußischen und württembergischen Truppen verhindert wurde. «Als die Franzosen diese Truppen erblickten, begannen sie die Marseillaise zu singen. Da brauste plötzlich die Melodie der ‹Wacht am Rhein› aus tausend Kehlen deutscher Soldaten durch die weite Bahnhofshalle, und Preußen und Württemberger umarmten sich angesichts der Franzosen. Die Marseillaise verstummte, und die französischen Offiziere verkrochen sich in die Waggons.» (Die Wacht am Rhein, das deutsche Volks- und Soldatenlied des Jahres 1870, herausgegeben von Georg Scherer und Franz Lipperheide, Berlin 1871, S. 21)

Am 2. März 1871 dann Einzug der deutschen Truppen mit der *Wacht am Rhein* in Paris, «Hunderte von Parisern lauschten wohlgefällig dem schönen Gesang, ohne ihn zu verstehen».

Am 20. März kommt der neue Kaiser zum erstenmal wieder ins Berliner Opernhaus, und was stimmt wohl der Chor am Schluß der Vorstellung an?

Das Lied hatte seinen Platz an der Spitze gefunden, jetzt entwickelte sich der Kult: Dichter und Komponist mußten gefeiert werden. Der Dichter aber war schon gestorben; und niemand konnte zunächst das Kürzel M. Sch. enträtseln, bis ein ehemaliger Stammtischfreund aus Burgdorf in einem Leserbrief an die «Kölnische Zeitung» die Wahrheit enthüllte. Und Carl Wilhelm saß vergessen in Schmalkalden. Die Lage ist günstig: es rührt das Publikum, wenn die Vergessenen plötzlich emporgehoben und geehrt werden. Autor (postum) und Komponist bekommen von der Kaiserin Augusta die «Goldene Medaille für Kunst und Wissenschaft», und nach dem Krieg bewilligt die Reichsregierung eine jährliche Dotation von 3000 Mark für Carl Wilhelm. Um dem Geniekult Material zu liefern, geben Georg Scherer und Franz Lipperheide 1871 in Berlin einen schmalen, aber prächtigen Band heraus: «‹Die Wacht am Rhein›, das deutsche Volks- und Soldatenlied des Jahres 1870, mit Biografien, Portraits, Facsimiles, Musikbeilagen» und – das ist der Clou –: Übersetzungen, siebenmal englisch, je dreimal holländisch und französisch, zweimal griechisch, lateinisch und hebräisch, einmal polnisch und litauisch ...

Die altsprachlichen und französischen Übersetzungen wurden offenbar für Gymnasien hergestellt (von Pastoren, Con- und Prorektoren), um die Schüler auch in den romanischen und antiken Sprachen im deutschen Sinne erziehen zu können.

Zwei Anmerkungen:

1. Der erste französische Übersetzer weist darauf hin, daß es ihm nicht gelungen sei, das Lied «männlich» genug zu übersetzen. Denn jedes Reimwort bei Schneckenburger trägt die schwere Betonung, heißt also nach deutscher Metrik «männlich». Im Französischen aber dränge sich immer der «weibliche» Reim auf ...
2. Der Superintendent Jordan, ein Veteran aus den «Befreiungskriegen», versuchte das Lied dem litauischen Soldaten, der fürs Reich kämpfen sollte, «sang- und mundgerecht» zu machen. Er schreibt: «Die Deutschland-Idee und den deutschen Rhein kennt er nicht. Der Rheinstrom ist ihm ein Fluß seines Königs, den darum der Franzose, der Feind kat exochen, nicht haben soll; darum mußte ich sagen: ‹Wer schützt uns den theuren Strom?! ... In der 3. Strofe (‹In Himmelsaun / Wo Heldenväter niederschaun›), mußte ich sagen: ‹Sie schauen auf zum Himmel, wo *Die* wohnen, welche uns Segen bringen›, und dem Litauer die Zweideutigkeit offenlassen, diese Worte auf Verstorbene oder auf Gottes Engel zu beziehen ...» Ganz schön schlau, der Herr Jordan. Jetzt haben also die kolonialisierten litauischen Soldaten und die preußischen Kolonialsoldaten etwas gemeinsam, ein Lied, wenn auch voller Zweideutigkeiten. Der Superintendent wäre heute Chefredakteur in der Springer-Presse.

Fazit: *Die Wacht am Rhein* wurde mit allen Mitteln propagiert: In Schulen und Kasernen, in Vereinen und auf der Opernbühne, in Büchern, Notensammlungen, Zeitschriften. Sie wurde, so der Volksliedforscher Boehme 1895, das «Kriegs- und Sturmlied der Deutschen und bleibt Nationalgesang zur Feier aller vaterländischen Gedenktage». 75 Jahre lang haben es deutsche Soldaten mit sich herumgetragen; überall, an der Marne, der Loire, am Dnjepr oder in der Sahara hielt der deutsche Mann die Wacht «am Rhein».
Im HJ-Liederbuch stand das Lied unter der Rubrik *Fahrt.*

Der gewaltige Tonbau des Meister Wilhelm.
Daß das Lied zum richtigen Zeitpunkt am richtigen Ort einschlug, lag wohl nicht nur am richtigen Text, sondern auch an der richtigen Musik.

Erste hebräische Uebersetzung.

שמירת הרהיין.

קול קורא בכח כרעם בשמים
וכצלצל חרבות וכהמות המים
„אל הרהיין" אל הרהיין האשכנזים יריעו.
מי שומר הנהר, חיש נא השמיעו?
נוחי נא נוחי אַת ארץ מולדת,
באמונה ועוז השמירה עומדת.

וברבבות לבבות כלהבים יבעירו
גם עיני כל איש כברקים יאירו,
האשכנזי התם אף גבור גם יחד
הוא יגן גבול ארצו ממגור ופחד.
נוחי וגו'

אל גבהי שמים עיניהם יעיפו
ממקום אבות גבורים עליהם ישקיפו,
ושבועה אז תעבור כל פה ושפתים:
לנו הרהייז כל עוד בנו חיים:
נוחי וגו'

אף אם חץ מות יפלח לבנו,
להיות „צרפתי" לא יתנוך אחינו,
וכרוב מים קרבך ילכו הימה
מלאה ארצנו גבורי מלחמה
נוחי וגו'

כל עוד נטף דם חם בעורקנו
ובידנו הכח לשלוף חרבנו,
לירות כדורים הזרוע לא רפה
רגל צר ואויב לא תדרוך השפה
נוחי וגו'

השבועה נשמעה, הגלים ישטפו
הנסים יתנוססו ברוח ירחפו
„על יד הרהיין" לו כלם יריעו
„לו נשמור כלנו" ברמה ישמיעו.
נוחי נא נוחי אַת ארץ מולדת,
באמונה ועוז השמירה עומדת.

חיים עליאשאוו, בשארנסהיים.

Der Spannungsverlauf dieser Melodie ist ganz interessant: Das Ziel der Bemühungen ist oben, das hohe g, aber wie kommt man hin?

I. Der Blick springt in Gedanken sehr schnell fast zum Ziel hoch, bis zum f, kurz davor ein Abbruch und Zurücknehmen. «Da oben will ich hin, aber so hat es keinen Zweck.»

II. Noch einmal der Aufblick, dann ein gründliches Besinnen auf sich selbst. «Ich schaffe es hinauf, wenn ich mich konzentriere.»

III. Doppeltes Abstandmessen und hoffnungsvolles Planen. «Jetzt habe ich eine Ahnung, wie es gehen könnte.»

IV. Zäher Aufstieg, fast bis zum Gipfel. «Ich arbeite mich Schritt für Schritt vor.»

V. Kurzes Verschnaufen, Anlauf, und den Rest im Sprung. «Es ist vollbracht (g), und wird bekräftigt (e-d-c) und begossen.»

Ein anderer Versuch: Der Chorsänger

I. Alle Mann werden sofort und etwas gewalttätig in die Zucht genommen, denn Sprünge und Rhythmus (der aus den Punktierungen entsteht) erfordern besonders für Laien-Sänger Konzentration. (Erst am Stammtisch darf man diesen Anfang ungenau hinaufjaulen.)

II. Jetzt steht der ganze Verein wie ein Mann, auf Vordermann, gebracht, und trompetet die Parole: «Zum Rhein! Zum Rhein!»

III. Bisher gab es nur Pflicht, der Chorleiter hatte den Verein an die Kandare genommen. Jetzt kommt ein Stückchen Kür: Diese volksliedhaft-innerliche Wendung «Lieb Vaterland ...» fließt jedem mühelos aus der Kehle, besonders wenn man sie noch eine Terz drüber wiederholen darf.

IV. Einschnitt, Aufwachen: der Quartsprung nach unten will exakt genommen sein, sonst wackelt die Stelle, wo es heißt: «Fest steht ...». Ich kann mir vorstellen, daß die Sänger hier schon trotzig die Beine etwas spreizen. Die Anforderungen von außen, die Pflicht, und das Freiwillige-Sentimentale kommen zusammen, vereinigt in den drei langen Noten auf «Wacht am Rhein» (c-d-e), und

V. in der Wiederholung des Refrains darf nichts schleppen, denn das ist keine labbrige Wiederholung, so ein Echo, nein: die Überhöhung, die zentrale Parole als staatspolitisches Ziel. (Beim Singen ergibt sich dann zwangsläufig, daß das erste «Wacht» etwas gequetscht-aggressiv herauskommt, wegen dem doch sehr hohen g, klingt vielleicht nach «Schlacht» ...)

Noch ein Versuch: deutsche Reichsharmonik

Es gibt eine Methode, verschiedene Dreiklangsformen logisch-«funktional» auf einander zu beziehen:

Grundstellung: Bei C-Dur also mit c unten, c-e-g. Bei Stücken in dieser Tonart steht sie am Anfang und Ende.

Sextakkord: Der Grundton c wird nach oben geklappt, so daß e tiefster Ton ist, also e-g-c. («1. Umkehrung»). Abstand von e nach g ist eine Terz, von e nach c eine Sext. Deshalb auch «Terzsextakkord».

Quartsextakkord: Auch das e wird nach oben geklappt, und g wird zum tiefsten Ton, also: g-c-e. («2. Umkehrung», die der Guitarrenspieler, der voll greift am 1. Bund, hervorbringt, sowohl auf den Baß- wie den Melodiesaiten.)
Dieser Akkord ist besonders instabil und dient meist zur Vorbereitung einer harmonischen Schlußwendung, also Rückkehr zur Grundstellung. Typisch wäre, wenn dazwischen noch ein anderer Dreiklang, die Dominante (hier: G) eingeschoben würde.

Die Liedmelodie der *Wacht am Rhein* ist mit ihrer eigentümlichen Spannungswirkung auch aus dieser Akkordtheorie zu erklären, und zwar als teilweise beschwerlicher Weg durch die drei Dreiklangstellungen, der schließlich mit der Grundstellung wieder abgeschlossen wird:

I. Zuerst die Grundstellung, dann sofort der Sextakkord (rhythmisch gleich), und jetzt nicht der Quartsextakkord, sondern ein kleiner Anhang zum Sextakkord, eine melodische Verschnaufpause.

II. Beginn mit dem Rahmenintervall des Quartsextakkordes (g nach e) und zwar sehr bedeutend: als Auftakt und als erster Schlag. In diesem Tonraum bewegen sich dann die ganzen nächsten 12 Takte. Dreimal solche Aufsprünge, zuerst der schon genannte von g nach e, dann

III. von g nach d, dann von g nach f. Der Tiefton g bleibt als Absprungbasis, während vom Hochton die Melodie schrittmäßig abfällt, zweimal ins g, einmal ins c.

IV. Nun wird der ganze Tonraum des Quartsextakkordes auch noch einmal aufwärts schrittweise durchgenommen: g, gis, a, h, c, d, e. Es kommt dem Tondichter offenbar darauf an, die traditionelle Spannungs- und Unsicherheits-Funktion des Quartsextakkordes gewaltig auszukosten, die Spannung auf etwas Erwartetes, Lösendes hin ins Unermeßliche zu steigern. Und da kommt sie, die Erlösung,

V. nämlich der C-Dur-Akkord in Grundstellung. Obendrein zackig punktiert. Obendrein in der Oberoktave. Obendrein mit einem zu einem ganzen Takt gestreckten Auftakt.
Und breit klingt es dann nach dem letzten Sprung schrittweis zum hohen Grundton c wieder aus.
Das wars.

Die Nichtigkeit wird zu einer vorgetäuschten Riesengröße aufgedonnert. Insofern hat Carl Wilhelm tatsächlich die geniale Vertonung dieser Pappmaché-Pose von der *Wacht am Rhein* geliefert.

Was Carl Wilhelm da gemacht hat, entsprach durchaus dem Zeitgeschmack des 19. und teilweise noch des 20. Jahrhunderts. Das zeigen etwa viele Stellen bei Richard Strauss: auch da gibt es lange Entwicklungen und Spannungsaufladungen auf dem Orgelpunkt des Dominant-Grundtons, über dem sich der Tonika-Quartsextakkord auslebt und herumquält. Und als Lösung kommt dann bei Strauss immer die reaktionäre Erlösung in der Tonika-Fanfare. Das ist ja auch bei Wilhelm – obwohl intelligenter innerhalb einer differenzierteren Melodie-Entwicklung – der Fall.

Daß eine solche musikalische Entwicklung als Tonika-Dreiklang in Fanfarenmelodik gelöst wird, ist zwar dem mittleren bis späteren 19. Jahrhundert vorbehalten, aber als Folge einer Quartsext-Entwicklung. (Heraus kommt eine Art deutsche Reichsharmonik.) Für sich gesehen ist das aber Gedanke und Praxis seit Beethoven. Prototyp das Haupt-Thema des letzten Satzes der 5. Sinfonie (Schicksalssinfonie). (Vgl. die letzten beiden Takte der *Wacht am Rhein*.)

Dieses Thema ist nicht nur ähnlich, sondern auch inhaltlich verwandt. Wilhelms reaktionäre Schlußbildung als oberer Grund-Dreiklang weist auf Beethovens «Durch Nacht zum Licht!»-Sinfonie-Lösung zurück, nur daß in dem Lied kaum Nacht war, sondern immer schon das Vorausschimmern des Sieges, ohne wirkliche Zweifel. Beethovens Schlußthema (laut einer Anekdote schrie ein alter Soldat bei der Uraufführung in Erinnerung an Napoleon: «Le général crie!») ist eine Art Nachbesinnung auf die Französische Revolution, auf jeden Fall ein Versuch, revolutionäre Befreiung musikalisch hörbar zu machen – auch das Kollektive und Militärische daran. Da sieht man Leute vorwärts stürmen, vielleicht nicht mit den besten Zielen, aber sie gehen los; es ist der Satz-Anfang einer Sinfonie, aus dem noch weiteres folgt.

In der *Wacht am Rhein* allerdings ist diese Wendung Melodie-Schluß, danach bewegt sich nichts mehr, die Sänger können nur noch heroisch gucken wie eine Weltmeistermannschaft. Genau wie die *Wacht am Rhein* im Schilderhäuschen steht die Melodie fest auf dem oberen – «höheren»-Grund-Dreiklang. Das Fest-Stehen war geplant als Ergebnis der Dreiklang-Entwicklung. (Ähnliches gibt es auch bei Bruckner.)

Der Schluß also steht.

Der Anfang dagegen schreit zur Attacke. Die Melodik aufsteigender, punktierter Dreiklangs-Brechungen in der Tonika hat immer etwas Kriegerisches und Aggressives, nicht erst bei Beethoven. Zur populären Musik des 19. Jahrhunderts gehörten z. B. auch die Arien aus Mozarts «Figaro», so auch die große Militärparodie *Nun vergiß leises Flehn, süßes Kosen.* Figaro freut sich, daß der Damenliebling Cherubino endlich zum Militär abhauen muß und malt ihm ironisch aus, was für ein Held er sein wird. Doppelt ironisch dann die Stelle, wo er ihm zu einem militärischen Motiv sagt, was er jetzt nicht mehr darf: «Du wirst nicht mehr die Herzen erobern», durchaus gemeint, wie sich die traditionelle Liebesliteratur ausdrückt – Eroberung der belagerten Feste Frau.

Diese Arie ist derart bitter-komisch und kabarettistisch gegen das Militär, daß sie – bezogen auf die Bundeswehr – wegen Wehrkraftzersetzung verboten würde, wär sie nicht klassisch . . .

Dieselbe Melodie-Wendung ist allerdings in der *Wacht am Rhein* todernst gebraucht, so schrecklich ernst wie das Schwertmotiv in Wagners «Ring»:

Das also macht die Melodie u. a. so brauchbar: kriegerische Aggression und volkstümliche Herz-Schmerz-Terz-Innigkeit; gewaltiger spannungsgeladener Stau über dem Quartsextakkord und Erlösung in der schrecklich leeren Tonika-Fanfare, so leer und gleichzeitig bedeutend wie die Augen der Soldaten beim Fahneneid. Ein brauchbares, die Massen erfassendes und auf ein von oben bestimmtes Ziel ausrichtendes Lied. Nicht zu unterschätzen.

Die Parodien

Das Volk war gezwungen, mit diesem Lied umzugehen, also auch das oppositionelle, Demokraten oder Sozialdemokraten. Was kam dabei raus?

Zwei Vorbemerkungen:

1. Die Liederbüchlein aus dem 19. Jahrhundert (1848 bis Jahrhundertwende), die uns zugänglich waren – d. h. die nicht-offiziellen, oft verbotenen, zensierten, heimlich verbreiteten –, sind offenbar alle für den Gebrauch von Männerchören gemacht worden. Durchaus also angepaßt an die Männervereinskultur der Zeit, die sich musikalisch vor allem in den bürgerlichen Liedertafeln hören ließ. Das drückt sich auch bei der demokratischen Opposition penetrant in den Texten aus: «Sind wir vereint zur guten Stunde / ein starker deutscher Männerchor» – «deutsche Treue – festes Männerwort» – «Ich bin ein freier Mann und singe» – «mit männlich kühnem Opfermut» – «Brüder, reicht die Hand zum Bunde» – «Echte Männer, wollen / Freiheit wir und Recht / Ihnen unser Streben / Mannhaft treu und rein» . . . usw.
2. Die Liederbücher sind Textbücher. Das liegt ganz einfach daran, daß die neuen Texte überwiegend auf bekannte Melodien geschrieben wurden. (Gab's mal ausnahmsweise eine neue Musik, konnte man die extra anfordern, gesetzt für – Männerchor.)
   Abgesehen von der noch als revolutionär verstandenen Marseillaise, zu der es unzählige neue Texte gab (vgl. S. 232f), komme ich heute als Leser nicht aus dem Staunen heraus, welche Lieder *nicht* ironisch mit neuen Inhalten angefüllt wurden. Einige Beispiele:
   (Aus: Max Kegel: Sozialdemokratisches Liederbuch, 8. Auflage, Stuttgart 1897)
   Ein feste Burg ist unser Gott (Luther)
      Volksgesang: Ein feste Burg ist unser Bund
   Freude, schöner Götterfunken (Beethoven)
      Arbeiter-Festlied: Wie ein Geist mit Feuerflammen . . .
   Wohlauf, Kameraden, aufs Pferd . . . (Zahn)
      Weckruf: Ein Ruf ist ergangen, ihr Schläfer erwacht!
   Lützows wilde Jagd (Carl Maria von Weber)
      Das Proletarierheer: Was gräbet und hacket im Sonnebrand
   Deutschland, Deutschland über alles (Haydn)
      Festlied: In verhängnißschwere Tage / Hat das Schicksal uns gestellt.
   Man stelle sich also die demokratische und sozialdemokratische «Ge-

genkultur» in Sprache und Musik nicht allzusehr in Widerspruch zur herrschenden Kultur vor.

Die Wacht am Rhein wurde als zündender Männerchor von den Gegnern des wilhelminischen Regimes meistens benützt, um einfach einen anderen Text zu transportieren; die kriegerische Geste bleibt, allerdings nicht gegen den französischen Erbfeind gerichtet, sondern gegen den Klassenfeind. Beispiel: *Arbeiter-Feldgeschrei*, ein offenbar verbreitetes Lied, das auch noch im 20. Jahrhundert abgedruckt wurde.

Es tönt ein Ruf von Land zu Land:
Ihr Armen, reichet euch die Hand!
Und ruft ein «halt» der Thyrannei,
Und brecht das Sklavenjoch entzwei!
  Es wirbelt dumpf das Aufgebot,
  Es flattert hoch die Fahne roth;
/: Arbeitend leben oder kämpfend den Tod! :/

Wir haben lang genug geharrt,
Man hat uns lang genug genarrt,
Jetzt greifen wir zu unserm Recht,
Jetzt stellen wir uns zum Gefecht.
  Es wirbelt . . .

Wir wollen Friede, Freiheit, Recht,
Daß keiner sei des andern Knecht,
Daß Arbeit aller Menschen Pflicht,
Daß keinem es an Brod gebricht.
  Es wirbelt . . .

Steig' an die frische Luft heraus,
Aus nied'rer Hütte, dumpfem Haus,
Steig auf das Pflaster, blasse Noth!
Und kämpfe um dein täglich Brod.
  Es wirbelt . . .

Du schaffst für and're Gut und Geld
Und bist doch stets auf Nichts gestellt,
Man lacht dir höhnisch in's Gesicht
Und fürchtet nicht das Strafgericht.
  Es wirbelt . . .

Heran, heran! Du kühne Schaar,
Es bläst der Sturm, es fliegt das Haar,
Ein Ruf aus tausend Kehlen braust,
Zum Himmel hoch ballt sich die Faust –
  Es wirbelt . . .

H. Greulich

(Aus: Sozialdemokratisches Liederbuch, 10. Aufl., Hottingen-Zürich 1887, Verlag der Volksbuchhandlung)

Ähnlich ohne jeden Bezug zur offiziellen *Wacht am Rhein* benutzt ein anderes Arbeiterkampflied die bekannte Melodie als Kutsche, um die Forderungen wie z. B. nach dem Achtstundentag zu propagieren.

Im schönen Mai, im jungen Mai,
Erhebt der Arbeit Volk sich frei!
Es reicht die Hand zum Bruderbund,
Und thut der Welt sein Wollen kund.
/: Hurrah, im schönen jungen Mai :/
/: Nimmt stark und kühn das Volk, das Volk Partei! :/

Lang lag's auf ihm wie dunkler Flor,
Ein starker Geist doch hebts empor,
Aus stolzem Horst ein Adler stieg,
Zeigt ihm im Flug die Bahn zum Sieg.
/: Hurrah . . .

Wach' auf drum, auf, du Proletar,
Sieh rings die Zeichen wunderbar!
Es ruft der Armuth Heeresbann,
Klopft laut an deine Thüre an.
/: Hurrah . . .

Die Arbeitszeit, so lang und schwer,
Den Geist und Leib bedrückt sie sehr,
Darum, zu lindern Noth und Plag',
Erstreitet den Achtstundentag!
/: Hurrah . . .

Auf, aus der Werkstatt, aus dem Schacht!
Es strahlt die Welt in Frühlingspracht!
Bleibt nicht in dumpfer Nacht zurück!
Nehmt Antheil an der Erde Glück.
/: Hurrah . . .

Im schönen Mai, im jungen Mai,
Erhebt der Arbeit Volk sich frei!
Die Saat, im Frühling ausgestreut,
Der Sommer reif zur Ernte beut!
/: Hurrah . . .

Nach August Geib

(Aus: Max Kegel: Sozialdemokratisches Liederbuch, 8. Aufl., Stuttgart 1897)

Eine weitere Parodie stammt aus einem demokratischen *Liederbuch zum Gebrauch der Volksvereine*, zusammengestellt in München, veröffentlicht 1898 in Stuttgart. Dieses Lied erhebt im Gegensatz zu den sozialdemokratischen Fassungen oben keine Klassenforderungen, sondern einfach demokratische, aber es dreht an dem offiziellen Gedanken, daß man gegen den äußeren Feind vor allem den Rhein bewachen müsse. Statt dessen soll gegen den inneren Feind (=die eigene Obrigkeit) die Freiheit bewacht werden.

Die Freiheitswacht
Mel.: «Es braust ein Ruf» (***Die Wacht am Rhein***)

Es geht durch's Land ein Schrei der Not:
Des Volkes Freiheit ist bedroht.
Viel dunkle Raben fliegen schon
Und krächzen laut: Reaktion!
D'rum deutsches Volk, sei auf der Hut,
Schirm' fest und treu dein höchstes Gut,
D'rum deutsches Volk, mein Volk, sei auf der Hut,
Schirm' fest und treu, ja treu dein höchstes Gut!

Die wen'gen Rechte, die noch dein,
beschneidet man und schränkt sie ein;
Das freie Wort wich der Gewalt,
Allmächtig herrscht der Staatsanwalt.
D'rum deutsches Volk, nimm dich in Acht,
Halt fest und treu die Freiheitswacht!
D'rum . . .

Und wer kein Feigling und kein Knecht,
Wer Freiheit liebt, Wahrheit und Recht
Und will's bezeugen mit der Tat,
Der komm' zu uns, werd' Demokrat.
Droht noch so sehr die Tyrannei,
Fest steht und treu die Volkspartei!
Droht noch so sehr, so sehr, die Tyrannei,
Fest steht und treu, ja treu, die Volkspartei!

G. H. 1895

In einer Untersuchung von Carl Köhler und John Meier «Volkslieder von der Mosel und der Saar», Halle 1896, finden sich zwei Streiklieder, die zur Melodie der *Wacht am Rhein* gesungen wurden. Im Jahr 1889 streikten im Deutschen Reich fast überall die Bergleute für den Achtstundentag und besseren Lohn, im Ruhrgebiet 90000 (von 120000), an der Saar 20000.

Das erste von Köhler/Meier mitgeteilte Lied geht auf den besonderen Repressionsfall des Bergarbeiter-Führers Barken, das zweite drückt wohl das durch den gewaltigen Streik gewachsene Selbstbewußtsein der Knappen aus, auch die Notwendigkeit, sich überregional gewerkschaftlich zu organisieren.

Es braust ein Ruf so schnell wie Pest, daß Warken sitzet im Arrest
(Weise: Es braust ein Ruf wie Donnerhall)

Es braust ein Ruf so schnell wie Pest,
daß Warken sitzet im Arrest.
Vom Bildstock bis zu Von der Heydt

Sind wir gerührt in tiefem Leid.
/: Kam'raden, wir müssen einig sein, :/
/: Fest stehn wir treu zum Rechtschutzverein! :/

So lang ein Tropfen Blut noch rinnt
Und eine Faust das Fäustel schwingt,
So lang' wir noch all' einig sein,
Hat keiner was am Rechtschutzverein.
Kam'raden usw.

Vierundzwanzigtausend Mann,
Die melden sich dem Rechtschutz an,
Es herrscht im ganzen Saarrevier
Einigkeit, die schönste Zier.
Kam'raden usw.

Die Vertrauensmänner hann gefaßt,
Zu lösen Warken aus der Haft,
Den treuen, tapfren Präsident,
So haben wir ihn mit Recht genennt.
Kam'raden usw.

Dem Rechtschutzverein müssen wir uns weihn,
So lang wir alle Bergleut' sein,
Mit Verachtung werden all' gestraft,
Die ihnen gerne weggeschafft.
Kam'raden usw.

Der Warken ist ein Ehrenmann,
Er tut für uns, was er nur kann,
Er büßt sein' Strafe mit Geduld,
Drum sind wir mit in seiner Schuld.
Kam'raden usw.

Er lebe hoch, er lebe hoch, hoch, hoch, er lebe hoch,
Der Warken, der soll leben hoch!

Wir schwören Treue dem Verband
(Ein Ruf geht über Berg und Tal)
Weise: Es braust ein Ruf wie Donnerhall

Ein Ruf geht über Berg und Thal:
Verbündet international
Die Knappen sind; nun ist vollbracht
Die erste Schicht zum großen Schacht.
Wir reichen uns die Bruderhand
Und schwören Treue dem Verband.
Wir treten mutig an zur heil'gen Schicht
Und fahren dann vereint durch Nacht zum Licht.

Uns trennt kein Stein mehr und kein Pfahl,
Kein Meer, kein Fluß, kein Reichskreuzmal,
Denn unser junger Bruderbund
Reicht übers ganze Erdenrund.
Wir reichen usw.

Wir halten am Weltbunde fest;
Versprecht's, daß keiner von ihm läßt.
Die Einigkeit ist unser Wehr,
Ein festes Band trotz Fels und Meer.
Wir reichen usw.

Uns ächtet Lüge und Verrat,
Bedrohet unsre junge Saat;
Doch Unverstand nur und der Wicht
Glaubt dem, der Böses von uns spricht.
Wir reichen usw.

Nun auf die Zukunft euren Blick:
Ihr Brüder, vorwärts, nie zurück!
Entschlossen vorwärts mit Glück auf!
Was hemmt denn unsern Siegeslauf?
Wir reichen usw.

Alle bisherigen Fassungen konnten ungebrochen im kernigen Männergesangsverein-Ton gesungen werden wie das Original, und sie wurden vermutlich auch so gesungen. Wenn auch für Ziele, die fortschrittlicher und vernünftiger sind, trotzdem: Auch der Ton macht die Musik, auch bei politischen Liedern.

Und der Ton muß beim Singen automatisch anders werden, wenn man – ebenfalls auf die Rheinwacht-Melodie – das Lied *Freies Quartier* singt, veröffentlicht neun Jahre nachdem die repressiven Sozialistengesetze erlassen worden waren (Sozialdemokratisches Liederbuch, Zürich 1887).

Diese Fassung braucht den ironischen, rotzigen Straßenton, denn sie greift das Pathos des Originals an, entlarvt, was mit dem vaterländischen Chorgesang zugesungen werden soll: den Polizeistaat; statt Vater Rhein als Kleinod der deutschen Nation: das Kerkerloch.

Ein Ruf von Land zu Lande hallt,
Das hört der deutsche Staatsanwalt,
Der sieht den Staat gar sehr bedrängt,
Weshalb er schnell auf Rettung denkt:
Dann tritt der Polizist herfür,
Es knarrt vergnügt die Kerkerthür:
Entweder schweigen, oder – freies Quartier!

Durch Hunderttausend zuckt es schnell,
Denn jeder Muckser ist «Rebell»;
Ganz Deutschland wird dann petroliert –

Der Staatsanwalt wird allarmiert:
Dann tritt der Polizist herfür,
Es knarrt vergnügt die Kerkerthür:
Entweder schweigen, oder – freies Quartier!

Ein einz'ges Jahr, das wär zu mild
Für den Verbrecher graus und wild,
Wenn zwei Jahr er im Kerker ruht
Weiß er wie deutsche Freiheit thut,
Der Polizist sorgt dann dafür,
daß lustig knarrt die Kerkerthür
Entweder schweigen, oder – freies Quartier!

Der Reichstag hat es auch gemeint,
Man sei zu milde, wie es scheint,
Man strafe nur nach «Minimum»
Das unzufried'ne Publikum:
Zu *selten* sorge man dafür,
Daß lustig knarrt die Kerkerthür:
Entweder schweigen, oder – freies Quartier!

Wie nach dem Blitz der Donner rollt,
So schnell die Strafe folgen sollt!
Für jeden Sozialistenton,
Der kaum den Lippen ist entfloh'n,
Dann tritt der Polizist herfür,
Es knarrt vergnügt die Kerkerthür:
Entweder schweigen, oder – freies Quartier!

Der schönste Schmuck des Reiches doch
Ist ein recht großes Kerkerloch,
Darin wird alles eingesteckt,
Was Deutschland aus dem Schlafe weckt.
Der Polizist sorgt dann dafür,
Daß immer knarrt die Kerkerthür:
Entweder schweigen, oder – freies Quartier!

Diese Fassung gefällt mir besonders gut, sie arbeitet mit Widersprüchen: wenn die Melodie innig wird, sagt der Text: «Dann tritt der Polizist herfür / Es knarrt vergnügt die Kerkerthür», und wenn die Musik machtvoll-trotzig das deutschnationale Bekenntnis des Männerchores vorschreibt, spricht in diesem Text eben die Polizei-Obrigkeit: «Entweder schweigen, oder – freies Quartier», Maulhalten oder Knast.

Eine letzte Fassung aus den nicht-offiziellen kleinen Liederbüchern der Opposition verzichtet schließlich ganz auf die Melodie; der anonyme Autor kann sie einfach nicht mehr hören. Als ich diesen Text las, wurde mir auch das erste Mal bewußt, daß die *Wacht am Rhein* ja nicht nur bei offiziellen Anlässen ständig abgespult wurde, sondern auch noch die Feierabendkultur versaut hat. Was denkt jemand, wenn die Bierbäuche nebenan am Stammtisch das «Deutsche Volks- und Soldatenlied» grölen?

Die Wacht am Rhein
(Melodie: Crambambuli, das ist der Titel)

Die Wacht am Rhein, das ist der Titel
Des Liedes, das im Schwange geht.
Es ist ein ganz probates Mittel
Für einen, der sonst nichts versteht.
Darum, bei Mond und Sonnenschein
Sing ich nur stets die Wacht am Rhein,
Die Wi-Wa-Wacht am Rhein, die Wacht am Rhein.

Soll ich nach Frankreich fortmarschieren,
Zu kämpfen in dem blut'gen Streit?
Ich mag mich nicht so ennuyieren
Von wegen der Gemüthlichkeit.
Ich sitz bei meinem Glase Wein
Und sing voll Muth die wacht am Rhein,
Die Wi-Wa- . . .

Wer sich bei uns nicht ein will nisten,
Die Nase übern Nordbund rümpft,
Den halten wir für keinen Christen,
Weil er auf Jottes Jabe schimpft.
Wir schreien ihm ins Ohr hinein
Bis daß er taub, die Wacht am Rhein,
Die Wi-Wa- . . .

Ach, wenn ihr blöden Jungen wüßtet,
Was Menschenwürde, Freiheit heißt,
Wie ihr so tief erröthen müßtet,
Ob diesem Weg, den ihr uns weist.
Statt dessen schrein die Kinderlein
Nur immerfort die Wacht am Rhein,
Die Wi-Wa- . . .

Seid ihr im Nordbund abgestiegen,
küßt ihr die Stiefel eurem Herrn,
Und lasset Recht und Freiheit liegen,
Und greift nach einem Ordensstern,
Und meint dazu noch frei zu sein
Und singt voll Muth die Wacht am Rhein,
Die Wi-Wa- . . .

Ihr dauert mich, ihr armen Thoren,
Euch macht die Knechtschaft wenig Pein,
Zu Sklaven seid ihr auserkoren,
Und wollt des Landes Hüter sein.
Ihr könnet nichts, als kläglich schrei'n
Das blöde Lied, die Wacht am Rhein,
Die Wi-Wa- . . .

Anonym

(Aus: Max Kegel: Sozialdemokratisches Liederbuch, 8. Aufl., Stuttgart 1897)

Crambambuli. 11 Str. I. — **Das beste Bier.** 3 Str. II.

(Aus: Melodien zum kleinen Kommersbuch und Studentenlieder, Leipzig o. J., Reclam)

Alle bisher mitgeteilten Parodien der *Wacht am Rhein* stammen aus gedruckten Liederbüchern, vor allem aus sozialdemokratischen. Wir wissen wenig von den nicht-literarischen Fassungen, von der Art und Weise, wie sich das niedere Volk in bestimmten Situationen gegen die wilhelminische Kriegshymne gewehrt hat, spontan und ohne Antrieb, die Einfälle in gedruckter Form zu verbreiten.

Das wenige, das wir heute dokumentiert vorfinden, verdanken wir einem rechten Soldatenliedersammler namens Schumacher und einem linken Volksliedforscher namens Steinitz.

Schumacher notiert z. B. aus dem letzten Kriegs- und Hungerjahr 1918 diese Fassung aus Mannheim:

Es braust ein Ruf wie Donnerhall
In Mannem sin d'Kartoffle all
Eier, Butter, Schinken, Speck
Fressen uns die Reichen weg.
Und füttern uns wie's liebe Vieh
Mit Rüben und Kohlrabibrüh.

Solche Lieder aus dem Volksvermögen setzen keine alternativen Ideen über Freiheit und Recht gegen das hohe Pathos, sondern platte und unabweisbare Erfahrungen. Schumachers Kommentar dazu liest sich fast wie ein Spitzelbericht über die Stimmung im Volk:

»War in der Heimat 1917 sogar unter Kindern schon vielerorts bekannt und von Ersatzabteilungen in Marschkolonnen gesungen worden . . . Von vielen Gewährsmännern habe ich auch Gewißheit darüber erlangt, daß derartige rohe Verhunzungen gesinnungsstarker Lieder in ihren Fronttruppenteilen nur in heimlichen Quartierecken oder Unterständen gesummt wurden, nicht aber in geschlossenen Abteilungen, wie es in manchen Frontverbänden auch vorkam. Im Laufe des Jahres 1918 steigerte sich Zahl und Beliebtheit der bitteren Parodien allerdings allenthalben.» (Wilhelm Schumacher: Leben und Seele unseres Soldatenlieds im Weltkrieg, Frankfurt 1920)

Ja, und dann war bald Revolution in Deutschland, und die Straßenlieder wurden immer fröhlicher. Stellvertretend für alle verschiedenen Lösungen des *Rheinwacht*-Problems dieser Zweizeiler, den, laut Steinitz, im Januar/Februar 1919 Kinder auf der Straße von Dessau gesungen haben:

Es braust ein Ruf wie Donnerhall
Kaiser Wilhelm sitzt im Schweinestall!

Damit hätte das Lied denn auch – wie eine schlimme Epoche deutscher Geschichte – knapp und treffend erledigt sein können. Leider aber geht deutsche Geschichte nicht so. Die *Wacht am Rhein* überwinterte die Revolution über bei den Rechten, entfaltete nach und nach in der Weimarer Republik ihre Stärke und war ab 1933 völlig rehabilitiert wieder da. Schon brauste statt Wilhelms jetzt Adolf Hitlers Ruf wie Donnerhall, die Folgen sind bekannt. In der «nationalen Bewegung» waren inzwischen weitere Varianten der *Wacht am Rhein* entstanden, so z. B. während der Rheinland-Besetzung durch die Franzosen. Die folgende Fassung stammt aus einem Liederbuch, das in 2. Auflage 1923 in Berlin erschien: «Der Kamerad. Deutsches Soldaten-, Wander- und Trinkliederbuch.» Das Nachwort dazu schrieb der berühmte Freikorps-Führer und Arbeiterschlächter von 1920, Herr von Roßbach.

Die Wacht am Rhein.

Umgearbeitet von Heinz Schauwecker.

Der Refrain dieses Liedes: „Lieb Vaterland sollst ruhlos sein, bis wieder frei der deutsche Rhein!", das von den 80 000 Menschen bei der Demonstration auf dem Königsplatz in München gesungen wurde, wurde von Hindenburg bei der Stadthallenversammlung in Hannover den Versammlungsteilnehmern als Mahnwort zugerufen.

1. Es braus ein Ruf wie Donnerhall,
wie Schwertgeklirr und Wogenprall:
Zum Rhein, zum Rhein, zum deutschen Rhein,
wir woll'n des Stroms Befreier sein!
:,: Lieb' Vaterland, sollst ruhlos sein,
bis wieder frei der deutsche Rhein! :,:

2. Durch Hunderttausend zuckt es schnell,
in aller Augen blitz' es hell:
Auf, laßt uns ringen, fromm und stark,
um uns're alte Landesmark!
:,: Lieb' Vaterland, sollst ruhlos sein,
bis wieder frei der deutsche Rhein! :,:

3. Nun blickt hinauf in Himmelsau'n,
wo Heldenväter niederschau'n,
und schwört mit stolzer Kampfeslust:
Du Rhein bliebst deutsch in uns'rer Brust!
:,: Lieb' Vaterland, sollst ruhlos sein,
bis wieder frei der deutsche Rhein! :,:

4. Wenn uns ein Tropfen Blut noch glüht,
noch uns're Faust den Degen zieht,
noch unser Arm die Büchse spannt:
Wir holen heim geraubtes Land!
:,: Lieb' Vaterland, sollst ruhlos sein,
bis wieder frei der deutsche Rhein! :,:

5. Zum Schwur die Händ' erhoben sind,
laßt Fahnen flattern hoch im Wind:
Zum Rhein, zum Rhein, zum deutschen Rhein,
wir alle woll'n Befreier sein!
:,: Lieb' Vaterland, sollst ruhlos sein,
bis wieder frei der deutsche Rhein! :,:

6. Wenn frei des Stromes Woge rinnt
und Siegesfahnen weh'n im Wind,
wenn Schlesiens Gaue wieder frei,
das alte Lied gesungen sei:
:,: Lieb' Vaterland, magst ruhig sein,
fest steht und treu die Wacht am Rhein! :,:

Eine andere Freikorps-Fassung steht im «Stahlhelm-Liederbuch», Langendreer 1928. Mir fällt beim Lesen auf, wie selbstverständlich über die Benennung der Flüsse der historisch richtige Zusammenhang mit dem Deutschlandlied hergestellt wird, und zweitens: daß in den zwanziger Jahren, d. h. in der äußersten Zuspitzung der Klassenkämpfe, offengelegt wird, daß es in Wirklichkeit gar nicht um den französischen Erbfeind geht, wenn zur Militarisierung und zum Nationalismus die Trommeln dröhnen. Der Feind steht deutlich innen: «das törichte Geschmeiß / das nichts von deutscher Ehre weiß», «Levy, Cohn und Sobelsohn» (statt Krupp und Thyssen) und «der rote Unverstand», und alles faßt das Lied dann traditionsgemäß als «welsche Brut» zusammen. Klar, wenn «deutsch» die Guten sind, müssen alle Bösen ausgebürgert werden, nach Paris oder Kanaan.

1. Es geht ein Raunen durch das Land
vom Alpenfels zum Meeresstrand,
vom Belt zum alten, deutschen Rhein:
Wer will des Landes Retter sein?
Wer schützt der Deutschen Ehr' und Gut?
Wer hat zum harten Kampf den Mut?
:,: Wer will vom Belt zum Rhein
Befreier sein? :,:

2. Seht ihr die fremden Fahnen weh'n?
Könnt ihr die fremden Vögte seh'n?
Fühlt ihr den Druck der rauhen Hand,
kennt ihr die Schmach im Vaterland?
Kennt ihr das törichte Geschmeiß,
das nichts von deutscher Ehre weiß?
:,: Auf auf, zum Kampf heran
drum alle Mann! :,:

3. Es herrscht der rote Unverstand
mit Lug und Trug, Raub, Mord und Brand,
erstickt der Freiheit letzten Rest,
solang' man blind ihn wüten läßt.
Drum, Deutscher, auf! Die Not ist groß,
sind wir nicht den Bedrücker los!
:,: Deutsch sei mit Herz und Hand
fürs Vaterland! :,:

4. Vom Fels zum Meer, vom Belt zum Rhein
soll Deutschland für die Deutschen sein!
Herunter vom Despotenthron
mit Levy, Cohn und Sobelsohn!
Der ist des Vaterlands nicht wert,
der nicht den deutschen Namen ehrt!
:,: Frisch, frei und hochgemut
gen welsche Brut! :,:

5. Der Schande ist vollauf genug!
Herbei von Amboß, Pult und Pflug!
Geschlossen treten wir zur Wehr
und stellen Deutschland wieder her.
Herbei zum Kampfe, Mann für Mann,
wer noch für Freiheit fechten kann!
:,: Reicht euch zum Schwur die Hand:
Fürs Vaterland! :,:

Zum Abschluß dieses Kapitels eines der zahlreichen selbstgemachten Soldatenlieder aus dem Zweiten Weltkrieg, das zeigt, wie folgenreich jene hundert Jahre alte Parole in deutsche Männerköpfe und ins Gemüt eingebleut worden war. *Bunkerlied*, bei Kehl (Baden) am Rhein gesungen 1939/40 während der Wacht am Westwall.

1. „Gebt acht! der Feind hört mit!",
der Hauptmann hat's gesagt.
Verstummt ist jedes Lied,
gedämpft der Tritte Schlag.
Denn zu des Bunkers Haus
ziehn wir in dunkler Nacht.
„Nun, Kamerad, nun ruhe aus,
jetzt halten wir die Wacht."
Refrain:
Wenn die Granaten sprühn,
die Kugeln pfeifen – sst! – daher:
Hier stehen wir, du neben mir,
die starke deutsche Wehr.
Fest steht und treu die Wacht,
Die Wacht am Rhein.

2. Und gelb und grün und braun,
Beton wie die Natur,
ist unser Haus zu schaun,
wie Feld und Wald und Flur.
Hans wohnt im „Strammen Max",
Franz wohnt in der „Stahlbastei",
und Walter schläft auch tags
in der „Villa Sorgenfrei".
Wenn die Granaten...

3. Im Bunker fehlt nur eins,
und das bist du, Marie!
Dich grüßt vom Strand des Rheins
die ganze Kompanie.
Doch du kannst ruhig sein,
denn wer den Westwall sieht,
stimmt trutzig mit uns ein
des Bunkermannes Lied:
Wenn die Granaten...

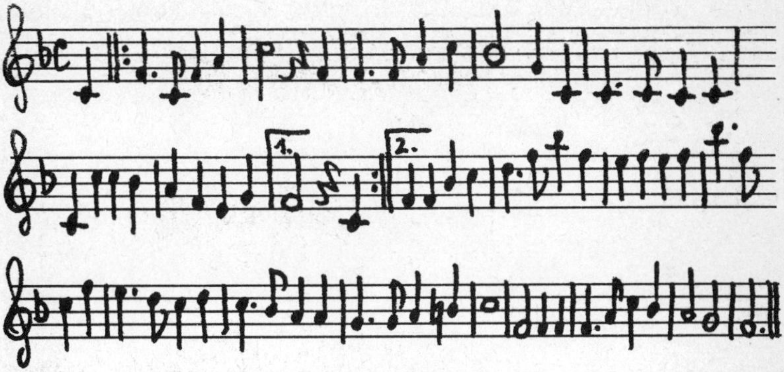

2. Das sozialdemokratische Lieb Vaterland (1971)

Hundert Jahre nach der deutschen Reichsgründung und dem phantastischen Erfolg der *Wacht am Rhein* hieß die nationale Vaterfigur nicht mehr Wilhelm, sondern Willy.

Eine Krise schien überwunden, links waren die Studenten von der Straße, rechts der Ex-Nazi Kanzler Kiesinger weg vom Fenster. Die Godesberger SPD als Volkspartei hatte sich angeboten, die Restnation zu reformieren, mit sich zu versöhnen, die Geschäfte anzukurbeln und die linken Kräfte «einzubinden». Die Jugend sollte sich mit einem positiven, fortschrittlichen Bild des Vaterlandes identifizieren dürfen, und Friedenskaiser Willy Brandt trat im Ausland so oft und überzeugend auf, daß immer mehr positive Pressestimmen aus aller Welt eintrudelten, zum Schluß durfte er sogar in Stockholm mit Lorbeer und Palmwedeln bekränzt aufs Siegertreppchen steigen.

So etwas schreit nach Hymnen. Und 1971 war es soweit: Bei Ariola erschien eine Single von Udo Jürgens, zunächst mit Riesenaufwand propagiert, Titel: *Lieb Vaterland.* Die Plattenhülle war sinnig schwarz-weiß-rot-gold gestreift, Versöhnung des obrigkeitstaatlichen (schwarz-weiß-rot) und demokratisch-republikanischen (schwarz-rot-gold) Deutschland. Ein Geschenk der Unterhaltungsindustrie an den deutschen Käufer zur Hundertjahrfeier des Deutschen Reiches. Textautor: Der Satiriker Eckart Hachfeld.

Der Branchenkenner und Udo-Jürgens-Produzent Beierlein: «Vor drei Jahren hätten wir so etwas noch nicht gewagt.»

Andre Zeiten – andre Töne?

Hier zunächst der Text:

Lieb Vaterland, du hast nach bösen Stunden
aus dunkler Tiefe einen neuen Weg gefunden
ich liebe dich – das heißt, ich hab dich gern
wie einen würdevollen, etwas müden alten Herrn.

Ich kann dich nicht aus heißem Herzen lieben
Zuviel bist du noch schuldig uns geblieben
die Freiheit, die du allen gleich verhießen
die dürfen heute Auserwählte nur genießen.

Lieb Vaterland, magst ruhig sein
Die Großen zäunen Wald und Ufer ein
und Kinder spielen am Straßenrand
Lieb Vaterland!

Lieb Vaterland, wofür soll ich dir danken?
Für die Versicherungspaläste oder Banken?
Für die Kasernen, für die teure Wehr?
Wo tausend Schulen fehlen, tausend Lehrer und noch mehr!

Konzerne dürfen maßlos sich entfalten
im Dunkel stehn die Schwachen und die Alten
für Krankenhäuser fehlen die Millionen
doch neue Spielkasinos scheinen sich zu lohnen.

Lieb Vaterland, magst ruhig sein
Die Großen zäunen ihren Wohlstand ein
die Armen warten mit leerer Hand
Lieb Vaterland!

Lieb Vaterland, wofür soll ich dich preisen?
Es kommt ein Tag, da zählt ein Mann zum alten Eisen
wenn er noch schaffen will, du stellst ihn kalt
doch für die Aufsichtsräte sind auch Greise nicht zu alt.

Die alten Bärte rauschen wieder mächtig
doch junge Bärte sind dir höchst verdächtig
das alte Gestern wird mit Macht beschworen
das neue Morgen, deine Jugend geht verloren.

Lieb Vaterland, magst ruhig sein
doch schlafe nicht auf deinen Lorbeern ein
die Jungen warten auf deine Hand
Lieb Vaterland!

Hachfeld hat sich bemüht, möglichst viele Gedanken und Gefühle im Interesse der Reform- und Volkspartei SPD unter einen Hut zu bringen: Zunächst für die Älteren die Anknüpfung an die schicksalschweren Nachkriegsjahre («böse Stunden») und die offenbar lebensnotwendige Vergangenheitsverdrängung («aus dunkler Tiefe»). Die Nation als Vater bleibt unversehrt, ist nur etwas müde, schließlich ist sie ja schon 100

Jahre alt. Braucht aber ein paar Frischzellen: jugendliche Kritik und – Reformen. Also erst mal meckern lassen: Es gibt soziale Ungerechtigkeiten! Die Sozialbindung des Eigentums wird im Freizeitbereich durch private Zäune verhindert! Spielplätze, Schulen, Krankenhäuser, insgesamt der Sozial- und Bildungsbereich braucht mehr Geld, vielleicht durch eine Steuerreform! Der Verteidigungshaushalt soll nicht so augenfällig groß sein! Konzerne sollen sich nur «maßvoll» entfalten (vielleicht mit Investitionslenkung?)! Flexible Altersgrenze bei der Pensionierung! (Heute wären wahrscheinlich noch Umweltschutz und Gleichberechtigung dabei.)

Und was sucht in diesem Zusammenhang das Zitat aus der *Wacht am Rhein*? Beim oberflächlichen *Lesen* (beim Hören vergeht dieser Eindruck sofort) könnte man meinen, das sei Ironie. Zum Schluß wird aber Hachfeld unzweideutig: «Der alte Herr» (ein Zufall, daß gerade in der gutbürgerlichen Akademikersprache der Vater so genannt wird und in den Verbindungen die zahlenden Ehemaligen?) erwächst zu alter Größe, er, das Vaterland, die hundertjährige Nation Wilhelms und Willys, soll alle diese Mißstände beseitigen und der kritischen, unzufriedenen Jugend die Hand reichen, bevor sie etwa den Teufelspakt mit der Revolution schließt. Wie Gottvater dem Adam in Michelangelos Fresko die Hand hinhält, genau so wartet (laut Hachfeld) Rudi Dutschke auf Willy Brandts erlösende Zuneigung. «Einbindung» heißt diese Politik der bewußt mißverstehenden Umarmung.

Trotzdem: Warum soll sich ein Protestlied nicht auf nationale Traditionen beziehen? Das haben die amerikanischen Protestsänger der sechziger Jahre doch auch gemacht (vgl. *The Power and the Glory* von Phil Ochs, oder der häufige Gebrauch von Liedern wie *The Battle Hymn of the Republic*). Stimmt.

Aber wenn diese Protestsänger an die Traditionen des «besseren Amerika», des «amerikanischen Traums» appellierten, dann konnten sie sich auf eine anti-koloniale Revolution, die Unabhängigkeits-Erklärung und die Menschenrechte berufen. Dann wollten sie den Widerspruch zwischen den Ideen der demokratischen Nation und der Realität deutlich machen.

Das aber ist in keinem Punkt vergleichbar mit dem «alten Kriegs- und Sturmlied der Deutschen», einer Tradition der Raubkriege, des Untertanenstaates, des nationalen Chauvinismus.

Andererseits: Was hätte Hachfeld wohl besser aufgreifen können, um die Kontinuität der Nation zu beschwören, als gerade die *Wacht am Rhein*?

Deutlicher wird die Bedeutung dieser SPD-Hymne, wenn man sie anhört:

Die beiden Strophen vor dem Refrain sind nicht für Männerchor geschrieben, sondern für einen Chanson-Star der Unterhaltungsindustrie – das ist der Unterschied zwischen 1871 und 1971. Udo Jürgens trägt sie innig bis dramatisch vor, jedenfalls ausdrucksvoll und rhythmisch etwas frei. Die Melodie – orientiert an französischen Chanson-Vorbildern, auch ein bißchen an Biermann – besteht aus einer einzigen Figur, die jeweils um einen Ton gesenkt wird, und einer monotonen Linie am Schluß. Die zweite Strophe wiederholt das Ganze mit leidenschaftlichem Aufschwung in der Terz drüber, landet aber immer wieder bei den gefühlvollen Schlußtönen wie vorher (e, d, c), wiederholt auch harmonisch den bei Chanson-Poeten beliebten Septimen-Durchlauf (hier: von g-Moll über c^7, F^7, B^7, Es^7 und c auf D), der alles so schön im Fluß und in Spannung hält. An den Strophen allein ist es dem Komponisten nicht gelegen, auch die lauernde Schlußzeile auf einem einzigen Ton (d) zeigt an: das Wichtigste kommt noch, ihr werdet staunen und aaahhh! und ooohhh! und Teufelnocheins! Was kommt heraus aus diesem Ei, das uns Ariola ins Nest gelegt hat? Der Pleitegeier, der alte Kaiserton, Teil III der Wacht am Rhein. Ohne Überleitung oder Bruch, ganz mühelos kommt aus der Schlußharmonie der Strophen (D-Dur) der Anfang des Refrains (das *Wacht am Rhein*-Zitat), ebenfalls mit D-Dur (hier als Dominant-Akkord von G-Dur; denn wenn die kritischen Strophen im

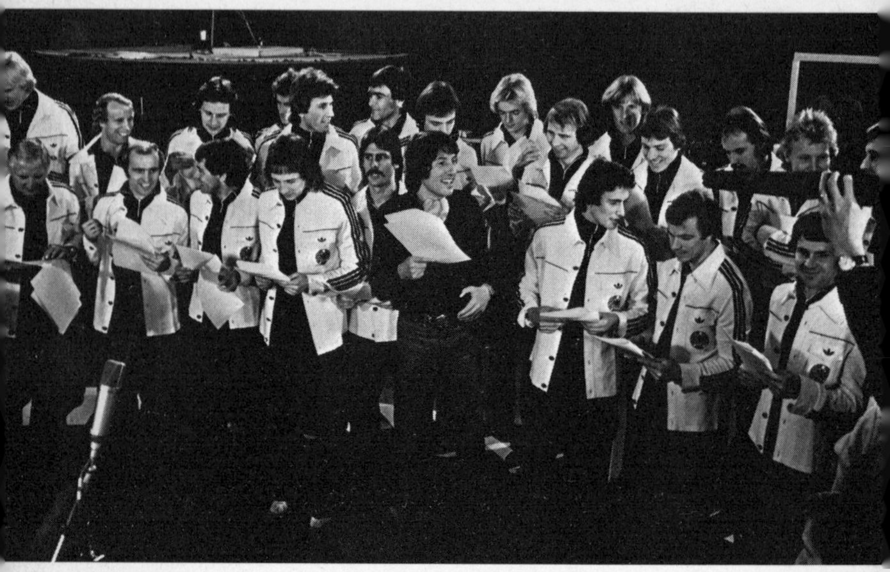

allseits beliebten Marsch angelangt sind, verwandelt sich logischerweise auch das umflorte g-Moll in G-Dur). D. h., während wir noch dem sozialkritisch parlierenden Sänger zuhören, sind wir harmonisch schon hineingeführt worden in die Melodie, die ihren traditionellen Gefühlswerten und ihrem Signalcharakter nach alles modische Kritik-Gerede Lügen straft. In Worten wird der Bezug auf *Die Wacht am Rhein* niemals genannt, (auch nicht bei der Angabe des Komponisten; da steht schlicht: Udo Jürgens), aber in Tönen sehr wohl: Denn hinter dem Jubelaufschwung «die Jugend wartet auf deine Hand» (Muster: «Es ist so schön, Soldat zu sein, Rosemarie!») landet der Chorus auf den drei halben Noten schrittweis zum Grundton hinunter (hier: h – a – g), eben: die *Wacht am Rhein.*

Das Arrangement schließlich vernichtet jeden Hauch von Kritik. Sobald der bekannte Refrain beginnt, verfällt das Schlagzeug in einen dumpfen Militär-Schlag, und auch der Schellenbaum darf wieder . . .

Groteskerweise wurde dieses Lied bald wieder aus dem Verkehr gezogen, weil Hachfelds Sozialkritik aneckte. Udo kam in den Geruch, links zu sein und mußte sich öffentlich in Interviews verteidigen: «Warum sollte ich nicht als Wohlhabender ein soziales Empfinden haben?» Beierlein hatte sich verschätzt: Im Gegensatz etwa zum französischen Chanson-Betrieb kann es sich in der BRD ein Star wie Udo Jürgens nicht leisten, mit roten Konservendosen am Schwanz durch die Medien zu scheppern – auch wenn an dieser Röte genau besehn nichts rot ist, das Gerücht genügt schon. (Niemand fand es geschäftsschädigend, als Udo Jürgens vor der 69er Wahl in der BILD-Zeitung erklärte, er fände Kiesinger in Ordnung, er wünschte ihn sich manchmal nur etwas härter ...). Soviel zur geschäftlichen Seite, ein Reinfall.

Politisch betrachtet ist das Lied ein Glücksfall: Deutlicher kann man die Politik der Volkspartei SPD nicht mit musikalischen Mitteln darstellen. Da wird vorgeführt, wie ein bißchen Sozialkritik durch die beflissene Öffnung nach rechts und hinten erschlagen wird von dem, was durch diese Öffnung hereinkommt. Das mächtige Muster der *Wacht am Rhein* erschlägt jedes Wort der Strophen. Dieses teutonische Kriegsroß kann man nicht einspannen und sanft woandershin lenken, man kann es nur bekämpfen. Aber hat die SPD je etwas anderes gemacht, als sich von Gäulen nach rechts ziehen zu lassen, die sie dachte am Zügel zu führen? Sie wollte den Rechten gegenüber nicht als «vaterlandslos» dastehen – und wurde 1914 Kriegspartei. Sie verstieß ihren Liebknecht – und bekam Noske. Sie erklärt die *Internationale* zur Teufelsmusik – und landet bei der *Wacht am Rhein.*

«Lieb Vaterland» im Karneval

Man könnte einwenden, das alles sei Spekulation, vielleicht habe der Plattenhörer das Lied ganz anders aufgefaßt. Man kann ja nichts Genaues wissen.

Doch, etwas kann man wissen. Nämlich wie das Lied von Hachfeld/Jürgens in Gebrauch genommen wurde.

Frühjahr 1972, Fasnet in Konstanz am Bodensee. Großes Narrenfest eines jener Fasnachtsvereine, deren Lustigkeit aus derselben Zeit stammt wie die patriotischen Rheinlieder.

(Entgegen anderslautenden Gerüchten stammt unser Karneval nicht aus dem Mittelalter. Die bürgerlichen Karnevalsvereine, die in der ersten Hälfte des 19. Jahrhunderts gegründet wurden, haben mit allem Ernst die unsauberen, frechen, blasphemischen, gefährlich nach Freiheit stinkenden Elemente des mittelalterlichen Karnevals ausgerottet, statt dessen eine vaterländische, saubere und durchorganisierte Vereinsmeierei entwickelt, manchmal kritisch, aber ‹im Rahmen›. Gesamttendenz: Im Zweifelsfalle lieber rechts. 1978 schrieb z. B. der Mainzer «Bajazz mit der Laterne» Willi Scheu Texte für die «Mainzer Hofsänger», die streng ins Gericht gingen mit dem Maskenkünstler Wallraff und dem Liedermacher Biermann, aber für Rudolf Heß Amnestie forderten: «Ein Männlein sitzt in Spandau ganz still und stumm». Diese politischen Lieder strich das Fernsehen für die große Karnevals-Show «Mainz wie es singt und lacht», weil sie zu offensichtlich reaktionär waren. Prompt beklagten sich Karnevalsfunktionäre: In der hundertvierzigjährigen Geschichte des Vereins sei dies der erste Fall von Zensur ... Keine Zensur in der finsteren Zeit nach 1848? Keine Zensur im wilhelminischen Reich? Keine Zensur unter den Nazis? Wie schön für Euch!)

Konstanz 1972:
Die Witze der Narren auf der Bühne trafen wie immer ins Schwarze:
Kritik an der Polizei, weil sie zu wenig Verbrecher erwischt.
Kritik am Strafvollzug, weil er zu human ist.
Kritik an den Prostituierten, weil sie für Unsauberkeit sorgen.
Kritik an den Fußballspielern, weil sie zuviel Geld kriegen, sich bestechen lassen und nicht scharf genug durch Strafen erzogen werden ...

Und dann kam – wie an vielen anderen Orten auch – das Fasnachtslied der Saison, hier auf Konstanz umgemünzt:

Constantia, du hast in schwachen Stunden
noch immer keinen klaren Weg gefunden
man liebt dich, man steht dir immer nah
wie einer alten, etwas müden Omama ...

Man kann dich auch aus vollem Herzen lieben
drum sind auch soviel Preußen hier geblieben
wir wollen uns die Zukunft nicht vermiesen
es gibt hier Schönes auch noch zu genießen

Constantia, magst ruhig sein
doch schlafe nicht mit offnen Augen ein
das Glück ist auch für dich noch da
Constantia!

Constantia, wofür soll man dir danken?
für Sparkassenfilialen oder Banken?
für Nachtlokale überall im Städtchen?
oder für tausend zuckersüße leichte Mädchen?

Die alten Bärte rauschen hier noch mächtig
und Wohnungsmakler, die verdienen prächtig
auch alte Zöpfe werden noch beschworen
und trotzdem ist nicht alles hier verloren

Constantia, magst ruhig sein ...

Die Änderungen im Text sind begreiflich: Erstens wurden die Schlagzeilen der nationalen Presse durch die Schlagzeilen der Lokalpresse ersetzt, und zweitens das Protestpathos des Originals abgeschminkt. Aber was geblieben ist, hat sich im Gebrauch verstärkt: Sobald die vertrauten Töne des Refrains erklangen, mußten und wollten alle mitsingen und mitklatschen und wolltens noch mal und noch mal. Riesige Begeisterung. Ob das der Provinzstadt Konstanz galt? Kaum anzunehmen. Offenbar ist diese Musik ein Signal, das einen Sack von Einzelgefühlen aufschnürt, die endlich mal raus dürfen. Woher die Leidenschaft auch immer kommen mag, sie sammelt sich im großen, seit über hundert Jahren propagierten großen Nationalgefühl, musikalisch ausgedrückt im Marsch, im deutschen Marsch. Zwar ist die musikalische Grundbefindlichkeit des modernen Karnevals sowieso der Narhalla-Marsch, und das Mitklatschen ist immer ein Ersatz fürs Marschieren (wurde jemals ein Walzer mitgeklatscht?), aber bei diesem Lied kam hörbar mehr raus als bei anderen:

Es ist, wie es ist. Es war schon immer so. Es soll auch so bleiben. Wir gehen einer sicheren Zukunft entgegen, erst recht, wenn wir Angst haben. Wir schützen uns durch gleichen Schritt und Tritt. Wir hören ein inneres Kommando. Der Weg ist vorgezeichnet. Wir bleiben Konstant. (Constantia: = Festigkeit, Beharrlichkeit, Elefantenarsch.)

Alfred Rosenberg läßt grüßen: «Die deutsche Nation ist eben drauf und dran, endlich einmal ihren Lebensstil zu finden. Es ist der Stil einer marschierenden Kolonne, ganz gleich, wo und zu welchem Zweck diese Kolonne eingesetzt sein mag.»

(1936; nach J. Wulf: Musik im Dritten Reich, Reinbek 1966, S. 263).

Mainz, wie es schunkelt
Die Lorelei hält immer noch jahraus, jahrein
Die Wacht am Rhein, die Wacht am Rhein!
Den großen Fels, den kriegen die auch niemals klein
Die Wacht am Rhein, der Wacht am Rhein!

Der Stein der Lorelei wird nie im Rhein versinken
Das wird in tausend Jahren noch wie heute sein.

Die Lorelei hält immer noch . . .

Die Welt, die geht rauf und geht runter
Es knallt und es kracht auch mitunter
Wenn alle die Nerven verliern
Uns kann doch gar nix passiern!

Die Lorelei hält immer noch . . .

Der Stein der Lorelei wird nie im Rhein versinken
Das wird in tausend Jahren noch wie heute sein.

Die Lorelei hält immer noch jahraus, jahrein
Die Wacht am Rhein, die Wacht am Rhein!
Den großen Fels, den kriegen die auch niemals klein
Die Wacht am Rhein, der Wacht am Rhein!

(Und noch mal dasselbe einen Ton höher)

Mainzer Karneval-Schlager,
gesungen von Lokalmatador Ernst Neger.
Schunkelwalzer mit eingesprengten militärischen Bläsersignalen.
Als Ouvertüre die letzte Zeile aus der Originalversion der *Wacht am Rhein.*

3. Die regionale Andere Wacht am Rhein (1974 ff.)

Dieses Kapitel wird sich von den anderen unterscheiden. Weil ich das Lied selber geschrieben und verbreitet habe, weiß ich einerseits besser Bescheid über Einzelheiten, brauche keine historischen Bücher zu wälzen, anderer-

seits stoße ich dauernd an Schamgrenzen. Ein erstes «objektives» Manuskript mußte ich wegwerfen, der Autor kam praktisch nicht drin vor. Wenn wir nicht zu mehreren diskutiert hätten, wäre es bei dieser Objektivität geblieben, und ich hätte mir einige Überraschungen erspart, die nicht nur freudige waren.

Zuerst: Die alte Parole im neuen Licht besehen.

Am 20. September 1974 besetzten die damals 21 badisch-elsässischen Bürgerinitiativen den Bauplatz der CWM (Chemische Werke München) auf dem Gelände der elsässischen Gemeinde Marckolsheim. Die Bürgerinitiativen hatten vorher öffentlich angekündigt, sie wollten mit allen Mitteln, auch mit Platzbesetzungen, das gefährliche Bleichemiewerk in Marckolsheim und das Atomkraftwerk in Wyhl verhindern. Während der ersten Besetzungs-Woche diese Szene:

Ein normaler, naßkalter Morgen; die Besetzer essen, trinken, machen Feuerchen, bosseln an Zelten und Hütten, schwätzen, stehen um einen Traktor rum, warten auf noch mehr Leute. Die nassen Transparente hängen schlaff durch, Aufschriften: «La démocracie a du plomb dans l'aile!» («Die Demokratie hat Blei im Flügel») oder «L'Alsace n'est pas une poubelle!» («Das Elsaß ist keine Müllhalde»). Der allen bekannte Schullehrer Gilg aus Marckolsheim (Umweltschützer und Sozialist, PSU) bringt ein neues Transparent herüber, wir pflanzen es in den Matsch. Auf seinem Leintuch steht wörtlich: «Deutsche und Franzosen gemeinsam – Die Wacht am Rhein.» «Gute Idee», sagt jemand vergnügt. – «Na, ich weiß nicht recht», jemand anders, «ist das nicht zu heikel? Alle diese schlimmen Erinnerungen?»

Aber der Lehrer Gilg hat sich den Spruch gerade wegen der Erinnerungen ausgedacht. Sein Gedanke war schlagend: Nimm die alte, schwerbeladene Parole des deutschen Nationalismus und des Krieges, und konfrontiere sie heute 1974 mit der Wirklichkeit im Grenzland. Und schon verwandelt sich die Bedeutung der Wörter. Der Rhein verwandelt sich aus dem «deutschen Schicksalsstrom», dem Symbol, zurück in Wasser, lebensnotwendig für die Anwohner auf beiden Seiten, gefährdet durch die Industrieabfälle aus beiden Ländern. Die «Wacht» ist nicht mehr nötig gegen den «Erbfeind», den Verwandten von gegenüber, der einen anderen Paß hat und den sie in eine andere Uniform gesteckt haben, sondern gegen die eigenen Herren in beiden Ländern, die Rüstungsbosse von damals und heute, die international längst verflochtene Atomindustrie. Ist er nicht schön, dieser Gedanke? Das Kanonenfutter aus drei Kriegen zieht die Uniform aus, verweigert die Anerkennung der Grenze und hält gemeinsam in Arbeits- und Alltagskleidung die Wacht gegen seine Herren? Das ist ja auch die Geste der revolutionären Soldaten, die sich über den Schützengräben verbrüdern und die Gewehre auf die eigenen Generäle richten. Und: wir machen nicht irgend etwas Neues, was Modernes, sondern ganz bewußt das Gegenteil vom Bisherigen. Deshalb ist es sinnvoll, die alte Parole nicht zu vergessen oder zu verstekken, sondern öffentlich umzudrehen. Der Widerspruch wird plakatiert.

Der Gedanke des Lehrers Gilg hat den Leuten aus den Bürgerinitiativen gefallen, und nach und nach setzte sich der Begriff «Wacht am Rhein» für unsere Aktionen in Wyhl und Marckolsheim durch, auch in der Presse und im Funk.

Das Lied habe ich im Oktober 1974 geschrieben und während einer Sonntagskundgebung auf dem besetzten Platz gesungen. Währenddessen verteilten Freunde ein Flugblatt mit Text und Melodie, unterzeichnet mit: «Jos Fritz, 78 FR-Lehen, Bundschuhstr. 1525.»

Die Wacht am Rhein

1 Im Elsaß und in Baden
war lange große Not
da schossen wir für unsre Herrn
im Krieg einander tot.
Jetzt kämpfen wir für uns selber
in Wyhl und Marckolsheim
wir halten hier gemeinsam
eine andere Wacht am Rhein.
Auf welcher Seite stehst du? He!
Hier wird ein Platz besetzt.
Hier schützen wir uns vor dem Dreck
nicht morgen, sondern JETZT!

2 Herr Rosenthal hat einen Plan,
der uns gar nicht gefällt.
Dem Rosenthal ist das egal,
den interessiert nur Geld.
Uns aber interessieren
der Fluß, der Wald, das Feld
und unsere Gesundheit
kauft uns keiner ab für Geld.

3 Wer will den bleiverseuchten Wein
Blei-Milch, Blei-Hecht, Blei-Aal?
Wer ißt ein Rindersteak mit Blei?
Vielleicht Herr Rosenthal?
Aber nein, der hält sich sehr gesund
sauber und elegant –
Bloß seinen CWM-Mülleimer
stellt er in unser Land.

4 Zu Straßburg auf der Schanz
residiert der Herr Präfekt,
der hat bei der Chemie-Industrie
das große Geld geleckt.
Sicurani, Sicurani
du hast uns angeschmiert!
Aber paß bloß auf: das Elsaß
hast du nicht kolonialisiert.

5 Am zwanzigsten September
da wars schon höchste Zeit,
da machten wir uns auf dem Platz
von CWM schön breit.
Und als er uns behindert hat,
Sicurani, der Wicht,
da machten wir die Grenze
auf den Brücken schnell mal dicht.

6 Am Limberg über *Sasbach*
da wächst ein roter Wein.
Der schmeckt nicht schlecht, das ist uns recht
so soll's auch weiter sein.
Am Anfang waren drei erst wach
jetzt wacht der ganze Ort
die schieben mit Traktoren
jeden Rosenthal hier fort.

7 In *Endingen* ist die Rebumlegung
endlich geschafft,
aber nicht dafür, daß Rosenthal
seinen Bleistaub rüberpafft.
Drum hört den Apotheker,
der laut und deutlich spricht:
Es gibt für vieles Medizin,
doch für Bleivergiftung nicht.

8 In *Weisweil* im Gemeindehaus
da fing der Kampf mal an,
da wird nicht nur gebetet,
da wird auch was getan.
Und in die «Fischerinsel»
passen EINUNDZWANZIG rein,
da haben wir beschlossen:
KKW + BLEIWERK: NEIN!

9 Es schlafen einige sehr schlecht
in *Wyhl*, in Wyhl, der Stadt,
weil dort der Bürgermeister
uns glatt verschaukelt hat.
Jetzt sitzt er mit Pistole
in seinem Judas-Haus
und denkt: «Hätt ichs doch nicht getan,
bald ist es mit mir aus!»

10 In *Mackenheim*, in Mackenheim
da kommt es knüppeldick:
da steht ein großer Galgen
dran hängen sieben Strick.
Darunter steht betreten
der halbe Gemeinderat,
der schon in BAYERS Schlinge
den blöden Schädel tat.

11 Nach *Riegel* fahren viele
auf Arbeit übern Rhein,
die sagen: «Wenn das Bleiwerk kommt,
fall ich als erster rein.
Was nützt mir so ein Arbeitsplatz,
an dem ich bald verreck?
Herr Rosenthal, hau ab, du Sack,
geh weg mit deinem Dreck!»

12 Und kommt der Staatsanwalt
und kommt die blaue Polizei
und kommen sie im Morgengraun –
uns ist das einerlei.
Wir sind uns nämlich einig
und werden täglich mehr,
und wenn wir uns mal einig sind,
dann sind wir immer mehr!

13 Und wenn sie uns auch sagen,
die erste Bürgerpflicht
wär Ruh auf Treu und Glauben,
wir glauben ihnen nicht.
Der Glaube hatte nichts genützt
in Stolberg und Nordenham,
Wir haben nicht vergessen
DDT und CONTERGAN.

14 Im Elsaß und in Baden . . . (s. o.)

Texterklärungen:

1. Strophe: Erklärt die neue Bedeutung der alten Parole.

2.–4.:Breitet die gängige Argumentation gegen das Bleichemiewerk aus. «CWM-Mülleimer»: s. o. «Sicurani»: Der zuständige Präfekt, Korse, ehemaliger Kolonialbeamter in Polynesien. Für die Elsässer eine Provokation:

5.: Die wichtigsten und wirksamsten Aktionen, von uns selbst als «historisch» verstanden: Besetzung und Grenzblockade.

6.–11.: Beschreiben den regionalen Zusammenhang der Bewegung. Zeigen, an welchen Orten schon was passiert, um andere zu ermuntern. Sagen aber auch: was da und dort gemacht wird, ist wichtig, wichtig genug z. B. für ein Lied.

6.: Die Sasbacher Bevölkerung trug in Marckolsheim von badischer Seite die Hauptlast. Die Mobilisierung fand praktisch über Nacht statt, vorher kannten wir immer nur drei Leute, die zu den BI-Sitzungen kamen.

7.: Rebumlegung: aufwendige Terrassierung der Weinberge. Der Sprecher der BI von Endingen, Apotheker Schött, war bei vielen Winzern anerkannt bis populär. War extra nach Nordenham gefahren, um dort die Auswirkungen des Bleiausstoßes zu studieren, hielt Vorträge in den Dörfern und verhandelte mit Behörden. (Heute – dank den Bürgerinitiativen – FDP-MDL in Stuttgart.)

8.: Weisweil grenzt direkt an Wyhl, hier entstand 1973 die erste BI gegen das AKW Wyhl im evangelischen Gemeindehaus, und 1974 wurde die Föderation der damals 21 badisch-elsässischen Bürgerinitiativen in Balthasar Ehrets Gasthaus «Fischerinsel» gegründet.

9.: Der Wyhler Bürgermeister Zimmer hatte heimlich mit Behörden und Badenwerk den Standort Wyhl ausgekungelt. Im Volksmund nannte man sein neuerbautes Haus «Judaslohn». Aus Angst vor einer Demonstration Juli '74 ließ er alle Läden runter, ließ Polizei Wache stehen und blieb mit einer Pistole im Dunkeln sitzen. (Sagte er jedenfalls später in der Kneipe.)

10.: Während der heißen Zeit in Marckolsheim handelte der Chemiekonzern BAYER im benachbarten Mackenheim (Elsaß) dem Gemeinderat ein großes Stück Wald für eine Fabrik ab. Die Abstimmung im Gemeinderat war knapp, 7:6 für BAYER. Darauf die Geschichte mit dem Galgen.

11.: In Riegel gab es damals noch keine feste BI. Aber der Ort war die Anlaufstelle für die elsässischen Pendelarbeiter, denen zuliebe angeblich CWM bauen wollte. Tatsächlich unterstützte die Organisation der Pendler praktisch und politisch unsere Besetzung.

12.–13.: Die gängige Argumentation für eine Besetzung. Stolberg und Nordenham waren wegen der Bleikatastrophen bekannt (am Kaiserstuhl bekannter als in Bremen), das Argument mit DDT kam von den Bauern, das mit Contergan von den Frauen.

Offenkundig, daß dieses Lied vollkommen an die aktuellen und regionalen Besonderheiten des Kampfes in Wyhl und Marckolsheim gebunden ist. Außerhalb der Region konnte es nur mit umständlichen Erklärungen gesungen werden, als tönendes Dokument aus der Südwestecke.

Trotzdem wurde das Lied auf Flugblättern, in Liederheften und auf zwei Schallplatten in der ganzen BRD, auch in der Schweiz und in Österreich verbreitet. Das lag nicht am Lied, sondern an der Tatsache, daß der Kampf und der Erfolg von Wyhl Gruppen an anderen Orten interessierten, daß Wyhl zum Modell wurde.

(Hier verschränkt sich die Sache allerdings: Es wuchs ja nicht nur die Nachfrage nach Dokumenten aus Wyhl, wir machten auch Propaganda so zwischen Kiel und Wien fast überall, mit Filmen, Vorträgen, Dia-Shows und eben auch Liedern. Wir wollten Unterstützung in der Form, daß auch an anderen Orten der Widerstand gegen die Atomindustrie losgeht. Die Parole «Kein KKW in Wyhl – und anderswo auch nicht!» stammt von der Badischen Fraueninitiative. Bei einem Folk-Festival z. B. kam erst der Song, weil da halt Gesang erwartet wird, und *dann* Argumente und Information. Umgekehrt verläuft es bei einer Umweltschutzveranstaltung, da sind die Lieder das Zusätzliche.)

Die Melodie der Anderen Wacht am Rhein

Die Originalmelodie der alten *Wacht am Rhein* war mir nicht geläufig, dazu bin ich zu spät geboren. Als ich sie in einem Liederbuch nachschlug, erkannte ich zwar einige Stellen als «schon mal gehört», konnte aber nicht damit umgehen. (Die älteren Kaiserstühler Liedermacher hatten solche Widerstände nicht. So hat z. B. Ernst Schillinger aus Ihringen *Wohlauf Kameraden, auf's Pferd, auf's Pferd* (Wallensteins Lager) neu getextet: *Auf, auf, Kaiserstühler, in den Wald, nach Wyhl!*, und der Männergesangverein Weisweil machte eine Wyhl-Fassung auf *Freiheit, die ich meine* von Max von Schenkendorf, aus den «Befreiungskriegen». Für sie ist die Männergesangs-Tradition des 19. Jahrhunderts noch präsent.)

Die «regionale» Musik, d. h. landläufige Volksliedmelodien und Text im alemannischen Dialekt, war damals, Herbst 1974, noch nicht aktuell. Die elsässischen Dialektsänger waren noch zu weit von den Bürgerinitiativen weg, und wir vom Dialekt-Singen. Das ging erst mit *In Mueders Stübele* los, Februar 1975, und zwar auf Anregung von Meinrad Schwörer aus Wyhl.

Die Musik der deutschen Arbeiterbewegung, mit der ich in dieser Zeit beschäftigt war, klang den Leuten aus der Region sehr fremd in den Ohren, sehr beunruhigend. So wurde z. B. eine Wyhl/Marckolsheim-Fassung auf *Der schlimmste Feind* (Tucholsky/Eisler) nur von den jungen Linken aufgegriffen, an den Dörfern ist das Lied einfach abgetropft, vielleicht weil es so radikal klang, so aktivistisch mit diesem «Vorwärts!»-Ton. Wenn überhaupt etwas an Erinnerung an Lieder aus den zwanziger und dreißiger Jahren da war, dann war die mit Sicherheit nicht positiv besetzt.

Für den geplanten Zweck, ein von vielen gemeinsam singbares Platzbesetzerlied, ging auch der Typ «KKW Nein-Rag» nicht.

Der Rag, geschrieben Juli 1974, war mehr für die Studenten: Die amerikanische Musik (ich kannte sie von der Phil-Ochs-Fassung *Draft Dodger Rag*) ist kraus, lustig, zum Tanzen, ironisch und frech. Der Text stellt die Verhältnisse zwischen Atomindustrie und «demokratischen» Institutionen dar wie im Kasperle-Theater, rücksichtslos. Rücksichtslos war auch die Plattenaufnahme des Rag für unsere Single *Wacht am Rhein*: alles etwas schief, hingefetzt, mit improvisierten Gesangszusätzen und Zwischenrufen, die den Liedtext oft übertönten. Viele Kaiserstühler, die das hörten, glaubten eher an Aufnahmefehler als an Absicht, unseren absichtlichen Spaß. Rücksichtslos fanden auch einige verantwortliche BI-Mitglieder den ersten Einsatz des *Rag*, als wir das Lied mit Blaskapelle und über einen Lautsprecher von außen in den Wyhler Erörterungstermin hineinspielten, um zu stören. (Zwar hatten uns andere Kaiserstühler dazu aufgefordert, aber die waren nicht so verantwortlich.)

Solche mehr oder weniger klaren Überlegungen führten dann zu dem Versuch mit dem amerikanischen Gewerkschaftslied *Which Side Are You On?*, das ich schon lange aus Liederbüchern und von einer Plattenaufnahme mit Pete Seeger kannte. Im Gegensatz zum *Rag*, in dem es keine Ruhepunkte gibt und der zwingt, immerzu und ziemlich schnell einen silbenreichen Text zu singen, hatte dieses Lied den Vorteil der klaren Strophengliederung und des eindeutigen Refrains, dessen erste

Zeile ich übernahm: *Which side are you on? – Auf welcher Seite stehst du?* Das war die tägliche Frage der Militanten an alle anderen Betroffenen aus der Region, die noch unsicher bis neugierig unsere Aktionen wie die Besetzungen (schon eine Art Propaganda der Tat) beäugten. In dieser Zeit (Herbst 1974) wurde auch oft davon gesprochen, daß unsere Aktion nur gelingen kann, wenn – genau wie beim Streik – die Betroffenen gemeinsam handeln.

Zusätzlich fand ich es gut, daß gerade wir demonstrativ ein Lied der Arbeiterbewegung benützen, demonstrativ gegen die Demagogie, die auch damals schon von oben kam und Arbeiter- und Bauerninteressen gegeneinander ausspielen sollte.

Soweit die Gründe aus dem Kopf.

Dagegen bzw. dazu setzt Peter andere Überlegungen: Die *Wacht am Rhein* (die Andere) ist nicht zufällig ein verbreitetes Massenlied geworden, sie ist auch musikalisch zugeschnitten auf Gefühle und Muster, die weit herkommen und auch bei den Älteren ganz bestimmte Reaktionen ausgelöst haben, besonders in der ländlichen Region um Wyhl.

Auffallend ist der Bekenntnischarakter (vor allem 1. Strophe und Refrain) des Liedes und der Bekenntnischarakter im Gebrauch, d. h. mit welcher Haltung Alte und Junge in besonders wichtigen Situationen gesungen haben. Drei Beispiele:

1. Als die Polizei im Morgengrauen des 20. Februar 1975 den besetzten Platz in Wyhl räumte, mit Wasserwerfer und Prügeln auf die Leute losging, die sich eng aneinandergedrängt hatten, um sie einzeln wegzuschleifen und zu verhaften, sangen alle unablässig dieses Lied, wiederholten die Strophen, immer wieder dann der Refrain. Die Stimmung war extrem erregt, das Gefühl tatsächlich von «höchster Not» war da, das Singen sollte trösten und Kräfte mobilisieren. (Ein gewaltfreier Widerstand ist psychisch viel anstrengender, als wenn man seine Aggressionen auskotzen kann.)
2. Ein Jahr später wurde einer unserer Besetzerfreunde aus dem Elsaß, Raymond Schirmer, wegen totaler Kriegsdienstverweigerung vom Militärtribunal in Metz zu zwei Jahren Gefängnis verurteilt. Wir (vor allem Elsässer) machten im Gerichtssaal aus Protest ein Sit-in und sangen, ziemlich beängstigt, umstellt von schwerbewaffneten Bürgerkriegs-Polizisten u. a. *We shall overcome*, *Le deserteur* (ein Lied von Boris Vian gegen den Militärdienst im Algerienkrieg) und die *Wacht am Rhein* – lauter Bekenntnislieder.
3. Als 1976 im Zuge der Umarmungspolitik die CDU-Fraktion im Wyhlerwald auftauchte und mit uns diskutieren wollte, beharrte der Fraktionsvorsitzende Späth darauf, nur außerhalb des illegalen Geländes zu reden. Die AKW-Gegner empfanden das als Provokation, und Heinz Siefritz (Elektromeister aus der BI Weisweil) schnappte sich ein Megaphon und sang demonstrativ: «Auf welcher Seite stehst du, he? Hier wird ein Platz besetzt!»

Nun liegt es wohl in solchen Situationen keinem Kaiserstühler nahe, sich auf die Kampferfahrungen der amerikanischen Gewerkschaften zu beziehen. Die «Unions» sind hier einfach nicht bekannt, und ihre Lieder auch nicht. Aber etwas anderes ist bekannt: die Geste der Melodie. Das amerikanische Original klang noch so:

Für die *Andere Wacht am Rhein* hat sich da allerhand geändert: Zuerst wurden mal beide Teile verdoppelt, sowohl jede Strophe als auch der Refrain. («Which side are you on?» genügt im Streik. Platzbesetzungen sind nicht so selbstverständlich. Deshalb kommt in unserer Fassung die Besetzung vor, die Begründung und der Hinweis, daß das keinen Aufschub duldet: «Nicht morgen, sondern jetzt!») Außerdem habe ich mir für unsere Zwecke die Melodie umgesungen. Sie klingt jetzt so:

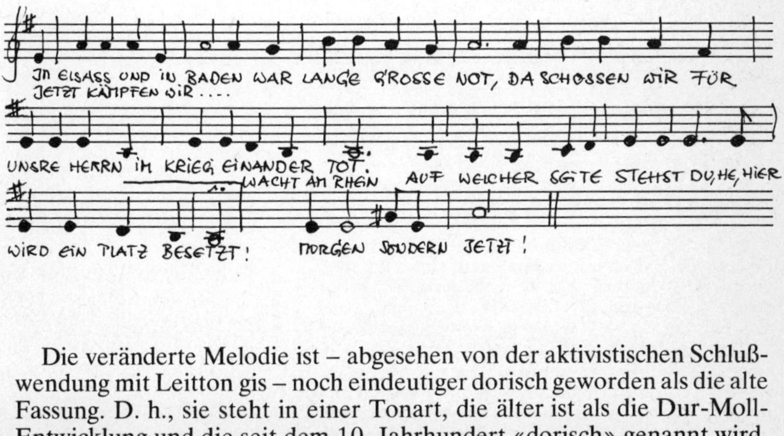

Die veränderte Melodie ist – abgesehen von der aktivistischen Schlußwendung mit Leitton gis – noch eindeutiger dorisch geworden als die alte Fassung. D. h., sie steht in einer Tonart, die älter ist als die Dur-Moll-Entwicklung und die seit dem 10. Jahrhundert «dorisch» genannt wird.

Wenn man vom Grundton d ausgeht, unterscheidet sich die dorische Tonleiter von der Moll-Leiter durch eine große Sext und eine kleine Septim, also: d, e, f, g, a, h, c. Heißt der Grundton a wie in unserem Fall, unterscheidet sich die dorische Tonart vom a-Moll durch das fis. In diesem Ton stehen unzählige Volkslieder in allen möglichen Ländern. Bekannt sind zum Beispiel: *So treiben wir den Winter aus* oder der in der bündischen Jugend beliebte Shanty *What shall we do with a drunken sailor.* Bloß: in der Kaiserstühler Feierabendkultur existieren diese alten Volkslieder aus der Zeit vor der Dur-Moll-Unterscheidung nicht mehr, es scheint völlig unwahrscheinlich, daß jemand in der *Wacht am Rhein*-Melodie etwas von weit her Überkommenes wiedererkennen konnte.

Aber es existiert das Kirchengesangbuch. Und da finden sich tatsächlich eine ganze Reihe dorischer Choräle, wie z. B. *O Heiland reiß die Himmel auf!* oder *Kommt her zu mir, spricht Gottes Sohn, all die ihr seid beschweret nun,* auf dessen Melodie seit dem Dreißigjährigen Krieg gesungen wird: *Verzage nicht, du Häuflein klein.*

Verzage nicht, du Häuflein klein

Weise: Kommt her zu mir, spricht Gottes Sohn
Oder: Heut singt die liebe Christenheit Nr. 116

15. Jahrh. / Geistlich 1530 / Nürnberg 1534

2. Tröste dich nur, daß deine Sach ist Gottes, dem befiehl die Rach und laß es ihn nur walten. Er wird durch einen Gideon*, den er wohl weiß, dir helfen schon, dich und sein Wort erhalten.

* Held im Buch der Richter, Kap. 6–8

3. So wahr Gott Gott ist und sein Wort, muß Teufel, Welt und Höllenpfort und was dem tut anhangen, endlich werden zu Hohn und Spott; Gott ist mit uns und wir mit Gott, den Sieg wolln wir erlangen.

Jakob Fabricius um 1635

Was verbindet sich mit der Erinnerung an Melodien in diesem Kirchenton? Das Bekenntnis, das Bewußtsein der Zusammengehörigkeit in der Gemeinde, das Gefühl des höheren Rechts, dem im irdischen Jammertal nicht Rechnung getragen wird.

Kein Zufall, daß die zeitweilig sehr eindeutige und mutige Stellungnahme einiger protestantischer Dorfpfarrer gegen das KKW in Wyhl für die Mobilisierung der Bevölkerung mehr bedeutet hat als jeder linke Aufruf. Kein Zufall, daß die Gesetzesübertretungen immer und überall begründet wurden mit dem höher stehenden Grundrecht, Menschenrecht, ja auch: göttlichen Recht, oft in einer Ausführlichkeit und Ernsthaftigkeit, die mich durchaus an die ernsthaften christlichen Begründungen der aufständischen Bauern von 1525 für ihre Taten erinnert hat.

Kein Zweifel, daß das Lied gerade wegen seiner Melodie im Kirchenton 1974/75 am Kaiserstuhl gepaßt hat. Und was mich betrifft, der die Melodie ausgewählt hat, so fällt mir jetzt nachträglich auch allerhand ein.

Für meine musikalische Erziehung spielte das evangelische Gesangbuch in Kindergottesdienst, Christenlehre und Kirchenchor eine wichtige Rolle; bis zur Unterprima wollte ich noch Pfarrer werden. Wenn ich heute nachts auf der Autobahn am Steuer einzuschlafen fürchte, singe ich ganz allein Choräle, und laut. Dieser Appell siegt immer gegen das schöne körperliche Bedürfnis nach Schlaf. Und der stärkste Appell ist ein Osterchoral aus dem 12. Jahrhundert: *Christ ist erstanden*, ebenfalls dorisch, und in der Melodieführung der neuen *Wacht am Rhein* am nächsten verwandt:

Dieser Choral war der Schlachtgesang des Deutschen Ordens, der erfüllt von den allerchristlichsten Missionsidealen vom 13. bis zum 16. Jahrhundert als erobernder und kolonisierender Männerbund sein Unwesen in Polen, Livland, Kurland, Litauen und Ostpreußen trieb. Woher ich das weiß? Mit 15 Jahren trat ich einer evangelischen Jungenschaft «Die Deutschritter» bei, einem Jungenbund, den ehemalige HJ- und Jungvolkführer in Baden organisiert hatten. Diesem Verein bin ich zwar entkommen und später bei einer Aktion gegen den § 218 aus der Kirche ausgetreten – aber die musikalischen Muster sitzen eben tiefer als die rationale Kontrolle reicht.

(In amerikanischen Liederbüchern steht, die Frau des Gewerkschafts-Organisators Sam Reece, Florence Reece, habe das Lied *Which Side Are You On?* zur Melodie einer alten Baptistenhymne geschrieben; mehr zur Entstehungsgeschichte in der Nr. 3 (1978) der Zeitschrift «Anschläge» des Archivs für Populäre Musik, Bremen)

Die *Andere Wacht am Rhein* mobilisiert zwar Gefühle, die aus der Kirchenliedtradition kommen, ist aber kein Choral geworden. Das liegt einmal am Text, der – abgesehen von der ersten und den letzten beiden Strophen – konkret ist, Geschichten erzählt, nach dem Vorbild von amerikanischen «Topical Songs» oder mexikanischen «Corridos», also orientiert ist an einem Liedtyp, der Informationen im Straßen- oder Alltagston vermittelt. Die Ermutigung wird auch nicht ideologisch ausgedrückt (16. Jahrhundert: «Gottvertrauen», heute in der Linken manchmal ideologische Phrase: «Vertrauen in die eigene Kraft»), sondern fast ausschließlich durch die Erzählung nachprüfbarer Geschichten, mit der Haltung etwa: Das ist uns gelungen, das wurde gemacht, wir haben keinen Grund zur Resignation, Platzbesetzung ist möglich, es ist bewiesen.

Zum anderen liegt das Nicht-Choralmäßige am amerikanischen Filter, durch den die Melodie gelaufen ist. In Deutschland hat die alte populäre Musik (oft Tanzmusik) durch ihre Vergeistlichung an Leben verloren. Statt Leichtfüßigkeit dieser schleppende Trott des Gemeindegesangs, der einen halben Schlag hinter der Orgelführung herlatscht. In den USA war das anders: Im Pionierleben einiger weißer religiöser Gemeinschaften, und dann vor allem unter dem Einfluß der Spirituals aus der schwarzen Gemeinde haben die alten, aus Europa mitgebrachten Choräle wieder an Leben gewonnen, das Kirchenlied-Singen wurde dort beweglicher, körperlicher. Von dieser rhythmischen Befreiung alter Melodien profitiert auch noch *Which Side are You On?*.

Peter schreibt über die Melodie: Sie spricht ja nicht nur durch ihren dorischen Intervallaufbau, sondern auch durch die Tonführung von einer ganz bestimmten Tiefe und düsteren Erregung. Wenn man anfängt, das Lied in normaler Tonlage zu singen, muß man im Refrain unheimlich in die Tiefe, kann nicht mehr laut singen, sondern muß halblaut brummen, die Stirn runzeln, den Unterkiefer vorschieben, überhaupt alle mimischen Gesten dräuender Düsterkeit und Beladenheit anstellen. Es ist schon da, das Bild vom großen, düster drohenden Haufen, der nur einmal erniedrigt wird, dann aber wie ein Mann losschlägt.

Gut, das ist ein Zug an der Melodie, muß aber nicht alles sein. Ich habe schon erlebt, daß Tausende von Leuten zu diesem Lied getanzt und den Refrain mitgesungen haben, weil der Strophen-Sänger eben ein bißchen höher angefangen hatte. Und dann war die Stimmung nicht so düster, sondern fröhlich: froh waren wir darüber, daß diese schönen Geschichten 1974 alle mal wirklich am Rhein passiert sind, und weil sie nicht die einzigen bleiben werden.

Also: Text und Rhythmus stehen in einem gewissen Widerspruch zum Choral-Typ, das hilft dem Lied auf die Beine.

Ein kleiner Vergleich:

Eine ähnliche Melodie ist in den norddeutschen Bürgerinitiativen zur AKW-Hymne geworden:

Auch hier die Melodie trutzig, von weit her, mythisch, schicksalschwer. Aber der Text paßt sich diesem Charakter voll an: Nicht mehr als drei Sätze, drei Parolen: Da ist eine gewaltige Gefahr, dagegen Widerstand, und dann wohl auch «verzage nicht, du Häuflein groß!».

Als ich das Lied zum erstenmal gehört habe, war ich deprimiert (Brokdorf, November 1976). In einem geordneten Haufen kamen die Bremer über Wiesen anmarschiert, ziemlich einheitlich gekleidet in oliv und gelb, mit einem Gesang, der war schon in der heroischen Defensive, bevor der Tanz noch losging. Ich dachte an den heldenhaften Untergang der Goten auf dem Vesuv, auch sie sehr fremd und sehr deutsch, so wie sich das Felix Dahn in «Ein Kampf um Rom» vorstellt. Der Hymnencharakter des Kanons hat inzwischen zugenommen: Überall, wo die Linken mutig, aber in der Defensive, sich versuchte aneinander festzuhalten, wird das Lied gesungen. Gegend oder Anlaß sind beliebig. Und immer geht es schwer und ohne Auftakt vom Grundton abwärts . . . So genau das Gegenteil von anderen Liedern mit allgemeinem Charakter: «Allons, enfants de la patrie!» oder «Wacht auf, Verdammte dieser Erde!»

(Zu diesem Kanon gibt es viele Texte, mal geht es um Bauern, mal um Seeleute, aber einer gefällt mir besonders:

Blut! Blut! Räuber saufen Blut!
Mord und Brand und Pulverdampf sind gut!
Hoch vom Galgen wimmerts
Hoch vom Galgen wimmerts:
Blut! Blut! . . .

(Gesungen in der Jugendbewegung, fünfziger Jahre)

Zu dem Kanon noch ein paar Argumente auf S. 338ff.

Verbreitung eines Flugblatt-Liedes
Die neue *Wacht am Rhein* wurde zunächst auf Flugblättern gedruckt. Das gilt für alle Wyhl-Lieder. Im Winter 74/75 dann erschien die Single «Die Wacht am Rhein», herausgegeben von der Initiativgruppe KKW NEIN, Freiburg. Auflage: 5000. Verbreitet vor allem in der Region. (Für das eingenommene Geld wurden dann wieder Flugblätter gedruckt, Megaphone gekauft, Sirenen und andere nützliche Dinge.) Dann produzierten die badisch-elsässischen Bürgerinitiativen die LP «Lieder aus dem Freundschaftshaus», Februar 1975, u. a. auch mit der *Wacht am Rhein.* Im März 1975 war das Lied dann im ersten Wyhl-Liederbüchlein drin (zur Zeit kursiert die 5. Auflage), und ab dann ist nicht mehr zu übersehen, wo das Lied überall auftauchte (zu den Büchern und Platten vgl. S. 83).

Im Rundfunk und im Fernsehen kam das Lied – soweit mir bekannt ist – manchmal auszugsweise in Dokumentationen über Wyhl/Marckolsheim. Es ist nämlich erstens zu lang und zweitens zu regional, man müßte zuviel erklären. Verbreitet und in Gebrauch genommen wurde es fast ausschließlich über die vielfältig verzweigten Kanäle der Anti-AKW-Gruppen, also unterhalb des Medienapparates. Zunächst als Wyhler Dokument, dann als Muster für eigene Produktionen.

Strophe 14 bis 187 ff.
Kaum paar Tage, nachdem das Lied da war, schrieb Frau Tittmann aus Weisweil Strophe 14:

Und auch in Hiroshima
herrscht heut noch große Not
wo noch nach 30 Jahren
um geht der Strahlentod.
Die Kinder zu beschützen
soll unsre Losung sein
Drum halten wir getreulich
vereint die Wacht am Rhein.

Damit hat Frau Tittmann etwas ausgedrückt, was für viele Leute am Kaiserstuhl selbstverständlich war: Die «friedliche» und die «militärische» Nutzung der Atomindustrie sind zwei Seiten derselben Medaille. Das mochten viele Intellektuelle damals, weil zu «undifferenziert», so nicht sagen. Ich auch nicht.

Außerhalb der Region wurde die *Wacht am Rhein* zunächst als Dokument des Wyhlkampfes gesungen, und gleichzeitig schon zur Anfeuerung für die eigenen Aktionen. Dann wurden so nach und nach die Namen ausgetauscht: Statt «Herr Rosenthal» hat z. B. in Schleswig-Holstein «Herr Stoltenberg», in Niedersachsen dagegen «Herr Albrecht einen Plan». Auch geht es nicht mehr um die Bleigefahr, sondern um die Radioaktivität:

Wer will radioaktiven Fisch
Wer will verseuchte Milch?
Und strahlendes Fleisch auf'm Tisch
Wer will Krebs? Wir nicht!
Drum fordern wir: Kein AKW
in Brokdorf nicht und Wyhl
und Grohnde nicht und anderswo
Das ist unser Ziel.

Die Vereinnahmung schreitet fort: Im Sommer 1976 entsteht bei AKW-Gegnern im Münsterland eine *Wacht an der Lippe (nicht am Rhein)*. Einerseits ein schönes Zeichen, daß die Singenden sich von den vielleicht schon exotischen Wyhl-Geschichten emanzipieren, andererseits ist jetzt aus der Parole etwas die Luft raus: Die Wyhler *Wacht am Rhein* hatte sich noch widersprüchlich auf das deutschnationale Lied bezogen, die Lippe-Fassung bezieht sich nur noch als gradlinige Fortsetzung auf das Wyhler Lied.

Ein Problem zeigt sich in vielen Neufassungen: Die Gruppen, die da singen, sind in der betreffenden Region nicht so zu Hause, wie das die Bürgerinitiativen um Wyhl sind. Folge: In den neuen Strophen wird fast ausschließlich argumentiert, aber zu erzählen gibt es nichts. Und die genannten Orte haben sonst nichts mehr zu bieten, als daß sie Standorte für geplante Atomanlagen sind. Z. B. aus der Lippe-Fassung:

In Uentrop und Schmehausen
da wolln sie wieder baun
und um den Platz vom Kernkraftwerk
steht schon ein hoher Zaun.
Doch wenn die VEW glaubt
daß wir das mit ansehn
ganz ohne uns zu wehren
nein, so wird das nicht gehn.

Oder aus einer Fassung, die in Braunschweig gesungen wurde:

In Wittmar an der Asse
da rührn die Bürger sich.
Da lagert man Atommüll ein –
uns gefällt das nicht.
Wer denkt an unsre Kinder,
falls mal die Erde bebt?
Und Radioaktivität
ins Leitungswasser geht?

Ob Uentrop oder Schmehausen, Asse oder Brokdorf, Wewelsfleth oder Gorleben: Die Orte schmelzen zusammen auf einen Punkt auf der Generalstabskarte, sind nur noch umkämpfte Stellungen. Was wächst da? Wer wohnt da? Woher kommt der Widerstand? Verglichen mit solchen Fassungen ist das Wyhler Original geradezu ein Heimatlied, in dem von

Reben und Wein die Rede ist, von Brücken, Gasthäusern, Kirche und regionalen Größen.

Natürlich ist das nicht «Schuld» der Liedermacher, ihre Lage ist einfach anders: sie werden in Orte hineingezwungen, bloß weil die Atomindustrie diese ausgewählt hat. Dort ist (noch) kein regionaler Kampf im Gang, (noch) wird vor allem von außen und prinzipiell gegen die Atomindustrie gekämpft, aber das wird sich ändern.

Einmal in der Hit-Parade

Tatsächlich, auf irgendeinem Rang irgendeiner Hitliste im Süddeutschen Rundfunk. Vermutlich Jugendprogramm, und zwar in der Fassung der Deutsch-Folk-Gruppe «Fidel Michel».

Deren Bühnen- und Schallplattenfassung zu betrachten ist ganz interessant, weil man den leisen Übergang von einem regional und aktuell begrenzten Gebrauchslied zu einer «Nummer» beobachten kann.

1. Das gemeinsame Singen wird unwichtiger. Folge: Der Refrain kommt nur noch alle zwei Strophen vor, sonst wär's zu langweilig.
2. Das Lied ist eine Nummer im Programm. Und das Programm ist aufgebaut: schnell-langsam, instrumental-vokal. Kurz: Das Bühnenprogramm hat seinen Rhythmus, in den die einzelne Nummer eingegliedert wird. Folge: Statt 14 oder mehr Strophen nur noch neun und eine halbe, dann reicht es. (In Aktion, habe ich erlebt, kann das Lied eine halbe Stunde und länger sein. Zwischen den Strophen wird erzählt, neue Strophen dazu gesungen, manchmal von den Umstehenden.)
3. Die lokalen Geschichten aus Wyhl rücken schon ein Stück in eine märchenhafte, exotische Ferne. Weder kann das Publikum die Einzelheiten kennen, noch hat die Bühnengruppe Zeit, alles zu erklären.
4. Das Konkrete, Besondere wird zum Allgemeinen erhöht. Da ist z. B. nicht mehr von der «blauen» (= französischen) oder «grünen» (= deutschen) Polizei die Rede, sondern von der Polizei schlechthin. Oder: Nicht mehr der Apotheker Schött aus Endingen wird zitiert, sondern der schlechthinnige Apotheker, der vor Strahlenschäden warnt. Die ersten vier Zeilen der Strophe 7 über Endingen fallen weg.
5. Die Gruppenmusik wird vorrangig. Um eine formal-musikalische Einheitlichkeit zu erreichen, kommt manchmal der Text ins Korsett des Rhythmus; dann muß der Sänger zwar holpern, aber das Tanz-Muster bleibt ohne Kratzer.
6. An einigen Stellen ändert sich die politische Haltung. Im Original heißt es z. B.: «Und wenn wir uns mal einig sind / dann sind wir immer mehr.» Das lautete in Reden oder Flugblättern etwa so: «Wir, die Betroffenen der Region, sind die Mehrheit. Die ist unschlagbar, solange wir uns nicht spalten lassen. Dann kann uns auch die Polizei nichts anhaben.»

   Bei «Fidel Michel» heißt es: «Und wenn wir uns mal einig sind, dann stört uns das nicht mehr.» Daß wir dann die Mehrheit sind, spielt hier also keine Rolle mehr, wird vielleicht gar nicht geglaubt. Wichtiger

wird die Haltung der (künftigen) Besetzer: Es soll sie nicht stören, daß da Polizei aufmarschiert.
Stärkste Veränderung: Die erste Refrain-Zeile heißt jetzt «Stellt euch auf unsre Seite!». D. h., die Frage aus dem Streik in USA und dem regionalen Kampf in Marckolsheim: «Auf welcher Seite stehst du?» (... es gibt nur Streikende – oder Streikbrecher ... es gibt nur Atomkraftwerke und Bleigefahr – oder Widerstand ... entscheide selber!) – diese selbstbewußte Frage wird aufgegeben. Statt dessen der Appell. (*Komm, komm lockt der Schritt* ... fällt mir dazu ein, ein Lied aus der christlichen Jugendbewegung.)

Diese ganze Latte von Überlegungen zur Bühnen- und Plattenfassung ist nicht als Kritik gedacht, bloß als Beschreibung von typischen Unterschieden zwischen einem politischen Lied im Gebrauch und einer Bühnennummer.

Mit ihrer Schallplatte haben die «Fidel Michels» übrigens auch zur Verbreitung des Liedes sehr viel beigetragen, ihre Fassung wurde ebenfalls übernommen, gesungen und variiert.

Noch ein Refrain

Schon seit 1974 kam aus Gruppen der Linken Kritik an der regionalen und thematischen Beschränkung des Kampfes in Wyhl und Marckolsheim. Es fehle die Perspektive und der gesamt-politökonomische Zusammenhang. Das, was bei uns also fehlte, drückt ein Refrain aus, der wahrscheinlich aus der studentischen Linken stammt und die Antirepressions-Parole aufgreift: «Wer sich nicht wehrt, lebt verkehrt!» (wohl entwickelt aus dem verbreiteten Brecht-Zitat: «Daß du dich wehren mußt, das wirst du doch einsehen»).

Auf welcher Seite stehst du?
Ein Tropf, der sich nicht wehrt!
Wer sich vom Staat verarschen läßt,
Der lebt gewiß verkehrt!

Das Kalkar-Lied

Während der großen Demonstration in Kalkar (September 1977) gegen den «Schnellen Brüter» wurde ein Liederheft verteilt, in dem sich auch die *Wacht am Rhein* befand, mit der Angabe: «Melodie, siehe Kalkar-Lied.» Da waren die Wyhl-Reminiszenzen also schon ganz weg. Und das sieht man auch dem Text des Kalkar-Liedes an: es bedient sich selbstbewußt mit Textpassagen aus verschiedenen Fassungen, breitet aber eine ganz und gar eigenständige Geschichte aus, nämlich die besondere Vorgeschichte von Kalkar, den Bauskandal am Niederrhein. Ein Zeitungslied.

1 In Hönnepel bei Kalkar, da wird zur Zeit gebaut;
es ist der schnelle Brüter, der den Niederrhein versaut.
Am Anfang brauchten sie für dieses Dingen sehr viel Land,
doch die Bauern wollten nicht verkaufen,
bis man 'nen Trick erfand.

2 Das RWE, das kam getarnt als Griether Deichverband,
erfragte die Finanzen der Bauern beim Katasteramt.
Sie köderten die Ärmsten mit einem hohen Preis,
einige verkauften, andere ließen diesen Scheiß.

Refrain: Auf welcher Seite stehst Du,
bald wird ein Platz besetzt.
Hier schützen wir uns vor dem Dreck,
nicht morgen, sondern jetzt!

3 Nicht alle Bauern machten mit, man brauchte noch mehr Land;
man wandt' sich an den Kirchenvorstand und reichte ihm die Hand.
Doch dieser sagte Nein und verkaufte kein Stück Land,
darauf setzte ab der Bischof den gesamten Vorstand.

4 So gelang dem RWE der Plan, der uns gar nicht gefällt
dem Bischof war das ganz egal, den interessiert nur Geld.
Uns aber interessieren der Fluß, der Wald, das Feld
und unsere Gesundheit kauft uns keiner ab für Geld.
Refrain

5 Der Gottessohn erhielt für diese Schweinerei viel Lohn
für ein paar Hektar Kirchenland scheffelte er eine Million.
Doch ein paar ehrliche Christen, die machten da nicht mit,
sie wandten sich an Rom und verdammten diesen Schritt.

6 Der Papst der reagierte und schickte Briefe los,
doch ein gottestreuer Dechant hielt sie lang unter Verschluß.
Die Einspruchsfrist verstrich, man wußte keinen Rat,
jetzt hatte sie die Kirche das zweite Mal genarrt.
Refrain

7 Der Bauer Maas, der zog dann alleine vors Gericht,
der erste Prozeß ging verloren, aufgeben tut er nicht.
Er braucht jetzt Unterstützung, jetzt fängt der Kampf erst an,
jetzt wird nicht mehr gebetet, jetzt wird etwas getan.

8 Der Prozeß der wird sehr teuer, 70000 kostet er,
die Holländer zahlen die Hälfte, die andere zahlen wir.
Wir sind uns nämlich einig und werden täglich mehr
und wenn wir uns mal einig sind, dann sind wir immer mehr.
Refrain

9 In Hönnepel bei Kalkar, da sind sie schon jahrelang am Bauen;
und um den Platz vom Kernkraftwerk steht schon ein hoher Zaun.

Doch wenn das RWE glaubt, daß wir das mit anseh'n,
ganz ohne uns zu wehren, nein, so wird das nicht gehn.

10 Beim Kauf von Wies' und Acker, da war'n sie freundlich, nett,
aber mit der Wahrheit spielten sie Versteck.
Sie wollten uns wohl fangen für ihr Atomkraftwerk,
doch wir, wir sagen allen: Wir haben es gemerkt.
Drum hört den Apotheker, der laut und deutlich spricht:
«Es gibt für vieles Medizin, für Strahlenschäden nicht!»

Refrain: Stellt euch auf uns're Seite,
bald wird ein Platz besetzt.
Hier schützen wir uns vor dem Dreck,
nicht morgen, sondern *jetzt*!

11 Nach Wyhl, Brokdorf und Grohnde wird im Herbst hier demonstriert,
wir werden 100000, wenn auch du dann mitmarschierst!
Refrain: Stellt euch auf unsere Seite . . .

Grüne Liste

Eine andere absolut selbständige Fassung hat Otfried Halver geschrieben, ein Mitglied der BUU-Stadtteilgruppe Rotherbaum in Hamburg. Das Muster der Wyhler Fassung ist noch klar erkennbar, da und dort wird ein Satz draus benutzt, aber insgesamt hat er – angeregt von dem regionalen Lied aus einer ländlichen Region – ein regionales und aktuelles Lied für seine Region gemacht, den Stadtstaat Hamburg. Anlaß: diesmal keine Platzbesetzung, sondern die Bürgerschaftswahlen. Nach ersten Überlegungen zu einer «Grünen Liste», die mal als «Atomkraft – Nein Danke!», mal als «Wehrt euch! -Liste» in der Diskussion war, bildete sich dort eine Initiative, die sich an den Wahlen beteiligen will. Für diese Initiative hat Otfried das Lied geschrieben.

Auf welcher Seite stehst du, he?

1 In Brokdorf, Krümmel, Grohnde
war lange große Not.
Wir kämpften an den Bauzäunen
gegen den Massentod.
Jetzt machen wir Druck an jeder Front,
im Rathaus und am Zaun,
damit sie diese Giftküchen
nicht rings um Hamburg baun.

Refrain: Auf welcher Seite stehst du, he?
Das Rathaus wird besetzt.
So schützen wir uns vor dem Dreck
nicht morgen, sondern jetzt!

2 In Hamburg wird die Bürgerschaft
im nächsten April gewählt.
Du hast zwei Stimmen, sagt man dir,
und dann wird ausgezählt.
Du fragst dich: Kreuz ich gar nichts
oder's klein're Übel an?
Wir sagen jetzt: Wir müssen mal
an Hamburgs Rathaus ran!

3 Wir haben uns was ausgedacht,
was hier paar Herren schockt
und was die AKW-Gegner
zum Wahllokal hinlockt:
Du hast zwei Stimmen, sagen wir,
gegen das AKW.
Du schreibst ganz groß und deutlich hin:
ATOMKRAFTWERKE – NEE!

4 Damit man diese Kreuze nicht
ungültig nennen kann,
da fangen wir gleich heute
mit 'ner Wählergemeinschaft an.
«ATOMKRAFT? – NEIN DANKE!»
so wird das Ding genannt.
Mit Hilfe der Plaketten
ist die ganz schnell bekannt.

5 Wir fordern laut: «ATOMKRAFT NEIN!»
«Die Dinger müssen weg!
Herr Klose und Herr Echternach,
geht weg mit eurem Dreck!»
Als wir in Brokdorf kämpften, warn
die Herrn weit ab vom Schuß.
Jetzt kriegen sie von uns gemeinsam
einen auf die Nuß.

6 Ich stell mir das ganz lustig vor:
Wir stellen uns zur Wahl.
Ich glaub, da kriegt so mancher Bonze
einen Herzanfall.
Die FDP kriegt 2 Prozent,
und wir, wir kriegen 10.
Sogar die Jusos wählen uns,
ihr werdet das schon sehn.

7 Mensch, stell dir doch das Ding mal vor.
Wir machen alle mit.
Atomfilz, HEW, Senat,
die kriegen von uns 'nen Tritt.
Mit 60000 Stimmen ham wir
5 Prozent gebracht.
Wir holen uns das Doppelte.
Das wäre doch gelacht.

8 Und plötzlich geht hier gar nichts mehr,
wo wir nicht zwischen sind.
Wir sagen dann der HEW:
«Atomkraft, schieß in'n Wind!»
Das hört sogar der NDR,
und dann bei Brokdorf 4,
wo 50000 demonstriern,
da sagt der Sprecher dir:

Sprecher: Guten Abend, meine Damen und Herren. Hier ist der NDR mit Nachrichten. Mit Motorradhelm und Bolzenschneidern kämpften in vorderster Front am Brokdorfer Bauzaun die 10 Bürgerschaftsabgeordneten der Wählergemeinschaft «ATOMKRAFT? – NEIN DANKE!»

Als die Polizei Wasserwerfer einsetzen wollte, riefen die Abgeordneten: «Das nützt nichts, wir sind immun!» Das verwirrte die Polizei so sehr, daß sie daraufhin 19 Werkschützer als Terroristen verhaftete, weil sie mit der chemischen Keule gegen Demonstranten vorgegangen waren.

Auf welcher Seite . . .

9 Du denkst, ich spinn hier nur so rum,
ich mein das ganz real.
Ich stell mir deren Fressen vor
nach dieser Bürgerwahl.
Da stehn die Bonzen plötzlich alt
und ohne Posten rum.
Wir sitzen dann im Rathaus oder
tanzen drum herum.

10 Ich hab da noch ein Argument,
das ganz verteufelt zieht:
Für einen Wahlkampf gibt es Geld,
wie jeder weiß und sieht.
Wir nutzen diese Gelder aus
und finden nichts dabei
und machen unsre Hansestadt
Atom- und Bonzenfrei.

11 Verdammt, KB und Montagstreff,
nun seid doch nicht so stur.
Ihr pisst euch gegenseitig an.
Inzwischen tickt die Uhr,
und die Betreiber grinsen nur
bei dieser Strategie.
Hört auf! Laßt uns gemeinsam kämpfen,
nur so besiegen wir sie.

12 In Brokdorf, Krümmel, Grohnde
war lange große Not.
Wir kämpften an den Bauzäunen
gegen den Massentod.
Jetzt machen wir Druck an jeder Front,

im Rathaus und am Zaun,
damit sie diese Giftküchen
nicht rings um Hamburg baun.

Auf welcher Seite stehst du, he?
Das Rathaus wird besetzt.
So schützen wir uns vor dem Dreck
nicht morgen, sondern jetzt.

Über seine Erfahrungen mit diesem Lied erzählt Otfried:

Druck an jeder Front: Am Bauzaun und im Rathaus!

Reinhard schlug es vor in unserer BI Rotherbaum, einer Stadtteilgruppe gegen Atomkraftwerke: «Zur Bürgerschaftswahl 1978 machen wir eine Wählergemeinschaft.» Großer Beifall. Endlich mal was, was den Kampf von den dünnbesiedelten Baugeländen in Brokdorf, Grohnde und anderswo direkt in unsere Stadt verlegt. Ein Flugblatt soll gemacht werden, klar. Wir machen es zu dritt, Reinhard, Männi und ich. Männi erfindet den Slogan: «Druck an allen Fronten, am Bauzaun und im Rathaus!» Damit wollen wir in die Plena, die zwei zerstrittenen Versammlungen der Hamburger Atomkraftgegner. Ein Vorschlag, der sie wieder einen soll, an dem alle gemeinsam mitmachen können. Denken wir. Wir verlegen den Bauzaun dahin, wo er eigentlich steht: an die Stelle, wo die «politisch Verantwortlichen» sitzen. Eine Großdemonstration anderer Art. Nicht weniger militant als Natodraht zerschneiden. Keine Alternative dazu.

Abends sitzen Doro, Ralf, Männi und ich zusammen und spinnen. Malen uns aus, was ist, wenn . . .: Unsere Abgeordneten am Bauzaun verhaftet – BILD-Titel! Holger Strohm, unser Abgeordneter, zeigt den «Sachverständigen» von CDU, SPD und FDP, was Sache ist, öffentlich, im Rathaus. Wir greifen den Gegner im eigenen Lager an, da, wo er sich sicher glaubte, im Parlament. Da, wo er sagen konnte: «Wir sind die gewählten Volksvertreter!» Da stehen nun gewählte Volksvertreter auf und sagen: «Nein! Legt die Karten auf den Tisch – Null ouvert – Hose runter, wir haben alle Siebenen und Achten!»

Zugegeben, wir hatten einen sitzen, als wir uns das so ausmalten. Aber warum auch nicht? Es war schließlich auch eine gute Idee, die wir da realisieren wollten.

Als ich dann nachts so gegen eins nach Hause ging, hatte ich den Kopf voll mit Vorstellungen, Bildern, Ideen: «So sieht das aus, wenn . . .» Das mußte einfach ein Lied werden. Und es wurde eins. Die *Wacht am Rhein* stand Pate. Pate sein heißt darauf achten, daß das Kind selbst wer wird. Um drei Uhr war ich fertig mit dem Lied. Hier in Hamburg wird kein Platz besetzt, sondern das Rathaus. Und der KB und der Ökoladen (Kommunistischer Bund und Arbeitskreis Politische Ökologie), die Zentren der verfeindeten Anti-AKW-Brüder, denen muß doch mal gesagt werden, daß wir von der Basis keine Spaltung wollen.

Ich hab das Lied vervielfältigt – die Melodie war ja bekannt –, und dann zogen wir in die Plena der BUU, ein paar Leute aus der BI Rotherbaum.

Zunächst ging's ins sogenannte «KB-Plenum», das Plenum mit dem

Delegationsprinzip und den demokratischen Spielregeln. Wir gingen an den Tisch der Diskussionsleitung und sagten, was wir wollten. «O. k., nach ‹Aktuelles› und den und den Berichten kommt ihr dran.» Wir verteilten schon mal die Flugblätter und auch die Liedertexte. Und als wir dann nach längerer Wartezeit drankamen, wir fünf, sechs Leute aus Rotherbaum, da haben wir nur kurz auf das Flugblatt hingewiesen und dann das Lied gesungen. Und es wurde mitgesungen. Mein Text lag auf dem Tisch der Diskussionsleitung. Ralf, einer der Diskussionsleiter, sah mit rein und sang mit. Es machte Spaß. Und dann kam die Strophe mit dem «Verdammt, KB und Ökoladen . . .» Da schluckten viele, und wir sangen die Strophe ziemlich allein. Es war ja auch was zum Nachdenken, Kritik muß man erst mal verdauen. Beim Refrain hatten sie sich wieder eingekriegt, und die letzte Strophe sangen wir wieder alle laut und gemeinsam. Ein Flugblatt ohne Lied wäre nicht halb so wirksam gewesen, hätte sich viel weniger eingeprägt. In dem Lied wurde deutlich, daß da eine Idee, eine Art Utopie drin war, und die Hoffnung: «Wir kriegen sie, wir schaffen es!» und die Aufforderung: «Es gibt viel zu tun, packen wir es an!»

Ernüchternd dann das sogenannte «Sponti-Plenum». Sie ließen uns singen und gingen dann wieder zu ihrer Tagesordnung über. «Ganz nett, ihr könnt ja mal wiederkommen und ein Lied singen . . .» Bei den «ernsten Genossen» half das Lied, zündete, war nicht Gag. Bei den «spontanen Genossen» kam die spontane Idee nicht an, wurde später als Parlamentarismus-Entgleisung gegeißelt, als Messalliance mit den Herrschenden. Komisch, eigentlich.

Auf dem ersten «Wehrt-Euch-Kongreß», wo die Wahlbeteiligung der AKW-Gegner und anderer Bürgerinitiativen in Hamburg beschlossen wurde, sollte ich singen. Ich hatte inzwischen einige weitere Lieder zur Wahl gemacht, fand «Das Rathaus wird besetzt» veraltet. Und gewünscht wurde eben dies Lied. Es zündete wieder. Sogar im Fernsehen, im NDR III konnte man's noch mitkriegen: Die Delegierten sangen mit, klatschten den Takt: «Wir sitzen dann im Rathaus oder tanzen drum herum.» Spaß muß sein auf der Beerdigung des alten Parlamentarismus, beim Abgesang auf die Stellvertreterpolitik: Wahl als Mischung aus Protest, Volksfest und neuer Qualität «. . . sogar die Jusos wählen uns . . .». Wahl als Versuch, die Utopie der 68er Revolte zu realisieren: «Die FDP kriegt zwei Prozent und wir, wir kriegen zehn.» Also, ich bin gespannt darauf, wieviel Prozent wir kriegen. Das kommt ja auf uns an: Jeder 4–5 Stimmen zu seiner eigenen. Dann sind wir nicht mehr die linken Träumer: «Du glaubst, ich spinn hier nur so rum . . .» So wie Volker zu mir sagte: «Meine Mutter wählt uns.» Das ist die «Überzeugungsarbeit». Nicht weil's eine Verwandte ist, und Familie muß doch zusammenhalten. Sondern weil er – das «Kind von 20 Jahren» – seine Mutter von einer Utopie überzeugt, die real werden kann und wird, die Utopie von der neuen Gesellschaft, wo die Alten und die Jungen gemeinsam was machen. Die Alten, die sich nicht als Degenhardts «fette Greise» verstehen, und die Jungen, die sich nicht deshalb als Avantgarde verstehen, nur weil sie jung sind. (Wo gehöre ich mit 37 und einer 13jährigen Tochter eigentlich hin?)

Reinhard, der die Idee aufbrachte, ist heute gegen die Wahl. Er sagt: «Der KB hat die Wahl okkupiert!» Schade. Ist eine Utopie denn deshalb plötzlich schlecht, weil eine bestimmte politische Gruppe sie auch als ihr Ziel oder Teilziel begreifen lernt? Die Utopie, daß die Macht im Staat uns, dem Volk gehört? Daß wir ein Recht dazu haben, das Rathaus zu besetzen, daß es *unser* Rathaus wird?

Auf dem Kongreß der «Wehrt-Euch-Liste» hab' ich außer dem Lied *Das Rathaus wird besetzt* noch zum Schluß das Lied *Poder popular* gesungen und dazu den Text von der Plattenbeilage vorgelesen: Daß die Sache mit der Nachbarschaftshilfe, der «Volksbewegung», der Macht des Volkes wichtig ist, auch wenn sie zerstört wird, wo sie aufgebaut wurde: «Ein Traum und doch wirklich wahr, ein Weg in die Freiheit, poder popular.» Das Lied *Das Rathaus wird besetzt* erschien offenbar vielen bei uns als ein solcher utopisch-realistischer Ansatz, daß sie es mit dem «Poder-popular-Lied» verbinden konnten: Macht aus den Stadtvierteln, neues Leben in den Quartieren:

«Der Mensch ein Mensch, kein Herr und kein Knecht, die Arbeit keine Ware und Mann und Frau lebendig und befreit. Das ist ein Traum und der wird wahr in Chile und Deutschland: poder popular!» Es steckt an, es infiziert, diese Utopie.

In dem besetzten Rathaus muß ein bißchen was Religiöses, was Schwärmerisch-Realistisches, was Irrationales enthalten sein, im Text wie in der Melodie. Es ist was drin, was der trocken klingenden Parole «Wehrt euch» Leben verleiht: Die Art Leben, alternatives Leben, die – vielleicht, wenn wir wollen! – die Zukunft hat, vielleicht dem «ernsten Zentralismus» und der «trockenen Spontaneität» der Plena in Hamburg zum Trotz.

Was ich nicht geglaubt habe, hat sich eingestellt, jetzt schon: In den Stadtvierteln fangen die Mieter-, Frauen-, Anti-AKW- und andere Bürgerinitiativen an, zusammenzuarbeiten, ihre isolierten Interessen in einen Zusammenhang zu setzen und an ein größeres Ganzes zu glauben und dafür zu arbeiten. Das ist eigentlich schon mehr, als man so einer spinnigen Idee und einem Flugblatt und einem Lied zutrauen möchte.

Und deshalb bin ich gespannt auf die Prozente bei der Wahl, als ein Zeichen dafür, daß die neue Art zu leben immer mehr Menschen begeistert. Was sind da schon zehn Prozent? Laßt uns doch ein bißchen unbescheidener werden: Wir wollen alles, nicht nur den Flicken, sondern den ganzen Rock!»

DÄ BLEEDE OFÄ

Ein Lied gegen das Kernkraftwerk Wyhl von Roland Burkhart («Buki»)

Voraussetzungen

Als ich im Sommer 1975 wegen eines Flugblattes nach Kiechlinsbergen im Kaiserstuhl fuhr – von Freiburg aus etwa eine dreiviertel Stunde Fahrt –, um dort mit einem Vertreter der Badisch-Elsässischen Bürgerinitiativen zu sprechen, ergab es sich, daß ich noch anschließend einen Stapel Informationsmaterial zur Bürgerinitiative Weisweil bringen sollte, etwa zehn Kilometer nördlich vom Kaiserstuhl. Die Mutter des Kiechlinsberger Bekannten, eine etwa siebzigjährige Frau, hatte kurz vor meiner Abfahrt plötzlich Lust bekommen, auch mit nach Weisweil zu fahren und dort eine alte Bekannte zu besuchen. Also fuhren wir zu zweit die Kaiserstühler Berge hinunter in die Rheinebene. Auf dem Weg nach Weisweil mußten wir auch durch Wyhl.

(Die knappe Mehrheit der Wyhler war für den Verkauf des Baugeländes und für den Bau des Kernkraftwerkes, weil dem Ort von der potentiellen Betreiberfirma Badenwerk neben dem Kaufpreis von zwei Millionen Mark noch alle möglichen kommunalen Neueinrichtungen wie Straßen, Schwimmbad usw. versprochen worden waren. Die gesamte Bevölkerung der umliegenden Ortschaften war aus Sorge um die Gefährdung von Weinbau, Ackerbau und Gesundheit gegen den Bau des KKW und hielt seit Februar des Jahres den Bauplatz besetzt.)

Schon bevor wir nach Wyhl hineinkamen, schaute die Frau mißmutig umher und murmelte mißbilligend vor sich hin. Als wir dann im Ort einige Leute sahen, knurrte sie: «De Wyhler Welf!» («Die Wyhler Wölfe»), und sie sagte weiter, diese Wyhler hätten noch nie was gehabt, würden den anderen alles stehlen. Immer wären es die Wyhler, wenn etwas wegkäme oder kaputtgemacht würde. Ihre eigene Familie hätte hier Land um Wyhl, und da wäre es denn schon häufig vorgekommen ... Die brächten eben alles an sich.

«Von wo kunnt nit viel? Von Wyhl!» hört man manchmal in den umliegenden Ortschaften. Das ist gehässig. Die Leute in den Nachbardörfern sind entweder wohlhabend wegen ihrer Reben, oder sie haben mehr Landbesitz als die Wyhler. In Wyhl selbst gibt es wenig Landwirte, dafür aber viele Arbeitslose und Pendler. Über diese Besitzunterschiede gibt es seit Generationen tiefsitzende Neid-, Haß- und Überlegenheitsgefühle zwischen den Orten.

In diesen Gefühlen mögen auch heute noch historische Tatsachen

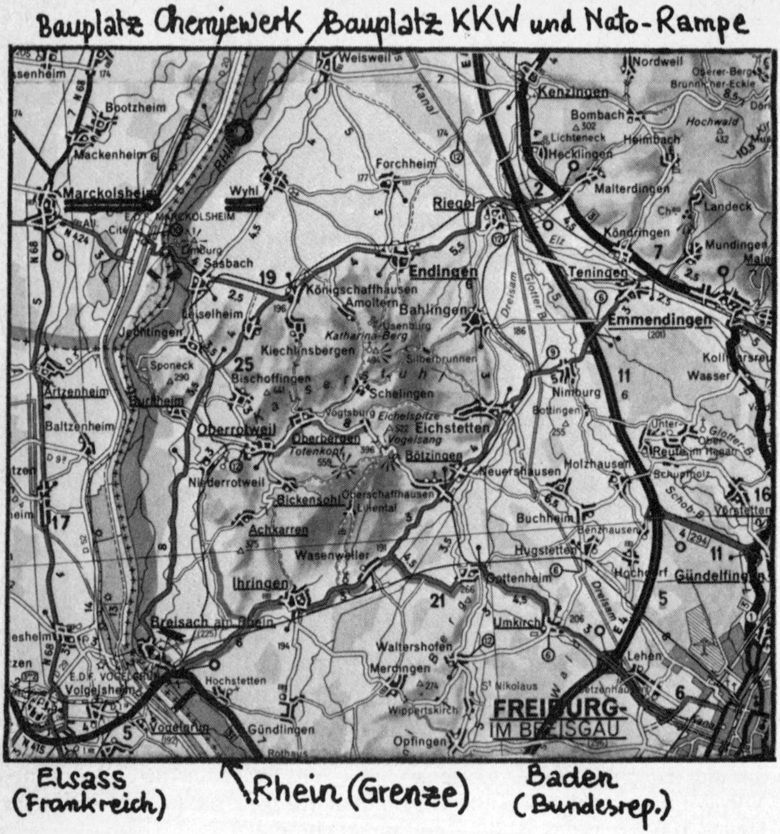

präsent sein: Zum einen war auch Wyhl früher eine Gemeinde des Weinbaus, so wie es heute noch viele niedriggelegene Orte im benachbarten Elsaß sind; das nahm jedoch ein Ende, als Weinbau nur noch ab einer bestimmten Höhenlage erlaubt wurde, zu der zwar die Kaiserstuhlgemeinden gehörten, nicht aber Wyhl. Zum anderen war zu Zeiten, als viele Orte des Nordkaiserstuhls noch zu Vorderösterreich gehörten, Endingen, heute reicher Weinort und ein Zentrum des KKW-Widerstandes, der für Wyhl zuständige Gerichts- und Behördenort; die Abhängigkeit der Wyhler, die vielen Behördengänge dorthin mögen heute noch im historischen Bewußtsein mancher Wyhler ihre Wirkung haben.

In der Fasnacht 1974 sang eine Faschingsgruppe in Endingen, die «Remidemis», eine aufs KKW Wyhl bezogene Umdichtung von *Wien, Wien, nur du allein* mit dem Textschluß:

Wyhl, Wyhl, nur du allein
wirst einst der Schreck unsrer Kinder sein.
Auch die werden sagen: Wo gibts Elend viel?
In Wyhl, in Wyhl, in Wyhl!

Die Faschingsstimmung im Saal soll sofort in sich zusammengebrochen sein, nicht nur weil plötzlich die unerfreuliche Politik in das Festtreiben einbrach, sondern weil man auch die Empörung möglicherweise anwesender Wyhler Besucher fürchtete.

Buki, Jechtinger Winzersohn – Jechtingen liegt am Westrand des Kaiserstuhls direkt am Rhein – und Freiburger Diplomsoziologe, hat das Lied später viel gesungen, den Schluß aber, um die traditionelle Fehde nicht noch weiter anzuheizen, gemildert und verallgemeinert:

Auch die werden sagen: Wo gibts Elend viel?
In Wyhl, bei Wyhl, rund um Wyhl!

(So steht es auch im ersten Wyhler Liederbuch «Die Lieder aus Wyhl», das jetzt schon bei einer Auflage von ca. 8000 steht und wie auch alle im folgenden genannten Quellen außer in Buchläden mit Umweltschutz-Abteilungen zu erhalten ist beim Buchladen Jos Fritz, Wilhelmstr. 15, 7800 Freiburg. Es handelt sich dabei um das 2. Liederbuch. «Wyhl isch dert un do» sowie die folgenden im Trikont-Verlag, München, erschienenen Schallplatten: Die Singles «Die Wacht am Rhein» und «Wyhl '75», die LP «Wyhl–Marckolsheim. Lieder im Freundschaftshaus» und die Doppel-LP «Neue Lieder und Gedichte aus Dreyeckland. Wyhl, Kaiseraugst, Fessenheim» mit ausführlichem Begleitheft. Herausgeber aller dieser Liederbücher und Schallplatten sind die Badisch-Elsässischen Bürgerinitiativen. Im folgenden Text werden jeweils bei Quellenangaben nur die Kurztitel genannt.)

Buki erzählte auch, er hätte gehört, wie die Wyhler, als der Bau des KKW in Aussicht stand, voller Genugtuung gesagt hätten: «Jetzt herbschte *mir* emol», also: «Jetzt machen *wir* mal Weinernte!» Das Kernkraftwerk war nicht nur die große Chance, das etwas ärmliche Dorf reich zu machen, sondern auch in der alten Fehde mit den Nachbardörfern einmal die Oberhand zu gewinnen, vom Unter- zum Überlegenen zu werden, die anderen im Wohlstand auszustechen und denen alles wieder heimzuzahlen, was sie sich seit Generationen an Überheblichkeit geleistet hatten. Und deshalb waren viele Wyhler auch taub gegenüber den Argumenten der Winzer, das KKW mit seinem Abdampf und der voraussichtlichen Grundwasserabsenkung werde den Reben schaden. «Na, wenn schon!» mögen viele gedacht haben: «Laß sie doch kaputtgehen, eure Reben! Jetzt zählen nur noch wir mit unserm KKW!»

Und wie groß war der Haß, als die Einwohner der Umgegend langsam aber sicher den Bau und damit die Hoffnung auf Reichtum und Prestige zunichte machten. Daß es da Schlägereien und Beschimpfungen gab, ist wirklich kein Wunder! Ebensowenig, daß die – zahlenmäßig und in ihren Aktionen erstaunlich starken – Wyhler KKW-Gegner einen schweren

Stand hatten, so etwas wie Nestbeschmutzer waren in den Augen der anderen. Es ist schon hart, wenn man erst die Abstimmung über den Geländeverkauf innerhalb des Ortes gewonnen und mit dem Lied *So ein Tag, so wunderschön wie heute* bejubelt hat und wenn dann hergelaufene Leute kommen und alles kaputtmachen, ja dabei noch von den eigenen Mitbürgern unterstützt werden.

Da «besetzen» sie einfach den Bauplatz, auf dem höchstens Wyhler, vor allem aber das Badenwerk was zu suchen hat. Da bauen sie ein sogenanntes Freundschaftshaus mitten auf diesen Platz, wo doch ein Kernkraftwerk stehen soll. Und was dann dort alles geschieht, dort, auf «unserem» Gelände: Nicht nur die alten Rivalen aus den Nachbardörfern machen dort, was sie wollen. Auch die aus der Stadt sind dabei, Langhaarige, Kommunisten. Und wie die sich benehmen, das weiß man ja, vor allem, wenn sie dort übernachten, «Wache halten», wie sie das nennen. Warum wohl nennt der Wyhler Bürgermeister Zimmer das Freundschaftshaus «Freudenhaus»? Und gegen wen halten sie denn dort «Wache»? Etwa gegen uns? Wir sind doch die Angegriffenen, nicht sie! Aber gut, wenn sie so wollen, dann nehmen wir ihre Wache ernst und geben ihnen Gelegenheit zur Aufmerksamkeit. Mal Reifen zerstochen, Auto eingebeult, ein Auge blau geschlagen, einem aufs Ohr gehauen, eine Wachhütte angesteckt! Da sollen sie mal «Wache» halten!

Und je mehr auf dem Platz geschah, desto heftiger reagierten bestimmte Wyhler Schläger, von denen es hieß, es seien «Gekaufte». Oft, wenn man abends bei oder nach anbrechender Dunkelheit vom Platz heimfahren wollte, vermied man den Weg durch Wyhl und machte den Umweg über den Rheindamm und Weisweil. Zu vielen war schon etwas passiert in Wyhl. Auch die Wyhler Zufahrt zu Großkundgebungen auf der sogenannten Nato-Rampe nahe beim Bauplatz am Rhein wurde häufig behindert. Einmal stand ein Feuerwehrauto quer auf der Straße, und der Fahrer war unauffindbar. Einmal gab es sogar eine Straßensperre, die man erst langwierig wegräumen mußte. Und das Polizeiauto fuhr täglich durch den Wald, um beide Seiten zu beobachten. Um Mißverständnissen zuvorzukommen, muß aber nochmals eine Einschränkung gemacht werden:

Ebensowenig wie es einen gemeinsamen Gefühlspanzer gibt, der «die Kaiserstühler» immer und überall zusammenhält, gibt es ein allumfassendes Bewußtsein «der Wyhler». Die soeben versuchte Charakterisierung gilt natürlich nur für eine Schicht des Wyhler Bewußtseins, und vor allem nur für eine Gruppe von Wyhlern. Und diese Schicht bzw. Gruppe haben sich die Oberen zunutze gemacht und versucht, daraus Lokalchauvinismus zu schlagen: Bürgermeister, Badenwerk, Landesregierung, die reichen Gastwirte. Es entstanden Parolen wie:

Wyhler, packt euch an die Ehre!
Wyhl, zeig Mut!
Werft das Pack hinaus!
KKW und Zimmer, dafür sind wir immer!

(Dazu W. Mossmann: «Die Bevölkerung ist hellwach» – Erfahrungen aus dem Kampf der badisch-elsässischen Bevölkerung . . ., in: Kursbuch 39, S. 150.)

Tatsächlich haben ja nur etwa 55 % für das KKW gestimmt, und der Meinungsstreit ging oft durch Familien und Freundeskreise. Und die Schläger waren wohl auch manchmal eher von der Stimmungsmache gegen die «Studenten» als von ihrem Wyhler Selbstbewußtsein angetrieben.

Aber ohne Zweifel wurden auch noch einige unentschlossene Wyhler ins Ja-Lager getrieben, wenn sie bei Hänseleien in Kaiserstühler Gasthäusern plötzlich gezwungen wurden, einen Block zu bilden. Nur spielten dann am nächsten Morgen in Wyhl die Widersprüche in der Dorfgesellschaft wieder die alte Rolle.

Dennoch ist es wichtig, auf diese Haß- und Zorngefühle der ohnmächtigen Wyhler hinzuweisen und auf die Ausbeutbarkeit dieser kollektiven Minderwertigkeitsgefühle. Sie werden sonst nie erwähnt und tauchen unter in der stets beschriebenen oder beschworenen regionalen Gemeinschaftshaltung der Anti-KKW-Kaiserstühler, die doch in manchen Momenten auch nichts anderes war als die Kehrseite derjenigen Medaille, auf deren Vorderseite, von allen angeprangert, die Schutz- und Trutzbündnisse der «KKW-Jaler» aus Wyhl standen.

Das Lied und sein Text

In dieser Situation der beginnenden Platzbesetzung und der Spannungen zwischen Besetzern und Wyhlern machte Buki sein Lied *Dä bleede Ofä* («Der blöde Ofen»). Es war ein Ermutigungslied für alle, die noch unschlüssig und ängstlich waren, wenn sie überlegten, ob sie an der Platzbesetzung teilnehmen sollten. Aber neben einem Werbelied war es auch ein Lied zur Stärkung und Rückbesinnung für die Platzbesetzer und ihre Unterstützer selbst. Es ist «gewidmet allen Ungenannten und Unbekannten, die mithelfen, den Platz besetzt zu halten», und es wurde eines der beliebtesten und zugkräftigsten Lieder der Kaiserstühler Widerstandsbewegung. Ein schönes Zeugnis davon gibt eine Aufnahme mit Buki, der Freiburger Blaskapelle «Rote Note» und einem lautstark mitsingenden Publikum auf einer Freiburger Veranstaltung der Volkshochschule Wyhler Wald vom 10. Oktober 1976 (LP «Dreyeckland»; zur Volkshochschule weiter unten).

Der Text des Liedes heißt folgendermaßen (Die schriftliche Fixierung der alemannischen Mundart hat Buki für das 1. Liederbuch gemacht, die Umsetzung ins Schriftdeutsche stammt von mir):

1 Was do in dr letschdä Zitt bassehrt bi uns
des macht mi ganz verruggt.
Bi allänä isch ebbis durränand.
Deä daüb Schdromfabrik, deä hoggt uns im Gnick.
Jä, weiß dr Deifel, was wurd noch üs unsrem Land?

Refrain
Des geht doch alli a, mir derfe jetz nit schlofä.
Was mer mit uns alläwil macht, isch nit egal!
Glaübä denn deä, mir brüchä heä dä BLEEDE OFÄ?
KKW – NAI! Un jetz isch üs un nit meh dra!
KKW – NAI! Un jetz isch üs un nit meh dra!

2 Do fahrt als ä aldä Mann dohär mit sinä verasibzig Johr
üssem Wildtal viri uff dr Wyhler Platz.
Schdellt 's Fahrrädli uff d'Sitt un mischt sich untr d'Lidd
un bruddlet dr Neggschdbeschde a:
«Des geht doch alli a . . .»

3 Än sällem Dunschdigmorgä fahrt in Saschbä, grad weä alli Dag,
d' Karli mid 'em Pit ins Kiesloch na:
«Schdell d'Schüflä uff d'Sitt. Do schaffä mir hid nit!
Ich glaüb de Greänä dert in Wyhl meän Prigl ha:
Des geht doch alli a . . .»

4 Ä Eächdinger Winzerfraü isch jetz mit ihrä Räbä arg in Not.
De jungä Scheßlig brücha nämlig Pfläg.
«Un waggst Gras no so viel, hid gang i uff Wyhl!»
Sie legt dr Schurz äwäg un singd äweng underwägs:
«Des geht doch alli a . . .»

5 Un sällä 16jährig Böä üs Wyhl hed aü scho Schwär's erläbt.
Si ganz Famili war halt zerscht defir.
Si wärfä nä nüs üssem Elderähüs.
Jetzt sait dr Vadder: «Böä, hesch rächt. Des isch nit g'hihr!
Des geht doch alli a . . .»

6 Vu Ämmädingä isch ä Maidli, des isch regelmäßig do.
Äm letschdä Mändig z'Obä war's em halt nit rächt.
Ibereimol ke-it's um. Nocherä Schdund drillt sich's rum,
un säit zu dr Dokteri (deä schdühnt bigott nit schlächt):
«Des geht doch alli a . . .»

Das Gleiche, im sogenannten Schriftdeutsch:

1 Was da in der letzten Zeit passiert bei uns,
das macht mich ganz verrückt.
Bei allen ist was durcheinander.
Die blöde Stromfabrik, die hockt uns im Genick.
Weiß der Teufel, was noch aus unserem Land wird?

Refrain:
Das geht doch alle an, wir dürfen jetzt nicht schlafen.
Was man mit uns immerzu macht, ist nicht egal!
Glauben denn die, wir brauchen hier den Blöden Ofen?
KKW – NEIN! Und jetzt ist es aus und nichts mehr dran! (und vorbei!)
KKW – NEIN! Und jetzt ist es aus und vorbei!

2 Da fährt manchmal ein alter Mann daher mit seinen 74 Jahren
aus dem Wildtal hervor auf den Wyhler Platz.
Stellt das Fahrrad auf die Seite und mischt sich unter die Leute
und brummelt den Nächstbesten an:
«Das geht doch alle an . . .»

3 An jenem Dienstagmorgen fährt in Sasbach, so wie alle Tage,
der Karl mit dem Pit in die Kiesgrube hinein:
«Stell die Schaufel beiseite. Da arbeiten wir heute nicht!
Ich glaube, die ‹Grünen› dort in Wyhl müssen Prügel haben:
Das geht doch alle an . . .»

4 Eine Jechtinger Winzerfrau ist jetzt mit ihren Reben sehr in Not.
Die jungen Schößlinge brauchen nämlich Pflege.
«Und wächst noch so viel Gras, heute gehe ich nach Wyhl!»
Sie legt den Schurz weg und singt ein bißchen unterwegs:
«Das geht doch alle an . . .»

5 Und dieser 16jährige Junge aus Wyhl hat auch schon Schweres erlebt.
Seine ganze Familie war nämlich zuerst dafür.
Sie werfen ihn raus aus dem Elternhaus.
Jetzt sagt der Vater: «Junge, du hast recht. Das ist nicht geheuer!
Das geht doch alle an . . .»

Strophe
Was do in dr Betschdä Zitt bassehrt bi uns, des
macht mi ganz verruggt. Bi allänä isch ebbis durre-
nand. Deä däüb Schdromfabrik, deä hoggt uns im
Gnick. Ja, weiß dr Deifel, was wurd noch üs
unsrem Land?
Refain:
Des geht doch
alli a, mir derfe jetz nit schlofe. Was mer mit
uns alläwil macht, isch nit egal! Gläube denn
deä, mir brüche heä dä bleede Ofä? KKW-
NAI und jetz isch üs un nit meh dra! KKW-
NAI und jetz isch üs un nit meh dra!

Der besetzte Platz mit Freundschaftshaus, Küche (vorn) und einem Wohnhaus (rechts)

6 Von Emmendingen ist (kommt) ein Mädchen, das ist regelmäßig da.
Am letzten Montagabend wurde es ihr übel.
Auf einmal fällt sie um. Nach einer Stunde dreht sie sich um
und sagt zu der Doktorin – die staunt bei Gott nicht schlecht –:
«Das geht doch alle an . . .»

Das Lied stellt Strophe für Strophe einen bestimmten Typ der Platzbesetzer und Unterstützer dar und damit auch ganz bestimmte Probleme, die sich für die Kaiserstühler aus der politischen Notwendigkeit der Platzbesetzung ergaben.

Strophe 1
Da spricht der Unentschlossene, der nur Bedrohung und Durcheinander sieht, verwirrt ist und seine Perspektiven nur mit einem Kopfschütteln ausdrücken kann, mehr nicht. Ihn hat auch der Ihringer Ernst Schillinger in dieser frühen Zeit des Kampfes besonders angesprochen in seinem Gedicht *Dr Man vum Nochberdorf*, das Buki später zu einer selbstgemachten, einfachen Melodie gesungen hat (1. Liederbuch).

1 Im Nochberdorf, do gitts ä Mann,
der sich vor Angscht nit fräje (freuen) kann.
Ins Auto duat er sich nit troia (trauen),
het Angscht, er det a Unfall boie!
Selbscht vor sire (seiner) Fraü un Kinder
het 'r Angscht un vorem Winter.

2 Kalti Fiaß, si ärgschte Kummer,
Hitzschlag, Sunnebrand im Summer.
Well (Weil) uff dr Bank det's Geld verrecke,
duat 'r 's in dr Haischdock (Heustadel) schdecke.
No (Dazu noch) het 'r Angscht, äs keme d'Rüsse,
bi Nacht, es wäre Reiwer dusse (Räuber draußen).
Er troit nit bohre in dr Nase –
mit eme Fingerbruch isch gar nit z'schpasse.
Z'Nacht schdoht'r uffrächt in si Bett
vor Anscht, daß er verschlofe det.

3 An Wyhl troit er vu Angscht nit denke.
Er deat da Landesvater kränke.
Bim Gdanke scho an d'Bsetzerej
infarklet's Härz, – un d'Bolizei,
wenn 'r dea nur sieht,
si Darm gli (gleich) alles vun sich git.
Nit emol a Pfirzli droit 'r lo (traut er sich zu lassen),
well ebbis (etwas) kunnt in d'Hose go.
Bi sonere Angscht het's des go gli,
(Bei so einer Angst kann das schnell passieren)
dam si Unterhose wot ich nit si (wollte ich nicht sein).

Strophe 2
Dieser Mann wie auch alle anderen Menschen des Liedes sind keine erdachten Figuren, die ausgeheckt wurden, um alle Gruppen «abzudekken» und damit die integrierende Symbolkraft des Liedes zu erhöhen. Einen wie ihn sieht man auf dem Foto, das am Tage aufgenommen wurde, als der «Bleede Ofä» erstmals auf dem Wyhler Platz von Buki gesungen wurde.

Für uns städtische Leute aus den Bürgerinitiativen war es schon ein bemerkenswertes Erlebnis, daß in Wyhl nicht nur «normale» Erwachsene mitmachten – sie waren die Hauptmasse der Aktiven, aber so etwas gab es auch schon manchmal in der Stadt –, sondern auch alte Leute: Großmütter aus den Dörfern saßen ums Feuer und strickten oder machten was in der Besetzerküche oder beschimpften die Sozialministerin Griesinger, alte Männer wie der aus dem Wildtal – es liegt nördlich von Freiburg bei Gundelfingen – kamen auf den Platz und sahen sich das Leben an, lasen in den Zeitungen und Broschüren herum und besprachen miteinander die Lage. Daß auch die Alten am Kampf teilnahmen, gab der ganzen Sache nicht nur eine zusätzliche Legitimation in unseren Augen, sondern brachte uns auch einen wesentlichen Erfahrungsgewinn, mehr Spaß und Erlebnisse.

Strophe 3
«Jener Dienstag» war der 20. Februar 1975, als nämlich Filbinger durch die Polizei den Platz von Besetzern räumen ließ – am 23. wurde die Platzbesetzung jedoch wieder fortgesetzt: Nach einer Großkundgebung auf der Natorampe stürmte die Menge den durch Stacheldrahtzäune und gut 1000 Polizisten mit Wasserwerfern und Hundestaffeln gesicherten Bauplatz.

Auch die Kiesarbeiter der Gruben bei Sasbach (zwischen Wyhl und Jechtingen) nahmen an der Besetzung und Wiederbesetzung teil. Später, als der Durchfahrtsweg durch den besetzten Platz regennaß und schlammig war, fuhren sie einige Wagenladungen Kies an und machten den Weg damit wieder gut begeh- und befahrbar, umsonst, wie wir anfangs dachten, also als Spende an die Badisch-Elsässischen Bürgerinitiativen, tatsächlich aber für den normalen Preis pro Wagenladung Kies. Auch das

Holz für das Freundschaftshaus wurde nicht gespendet, sondern für ein paar tausend Mark aus der BI-Kasse bezahlt. Wir mußten an diesen Beispielen lernen, von unseren idealistischen Träumereien über die Kaiserstühler Art der gegenseitigen Hilfe herunterzukommen, und erkennen, daß der Zusammenhang in der Bevölkerung um so eher gewährleistet war, wenn die Organisationsformen des Kampfes nicht allzu sehr vom alltäglichen Realismus abwichen.

Zum Verhältnis von Bauern und Arbeitern im Kampf um Wyhl ist im Text zu dem Lied *Die Wacht am Rhein* einiges gesagt (S. 64). Jedenfalls sind die Bürgerinitiativen aus den Dörfern, die nicht hauptsächlich vom Weinbau leben, also z. B. Wyhl, Weisweil und Forchheim, aus beiden Berufsgruppen zusammengesetzt. Und während der Marckolsheimer Platzbesetzung (seit 20. 9. 1974) gegen den Bau des Bleichemiewerkes der Chemischen Werke München (CWM) waren die Platzbesetzer glücklich über Solidaritätsschreiben und aktive Unterstützung jener französischen Pendler, die es wegen ihrer täglichen Fahrt in die BRD besonders schwer hatten und von denen man wenig Unterstützung erwartet hatte, weil es sicher schien, daß sie sehnlich auf die Neuansiedlung von Industrie im Elsaß warteten, notfalls auch eines Bleichemiewerkes. Auch die französische Gewerkschaft CFDT unterstützte den Kampf von Anfang an, wie sie heute auch noch in anderen Umweltkämpfen sehr aktiv ist, so in Malville oder La Hague. Lediglich die deutschen Gewerkschaften waren nie zu einer offenen Erklärung für die Ziele der Bürgerinitiativen und Platzbesetzer zu gewinnen. Aber die Auseinandersetzung mit ihrem Arbeitsplatz-Argument würde hier wohl etwas weit führen. (Empfohlen sei die Sondernummer der BI-Zeitung «Was wir wollen» zu diesem Thema, zu beziehen über den bereits genannten Freiburger Buchladen.)

Strophe 4

Die Winzerfamilien haben tatsächlich manchmal ihre Arbeit in den Weinbergen liegen und sich ansammeln lassen, um die Platzbesetzungen in Marckolsheim und Wyhl mit zu tragen. Denn ihnen war klar: Auf lange Sicht ist die Arbeit in den Bürgerinitiativen und auf den Plätzen für den Weinbau wichtiger als die tägliche Arbeit im Rebberg.

Platzbesetzer und Freiburger Studenten bemühten sich, diese Arbeitsrückstände der Winzer durch freiwillig organisierte Erntehilfe ein wenig auszugleichen. Aber das war nur ein Tropfen auf den heißen Stein, wenn es oft im Kaiserstuhl auch anerkannt wurde. Dagegen machten natürlich Nachrichten besonders böses Blut, wonach der Erntetrupp einer K-Gruppe die Arbeit abgebrochen habe, nachdem es eine für sie ungünstige Entscheidung in der Bürgerinitiativ-Vollversammlung gegeben hatte.

Was die Rolle der Frauen beim Kampf gegen die Industrieansiedlungen am Oberrhein anbetrifft, so verweisen wir auf den Beitrag «Frauen erklären Blei und Atom den Krieg» über die Kaiserstühler Fraueninitiative des Jahres 1974 («Frauenjournal II», Verlag Frauenoffensive). Eines läßt sich aber wohl dazu sagen: All die Vorstellungen von Emanzipation, die vor allem die jungen Linken aus der Stadt zugleich mit ihrer Beteiligung am Kampf gegen das Kernkraftwerk Wyhl den Kaiserstühlern vermitteln wollten, sozusagen als Gegenleistung für die gebotene Möglichkeit, einmal an einem tatsächlichen, nicht von politischen Gruppen vorgetäuschten Volkskampf teilnehmen zu können, sind nicht so richtig angekommen. Vor allem die Idee, im gemeinsamen Kampf müßten sich die traditionellen Rollenverhältnisse zwischen Mann und Frau verändern, hat sich angesichts der Realität des Lebens in den Kaiserstühler Gemeinden überwiegend als nichtig erwiesen. Vielleicht hat sich hier und da in den Familien eine Idee oder ein praktischer Ansatz zur Veränderung ergeben, aber Änderungen im größeren Maßstab sind wohl kaum geschehen. Insofern ist der Bericht im Frauenjournal der Bericht eines hoffnungsvollen Beginns, dessen weitere Folgen sich kaum beobachten, geschweige denn beurteilen lassen.

Strophe 5
Das war wirklich ein wichtiges Problem. Viele Jugendliche, die sich von dem dörflichen Einerlei weg zu den Aktivitäten um Wyhl wandten und dort mitarbeiteten, bekamen, vor allem wenn sie aus Wyhl stammten, große Schwierigkeiten in ihrem Elternhaus. «Der Meinungsstreit pro und contra geht in Wyhl durch die Familien», hörte man häufig.

Buki hat zu diesem Thema noch ein anderes Lied gemacht, das auf dem besetzten Platz und auch sonst unter den Jugendlichen großen Anklang fand, das *Lied des jungen Dauerplatzbesetzers H., dessen Vater noch an die KKW-Propaganda des Badenwerkes glaubt*, und zwar nach der Melodie und teilweise auch dem Text des Stückes *Ich will nicht werden, was mein Alter ist* der Rockgruppe Ton-Steine-Scherben (1. Liederbuch). Die Schlußstrophe heißt:

Wenn ich dann nach Hause komme, und der Kampf ist endlich aus,
dann streich ich mir die Wände rot und schrei zum Fenster raus:
Das KKW wird nicht gebaut bei uns und nirgendwo!
He Leute, jetzt halten wir die Ohren steif in der Fabrik und im Büro.

Wir bauen nun von unten her den ganzen Laden richtig auf.
Auf'm Platz haben wir's ja ausprobiert. Jetzt geht die Sonne auf.

Und dann – mit einer neuen Überleitung – der etwas veränderte, altbekannte Refrain:

Denk an die Leute, denk an die Zukunft,
leb doch einfach so wie ich!

Nee, ich will nicht werden, wie mein Alter ist.
Ich kämpfe, daß es aufhört mit der Macht und dem großen Geld.
Ich weiß, wenn das so weitergeht, sind wir alle fertig mit der Welt.

Strophe 6
Hier hatte Buki ursprünglich mit einem viel deutlicheren Text darstellen wollen, wie einmal dieses «Mädchen» vor Menstruationsschmerzen umfiel, als sie auf den Platz kam. Buki hat aber immer seine neuen Texte im Entstehungsstadium Leuten aus der Stadt und vom Land vorgelesen oder -gesungen und hat sie gefragt, ob das so geht. Hier war die überwiegende Meinung, daß das so zu stark, zu deutlich wäre, für die Kaiserstühler vielleicht doch etwas zu sehr an der Grenze dessen, wovon man in der Öffentlichkeit redet – oder gar singt. Wer weiß, ob's stimmte!

So hat Buki denn den Text geändert und seine Absicht, spezifische Frauenprobleme deutlich zu machen, zurückgestellt.

«Des goht doch alli a, mir dürfe jetz nit schlofe!»

Da wurde tatsächlich wenig geschlafen, sowohl bei den Platzwachen, die 14tägig umlaufend von den Bürgerinitiativen aus den Dörfern und Städten übernommen wurden, als auch bei den zahlreichen Festen und Kundgebungen, die zum Ärger vieler Wyhler stattfanden. Und sehr bemerkenswert waren vor allem die kulturellen Aktivitäten auf dem besetzten Platz, vor allem die Musik, noch vor Theater, Fotoausstellungen und Transparenten.

Daß die Musik so wirkungsvoll wurde, hat vielerlei Ursachen.

Der Kaiserstuhl hat, so weit wir wissen, keine überdurchschnittliche musikalische Tradition gehabt und sich wie alle anderen deutschen Landstriche von den kulturellen Gleichschaltungen und Zerstörungen des Faschismus nicht erholt: der Zerschlagung der Volksmusik und der Verewigung deutschnationaler Propaganda-Lieder und benebelnder Schlager- und Operettenmusik. Aber der Kampf um Wyhl profitierte musikalisch entscheidend von zwei Einflüssen, die es anderswo in der Zeit um 1974 nicht in der Kombination gab und insofern Wyhl auch in musikalischer Hinsicht eine Art Pionierstellung zuwies.

Einmal war da das Elsaß, das nicht nur nah, jenseits des Rheines, war, sondern auch mitkämpfte, vor allem in Marckolsheim. (Wo für die Badener das Elsaß ist, ist für die Norddeutschen lediglich die Nordsee!) Und im Elsaß gibt es sowohl noch eine lebendige Tradition von Volkskultur als auch in den letzten Jahren ein sehr starkes volksmusikalisches Revival. Teils noch sehr dörflich-zurückgezogen, teils schon touristisch orientiert und kommerziell, hört man hier und da Volkssänger und Tanzmusikgruppen, Dorfkapellen und Volksmusikensembles, die bei Festivals und beim Dorftanz («Kilbe») spielen und singen und eine inzwischen große Zahl von Schallplatten herausgebracht haben. (Dazu hat Walter Moßmann einen Aufsatz geschrieben: «Follig-Sang und Nostalgie. Die neuen traurigen und rebellischen Lieder aus dem Elsaß», in: Rock-Session I, Magazin der populären Musik, Reinbek 1978.)

Die Musikanten waren teilweise auch in Marckolsheim dabei. Ein Zeugnis davon ist die bereits erwähnte Schallplatte «Wyhl-Marckolsheim. Lieder im Freundschaftshaus», die im Februar 1975 im Rundhaus auf dem besetzten Platz in Marckolsheim aufgenommen wurde und bei einem Sängertreffen auf dem Wyhler Platz am 24. Mai des Jahres öffentlich vorgestellt wurde. Zu diesem Treffen kamen auch die Elsässer und trugen neben den wenigen deutschen Kollegen ihre Lieder vor, und zwar in ihrer alemannischen Mundart, die der der Kaiserstühler nahe verwandt ist. Einer der wenigen Badener war Buki. Und damals sang er zum erstenmal den *Blöden Ofen.*

Es war eines der ersten Dialektlieder, die er gemacht hat. Ohne die Marckolsheimer Erfahrungen hätte er dies nie angefangen. Der Dialekt galt früher immer als etwas Niedriges, für «Kunst» Ungeeignetes. Buki – heute 32 Jahre alt – kam vom Dorf auf das Gymnasium nach Freiburg. Vom Dorf zu sein, war minderwertig in den Augen der städtischen Mitschüler. Als er zum erstenmal etwas gefragt wurde, überlegte er eine Weile und sagte dann statt des heimischen «Nai!» ein deutliches «Nee!». Erst die Erfahrungen in Marckolsheim und später in Wyhl zeigten ihm die Möglichkeit, auch als Sänger seinen Dialekt ernst zu nehmen, so wie es die Elsässer in Gedichten und Liedern, die sie auf den Bauplätzen vortrugen, schon immer taten. Es war ja ein Kampf der ländlichen Region, also auch von deren Sprache! Der Dialekt war nicht mehr das häßliche Entlein. Mit dem Kampf wuchs dem Dialekt auch eine Bedeutung zu, die Buki immer wieder überraschte. Plötzlich fingen die Städter, einstige Dialektverächter, an, sich im Alemannischen zu versuchen, oft mehr künstlich als schön, mehr peinlich als volksverbunden. Auch ihr Schunkeln zu den Volkstänzen aus dem Elsaß war etwas unvermittelt und erschreckend nach so vielen Jahren ideologiekritischer Betrachtung von Volkskunst. Da wurde nicht reflektiert über die neuen Volkskunst-Phänomene, da machte man oft einfach mit, schloß sich an. Dieser Umschlag war oft nicht ganz geheuer, vor allem für jemand wie Buki, der die alten Zustände und Bewertungen noch gut im Kopf hatte.

Der zweite Einfluß auf die musikalische Szenerie am Kaiserstuhl war folgender.

Es waren die Linken in Freiburg, vor allem eine bestimmte Gruppe aus dem SDS, der sich in Freiburg stärker als anderswo für Kulturfragen und vor allem für Musik interessiert hatte und viele Anstöße zu Unternehmungen in dieser Richtung gegeben hatte: Eine Improvisationsgruppe gab es seit 1970, eine linke Blaskapelle seit 1973, Rundfunksendungen im Jugendfunk und im Abendprogramm des SWF III über Massen- und Volksmusik, Konzerte und Aufführungen, Veranstaltungen über politische Lieder, u. a. in einem besetzten Haus 1974, schließlich auch die Lieder von Walter Moßmann. Und von Walter kam auch der praktische Anstoß, auf der badischen Seite des Rheins Dialektlieder zu machen. Ein Wyhler Umweltschützer forderte Walter auf, einmal ein Dialektlied aus der Region für den aktuellen Anlaß umzuschreiben, damit auch einmal die große Masse der Beteiligten in ihrer Heimatsprache singen könne (vgl. dazu S. 63). Es kam dabei die Umformung von *In Müeders Stübele* heraus, erstmals mit Flugblättern gesungen auf der Nato-Rampe am 21. 2. 1975, also dem Tag nach der Polizeiräumung des besetzten Platzes (siehe mitgeteiltes Flugblatt).

Das war eine weitere Ermutigung für Buki, einmal ein Lied im Dialekt zu schreiben.[1]

Dabei wie auch bei allen anderen Dialektliedern der Folgezeit, ob sie von Buki waren oder von anderen, ist das Erstaunliche, daß die professionellen Lieder der Elsässer und die Versuche von Walter eigentlich nur als Anlaß gewirkt haben, als Vorbild dafür, daß man es auch mal wagen kann, als Vorkämpfer, nicht aber als Vorbild für die Machart, für die Melodie- oder Textbildung. Die Kaiserstühler haben, auch in schriftdeutschen Liedern, von den Profis nur den Mut bekommen, auch mal selbst etwas zu machen. Wenn sie bei den Platzwachen oder bei Kundgebungen die Elsässer oder die Städter singen hörten, dann drängte sich ihnen nicht zuerst die Frage auf: Warum singen wir nicht auch diese Lieder?, sondern die Frage: Können wir nicht auch Lieder machen gegen das Atomkraftwerk? Und das ist ja auch die bessere Frage, die Frage nach der eigenen Produktivität.

Die Profis aus Baden und dem Elsaß waren die Vorreiter. Aber was dann bei den Kaiserstühlern herauskam, läßt sich im Liedtyp, also im Stil, überhaupt nicht auf die Vorbilder zurückführen.

1 Das sind Gründe, die mir zu der Frage eingefallen sind, wie Buki zu den Dialektliedern kam. Ich habe auch ein paarmal mit ihm darüber gesprochen. Weitere Gedanken dazu hat er selbst formuliert in dem Buch «Wyhl. Betroffene Bürger berichten», Freiburg 1976 (inform), S. 259ff.

WIR SIND NICHT ALLEIN...

Gestern hat die Bevölkerung des nördlichen Kaiserstuhls in Wyhl den Bauplatz für das dort geplante Atomkraftwerk besetzt und leistet seither passiven Widerstand gegen das Bauvorhaben. Nach jahrelanger öffentlicher Diskussion und Unterrichtung über das menschen- und umweltgefährdende Projekt hat sich gezeigt, daß der Großteil der betroffenen Bevölkerung dieses Unternehmen nicht wünscht. Die von vielen Wissenschaftlern unterstützten Proteste haben nichts genützt, die juristischen und parlamentarischen Mittel sind erschöpft. Deshalb sind die in ihrer Existenz bedrohten Menschen gezwungen worden, zur Selbsthilfe zu greifen.

Wir erklären uns mit ihnen solidarisch und appellieren eindringlich an die verantwortlichen Behörden, den unverantwortlichen Schritt der Baugenehmigung rückgängig zu machen.

Am 18. Februar 1975

Volkmar Baurecker, Präsidiumsbeirat im Weltbund zum Schutze des Lebens, Sektion Österreich

Prof. Dr. Ernst Bloch, Universität Tübingen

Prof. Dr. med. Johannes Cremerius, Universität Freiburg

Pfarrer H. Dreier, Bochum

Gewaltfreie Aktionsgruppe Berlin (12 Unterschriften)

Dr. Eduard Gruber, Radiochemiker, Universität Wien

Ingelotte Gruhler, Krankenschwester, Geisenheim

Prof. Dipl.-Ing. Martin Gruhler, Geisenheim

Dr. med. Käte Hoffmann, Ärztin, Geisenheim

Werner Hoffmann, Ing., Geisenheim

Prof. Dr. K. Höll, Dr. Ing. E. h., Hameln

Ursula und Heinz Holliger, Musiker, Basel

Prof. Dr. Diethart Kerbs, Deutscher Werkbund Berlin

Konradin Kreuzer, Ing. Chem., Flüh

Alfred Hans Kuby, Akademieleiter, Enkenbach

Prof. Gerhard Kuder, Dipl.-Ing., Geisenheim

Gerda-Maria Kuder, Dipl.-Ing. agr., Geisenheim

Priv.-Dozent Dr. med. Bodo Manstein, Konstanz

Aurèle Nicolet, Musiker, Basel

P. Niklaus, Physiker, Biel-Benken

Prof. Dr. Franz Rauhut, Universität Würzburg

Res Schmid, Musiker, Staatsoper Stuttgart

Studentenpfarrerkonferenz der Ev. Studentengemeinde in der BRD und West-Berlin, gez. Dr. Klaus Ahlheim

Prof. Dr. Haradl Stumpf, Universität Tübingen

Priv.-Doz. Dr. L. Trunkó, Hauptkonservator, Pfinztal-Wöschbach

Priv.-Doz. Dr. Frederic Vester, Biologe und Publizist, Leiter der Studiengruppe für Biologie und Umwelt, München

Peter Weish, Biologie, Wien, Institut für Umweltwissenschaften und Naturschutz

i. A: 21 Bürgerinitiativen
Kontaktadresse: Lore Haag, Weisweil

... EIN BEISPIEL

In Mueders Stübele, do goht der hm hm hm
In Mueders Stübele, do goht der Wind.

Der Wind sait d'Wohrhait, nit äso wie d'Zittig sait
Der Wind sait d'Wohrhait, ich loos em Wind.

Der Wind sait: "D'Büre, die hän jetzt hm hm hm"
Der Wind sait: "D'Büre, die hän jetzt Krieg!"

Der Krieg der dundret nit, kunnt nit von üswärts
Der Krieg der kunnt üs dinem aigne Land.

Sind nit d'Franzose, s'isch 's große hm hm hm
Sind nit d'Franzose, s'isch 's große Geld.

Die riiche Herre hän d'Büre üsbrücht
die brüche Arbetslitt für die Fabrik.

Wil der Atomstrom der git viel hm hm hm
Wil der Atomstrom git viel Profit.

Erscht kunnts Atomkraftwerk und dann kunnt die Chemie
Un bis du "Au" gsait häsch, ischs Ländle hi.

So gohsch zur Arbet für klaine hm hm hm
So gohsch zur Arbet für klaine Lohn.

Din Lohn isch immer klai, isch der Profit au groß
Un kunnt die Krise: bisch arbetslos.

Do bisch die Arbet los un bisch de Acker los
un dine Herre bliebe riich un groß

So goht im Elsaß und in Bade hm hm hm
So goht im Elsaß und in Bade Krieg

In Mueders Stübele goht erscht en andre Wind
Wenn mange Litt emol erscht uffgwacht sind!

Es ist nicht aller Tage Abend

Die Melodie

Buki hat neben vielen anderen Liedern vor allem drei ganz wichtige gemacht, also drei, die für bestimmte wichtige Situationen der Wyhler Bewegung geschrieben wurden und große Popularität erlangten.

Es sind der *Blöde Ofen* vom Mai 1975, dann – als Mahnung für die Verhandlungen der Bürgerinitiativen-Chefs mit der Landesregierung – das Lied *Pass uff, daß mer* (man) *dich nit umdrillt* (umdreht) vom Oktober 1975, schließlich zum 2. Jahrestag der Badisch-Elsässischen Bürgerinitiativen *Mir sin eifach wieder do* vom August 1976, eine Stärkung der eigenen Kampfbereitschaft für den Fall, daß mit dem Ablaufen des mit der Regierung ausgehandelten Baustopps im November 1976 eine erneute Bedrohung der Region durch Baubeginn und Polizeieinsatz erfolgen könnte. (Dies Lied ist zu hören auf der «Dreyeckland»-Platte, *Pass uff* auf der Single «Wyhl '75», die Texte sind im 2. und 1. Liederbuch und den Begleitheften der Schallplatten.)

Alle drei Lieder haben ausgedehnte Refrains. Ihr gemeinsamer Gesang hat während des Kampfes am Kaiserstuhl wie eine musikalische Konzentrierung der kollektiven Absichten gewirkt, und sie stehen heute noch – in der Wartezeit bis zum nächsten Prozeßergebnis – wie die Symbole der wichtigsten Phasen dieser Volksbewegung da. In einer einzigartigen Weise haben diese Refrains die Ereignisse begleitet und kommentiert, und es war häufig, daß man sich nur den Beginn eines Refrains zusang oder zusummte, um sich bei der Diskussion oder Lektüre bestimmte kollektive Meinungen, Aufrufe oder Warnungen wieder bewußt zu machen. Diese Refrainbeginne haben sich bei vielen in der Art geflügelter Worte von der konkreten Wyhler Situation und den Liedern abgelöst und sind, erinnerungsvoll und ironisch verwendet, in die Alltagssprache oder vielleicht den Alltagsgesang vieler Wyhl-Beteiligter eingegangen.

In unserer Bremer Wohngemeinschaft – wir haben uns alle in Wyhl beteiligt, bevor wir 1976/77 herzogen – kursieren diese Singsprüche ebenfalls. Wenn jemand auf eine Behörde geht, um etwas durchzusetzen, wird ihm manchmal nachgesungen *Pass uff, daß mer dich nit umdrillt,* oder wenn jemand unangenehmen Besuch erwartet und sich einige andere dazusetzen, kann es vorher heißen *Mer sin eifach wieder do.*

Betrachten wir einmal die drei Refrains genauer mit Noten. Vielleicht ist dann eher der Frage näherzukommen, wie Buki mit seinen Liedern die große Volkstümlichkeit erreicht hat. Die Refrains der beiden erstgenannten Lieder werden um eines späteren Vergleichs willen untereinander geschrieben (S. 100). Der Refrain des dritten Liedes folgt auf S. 107.

Der Refrain vom *Blöden Ofen* zieht seinen besonderen inhaltlichen Reiz daraus, daß immer andere Personen, die in den Strophen beschrieben wurden, im Refrain das gleiche aussprechen. So unterschiedlich ihre Lebenssituationen auch sein mögen, zur Situation auf dem besetzten Platz meinen doch alle das gleiche. Diese Technik gibt es zwar auch im Schlager, vor allem in Karnevalsliedern wie *Wer soll das bezahlen?*, aber

in dem Refrain von Buki ist diese Technik nicht ein Mittel zur Erzeugung eines allgemeinen, bewußtlosen Zusammenstimmens, sondern ein Mittel zur Darstellung der Unterschiede innerhalb der Einheit bzw. der Einheit innerhalb der Unterschiede. Und das war ja in Wyhl wirklich auch das Bemerkenswerte und oft auch das Problematische: Die Beteiligten waren oft, was ihre Lebensart und Lebensanschauungen betraf, durch Welten getrennt. Aber in der Bekundung gegen die Regierung und für die Platzbesetzung waren sie – jedenfalls zur Zeit der Entstehung dieses Liedes noch – sich einig.

Die Melodie spiegelt diese inhaltliche Anlage. Während die Strophen rhythmisch recht frei rezitieren und in a-Moll bleiben, verfällt der Refrain nach den drei ausgehaltenen Spannungstönen am Beginn in einen ziemlich straffen, gleichmäßigen Rhythmus aus Punktierungen und Triolen, und er wendet sich am Schluß nach C-Dur, der sogenannten Paralleltonart. Zwar sind die Strophen- und Refrainmelodie fast gleich, aber die rhythmische Schärfung macht den Refrain zum Massengesang tauglich. Und die Modulation von a-Moll nach C-Dur ist zwar ein üblicher Bestandteil der Begleitharmonik von Gitarrensängern, gibt aber dem Refrain etwas Abschließendes, das ewige a-Moll Durchbrechendes. Es ist nicht so, wie die traditionelle Dur-Moll-Ästhetik möchte, daß der Refrain auf seinem Weg von Moll nach Dur von der Bedrückung zur erlösenden Befreiung fortschritte – ein Weg, wie ihn die *Fünfte*, also die *Schicksalssinfonie*, von Beethoven von c-Moll nach C-Dur durchmacht –, vielmehr hat die Wendung nach C-Dur im Refrain etwas sehr Bestimmtes und Ernstes, so als ob man sagt: Bis hierher und nicht weiter, nun ist es genug! Erstaunlich, wie leichtfüßig im Refrain dieser Appell zum Aufpassen und Mitkämpfen daherkommt! Das macht die lockere Rhythmik.

Man vergleiche einmal andere solche Appelle zum Aufwachen und Mitmachen, einen aus der Jugendbewegung und einen aus dem Faschismus.

Oder der letzte Refrain des kommunistischen *Liedes der Jugend* (vgl. S. 231):

Wie elegant und hüpfend ist dagegen der Gestus in Bukis Refrain. Das ist gewiß nicht die Melodik und Gemeinschaftshaltung der älteren Kaiserstühler, die mitsangen, aber es ist auch nicht der musikalische Ausdruck der Gruppengefühle der jungen Städter, die mitkämpften. Es ist eine völlig neue musikalische Qualität ohne Erdenschwere oder Aufbruchsfanfaren. Und sie hat beide so widerstrebenden Gruppen zu überzeugen und wiederzugeben vermocht, so wie es auch der Kampf in Wyhl getan hat.

Wichtig ist es mitzuteilen, daß in dem Refrain zwei volkstümliche Traditionen aufgegriffen sind, die zu dieser neuen Liedqualität beitragen, aber beide nicht in die Vorstellungen der Kaiserstühler oder der Freiburger von Kampfmusik gehören. Es sind Volkslied und Faschingslied.

Aus einem Kaiserstühler Volkslied stammt der Textschluß des Refrains. Das Lied heißt:

1 Un jetz isch üs un nit meh,
süsili, büsili, rädädä,
Un jetz isch üs un nit meh dra.

2 Un wänn i kaini Schöe meh,
süsili, büsili, rädädä,
Un wänn i kaini Schöe meh ha,

3 No zeäg i s'Vaders Schlurbe,
süsili, büsili, rädädä,
No zeäg i s'Vaders Schlurbe a.
(dann zieh ich Vaters Schlappen an)

4 No danz' i weä ä alte,
süsili, büsili, rädädä,
no danz' i weä ä alte Ma.
(dann tanz ich wie ein alter Mann)

Auch der Refrainbeginn entspringt so einem volkstümlichen Element. Sein Gestus – dreimal wippen und dann abspringen oder dreimal ausholen und dann hochschmeißen! – entspringt den Stimmungs- und Faschingsliedern, z. B. «Und – dann – geht's –: hoppsasa . . .» oder «Ja – da – geht's –: Humba, Humba, Humba täterä!» Der Wyhler Platz wurde im Februar 1975 besetzt. Da war gerade die Fasnet in den Kaiserstuhl-Dörfern vorbei. Die Platzbesetzung als Fortsetzung des Faschings, der *Bleede Ofä* als Faschingslied! Das wäre eine würdige Faschingstradition, würdig der alten Art, Fasching zu feiern, bevor er im 19. Jahrhundert durch bürgerliche Faschingsvereine und -rituale gezähmt und reglementiert wurde: Immer mit einem großen Anteil Wildheit und Opposition, jedenfalls immer als Fest der breiten Bevölkerung, an der sich die «Oberen» nicht beteiligen konnten, schon weil sich die Faschingsscherze oft genug gegen sie richteten (vgl. S. 55f). Das war ein schöner, alter Faschingsscherz in Wyhl:

Das geht doch alle an,
wir dürfen jetzt nicht schlafen!

Sehen wir einmal von Rhythmus und Modulation als den spezifischen Momenten dieses Refrains ab und wenden uns dem Verlauf der Tonhöhen zu, so ist eine Gegenüberstellung mit dem Refrain von *Pass uff, daß mer dich nit umdrillt* interessant, wie sie S. 100 erfolgt ist.

Man kann nämlich die beiden Melodien zugleich singen (ein Quodlibet), ohne daß es wesentliche Mißklänge gibt, und zwar wenn man vom *Blöden Ofen* die Verlängerungstakte 8 und 9 wegläßt.

Zwei Liedrefrains, im Abstand von fünf Monaten entstanden, und in den Tonabfolgen doch fast gleich. Mögen auch die ungradzahligen Takte 1, 3, 5 und 7 nicht immer so ganz genau aufeinander passen, auch weil dort viel unterschiedlicher Text unterzubringen ist, so sind doch die gradzahligen Takte, also die der Melodieeinschnitte, erstaunlich ähnlich: Takt 2 mit der Synkope 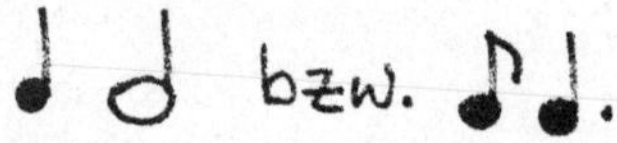

im d-Moll-Dreiklang d-f-a, Takt 4 mit dem Endton des melodischen Abganges auf der e-Harmonie (Buki spielt dort im *Blöden Ofen* e-Moll, noch nicht C-Dur) mit folgender Pause, Takt 6 mit dem Hochton c und dem Absprung ins g, Takt 8 mit dem Schlußton c bzw. a. Da muß sich in Bukis unbewußtem Melodienspeicher das Modell vom *Blöden Ofen* als eines erfolgreichen Modells sehr frisch gehalten haben, so daß er es für das neue Lied gleich parat hatte!

Mögen aber die Noten noch so ähnlich sein, es ist kein Abklatsch, keine Doublette! Inhalt von Text und Melodie sind doch völlig anders. Ist man beim ersten Lied sicher, ballt die Faust und sagt: «Punktum!», so ist man beim zweiten Lied doch sehr verzagt: Der Platz ist verlassen, es wird verhandelt, negative Gerichtsentscheidungen drohen, man weiß nicht, wie es weitergehen soll. Und – das ist das Herausragende an dem Lied –: Es lügt über diese Tatsachen nicht hinweg. Keine falsche Einheit und Stärke wird da aufgebaut. Es wird ermahnt, aber etwas mutlos, die Rücksichtslosigkeit des Feindes wird genannt, aber ohne den üblichen Hinweis, daß man ihm schon gewachsen sei, die eigene Angst wird genannt, aber sehr resignierend und ohne den üblichen Aufschwung zur Solidarität. Es wird ein mehr trauliches, nicht gerade ermutigendes Bild gezeigt: Zwei Leute, die zusammenrücken, damit sie nicht frieren. Daß ausgerechnet diese beiden oder die vielen, die zusammenrücken könnten, der Regierung die Stirn bieten, glaubt kein Mensch, wenn er das Lied hört. Sicher, man tröstet sich, aber stark wird man nicht dadurch. Mit müder Geste sackt der Melodieschluß tief in den Grundton a ab: «sunscht friert's mi grad!» Ein schlechtes Lied? Ein demoralisierendes Lied? Kein Kampflied?

Das hat sich damals offenbar auch Buki gefragt. Und er hat noch einen zweiten Refrain gemacht, den er direkt an den ersten gehängt hat. Der soll nun den Kampfesmut heben und die Niedergeschlagenheit ausgleichen.

Hat er daran gut getan?

Hätte es nicht gereicht, die kollektiven Stimmungen und Gefühle wiederzugeben und die Folgerungen den Leuten selbst zu überlassen? Oder ist das zu wenig für ein politisches Lied? Muß ein politisches Lied immer einen Ausweg, einen Hinweis, eine Lösung «aufzeigen», die Resignierten aufrichten und ihnen eine neue Hoffnung geben?

Man könnte von einer neutraleren Warte aus auch sagen:

«So uneinheitlich und verworren die Stimmung und politische Situation damals am Kaiserstuhl waren, so uneinheitlich und zwiespältig ist auch das Lied. Im Lied spiegelt sich die Situation wider.» Aber das sind immer Urteile von unparteiischen Analytikern, die nur die strukturellen Parallelen suchen, nicht aber den Gebrauchswert eines Liedes in einer ganz bestimmten politischen Situation. Später läßt sich alles intellektuell harmonisieren und zusammenbringen. Aber im Moment selbst: Hat da das Lied eher ermutigt oder einen falschen Mut erzeugt?

Solche Skrupel waren ein Jahr später ganz unnötig. Es war mit einem neuen Polizeiangriff und Baubeginn zu rechnen. Der Gegner war als Gegner klar und nicht mehr als Verhandlungspartner zu respektieren, die Situation war eindeutig, alle Zweifel waren behoben. Und wieder schrieb Buki ein Kampflied wie den *Blöden Ofen*, nicht trutzig und düster oder kernig und aufpeitschend, sondern locker schwingend und seltsam gelöst: *Mir sin eifach wieder do.* Man suche einmal ein anderes Kampflied im 6/8-Takt:

An diesem Refrain wird auch mehr über die melodischen Muster von Bukis Liedern klar.

Man muß sich einmal vor Augen führen, daß Buki, als er schon seine ersten verbreiteten Lieder gemacht und einige Zeit in Freiburg studiert hatte, noch nie ein Eisler-Lied gehört hatte – später sang er einige bei einem Brecht-Abend, wo Kaiserstühler Gedichte sprachen und Chöre sangen. Und bei der Frage, ob er Biermann-Lieder kennt, zuckte er nur verlegen mit den Schultern. Als wir ihm welche vorspielten, haben sie ihm auch nicht gefallen.

Aber aus dem Plattenschatz seiner Freiburger Bekannten wird er wohl das Lied *America latina* von Daniel Viglietti kennengelernt haben. «Das Lied ist mir damals immer rumgegangen im Kopf, im August '76, wo wir doch alle so viel Angst gehabt haben vor dem 1. November, ob der Baustopp abläuft und sie wieder anfangen würden», sagt Buki. Und so übernahm er notengetreu Vigliettis Melodie, auch die Begleitung weitgehend, für seinen Refrain. Uruguay und der Kaiserstuhl! Von so weit her mußte die Melodie kommen, um allen Gruppen im Kampf gegen das Kernkraftwerk Wyhl zu passen und um keine dieser Gruppen durch ein Aufgreifen ihrer spezifischen musikalischen Traditionen gegenüber anderen hervorzuheben.

Dieser Refrain nistete sich auch sofort in den Gemütern und Kehlen der oberrheinischen KKW-Gegner ein, mehr noch, als es im Falle des *Blöden Ofen* der Fall gewesen war. Elsässer und schweizer Liedersänger übernahmen den Refrain, formten ihn zu neuen Liedern aus oder integrierten ihn – wie der Schweizer Ernst Born – in eigene Lieder (*Die Ballade von Kaiseraugst* und auch in dem Lied *Go bsetze!* auf seiner neuen Platte «Äntlig e Lied», Duraphon HD 251).

Die mächtige Ausstrahlung dieses Refrains hat auch für andere Liedermacher beispielhafte Funktion gehabt. Ich will nur einen Fall nennen, zu dessen Erklärung ich etwas ausholen muß.

Seit dem 1. April 1975 gibt es als Einrichtung der Badisch-Elsässischen Bürgerinitiativen die Volkshochschule Wyhler Wald, die seitdem regelmäßig wöchentlich zwei bis drei Veranstaltungen durchführt. Es sind Vorträge über Umweltschutz, Atomenergie, Reaktorsicherheit, Strahlenschutz, Natur am Oberrhein, Weinbau usw. Der Eintritt ist frei, und es kommen immer zwischen 50 und 500 Besucher, denn es gibt nicht nur diese Vorträge, sondern zwischendurch und hinterher gibt es Diskussionen, in denen auch die neuesten politischen Ereignisse und Informationen besprochen und ausgetauscht werden. Jetzt, im Februar 1978, wird uns das 32. Monatsprogramm zugeschickt, auf dem auch wieder einer jener kulturellen Heimatabende angekündigt ist, die immer besonders beliebt sind. Solche Abende sind ein allzeit öffentliches Meinungs- und Informationsforum, auf dem man sich wiedersieht und neue Bekanntschaften schließen kann. (Einen akustischen Spiegel solcher Heimatabende bietet die erwähnte Doppel-LP «Neue Lieder und Gedichte aus dem Dreyeckland».)

Nachdem auch das dritte der vorgestellten Lieder von Buki bekannt geworden war, machte während eines solchen Abends im Februar 1977 in Weisweil – nördlich von Wyhl – ein Besucher besonderen Eindruck auf die im Gasthaus «Zur Kanone» Versammelten, indem er sich erhob, Flugblätter verteilte und am Mikrofon das auf den Flugblättern abgedruckte, von ihm selbst verfaßte Lied vortrug. Vor allem der Refrain zog sofort, und alle sangen mit.

Zweierlei trug wohl zum Erfolg dieses Liedes bei.

Einmal hatte der singende KKW-Gegner, bevor er mit dem Lied begann, sich offen als «Beamter aus Emmendingen» bezeichnet. Das war angesichts der Schwierigkeiten, die die Regierung beamteten KKW-Gegnern trotz entgegengesetzter Beteuerungen immer wieder machte, sehr mutig. Bisher hatten sich Beamte aus dem Anti-KKW-Lager immer zurückgehalten, wenn es um offene Namensnennungen ging, so der anonyme Autor der Wyhl-Paraphrase auf Udo Lindenbergs *Rudi Ratlos* (Single «Wyhl '75») oder die bereits erwähnte Endinger Faschingskapelle «Remidemis», die ihr altes Lied *Wyhl, Wyhl, nur du allein* nicht gerne auf die «Dreyeckland»-Platte bringen wollte.

Daß nun dieser Mann mittleren Alters, der sicher bei einem Disziplinarverfahren allerhand aufs Spiel setzen würde, sich zugleich als Wyhl-Gegner und Beamter offenbarte, rief lauten Beifall hervor. Da war einmal ein hemmendes Tabu durchbrochen!

Auf der anderen Seite griff der Refrain in einer zusammenfassenden Geste die kollektiven Gefühle und Haltungen der Bevölkerung im Hinblick auf den KKW-Kampf auf.

Der Wyhler Bauplatz war seit November 1975 praktisch ganz verlassen, wenn man von einer zahlenmäßig geringen Platzwache absieht. Das Freundschaftshaus auf dem Platz, nach einem Brandanschlag von KKW-Befürwortern aus Wyhl immer mehr verfallen, wurde endlich im November 1976 zur gänzlichen Erfüllung der mit der Regierung ausgehandelten «Offenburger Verträge» (Stillhalteabkommen) von Weisweiler Bürgerinitiativlern abgerissen – sehr zum Unmut vieler anderer Bürgerinitiativen. Die Bewegung war ohne ihr Zentrum. Für andere mochte der Wyhler Wald schön und unversehrt erscheinen. Für die aber, die einmal im Freundschaftshaus gewesen waren und gewacht hatten, war er wirklich «leer». Der leere Fleck, wo einmal das Haus gestanden hatte, stimmte die Wyhl-Kämpfer trübe und bedenklich.

Und das wurde in dem Lied auf eine Art ausgedrückt, knapp und schlagend, wie es seit der Platzbesetzung in ähnlicher Form häufig am Kaiserstuhl geschehen war. «Findest du nicht auch, daß der Wyhler Wald so merkwürdig grün ist, viel zu grün?» wurde gefragt, als die grüngekleideten Polizeibeamten den geräumten Platz besetzt hielten. Und als unter ihrem Schutz die Motorsägen begannen, eine Schneise in den Wald zu sägen (weit kamen sie nicht!), hörte man vor dem Stacheldraht wieder diese bäurische Art von listigem Humor: «Es ist hier so laut, viel zu laut! Das ist ja Lärmbelästigung! Das müssen wir abstellen!»

Und es wurde abgestellt.

«Mir sin eifach wieder do!»

Heimatkunst

In der regionalen Bewegung am Oberrhein war und ist das Wort «Heimat» dann und wann in Gebrauch. Es bedeutet etwas anderes als die schreckliche Verballhornung «Deutsche Heimat».

Dazu ein Gedicht des elsässischen Schriftstellers André Weckmann, das im Umkreis von Wyhl auf eine Melodie von Buki auch gesungen wird – man kann es gesprochen hören auf der «Dreyeckland»-Platte –: *rhingold;* dann eine Polemik von Walter Moßmann gegen einen Aufsatz von Jean Améry, der in der «Frankfurter Rundschau» veröffentlicht worden war; schließlich einige Beispiele zur Heimatkunst Hanns Eislers in den ersten Jahren der DDR und zu deren Folgen.

Das Freundschaftshaus auf dem besetzten Wyhler Platz

rhingold

es hucke drej herre àm Rhin
un speele Ruhr uf frànzeesch un uf ditsch
metme zaichebrätt dr aant
met millioneschecks de zwait
met gummiknéttel de drétt

es hucke drej herre àm Rhin
un wérfle e bumbischs schicksàl erüs
vive Fessenême! rœft dr aant (Fessenheim)
pfui Màrckelse! breelt de zwait (Marckolsheim)
panzer nach Wyhl! bellt de drétt

es brunze (pinkeln) drej herre àm Rhin
em nàmme vun technik màcht un finànz
e phenoolrischel (Phenolbach) dr aant
e quäckséelwerlàch (Quecksilberlache) de zwait
e sàlzige sudd de drétt

es spàlte drej herre àm Rhin
met goldiche àxe kärne atom
de hauklotz esch min lànd

es hucke drej herre àm Rhin
wànn kejje mr se nin? (Wann schmeißen wir sie rein?)

Er hat den Überblick, er kann uns nicht sehn
Wie Jean Améry sich und leider auch das Elsaß ins Gerede bringt

Wie zu erwarten stand, lutschen jetzt auch die höheren Feuilletonisten am Thema «Regionalismus». Jean Améry (Brüssel) hat unter der Überschrift «Notwendigkeit, Ideologie – oder Ersatzrevolution?» eine ganze Seite in der «Frankfurter Rundschau» mit «Randnotizen» vollgeschrieben (23. 7. 77). Das Thema sei «von wichtiger Aktualität», und er habe dies und das darüber gelesen. Da muß man sich eben zu Wort melden.

Er sei auch kompetent, habe seine Erfahrungen gemacht: «*Ich bin in der österreichischen Provinz aufgewachsen, gemästet sozusagen mit Brauchtum vom Glöcklerspiel bis zu den Sternsingern.*»

Ich kenne mich nicht aus in der österreichischen Provinz. Aber kürzlich war ich im Burgenland und bin da öfter zwischen 5 und 6 Uhr in der Frühe die Hauptstraßen verschiedener Dörfer abgelaufen. Da standen Hunderte von Leuten, einzeln, in kleinen oder größeren Gruppen: Pendelarbeiter, die im PKW oder Bus sehr weit zur Arbeitsstelle fahren. Am Montag war es besonders schlimm, da standen auch noch alle rum, die nach Wien müssen und erst nach einer möblierten Woche am Freitag zurückkommen. Die Kultur-Metropole Wien erleben sie in der Fabrik und im Bürohaus, den Feierabend in Kinos, Kneipen, am Flipper. Ich habe mit einigen gesprochen, sie fahren nicht gern nach Wien, sie möchten lieber im Burgenland leben und arbeiten. Von «Glöcklerspiel und Sternsingern» war nicht die Rede.

Jean Améry ist inzwischen zu Hause in der europäischen Metropole Brüssel, ohne Zweifel ein erhöhter Aussichtspunkt:

«Recht gut überblicke ich von meinem Brüsseler Standort aus die regionalistischen Konflikte in den benachbarten Ländern England und Frankreich . . .»

Ich habe so 25 Jahre in Freiburg und Umgebung gelebt, im Dreiecksland, und habe keinen Überblick über die regionalistischen Konflikte. Aus der Froschperspektive habe ich gesehen, wie die Region, in der ich zu Hause bin, nach Plänen aus Bonn, Paris, Bern – und Brüssel zerstört wird. Wir haben angefangen, uns gemeinsam zu wehren. Wir haben uns über die Grenzen weg verbündet, uns kennengelernt. Wir haben gemerkt, wie lächerlich und schädlich diese Nationalgrenzen sind, ja, und auf einmal waren wir im Zentrum eines regionalistischen Konflikts. Und nun werden wir von Jean Améry «überblickt»!

«Der Regionalismus ist, so möchte ich meinen, jeweils dort ein authentisches Problem, wo man ihn als ein nationales auffassen kann . . .»

Pech für uns, haben wir doch von den nationalen Wahnideen die Nase gestrichen voll. Améry dagegen findet Nationen, diese prächtigen nationalen Hochkulturen, rundum gut. Am liebsten sind ihm die großen, diese imperialistischen Reiche mit dem glänzenden Raubtiergebiß. Warum? Wegen der Literatur. Zu Irland: *«Wo wären Oscar Wilde, James Joyce und G. B. Shaw geblieben ohne die britische Kultur und die englische Hochsprache?»* Ähnlich erklärt er den Sowjetvölkern, die russifiziert werden, daß sie doch gewinnen durch die Einschmelzung in die großartige russische Hochkultur. Gontscharow, Puschkin, Turgenjew, Tolstoj, Dostojewski sind die Zeugen.

Améry hat es mit den Großen, den Nationen wie den Dichterfürsten. Um so interessanter, was er mit einem Kleinen macht. In Thomas Lehners Elsaß-Aufsatz aus dem «Tintenfisch 10» (Wagenbach) hat er drei Zeilen eines Gedichts von André Weckmann gelesen:

«. . . un uf äinmol han mer gemerikt
dass mer ufracht kenne gehn
wie mensche gehn»

Diesem, dem großen Herrn Améry unbekannten (also kleinen) *«Protestler namens André Weckmann»* wünscht Améry *«privatim»*, *«daß er erfolgreich in den Fußstapfen seines großen Landsmannes Schickele unter dem Titel ‹Le retour› ein gutes sozialkritisches Chanson, sagen wir à la Jean Ferrat, schriebe. Denn es ist nun einmal die Hochsprache . . . ein verfeinertes sprachliches Material, das durch keinen Patois herausgefordert werden kann.»*

Wer ist Weckmann? Von Beruf Lehrer. Im Elsaß, der Nordwestschweiz, Vorarlberg und Baden wohl der bekannteste Schriftsteller, der elsässisch schreibt. Hebelpreisträger. Einer, der seit Jahren in den badisch-elsässischen Bürgerinitiativen mitarbeitet, in den betroffenen Dörfern vorliest und diskutiert, Nachtwachen auf besetzten Plätzen hält. Einer, der nicht den geringsten Ehrgeiz hat, über den Zutritt zu den höheren Rängen der Weltliteratur in die Bibliothek des Herrn Jean Améry zu gelangen. Einer, der sich gerade dem niederen Volk verständlich machen kann in einer Sprache, die jener arrogante Ignorant Améry «Patois» nennt: grobe, gemeine, undeutliche Sprache, Land-Bauern-Sprache.

Wer ist Jean Ferrat? Ein französischer Chanson-Star, eine «Vedette» mit allem drum und dran. Einer, der aus einer gewissen KP-Nähe gehobene Schlager mit sozialkritischem Einschlag singt, zu dieser süßlichen Stimmungsmusik, die jeden Widerhaken im Text in türkischen Honig verwandelt. Gewiß ein «sozialkritischer» Stoff, der Améry schmeckt. Mir schmeckt das überhaupt nicht, mir schmecken die Gedichte von Weckmann.

Warum wohl ist Amery nun so unverschämt dem Weckmann gegenüber? Weil der weder deutsch noch französisch, sondern schlicht elsässisch sein will. «*Aber kann es dergleichen geben?*» fragt Améry und weiß sofort, wie es wirklich ist: «*Ufrecht gehn*», was Weckmann gerne möchte, «*das kann man allenfalls als Angehöriger der französischen Nation.*» Wie? Mensch sein heißt, eine nationale Identität haben? Hat dieser Schreiber noch alle Tassen im Schrank? Es ist kaum zu fassen.

Mich kotzen diese Nationalstaaten an. Was können die denn? Völker, die nicht so hohe «Hochkulturen» haben wie sie selber niedermetzeln, kolonisieren, auspressen bis aufs Blut. Eine unmenschliche Klassengesellschaft in «Ordnung» halten. Grenzen bewachen, Pässe kontrollieren, den Leuten im Grenzland vorschreiben, wie zu sprechen und zu leben ist (Nationalkultur!), wer «fremd» und «einheimisch», «Freund« oder «Feind» ist. Die nationalen Orgien der Kriege und Fußballweltmeisterschaften sind nicht weniger schlimm, wenn ich weiß, daß in Pariser oder Brüsseler Salons «das verfeinerte sprachliche Material der Hochsprache» gehandelt wird.

Ich bemerke, daß meine Erfahrungen und Interessen andere sind als die des Jean Améry. Er sagt: «*Der elsässische Nationalismus war vor dem 2. Weltkrieg schlicht und unrecht ein deutscher, sogar, nach 1933, ein ausgesprochen nazistischer.*» Da nennt er ohne Zweifel eine Strömung im Elsaß, die es gab. Aber ich kenne alte Résistance-Kämpfer aus dem Elsaß, die nach dem Krieg ihre Orden zurückgaben, weil sie gegen die alte Unterdrückung, nicht für die neue gekämpft haben.

Améry schreibt, «*daß nirgendwo geschrieben* (!) *steht, ein Ort müsse als Ort bleiben, was er von alters her war. Muß der Mensch ‹verwurzelt› sein? Ist er ein Baum?*»

Ganz einverstanden, Herr Améry, wir wünschen uns Verbesserung, mehr Freiheit, Leben, in dem wir uns entfalten können. Aber was wollen Sie uns da aufschwätzen?

«. . . *ist nicht vielleicht die ‹mobile society›, vertikale und horizontale, wie wir sie in den USA vorfinden, eine Gesellschaftsform, die dem Individuum das interessantere, weil in Permanenz verjüngende Leben verheißt? ‹I used to live in Idaho, but now I have an interesting job in New Jersey . . .›, bedeutet das nicht Renovation, neue Gesichter, eine andere Landschaft, ein reiches, weil wechselvolles Leben?*»

Da ist es dann raus: Herr Améry bekämpft die konservativen bis reaktionären Züge im Regionalismus mit der Zigarettenreklame bzw. den albernsten Phrasen der US-amerikanischen Soziologie.

Kann sein, daß er das alles so meint, weil er so lebt. Seine Reisen bedeuten vielleicht tatsächlich ein reiches Leben. Den «vertikalen» Rutsch nach unten braucht er wohl nicht mehr zu fürchten. Aber ob wohl ein Arbeiter aus Sizilien derart fröhlich vom «interesting job» in Bochum singen würde?

Nein, die Alternative «regionale Borniertheit gegen nationale Hochkultur» ist genau so blöd wie diese «Verwurzelung» gegen «mobile society». Solchen Unfug schreibt halt, wer sich professionell über alles das Maul zerreißen muß.

Mich interessieren an regionalistischen Bewegungen die Leute, die Grenzen überhüpfen oder drunter durchtauchen, statt Schlagbäume quer zu legen. Leute, die sich mit ihren Mitteln ausdrücken, statt die Spitzenleistungen der «National-Literatur» zu vergöttern oder stumm die Unterhaltungs-Stars zu konsumieren. Leute, die sich selber organisieren und ihre Angelegenheiten in die Hand nehmen, statt sich von den administrativen Wasserköpfen der jeweiligen nationalen Zentrale verwalten und zumauern zu lassen.

Die Nation zieht Grenzen, unterscheidet innen und außen, vereinheitlicht. Die Region hat fließende Übergänge, wie der Dialekt, von Ort zu Ort. Die Nation ist eine Pyramide, mit einer nationalstaatlichen Spitze, einer Pickelhaube. Die Region ist wellig, ohne Zentrum. Die Nation führt Kriege, die Region erleidet sie oder will sie nicht mehr erleiden. Nicht die militärischen und nicht die ökologischen.

Das ist meine regionalistische Spinnerei, so verrückt wie damals der Traum von den Menschenrechten, die für alle gelten. «*Träumereien am elsässischen Kamin*», meint Améry väterlich, hinterm Brüsseler Ofen hervor.

Nein, nicht am Kamin. Auf den besetzten Plätzen in Marckolsheim, Wyhl, Kaiseraugst, Gerstheim, Heiteren; Namen, die man sich wird merken müssen. Und kalt war es da oft, sehr kalt und naß.

(November 1977)

Hanns Eisler erzählt 1950:[2]
«Ich und mein Freund Johannes R. Becher haben ein Volksliederbuch geschrieben ... Alle Lieder sind auf leichte Faßlichkeit angelegt. Jeder kann sie mit wenig Mühe erlernen, deshalb heißen sie Volkslieder. Zur Volkstümlichkeit gehört unbedingt die leichte Faßlichkeit ...

Becher und ich bekamen vom Zentralrat der FDJ den Auftrag, für das Deutschlandtreffen der Jugend in Berlin (Juni 1950) ein Lied zu schreiben. Als wir dieses eine Lied fertig hatten, fanden wir Geschmack an dieser Art Arbeit und schrieben in sehr kurzer Zeit, oft zwei an einem Tag, insgesamt schließlich 15 Lieder.

Becher und ich haben gewissermaßen einen Wettbewerb ausgetragen. Wir arbeiteten gutgelaunt, frisch und rasch, und es machte uns wirklich Spaß, weil es uns eine nützliche und dringend notwendige Sache zu sein schien. Es ist dabei vorgekommen, daß wir bei mir ein Lied beendeten, Becher nach Hause fuhr, wo ich ihn gerade anrief, um ihm zu sagen, daß ich es in der Zwischenzeit schon komponiert hätte, worauf er umkehrte und wir unsere Arbeit fortsetzten. Manchmal habe ich zum Abschreiben der Gedichte schon auf der Schreibmaschine, über die Schulter blickend, es gleich komponiert.»

Einer dieser Texte heißt

Heimatlied
Deutsche Heimat, sei gepriesen:
du, im Leuchten ferner Höh'n,
in der Sanftmut deiner Wiesen,
deutsches Land, wie bist du schön!
Das Gewitter ist verzogen
und verraucht der letzte Brand.
Weltenweiter Himmelsbogen
wölbt sich strahlend über dich,
unser Heimatland.

Seht, des Volkes eigne Werke
künden weithin deinen Ruhm!
Volk, erkenne deine Stärke!
Schütz der Heimat Heiligtum!
An den heimatlichen Festen
seien ehrend sie genannt,
sie, die dienten dir zum besten!
Sei gesegnet! Friede sei!
Freies Heimatland!

Deutsche Heimat, laß dich preisen,
du, die uns zu hoffen heißt!
Jugend singt dir neue Weisen,
und es weht ein neuer Geist.

2 Das neue Volkslied (Interview mit Hanns Eisler 1950), in: Hanns Eisler: Materialien zu einer Dialektik der Musik, Leipzig 1973.

Dir, dir gilt all unser Mühen!
Du ziehst mit uns, Hand in Hand.
Du, gedeihe! Du sollst blühen!
Unser Glück ist Glück mit dir,
deutsches Heimatland.

Das ist ein beträchtlicher Wandel gegenüber dem *Solidaritätslied*! Was wohl Brecht zu diesen Liedern gesagt hat? Und was wohl die DDR-Jugend dazu gesagt hat, für die die Volkslieder geschrieben wurden? Neben der großen Aufbau-Begeisterung, die ja da war, werden sich doch manche gefragt haben: «Alles für die Heimat, ist nichts für mich selbst übrig? Denn was noch übrig bleibt, geht ja schon für die Partei drauf!»

Aber selbst wer nicht so dachte, kriegte doch unmerklich seinen Schaden durch die überirdischen Lobgesänge der ersten Strophe mit: «Leuchten ferner Höh'n», «Sanftmut deiner Wiesen, deutsches Land, wie bist du schön!» Und Eisler, der das vertonte, hatte in den zwanziger Jahren gegen das Naturgefühl der Wandervögel Front gemacht!

Becher und Eisler leiteten damit eine unendliche Folge von deutschnationalen Heimatliedern ein, die heute die schulischen Musikbücher und die offiziellen Liederbücher der DDR zu guten Teilen füllen. Ein Lied wie *Unsre Heimat* mit der Musik von Hans Naumilkat und den Worten von Herbert Keller[3] zeigt, wohin die Richtung geführt hat. Es beginnt: «Unsre Heimat, das sind nicht nur die Städte und Dörfer, unsre Heimat sind auch all die Bäume im Wald ...» Nun werden weiterhin Gras auf der Wiese, Korn auf dem Feld, Vögel in der Luft, Fische im Fluß usw. aufgezählt: Das alles ist die Heimat! Mehr nicht? Was unterscheidet eigentlich diese Heimat von Portugal oder Chile? Dort fliegen auch die Vögel in der Luft. Da ist nichts Reales, nichts Spezifisches für die DDR angesprochen. Heimat ist eben doch nur der Ludwig Richter-Holzschnitt, und der paßt überall! Nicht die genaue Beobachtung oder der Vergleich Lied–Realität wird angeregt – es ist ja ein Kinderlied! –, sondern nur das Gefühl, die Stimmung, das unselbständige Eintauchen und Eingetauchtwerden. Und wenn die Kinder so richtig in die Heimatstimmung mit Feld und Wiese gebracht worden sind, dann kommt der Liedschluß: «Und wir lieben die Heimat, die schöne, und wir schützen sie, weil sie dem Volke gehört, weil sie unserem Volke gehört!» Nach dem Gefühl kommt nun der Besitz! Zwei wirklich sehr aufgeklärte und emanzipatorische Begründungen dafür, eine Sache zu verteidigen, eine beliebig manipulierbare Grundlage für die Staatsverteidigung. Jedoch ist damit das, was in solchem Zusammenhang «Heimat» heißt, ideal auf den Begriff gebracht worden: Gefühl und Besitz! Man sieht richtig die alten Nationalisten von einem Berg aus das Land überblicken und sagen: «Das ist unser Deutschland, und wehe dem, der es befleckt!» (Wir selbst sind ja von dieser Drohung auch betroffen, indem wir zum Beispiel das soeben besprochene Lied nicht in Noten abdrucken dürfen, ebensowenig

3 In: «Seid bereit! Liederbuch der Thälmann-Pioniere», Leipzig ^{4}1971.

wie das nun folgende; die Gründe dafür beschreiben wir in einem späteren Teil des Buches, S. 288.)

Das Lied, das Eisler als Auslöser der unter dem Titel «Neue deutsche Volkslieder» herausgekommenen Stücke erwähnt, nämlich die Auftragsarbeit für die FDJ, ist das *Lied von der blauen Fahne.*

Interessant, daß Eisler es als eine Art Kampflied charakterisiert, indem er die Melodie aus dem Refrain-Beginn der *Internationale* entwickelt. Jedoch ist die Reminiszenz sehr behutsam, beileibe nicht so, wie der Gebrauch des Melodiebeginns in anderen Liedern Eislers wirkt (vgl. S. 263ff). Denn das *Lied von der blauen Fahne* ist eine Mischung zwischen Friedens- und Kampflied. Einerseits ist der Krieg überwunden, andererseits steht der Kampf um den Aufbau und gegen erneute Reaktion bevor, ist also eine Verbindung zum kämpfenden Proletariat der Weimarer Zeit da: «Wir sind Deutschlands neues Leben, und der Friede mit uns zieht. Macht des Friedens, du wirst siegen, ziehst in alle Herzen ein!»

Das ist historisch! Es ist heute völlig unbegreiflich, wie so ein Text Wirkung haben konnte in einem sozialistischen Land. Aber die hatte er ohne Zweifel. Nicht historisch für uns sind aber die Auswirkungen, die ein solcher Text zusammen mit Eislers Musik gehabt hat. Wir können sie täglich im Radio in der «Stimme der DDR» verfolgen. Eisler habe tiefe Resignation erfaßt, als er – vor allem am Beispiel seines «Faustus»-Projektes – bemerkt habe, daß die DDR-Kulturpolitik gegen seine Intentionen verlief, liest man. Sicher gibt es für diese Meinung Belege, aber hat Eisler nicht mit Musik wie den «Neuen Deutschen Volksliedern»[4] entscheidend zu diesem Abdriften beigetragen?

«Frisches Marschtempo» bestimmt den Liedbeginn, der im begleitenden Klavier einen militärischen Marschgestus vorausschickt.

Diese Fanfarenmelodik, aufsteigend und aktivierend, beschließt auch das Lied, ist als Nachspiel eingesetzt.

Der Gesang beginnt mit einem zitatartigen Reminiszenz an den Re-

4 Dazu gehören auch andere Merkmale seines DDR-Schaffens, wie sie an anderen Stellen dieses Buches erwähnt werden (S. 263f und S. 334f).

frain der *Internationale*, in gleicher Weise wie dort zum textlichen Anruf einer Menge verwendet. «Völker, hört die Signale!» heißt es dort, hier:

Punktierungen (Auftakte) und Synkopen (T. 3 auf «Bahnen») sind auch in anderen Melodien aus dieser Liedersammlung ein Mittel, die Dreiklangmelodik etwas interessanter und treibender zu gestalten.

Nachdem diese Anfangsphrase fast genau wiederholt wird auf den Text «Hoch im Blauen fliegen Fahnen, blaue Fahnen nach Berlin», beginnt der Mittelteil:

Und getreu dem alten Liedschema ABA, dem Wiederkehrmuster vieler Volkslieder und Schlager, schließt die Melodie mit der Wiederaufnahme der Anfangsphrase zu dem Text «Unsre Fahnen sich entfalten, um im Sturm voranzuwehn».

«Wir sind Deutschlands neues Leben, und der Frieden mit uns zieht», heißt es weiter in den folgenden beiden Strophen, und auch die Ziele werden angesprochen: «Macht des Friedens, du wirst siegen, ziehst in alle Herzen ein», und: «Laß uns neu die Heimat bauen, laßt uns fest zusammenstehn!»

Das ist der neue, kämpferische Aufbauton der DDR-Heimatlieder, wie er von Eislers und Bechers Wirken bis in die Gegenwart ausstrahlt.

Das Lied scheint, vor allem auch in der Melodik, in idealer Weise das darzustellen, was man als «sozialistischen Realismus» in der Musik bezeichnet, so wie er seit dem Stalin-Regime in der UdSSR ausgeformt wurde und von dem DDR-Musikwissenschaftler W. Siegmund-Schultze 1969 (Ziele und Aufgaben der sozialistischen Musikerziehung, Leipzig, Teil 1, S. 162f) in den folgenden fünf «Forderungen an den sozialistischen Komponisten» zusammenfassend formuliert wurde:

Es wird gefordert,

«1. die sozialistische Wirklichkeit vielfältig und in allen Gattungen widerzuspiegeln und künstlerisch mitzugestalten,

2. für einen möglichst großen Kreis, für die Masse der Werktätigen zu schreiben,

3. an die großen klassischen Traditionen anzuknüpfen, alte Formen und Gattungen mit neuem Inhalt zu füllen,

4. dem melodischen Element in der Musik wieder einen vorrangigen Platz zu bahnen,

5. eine konkrete, bildhafte Musik zu schreiben, die typische Gestalten entwickelt.»

Die Punkte 3., 4. und 5. sind die praktischen Ausführungsbestimmungen für die geforderte allgemein-politische Einstellung und Orientierung des Komponisten (1. und 2.). Dabei ist der Punkt 3. in Eislers Lied dadurch erfüllt, daß der Bezug zur *Internationale* in seiner Deutlichkeit den Traditionszusammenhang und -wandel hörbar macht, der seit der Pariser Commune in den Augen der Erbauer der DDR besteht: Was dort erhofft und als Kampfziel aufgerufen wurde, ist heute soweit erreicht, daß man auf einer Friedensplattform an den Aufbau gehen kann. Beide Etappen aber sind verbunden und zusammengefügt durch die Gedanken und Ziele der kommunistischen Internationale, wie sie in deren Traditionshymne *Die Internationale* musikalisch formuliert wurde.

Punkt 4., die Forderung nach eingängiger Melodik, ist in der beschriebenen von Synkopen und Punktierungen garnierten «Volksliedmelodik» mit einfachen Schritten und Dreiklangsfiguren enthalten.

Die Forderung nach «typischen Gestalten» des Punktes 5., also nach gesellschaftlich spezifischen und exemplarischen psychischen Gesten und Haltungen, und zwar klar und einfach formuliert, kommt in dem dargestellten Triolen-Vorspiel zur Erfüllung: Der «Gestus» bzw. die «Intonation», wie bestimmte Kreise sozialistischer Ästhetiker sagen, bezeichnet eine bestimmte aktivistische, kämpferische Frische.

Warum aber ist für diese Haltung von Kampf und Aufbau das Wort «Heimat» so wichtig, daß es in der DDR in diesem Zusammenhang immer wieder Anwendung findet? Die Tradition der Jugendbewegung mit all den schädlichen, unbearbeiteten Implikationen, die ihr anhaften, ist nicht nur bei uns nicht überwunden.

Zweierlei Geyer

Lieder aus dem deutschen Bauernkrieg und das Elend der Nachempfindung

Ein Stück über Gehirnwäsche

sie wolten herren sin allein,
all güter machen gar gemein,
das spil hant sei verloren.

Was geblieben ist: Kriegsromantik

Frag die Deutschen nach einem Lied aus dem Bauernkrieg, und du hörst die Töne der Bündischen Jugend. Beim Absingen dieser Lieder meinen dann viele noch, so hätte das damals geklungen, als die furchtlosen Holzschnitt-Bauernkämpfer voran und drauf und dran sind.

Ist das schlimm? Mal sehen.

Beispiel 1: Der Germano-Western
Das *Bauernaufstand*-Lied des Herrn Börries Freiherrn von Münchhausen findet sich im Liederbuch der FDJ («Leben–Singen–Kämpfen», 1973) ebenso wie im wichtigsten Gesangbuch der Nachkriegs-Jugendbewegung «Der Turm» (Voggenreiter, 1957) wie auch im Liederbuch der Hitlerjugend («Uns geht die Sonne nicht unter», Leipzig 1934). Bei der FDJ steht «Weise: aus der Wandervogelbewegung», in anderen Büchern wird Hans Wendelmuth als Vertoner angegeben. Die folgende Fassung aus dem «Turm» unterscheidet sich kaum von anderen gedruckten und gesungenen:

Bauernaufstand

Das Büffelhorn, das so lange geruht, Veit Stoßberg nahms aus der Lade. |: Das alte Horn, das brüllt nach Blut und wimmert: Gott genade. :|

Ja, gnade dir Gott, du Ritterschaft, der Bauer stund auf im Lande, |: und tausendjährige Bauernkraft macht Schild und Schärpe zuschande. :|

Die Klingsburg hoch am Berge lag, sie zogen hinauf in Waffen; |: auf rammte der Schmied mit einem Schlag das Tor, das er fronend geschaffen. :|

Dem Ritter fuhr ein Schlag ins Gesicht u. ein Spaten zwischen die Rippen; |: er brachte das Schwert aus der Scheide nicht u. nicht den Fluch von den Lippen. :|

Aufrauschte die Flamme mit aller Kraft, brach Balken und Bogen und Bande. |: Ja, gnade dir Gott, du Ritterschaft, der Bauer stund auf im Lande.

Worte von Börries Freiherrn von Münchhausen Weise nach Hans Wendelmuth
Zuerst: Unsere Lieder (Fritz Sotke; Sauerland, Iserlohn; 1930)

Der bekannte Dichter und Schulbuchautor hat seine Kriegsbegeisterung während der zwanziger Jahre in zahlreichen Gedichten ausgedrückt; er ist auch vom Bauernkrieg begeistert. Die Beziehung zwischen Krieg und Naturgewalten kommt ihm so automatisch in den Sinn wie ehedem dem Autor der *Wacht am Rhein.* Nur daß bei ihm ganz offen die Lust an der Gewalt ins Spiel kommt, so wie ich das aus Italowestern kenne. (Ich kann mir mühelos einen Italowestern über den deutschen Bauernkrieg vorstellen. Soziale Bewegungen und Aufstände aus Mexiko z. B. wurden ja schon oft als Vorwände für diese Unterhaltung benutzt. Das geht selbstverständlich auch mit Thüringen 1525.)

In der Sprache des Dichters Münchhausen geht es streng teutonisch zu. Die urigen Wagner- und Edda-Stabreime («Schild und Schärpe», «Balken und Bogen und Bande» usw.) und die ganze altertümelnde Maskerade passen gut in die Zeit – nicht ins 16. Jahrhundert, wohl aber in die Vor-Nazizeit. Im Lied kommen ja auch nicht die Entrechteten und

Bauern/Plebejer-Revolutionäre vor, sondern eine mythische Figur: «Der Bauer» mit seiner «tausendjährigen Bauernkraft», von den Steinmetzen der Nazizeit tausendfach an Hausfassaden und auf Plätze gepflanzt . . . Nachtigall? Ja.

Gab es damals nicht in der nationalen Bewegung, in Parteien wie in den Jugendbünden diese blöde Idee von der autarken, deutschen Nation, die auf dem gesunden, kraftstrotzenden und wehrhaften Nährstand gründet? Suchte sich diese Ideologie nicht ihren Stoff in der zeitgenössischen Landvolkbewegung, bei den Großbauern der Dithmarschen, Busses «Bauernadel», ja auch in einem phantastisch verfälschten Bauernkrieg? Kursierte da nicht die Idee, daß «Volkstum» als Grundlage der aggressiven deutschen Nation nur bei den Bauern wurzelt? (Der Jugendbund «Die Artamanen», aus dem Heinrich Himmler stammt, schickte arische Studenten zu den Ernteeinsätzen in den Osten, damit keine «slawischen» Landarbeiter dieses Bauerntum überfremden.) Und haben nicht diese völkischen Poeten ihre konservative Vision von der ewigen Wiederkehr des Gleichen so schön mit der Metapher «Aussaat–Ernte–Saat» beschrieben? Ohne Zweifel gehören die Bauern des Börries von Münchhausen nicht in die hellen Haufen unter der Bundschuhfahne, sondern ins völkische Wachsfigurenkabinett – und die «Ritter» im Lied erinnern eher an die Machtverwalter der Weimarer Republik. Rechte Politik im historischen Gewand.

Aber dagegen spricht, könnte man sagen, daß da vom «Aufstand» die Rede ist. Na und? «Nationale Revolution» nannten die Nazis die faschistische Antwort auf die Krise, und das Wort «Revolution» war damals in der Rechten genauso gängige Münze wie heute in den Supermärkten, wenn der alte Wein in neuen Schläuchen angepriesen wird.

Und warum haben die Jugendbewegten dieses Lied gesungen, auch wenn sie nicht zum völkischen Flügel gehörten? Mir fällt dazu ein, daß ich zwei Lieder in den fünfziger Jahren am selben Lagerfeuer gelernt habe: «Heij die weißen Wogen löschen roten Brand / Koltschak kommt gezogen, er befreit das Land» und: «Durchs Gebirge, durch die Steppen, zog unsre kühne Division . . .», also jeweils ein Marschlied der Weißen und der Roten aus dem Russischen Bürgerkrieg. Das fiel uns gar nicht auf. Wichtig war bloß das Exotische, russische Seele und Steppenwind, nützlich für das Wegträumen aus den beschissenen Familien- und Schulverhältnissen, und das Männerbündlerisch-Militärische.

Nicht anders ist das mit Münchhausens Bauernlied, bloß daß statt russischer Exotik hier die historische, romantische ihre Verführungskünste spielen läßt.

Und wie kommt so ein reaktionärer Song ins FDJ-Liederbuch?

Beispiel 2: Der Ritter ohne Furcht und Tadel

Das Leib- und Magenlied der Jugendwegung zum Thema Bauernkrieg ist das vom Florian Geyer. Die älteste mir bekannte Version aus dem deutschen Volksliederarchiv stammt aus dem Liederbuch «Fahrtenlieder» (Fritz Sotke, Hagen 1923).

6. Aus dem Bauernkriege 1525.

2. Wir wolln's dem Herrn im Himmel klagen, kyrieleis, daß wir den Pfaffen könnten totschlagen, kyrieleis. Spieß voran usw.

3. Als Adam grub und Eva spann, kyrieleis, wo war denn da der Edelmann? kyrieleis. Spieß voran usw.

4. Jetzt gilt es Schloß, Abtei und Stift, heia oho! uns gilt nichts als die heil'ge Schrift, heia oho! Spieß voran usw.

5. Uns führt der Florian Geyer an, trotz Acht und Bann. Den Bundschuh führt er in der Fahn, hat Helm und Harnisch an. Spieß voran usw.

6. Bei Weinsberg setzt es Brand und Stank, heia oho! Gar mancher über die Klinge sprang, heia oho! Spieß voran usw.

7. Des Edelmannes Töchterlein, heia oho! wir schickten es in die Höll' hinein, heia oho! Spieß voran usw.

8. Geschlagen ziehen wir nach Haus, heia oho! unsre Enkel fechten's besser aus, heia oho! Spieß voran usw.

Die zweite Strophe findet sich in anderen Fassungen selten, die vierte fehlt bei den Nazis, sowohl im HJ-Liederbuch als auch beim Reichsarbeitsdienst. Die standen bekanntlich weniger auf der Bibel als auf «Mein Kampf». In «Heimat- und Fahrtenlieder» (Das junge Volk Verlag, Plauen 1924) wird die Bibel echt bündisch so ersetzt:

Wohl gibt es Kloster, Abtei, Altar
Für uns gibts nur die heilge Schar.

Schließlich sangen die Nazis auch noch einen ganz neuen Text, ohne die alten Kostüme: Klartext. (Soweit mir bekannt ist, wurde die Version

«Wir sind des Hitlers brauner Haufen» niemals öffentlich gesungen, statt dessen folgende Version.)

Drauf und dran!

Wir sind des Hitlers braunes Heer, heia, hoho,
Wir machen Bonzensessel leer. Heia, hoho!
Drauf und dran! Mann für Mann! Hitlers braunes Heer rückt an.

Das deutsche Land dem deutschen Mann, dem Arbeitsmann,
Der Jude lauf nach Kanaan, wenn er noch laufen kann.
Drauf und dran...

Und wer die Sowjets lieber hat als deutsches Land,
Der nehme nach dem Sowjetstaat die Beine in die Hand.
Drauf und dran ...

Uns führt der Adolf Hitler an, trotz Acht und Bann.
Das Hakenkreuz in roter Fahn', das trägt er uns voran.
Drauf und dran...

Jetzt gilt uns nichts als Deutschlands Not und Deutschlands Schmach:
Zum Kampf für Freiheit und für Brot, Deutschland erwach'!
Drauf und dran...

Die Ulmer hat man krumm geschlossen! Weh, dreimal weh!
Horst Wessel haben sie erschossen! Weh, dreimal weh!
Drauf und dran...

Gemach, schon steigt das dritte Reich aus Not und Nacht:
Marxist und Jude, wehe euch! Wenn unser die Macht!
Drauf und dran...

Diesem Text ist allerhand über die Attraktion der Nazi-Propaganda zu entnehmen. Welche Gefühle, welche Befriedigung hat wohl die Phantasie ausgelöst, «Bonzen» aus ihren Sesseln zu vertreiben? Welche historische Beziehung zwischen Gewerkschaftsführern/SPD-Beamten und proletarischen SA-Leuten hatte sich in der Weimarer Republik herausgebildet? Oder: Was bedeutete damals auf dem Hintergrund der Arbeitslosigkeit das heroische Bild vom «deutschen Arbeitsmann»? Und dieser Gegensatz deutsches Land/Sowjetstaat, in einer Zeit; als die «roten» Liederbücher bis zur Hälfte mit russischen oder prorussischen Liedern angefüllt waren, u. a. gab es da auch den Kampfgesang mit der schwachsinnigen Parole «Heil Moskau!». «Das Hakenkreuz in roter Fahn'» bedeutet ja nichts anderes, als daß die Nazis die bessere Revolution versprachen, besser als das, was die SPD aus dem November gemacht hatte, und besser als die «fremdgesteuerten» Kommunisten, die sich diesen Vorwurf durch ihre eigene Propaganda täglich zuzogen.

Soweit der Weg aus der Jugendbewegung zu den Nazis.

Allerdings wurde das Geyer-Lied auch bei den Linken gesungen, z. B. steht es im «Rotfront-, Arbeiter- und Freiheits-Liederbuch» oder im «Jugendliederbuch des allgemeinen Verbandes der Versicherungsangestellten» (Berlin um 1928):

Florian Geyer
Weise von Hans G. Grimm, 1920

1. Wir sind des Geyers schwarzer Haufen, heiaho, ho, und wölln mit Pfaff' und Adel raufen, heiaho ho! Spieß voran! Drauf und dran! Setzt aufs Klosterdach den roten Hahn!
2. Wir wöllens Gott im Himmel klagen, Kyrieleis, daß wir die Pfaffen nit dürfen totschlagen, Kyrieleis!
3. Als Adam reud't und Eva spann, Kyrieleis, wo war denn da der Edelmann, Kyrieleis!
4. Ich bin der arme Konrad und komm von nah und fern, vom Hartematt, vom Hungerrain, mit Spieß und Morgenstern!
5. Wir wöll'n nit länger sein der Knecht, heiaho, ho, leibeigen, frönig, ohne Recht, heiaho ho!
6. Ein gleich Gesetz, das wöll'n wir han, heiaho ho, vom Fürsten bis zum Bauersmann, heiaho ho!
7. Mit blut'gen Köpfen geht's nach Haus, heiaho ho! Die Enkel fechten's besser aus, heiaho ho!

Strophe 5 hat sich bei den Linken erhalten, bis ins FDJ-Liederbuch, in «Lieder gegen den Tritt» oder ins BdP-Liederbuch von 1976. Ebenso die Wendung zu Beginn «wölln mit Pfaff und Adel raufen» statt «Tyrannen». Die Vergewaltigungsstrophe mit des Edelmannes Töchterlein – in den zwanziger Jahren wesentliches Lustmoment auf allen Seiten, rechts wie links – ist neuerdings, wie schon in dieser Fassung, wieder verschwunden.

Über die Autoren Hans Godwin Grimm, Kurt Zacharias und Heinrich von Reeder ist nichts bekannt geworden, schade, also keine Biographien an dieser Stelle.

Immerhin findet sich in einer Bauernkriegs-Anthologie des Aufbau-Verlags (Wir Enkel fechtens besser aus, 1975) die Vorlage des Geyer-Liedes mit einigen Daten: ‹*Der arme Kunrad*› wurde ein Jahr nach dem Tod des Dichters Heinrich von Reder (geb. 1824) in München 1910 von Artur Kutscher veröffentlicht[1]. Der Text, aus dem einige Verspaare des Geyer-Liedes stammen:

1 Einen besonderen Witz hat sich der Trikont-Verlag erlaubt, der kürzlich eine alte Folkways-Platte «Early German Ballads» unter dem Titel «Frühe deutsche Balladen – Lieder aus dem Bauernkrieg» in den Vertrieb genommen hat. Aus dem Bauernkrieg stammt da nichts, auch wenn die bündischen und

Der arme Kunrad
1888

Ich bin der arme Kunrad
Und komm von nah und fern,
Von Hartematt, vom Hungerrain
Mit Spieß und Morgenstern.
Ich will nicht länger sein der Knecht,
Leibeigen, frönig, ohne Recht.
Ein gleich Gesetz, das will ich han,
Vom Fürsten bis zum Bauersmann.
  Ich bin der arme Kunrad,
  Spieß voran
  Drauf und dran!

Ich bin der arme Kunrad
In Aberacht und Bann,
Den Bundschuh trag ich auf der Stang,
Hab Helm und Harnisch an.
Der Papst und Kaiser hört mich nicht,
Ich halt nun selber das Gericht,
Es geht an Schloß, Abtei und Stift,
Nichts gilt als wie die Heilge Schrift.
  Ich bin der arme Kunrad,
  Spieß voran
  Drauf und dran!

Ich bin der arme Kunrad,
Trag Pech in meiner Pfann.
Heijoh! Nun geht's mit Sens und Axt
An Pfaff und Edelmann.
Sie schlugen mich mit Prügeln platt
Und machten mich mit Hunger satt,
Sie zogen mir die Haut vom Leib
Und taten Schand an Kind und Weib.
  Ich bin der arme Kunrad,
  Spieß voran
  Drauf und dran!

Klar ist jedenfalls: das Lied ist um oder nach 1920, in einer revolutionären Situation, aber in den Kreisen der bündischen Jugend entstanden, dann von rechts nach links als Kampflied in Gebrauch genommen worden, und heute Bauernkriegslied Nr. 1, oft gesungen mit der Zeitangabe «1525». Tatsächlich sind zwei Verspaare aus den verschiedenen Fassungen original:

Nach Steinitz ist belegt, daß 1381 der englische Prediger John Ball vor 20000 aufständischen Bauern über das Sprichwort gepredigt hat:

Landsknechtslieder meistens mit der Jahreszahl 1525 geschmückt sind. Der Redersche Text «Ich bin der arme Kunrad» erscheint als «Ich bin der arme Kamerad», und auf dem amerikanischen Cover findet sich die Erläuterung «Ballad of the peasant leader»!

When Adam dalf
and Eve span,
who was than a gentilman?

Als Adam grub
und Eva spann,
wer war da ein Edelmann?

Danach taucht der Spruch in verschiedenen Ecken Deutschlands und auch in Schweden und Dänemark auf.

Das zweite Original-Zitat stammt aus einem Bericht über das Auftreten des Pfeifers von Niklashausen (1476). Bei einer Predigt dieses Vorläufers des Bundschuh haben die Bauern verschiedene «creutzlieder» gesungen, und in einem kam der Vers vor:

Wir wollens Gott vom himmel clagen,
kirie eleyson,
Das wir die pfaffen nicht zue todt sollen schlagen,
kirie eleyson.

Aber abgesehen von diesen beiden Verspaaren ist der Rest, d. h. fast alles, eben ein typisch bündisches Lied und sagt etwas über die Jungenbünde zwischen den Weltkriegen, aber nichts über die historische Wirklichkeit des 16. Jahrhunderts.

- «Wir sind . . . Haufen»: Die Identifikation – gegen die eigene Familie – mit Gruppe–Horde–Stamm–Bund.
- «Der Florian Geyer führt uns an»: Führer und Gefolgschaft, innere Autorität.
- «schwarzer Haufe»: Faszination der einheitlichen Kleidung, Kluft-Uniform. Das Soldatische.
- Gegen «Edelmann» und «Abt» und «Tyrann»: Die antibürgerlichen (und doch so bürgerlichen) Kraftsprüche gegen Väter und Lehrer, gesprochen von den künftigen Vätern und Lehrern.

Und wieder: Geschichte nicht zum Lernen, sondern zum Hineinflüchten, das 16. Jahrhundert als Kostümverleih für Eskapisten.

Und wieder: der Männlichkeitsbeweis im Krieg: «Spieß voran». Klar, Spieß voran. Was soll so ein Junge denn sonst mit seinen Erektionen anderes machen in einer Welt, wo sich Sexualität nicht entfalten darf, als von Gewehren, Kanonen und Spießen zu träumen?

Kommt die Melodie dazu, die uns auch nicht das 16., sondern das 19. Jahrhundert beschert hat. Hauptstück für den gemeinsamen Gesang ist der Refrain, der sich dem Stiefeltritt unterordnet, zum Kasernenhofton auffordert («Drauf und dran!»), Soldatenlied also. Dazu gehört der ebenfalls immer wieder gebrüllte urige Kampfschrei «Heia oho!», den alle Sänger grölen. (Auch Ernst Busch grölt ihn auf einer DDR-Aufnahme mit zackigem Männerchor, als ob er noch nie etwas von Eisler gehört hätte.) Dazu dann die mehr fürs Gemüt bestimmten Töne: die musikalische Geste der ersten Zeile hat es in sich. Die Figur in e-Moll, beginnend mit dem Quartsprung, dann schrittweis zögernd, insgesamt die Oktav vom tiefen zum hohen h ausfüllend, die schließlich noch mit einem Halbtonschritt so melancholisch zum c und wieder weg führt, ruft mit Sicherheit einige musikalische Erinnerungen auf. Bei verschiedenen

Tests nannten Musiker wie Laien schnell zuerst die bekannte und allseits beliebte Wendung aus der *Moldau* von Smetana:

Verglichen mit der bündischen Fassung aus dem «Turm» und meinen eigenen Erinnerungen kommt mir das gar nicht so abwegig vor.

Die kommunistischen Fassungen versuchen diese weiche, volkstümlich-romantische Geste in ein straffes, militärisches Korsett zu zwingen, revolutionäre Disziplin also gegen bürgerlich-bündische Träumerei:

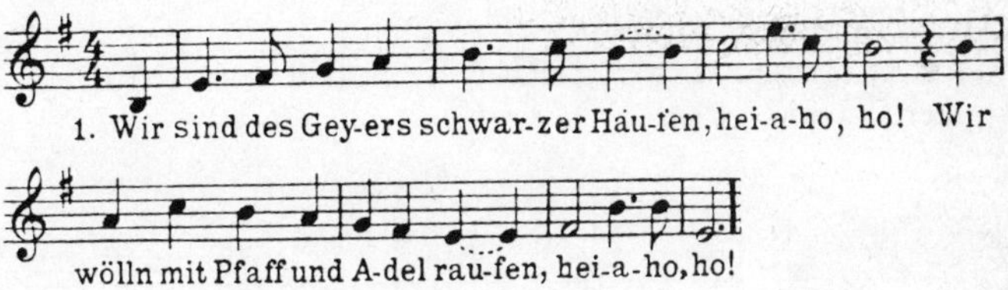

Kleine Abschweifung, angeregt durch die Ähnlichkeit von *Moldau* und dem *Schwarzen Haufen*:

Volkskultur oder «Abgesunkenes Kulturgut»?

1835 schrieb Frederik Chopin, polnischer Klaviervirtuose und -komponist, in Paris die Polonaise op. 26 Nr. 2 in es-Moll. Der Mittelteil steht in H-Dur und fängt so an:

Klar, nicht wahr? Der Anfang von *Brüder, zur Sonne, zur Freiheit*!
Ein russischer Revolutionär, Leonid Radin, schrieb den Text dieses Liedes 1897 in einem Moskauer Gefängnis. Es wurde dann bald in

Rußland bekannt, in Deutschland erst 1918, als der Dirigent Hermann Scherchen es in einer deutschen Nachdichtung aus Rußland mitbrachte.

Über die Melodie heißt es bei Inge Lammel («Lieder der Partei», Leipzig 1961, S. 10) lakonisch: «Die Melodie greift auf volkstümliche Motive zurück.»

Daß Chopin sehr viel polnische und überhaupt slawische Volksmusik in seine Stücke eingearbeitet hat, weiß man.

Aber weiß man, ob nicht Leonid Radin ein besonders guter Kenner von Chopins Klaviermusik gewesen ist?

Marschlieder, die über die Melodiekurven in Moll aufs Gemüt zielen, waren in der Jugendbewegung nach dem Ersten Weltkrieg (der Wandervogel vorher stand nicht so auf Märschen) außerordentlich populär. Typisch dafür das nachempfundene Landsknechtslied über den Georg von Frundsberg, den Sieger der Schlacht von Pavia 1525, der sich kurz darauf als Bauernschlächter hervorgetan hat. Vermutlich zeitgleich entstanden wie das Geyer-Lied, melodisch streckenweise verblüffend ähnlich, hier in der Fassung aus dem HJ-Liederbuch. Auch dieser Song wurde in der bündischen Jugend gleichzeitig mit dem Geyer-Lied am selben Lagerfeuer gesungen, auch noch in den sechziger Jahren . . .

Görg von Frundsberg führt uns an

Worte und Weise
von W. Kutschbach

Es gibt noch sehr viele und sehr schlimme Lieder dieser Art, die aus der bündischen Jugend in die HJ und von dort wieder in die Nachkriegs-Musikkultur der BRD gewandert sind, aber bei den Linken hat sich immerhin, aus diesem Klumpen herausgelöst, das Geyer-Lied als ein fortschrittliches eingenistet.[2] Warum bloß?

Zwar war der Ritter Florian Geyer von Giebelstadt ein Kriegsmann und Soldatenführer, schlachtenerprobt in halb Europa – wie das üblich war –, aber er kämpfte eben 1525 auf der Seite der aufständischen Bauern in Franken und wurde dort auch getötet. So wurde er der tragische Held von 1525; genauer gesagt: der tragische Held der bürgerlichen Geschichtsbetrachter aus allen politischen Lagern, die ihr Auge auf das Jahr 1525 warfen. (1894/95 schrieb Gerhart Hauptmann sein «Florian Geyer»-Stück.)

Die Ritter haben es den bürgerlichen Dichtern schon immer angetan: Lassalle verliebte sich in Franz von Sickingen. Goethe interessierte sich mehr für den weltklugen und opportunistischen Götz von Berlichingen, Hauptmann stand auf dem Geyer. Und die Bauern? Statisten.

Eigentlich kein Wunder, daß bürgerlich Erzogene sich blenden ließen von der strahlenden Führer-Figur des Schwarzen Ritters, der aus «Idealismus» seine Privilegien aufgab und für die Unterdrückten kämpfte (was immer noch für ihn so nebenbei vielleicht eine Rolle gespielt haben mag . . .). Auch die Bewunderung für einen hochqualifizierten Kriegsspezialisten, der seinen «Schwarzen Haufen» organisieren und führen konnte, ist normal. Und daß das niedere Bauernvolk zu blöd war, diesem Helden den Oberbefehl zu übertragen, was unweigerlich zur Katastrophe führte, beweist mal wieder, daß große Männer Geschichte machen, und außerdem ist das eben tragisch. Groß und tragisch.

Alles also bürgerlich normal. Aber muß die Arbeiterbewegung das auch so sehen und weitertragen? Ist das tatsächlich alles, was vom deutschen Bauernkrieg geblieben ist? Die Erinnerung an eine spezialisierte Armee unter Führung eines verkannten Edelmannes? Hieß der uralte Bauernspruch nicht gerade «Als Adam grub und Eva spann / Wo war denn da der Edelmann?»

Wer hat denn ein Interesse an den Heldenlegenden?

Die Nazis lebten von solchen Legenden, und sie haben das nie verheimlicht: die Ungleichheit zwischen Führer und Gefolgschaft gehört zum System. Da paßte auch der Florian Geyer glänzend ins Bild. Hier einige Leseproben aus dem «Geyer»-Roman von Heinrich Bauer, der im Dritten Reich in hohen Auflagen verbreitet wurde.

2 Bei allen möglichen politischen Aktionen wird das Lied heute verwendet nach dem Muster: «Wir sind des Güdes roter Haufen, wir woll'n mit Ministerien raufen. Spieß voran, drauf und dran, setzt aufs KuMi-Dach den roten Hahn!» So in Karlsruhe gegen die Suspendierung eines dem KBW nahestehenden Studienrates gesungen. Später tauchte das Lied überall bei studentischen Protesten auf, auch bei der Fahrrad-Demonstration der Uni Oldenburg nach Hannover («Wir sind der Oldenburger Haufen . . .») oder in zahlreichen Uni-Streiks («Wir sind der Bremer Uni-Haufen . . .»).

«Düster und steil versperrte eine Mauer von Eichen den Reitern den Weg, einen letzten Blick warf der Ritter auf das im Mondlicht schimmernde Land, über dem eine erste Frühlingsahnung, ein erstes Keimen und Drängen neuen Lebens lag, dann verschlang alle drei der Wald. Zögernd ging der Rappe die ersten Schritte in die undurchdringliche Finsternis. Da standen, lautlos auftauchend, zwei Gestalten an seiner Seite, griffen dem Roß in die Zügel, und vier, sechs andere umringten die gleichfalls anhaltenden Knechte. Die Freiheit und Florian Geyer! klang es dumpf von ihren Lippen, und halblaut wiederholten die Knechte das Losungswort. Stumm preßte der Ritter an beiden Seiten die Hände seiner Getreuen, deren Posten alle Zugänge des Waldes besetzt hielten, dann führte einer der Männer den Rappen am Zügel auf einem Schleichpfad zum Sammelplatz in die Tiefe des Waldes hinein.

Nichts war um die Männer als der schwarze Mantel und die Stille der Nacht. Hin und wieder krachte ein dürrer Ast unter den Hufen der Pferde, oder in der Ferne klang aus dem Traum der Ruf eines schlafenden Vogels. Nur ein Käuzchen, das aufgeschreckt war von den nächtlichen Ruhestörern, flog auf und schrie mit böser, unheimlich gurgelnder Stimme aus seinem Versteck, und hier und da brach ein bleicher Streifen Mondlicht durch das verschlungene Dickicht.

Da tauchten vor den Reitern zwischen den Stämmen der Eichen geradeaus, zur Linken, zur Rechten rötliche Lichter auf, die sich gespenstisch bewegten, und immer größer wurde beim Näherkommen der Kreis tanzender Flammen. Langsam öffnete sich der Pfad und mündete in eine Waldlichtung, wohl hundert Fackeln schwelten in weitem Kreise und warfen blutrote Lichtfetzen auf die Gesichter von vielen hundert Männern, die, zu einer lebenden Mauer geschlossen, in lautloser Erwartung standen.

Als Florian Geyer vom Pferd stieg und auf die Waldlichtung trat, stiegen die Fackeln wie zum Gruß in die Höhe, und dumpf brausend, voll eines mächtigen Rhythmus der Kraft und Entschlossenheit klang es ihm entgegen:

Die Freiheit und Florian Geyer!

Grüßend hob er die Hand, und während die beiden Enden des Halbkreises sich wie ein unzerreißbarer Ring um ihn zusammenschlossen, trat der alte Balthasar Schwarz an seine Seite und hielt hoch die Fackel über den Führer der Schwarzen Schar, daß sein scharfgeschnittenes Gesicht mit den funkelnden Augen greifbar nahe aus der Nacht hervortrat.

Ihm gegenüber aus der Mitte der Männer löste sich eine riesige, ungefüge Gestalt, Lienhart, der frühere Pfaffe von Schwarzenbronn, ein wütender, unbeugsamer Streiter für die Bauernsache, der seit langen Monaten einen Trupp wehrhafter Bauernsöhne aus seiner Heimat für den Kampf mit den Waffen gesammelt hatte. Mit schweren Schritten trat er auf den Ritter zu, die Hand an das Schwert gelegt.

Florian Geyer, Tausend von Euren Getreuen sind hier versammelt, um in dieser Mitternachtsstunde auf Euer Schwert einen heiligen Eid für die große Sache der Freiheit zu schwören und Euch zu folgen in Treue bis zum Tod.

Jetzt wogte es, nur mühsam gedämpft, aus tausend Männerkehlen durch den nächtlichen Wald:

Der Freiheit und Florian Geyer Treue bis zum Tod!

Und während der Ritter, im Innersten berührt, auf den Sprecher zuschritt und ihm beide Hände preßte, löste sich links aus dem Kreis der Männer die kleine, schmächtige Gestalt von Pater Ambrosius und trat neben den Hünen Lienhart, und rechts stürzte eine mächtige Bauerngestalt aus den Reihen und sank vor Florian Geyer, seine Rechte an sich reißend, auf das linke Knie. Aber schon hatte der ihn hochgezogen und erkannte mit einem schnellen Blick Matthes Mohr, den er tags zuvor mit Hilfe seines Sohnes Martin durch bestochene Wärter aus dem Turm des Marienberg hatte befreien lassen. Mit festem Druck ließ er ihm die Rechte und gab die Linke Ambrosius, dann trat er von den drei Männern aus dem Schatten zurück und stand wieder hoch aufgereckt im flackernden Schein der Fackel.

Totenstill wurde es unter den Männern, die ihr kurzes Schwert quer über die Oberschenkel gelegt in den Händen hielten, unbeweglich waren ihre Gesichter auf Florian Geyer gewandt, voll klang seine Stimme über die Lichtung:

Ich danke euch für das Gelöbnis der Treue, Männer der Schwarzen Schar, und auch ich gelobe euch Treue bis zum Letzten.

. . .

Der Mond war höher gestiegen und brach jetzt mit voller Gewalt über die Wipfel der Lichtung, sein geisterhafter Schein umfloß die Gestalt des schwarzen Ritters, und unter dem Bann seiner Worte und der bezwingenden Einsamkeit des nächtlichen Eichenwaldes wurde in den tausend stumm lauschenden Männern die Ahnung, daß hier ein Erwählter der Nation vor ihnen stehe, zur klaren Gewißheit.

Nur Ambrosius Süß, der zur Seite Florian Geyers im tiefen Schatten stand, sah das Ringen in seinen Zügen und ahnte, was in seiner Seele vorging. Er wußte klarer als je zuvor, daß von diesem Mann und dieser Stunde Sieg oder Untergang der Bauernsache ausging, und ein heißes Gebet flog zu dem Herrn der Welten, mit dem er seine Seele untrennbar verbunden wußte, empor, daß er die Mächte der Zerstörung aus den Reihen der Feinde und der Freunde nicht über die heilige Sache dieses Mannes, aus dem die Sehnsucht eines ganzen Volkes sprach, triumphieren lassen möge.

. . .

Da trat Florian Geyer zurück aus dem breiten Strom des Mondlichts, das jetzt steil vom nächtlichen Himmel auf die Lichtung herabrauschte, so daß die halb heruntergebrannten Fackeln in den Händen der Fackelträger nur wie kleine, rötliche Flecken im Kreise brannten. Zurück in den schwarzen Schatten der riesigen Eichen, die sich in seinem Rücken wie ein unübersteiglicher Wall dem nächtlichen Gestirn entgegenwarfen, trat der Ritter, und zum dritten und letzten Mal schlug seine Stimme, diesmal nicht mehr halb gedämpft, sondern voll stählerner Härte gegen die Wand von Menschenleibern und Urwaldbäumen, die in dieser Stunde in eins zu verschmelzen schienen:

So rufe ich euch denn auf zum Kampf für die Stunde, da ich das Zeichen gebe. Es geht nicht um dein oder deines Bruders Dorf, es geht nicht um das Tauber- oder Maintal, es geht auch nicht um das Frankenland, um das heilige, deutsche Reich geht es diesmal, Brüder! Die große Sache muß verderben, wenn nicht die ganze, deutsche Bauernschaft wie ein Mann dasteht und in einem gewaltigen Sturm die Freiheit erringt. Ein Geist, ein Wille, eine Führung muß sein, und ihr, Brüder, ihr sollt mit euren glühenden Herzen und harter Manneszucht das Beispiel sein, das alle anderen mitreißt zur Entscheidung!»

Kurz und gut, die Geschichte des Florian Geyer wird bemüht, um über den Führer Adolf Hitler, die NSDAP und das Dritte Reich zu schreiben. Abgesehen davon, daß Geyer die Massen nicht hinter sich bringt wie Adolf, ist die ganze Bauernkriegsinszenierung ein getreues Abbild der Nazi-Inszenierungen, bis hin zu Speers Lichtdomen im Wald. (An anderer Stelle wird auch der Antikommunismus gegen Thomas Müntzer und der Antisemitismus gegen die jüdischen Wucherer entwickelt.) Und an entscheidender Stelle kommt auch das Kriegs- und Sturmlied vor, nicht grad die *Wacht am Rhein* oder das *Horst-Wessel-Lied*, sondern das Geyer-Lied:

«. . . stimmte Rotte für Rotte ein, bis es das ganze Heer mitriß in einem einzigen, zum Frauenberg hinaufbrausenden Chor des Hasses und der Kraft:

‹Wir sind des Geyers schwarze Haufen,
heia oho,
und wollen mit Tyrannen raufen,
heia oho!
Spieß voran, drauf und dran,
setzt aufs Klosterdach den roten Hahn!

Uns führt der Florian Geyer an
trotz Acht und Bann,
den Bundschuh führt er in der Fahn.
Hat Helm und Harnisch an.
Spieß voran, drauf und dran,
setzt aufs Klosterdach den roten Hahn!

Bei Weinsberg gab es Brand und Stank,
heia oho,
gar mancher über die Klinge sprang
heia oho!
Spieß voran, drauf und dran,
setzt aufs Klosterdach den roten Hahn!›

War es der heiße Atem des Liedes, war es der Name des schwarzen Ritters oder die alte Kampflust, was dem letzten Mann in der Schar jetzt wie Feuer durch die Adern und Muskeln bis zum Herzen rann? Nur ein paar kurze, befehlende Zurufe von Lienhart von Schwarzenbronn und den anderen Hauptleuten an ihre Fähnlein, und mit Schwertern, Beilen, Äxten bewaffnet, einige Rotten mit Leitern und Sturmgerät beladen, so stieg die schwarze Schar schweigend den Frauenberg hinan, in ihren Herzen nichts als den Willen zum Sieg oder Tod, in ihren bebenden Händen und Waffen den Willen zur Rache an den Bedrückern dort oben.

In lautlosem Tritt und strenger Disziplin rückten sie bis dicht an die Bastionen heran, dicht hinter ihnen Tausende der Tapfersten aus den anderen Bauernhaufen.»

Haben nun die Nazis dieses Lied «mißbraucht», wie oft gesagt wird? Oder haben sie einfach in aller Offenheit gezeigt, was in dem Lied steckt? Paßt nicht dieses nachempfundene bündische Lied genau in das Muster ihrer Geschichtsverfälschung und Instrumentalisierung von Historien-Legenden? Heißt die Alternative zu Lied *und* Roman nicht gerade Suche nach der widersprüchlichen historischen Realität?

Die Reste von 1525

Machen wir uns also auf die Suche nach originalen Liedern von 1525, nach Quellen. In unseren Liederbüchern – mit einer Ausnahme – Fehlanzeige. Und in den Werken der Volksliedforscher und -verbreiter zunächst ebenfalls nichts. Nichts bei Herder, nichts bei Arnim/Brentano, nichts bei Uhland. Erst bei Rochus von Liliencron in «Die historischen Volkslieder der Deutschen» (1867) finden sich unter den zahlreichen Liedern *gegen* die Bauern von 1525 ganze zwei kleine Lieder von Bauernseite, und zwar aus der Gegend von Mühlhausen in Thüringen, wo Thomas Müntzer gepredigt, agitiert und sein Leben verloren hat. Das eine Lied beschreibt am Beispiel der Katharina Kreuter, wie die Sieger nach den großen Schlächtereien in Stadt und Land hausten. (Übersetzung: Wolfgang Steinitz)

1. Nun wult ir hören neuwe geschicht, wei es die von Molhusen han außgericht? Sie haben schelkelich ghehandelt mit einem kranken weib, ist ön umber schande!	1. Wollt ihr nun hören eine neue Geschicht', Wie es die von Mühlhausen haben angericht't? Sie haben hinterlistig gehandelt An einem kranken Weibe – Ist ihnen immer Schande!

2. Katherina Kreuter ist ir nam,
die nei weder ere hait ghetan,
das darf nimant anders saigen,
das thut den bösewicht we,
sei werden mirs nicht vortraigen!

3. Die von Molhusen seint beder-leut,
sei worgen jo die armen leut,
daß sei mussen sterben.
O du reicher got von himelreich,
nun loß dichs doch erbarme!

4. Es was ein armen wetewen,
der vorgunten sei auch ir leben,
ein gheleite theten sie öre entpiten,
sei wulten ir geben, was sei hete,
we der falschen seiten!

5. Wethich hait ein kruses har,
er reit met einem pferde von dar,
an acker wulde er reiten:
nach Salza stunden sein reißen,
es war doch wol zu bezeiten!

2. Katharina Kräuter ist ihr Nam',
Die nie wider Ehre hat getan.
Das darf niemand anders sagen,
Das tut den Bösewichtern weh –
Sie werden mir's nicht verzeihen.

3. Die von Mühlhausen sind Bieder-leut',
Sie würgen ja die armen Leut',
Daß sie müssen sterben.
O du reicher Gott vom Himmelreich,
Nun laß dich's doch erbarmen.

4. Es war eine arme Witwe,
Der mißgönnten sie auch ihr Leben.
Ein Geleit täten sie ihr entbieten,
Sie wollten ihr mitgeben, was sie hätte –
Weh der falschen Sitte (= *Treulosigkeit*)!

5. Wettich hat ein krauses Haar,
Er ritt mit einem Pferd dahin,
Auf den Acker wollte er reiten.
Nach Langensalza stand sein Reisen –
Es war doch wohl zu früh!

1. Feststellung: Ohne zusätzliche historische Information können wir mit diesem Lied nichts anfangen. Es ist entstanden in der speziellen lokalen und historischen Situation 1525 in Mühlhausen und rechnet mit der Kenntnis der politischen Konstellation, also z. B. daß in der Stadt eine mit den Bauern verbündete Bürgerfraktion existierte, daß die Frau, von der die Rede geht, in den persönlichen und politischen Zusammenhang der Revolutionsanführer Heinrich Pfeifer und Thomas Müntzer gehört. Das wird beim Hörer vorausgesetzt. (Wer das genauer wissen will, lese den hervorragenden Aufsatz von Herrmann Strobach, dem Steinitz-Mitarbeiter und Nachfolger: «Lieder aus dem Bauernkrieg», in «Der arme Mann 1525», Berlin [DDR] 1975, Akademieverlag.) Zur Kreuterin schreibt Strobach:

«Indem der Dichter dieses Liedes und die, die es sangen und weitergaben, die Haltung und die Taten dieser Frau verteidigen und dabei betonen, daß sie, die Kreuterin, ‹nie gegen die Ehre gehandelt habe›, verfechten sie auch nach der Niederlage der Volksbewegung und während des blutigen Terrors durch die siegreichen Feudalherren noch uneingeschränkt die Ziele und Taten der revolutionären Bewegung überhaupt. Katherina Kreuter, die Frau des Gerbers Klaus Kreuter, der zu dem von der Mehrheit in der Gemeinde getragenen Ausschuß der Achtmänner gehörte, hat zu Weihnachten 1524 selbst die Glocken zu S. Blasien zum Sturm gegen den Rat geläutet, wie das Verhörprotokoll festhält. Sie gehörte zum Anhang Heinrich Pfeifers, der ebenso wie auch Thomas Müntzer oft in ihrem Hause gewesen ist. Dem Verhörprotokoll entsprechend habe sie selbst nach der Einnahme Mühlhausens durch das Heer der Fürsten noch gemeinsam mit ihrem Mann ihre Bestrebungen nicht aufgegeben, sondern, sobald die Fürsten abgezogen waren, ‹etliche mutwillige Buben wieder zu sich gezogen, jedenfalls um durch sie neue Meuterei zu erregen›. Sie wurde dafür grausam mißhandelt, ‹zu staup geschlagen, durch die backen gebrant, alle ir gut genomen in gefengnus lange gequelt, gemartert und lezlich us der stat verweist›, wie es in einer ‹Handlung der sächsischen und hessischen Räte zu Mühlhausen› vom 13. August 1528 heißt, die sich für eine Beendigung dieser Verfolgung nun mehr als drei Jahre nach der Niederschlagung des Bauernkrieges aussprechen.»

2. Feststellung: Der Text gehört zu einer Melodie, die bekannt war. Leider ist sie in der überlieferten Textfassung nicht angegeben; das hat Gründe, auf die ich noch zurückkomme. Normalerweise wurden damals alle Liedertexte mit einem Hinweis versehen, in welchem «Ton», d. h. nach welcher Melodie sie zu singen sind. Strobach geht davon aus, daß die beiden Thüringer Lieder im Ton *Es geht ein frischer Sommer daher* gesungen wurden. Dieses Liedmuster war bekannt auch als *weyßbecken thon* oder *Schweizerton*, außerdem gibt es eine niederländische Version. Offenbar war 1525 ein Reformationslied in dieser Melodie am bekanntesten, das ein gewisser Konrad Kern nach dem Reichstag in Worms, also zwischen 1521 und 1524, gedichtet hatte. Nach Erk/Böhme hörte sich das dann so an (Ludwig Erk, Franz M. Böhme: Deutscher Liederhort, 3 Bde., Leipzig 1893/94):

269. Reformationslied (1524).

Orig. eine Quinte tiefer. Dresdner Cod. 53 (um 1560).

Andere Lesart (Schweizerton).

„Ach Karle, großmächtiger Mann". Druck 1546.

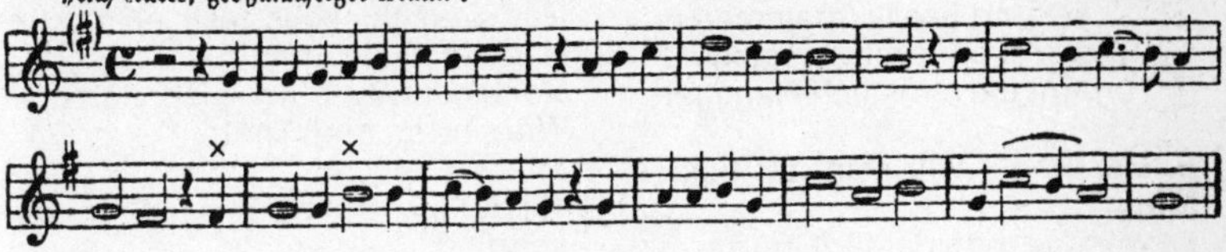

Dritte Lesart.

Ick hoordte die spiessen craken seer. Souterliedekens 1540 Ps. 80

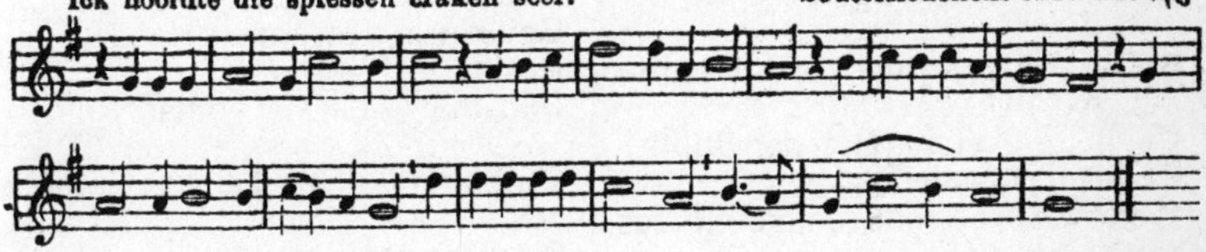

Damit sich der geneigte Leser eine Vorstellung davon machen kann, wie religiöse und durchaus politische Lieder in der Zeit des Bauernkrieges gemacht waren, hier der Text des verbreiteten Reformationsliedes in der Fassung von Erk/Böhme:

1. Es geht ein frischer Sommer daher,
Do werdt ihr hören neue Mär,
Der Schimpf der wird sich machen:
Wird über Münch und Pfaffen gehn,
Sie weinen oder lachen.

2. Martinus ist ein kühner Mann,
Ein groß Spiel hat er gefangen an,
Er darf nicht Würfel noch Karten;
Denn wer mit ihm studieren will,
Der heilig Schrift thut er warten.

3. Der Luther hats nit wohl besonnen:
Wer woll zu großen Ehren kommen,
Hätt er den Papst thun schweigen,
Ein Cardinal denn wär er geword'n,
Thät ihn zum Bischof weihen.

4. Das hat Martin nit wollen thon,
Darum thut ihn der Papst in Bann,
Sein Leib und Seel verdammen.
Do fragt Martinus nit viel nach,
Ihn brennt die christlich Flammen.

5. Der Papst will sein der heiligst Mann,
Ja wer das redt, der lügt ihn an,
Sein Thun ist nichts denn Lügen;
Er schickt Genad in alle Land,
Die Armen zu betrügen.

6. Der Papst schreibt sich ein irdischen Gott,
Damit treibt er aus Gott den Spott,
Er hat ein Menschenleben;
Wenn er von uns empfacht das Geld,
Viel Sünd thut er vergeben.

7. Der Papst der führt ein harten Orden,
Er ist zu Rom ein Kaufmann worden,
Im Land thut er umlaufen,
Gotts Gnad giebt er uns Geld,
Wer die von ihm will kaufen.

8. Um einen Pfennig oder zween
Fünftausend Jahr hundert Carén,
Die Gnadbrief thun sie schreiben,
Es möcht eine gute Meinung sein,
Giengs zu mit schönen Weiben.

9. Die Klosterbrüder sein auch ein Spiel,
Und die ich jetzund nennen will,
Sie laufen auf dem Lande,
Und gäb man ihn'n des Kaisers Gut,
Sie nähmens ohn alle Schande.

10. Dobei so habens guten Muth,
Ja mit der Armen Schweiß und Blut,
Es möcht wol Gott erbarmen,
Daß sie do leben in dem Sauß,
Wöll'n sie doch sein die Armen.

11. Ihr Kasten, Keller stecken voll,
Sie trinken daß sie werden toll:
Sollten's eim Armen geben.
Ja nur ein Gab eins Pfennings Gut,
Es müßt eh gelten sein Leben.

12. All Zins und Güld hant's an sich bracht,
Das sies schier alls besitzen macht,
Hant doch die Armuth geschworen,
Noch gebn ihr Etlich mehr darzu,
Wie sind so groß Thoren!

13. Ach, wie sind unser Sinn verkehrt!
Hat uns solch Armuth Christus g'lehrt?
Oder hat es thon sant Peter?
Geb'n wir den armen Handwerksleut'n
Den' thät es gar viel nöther.

14. Wenn Luthers Lehr so unrecht wär,
Sie wär nit kommen je bisher,
Zu Wormes wär's verdammet,
Do so viel saßen der rothen Baret
Und der Schauben von Sammet.

15. Der Kaiser in seiner Majestät,
Darzu den deutschen Fürsten Rath,
Falsch Geistlich und auch Laien:
Do stund der Luther hochgelehrt,
Wollt Keiner an den Reihen,

16. Der mit Luther hät dürfen disputirn,
Sagt wol sunst von blauen Zwirn,
Wollten den Fuchs nit beißen:
So er mit Ehr ist von ihn'n kommen
Wölln sie erst sein die Weisen.

17. Herzog Friedrich ist ein frommer Fürst,
Der nach göttlicher Wahrheit dürst,
Der ist frei beigestanden:
Deß bedank sich deutsche Nation
Gen sächsischen Landen.

18. O Gott in deinem höchsten Thron,
Wöllst den großen Irrthum unterstan,
Deins Volks, von dir erkoren;
Theil uns mit dein Barmherzigkeit.
Deiner einig geliebten Scharen!

19. So's nit mag gschehen ohn' dein Wort
So ist es je ein kläglich Wort,
Daß wir auf uns selbst bauen;
Wie könnten wir immer g'wisser sein,
Denn wenn wir dir vertrauen!

20. So du ein Gott bist ohn Betrug,
Die Menschen nichts denn eitel Lug,
Was thun wir uns vermessen,
Daß wir so bauen auf den Sand?
Hant deines Worts vergessen.

21. O Gott, wir begehren von dir Huld
Wie wol's ist unsern Gebern Schuld
Daß wir so sind verblendet:
So wir kein christlich Lied mehr hant,
Sind wir billig geschändet.

22. Verleih uns Gnad, ewiger Gott,
Erzeig uns Hilf in dieser Noth
Des Leibs und auch der Seelen!
Erleucht uns mit dem Worte dein,
Daß wir des Wegs nit fehlen!

Der Bawren krieg.

Ein schön lied/wie es in allem Teutschem land mit den Bauren ergangē ist/wo jre leger gewest/vnd wie sie erschlagen vnd zer- trennet worden sind. Im thon/Es geht ein frischer Summer daher/da wert jr.

Titelseite eines Fliegenden Blattdrucks mit einem Liede über die Niederschlagung des Bauernkrieges

3. Feststellung: Die Behörden haben die politische Bedeutung und Wirksamkeit der Bauernkriegslieder enorm hoch eingeschätzt. Das zeigt schon die Fußnote Liliencrons, des bürgerlichen Forschers aus dem 19. Jahrhundert, der solche Lieder gar nicht schätzte, aber doch einigermaßen verblüfft war, mit welcher Beharrlichkeit nach dem Sieg der Feudalherren sie verfolgt wurden.

«1. Ich theile das Lied weniger um seines Inhalts willen mit, der offenbar ein Beispiel zu dem bietet, was Nr. 390,11 den Fürsten vorwirft, als wegen der eigenthümlichen Umstände, unter denen es erhalten ist. Es muß großen Aerger erregt haben; als daher das uns erhaltene hdschr. Exemplar desselben in der Tasche eines zu Erfurt eingebrachten Räubers, Andreas Eberleyn, gefunden ward, schickte Churfürst Johann den Schosser Bernhard Wallde zu Allstedt nach Erfurt, um u. a. Geständnissen durch die Folter auch den Namen des Verfassers jenes Liedes zu erpressen. Der Schosser berichtet dem Churfürsten (Originalber. im S. Ernest. Ges. Arch. zu Weimar d. d. Sonntags nach Katherine 1525) der soeben geköpfte Eberleyn habe auf der Folter seine schon früher gemachte Aussage aufrecht erhalten, er wisse nur, daß der Dichter mit Vornamen Antonius heiße. In Erfurt sitze aber noch Pfeifers Bruder und ein junger Pfaffe aus Pfeifers mühlhäuser Anhang Namens Lebe gefangen. Sie seien im Verdacht, um das Lied zu wissen, falls es nicht gar von ihnen selbst komme. Der Rath zu Erfurt werde daher nicht versäumen, bei ihrer Vernehmung auf der Folter auch dieses Punktes zu gedenken und dem Churfürsten demnächst das Ergebnis zu berichten.»

Strobach erwähnt in seinem angegebenen Aufsatz noch mehr Einzelheiten, aber hier kann dies genügen. Man stelle sich vor: da werden Leute – und das hat sich wohl in ganz Deutschland abgespielt – zusätzlich gefoltert, weil sie im Verdacht stehen, um ein revolutionäres Lied zu wissen! Mit welcher Gründlichkeit muß in den Jahren nach der Bauern-Niederlage jede Erinnerung und jeder positive Gedanke an den Aufstand ausgerottet worden sein, und wie wichtig müssen zur Bewahrung von Erinnerungen und Kampfbereitschaft diese Lieder gewesen sein.

4. Feststellung: Die direkte, ganz brutale Repression nach 1525 hat gewirkt, und es ist nicht unbedingt Schuld der beschränkten Optik, wie sie den Volksliedforschern des 19. Jahrhunderts eigen war, wenn in ihren Sammlungen wenig bis nichts zu finden ist. Es gab ganz einfach kaum etwas in den Archiven. Immerhin haben wir heute aus Folterprotokollen noch ein einziges ganz erhaltenes Lied aus den Bauernkämpfen vor der Niederlage, das die Partei der Revolution ergreift. Das Nördlinger *püntisch Liedlein.*

Zu den Hintergründen zitiere ich Strobach, der die Akten studiert hat. «1527 bekannte sich in einem Verhör der Geschlachtgewander (Feintuchweber) Conz Annahans zur Urheberschaft des Liedes, ‹er habe es aber Niemand zu Widerdries [Verdruß], es auch also dermassen nicht gemacht, wie es hienach gesungen sey worden; etliche andere hätten ungeschicktere Reimen, wann wie er es gemacht, hinzugethan. Forner habe eine Abschrift davon verlangt, Annahans sie aber nicht gegeben. Er habe es aber in Glasers Haus gesungen, und Forner habe den Gesellen etliche [Rats-] Zeichen zu vertrinken gegeben. An St. Georgen Tag [dem Tag der Ratswahl] habe Annahans das Lied in Forners Haus gesungen, wobei Hans Han zugegen gewesen›.

‹Das Lied stammt also von einem namentlich genannten Verfasser, wurde aber bald von anderen Sängern aufgegriffen, um neue Verse erweitert und in mehreren, ihrem Wortlaut nach stark abweichenden Fassungen gesungen, die uns der Haß der Gerichtsherren gegen die zündenden Lieder der Aufständischen in diesem Glücksfall erhalten hat› (Steinitz I 17).

In dem Geständnis des Conz Annahans werden die Verhältnisse und Parteiungen sichtbar, unter denen dieses Lied entstand und wirkte. Bürgermeister Anton Forner war das Haupt der städtischen Opposition in Nördlingen, die schon früh die Reformation mit demokratischen Forderungen nach Veränderung des Stadtregiments verband. Die Mehrheit der konservativen Kräfte im Rat nutzte ein unrechtes Verhalten Forners in einer Erbschaftsangelegenheit, um den bei der Bürgerschaft beliebten Vertreter der Oppositionspartei unschädlich zu machen. Es gelang ihr, seine Absetzung zu betreiben und ihn im März 1525 zunächst gefangenzusetzen und dann unter Hausarrest zu stellen.

Das Übergreifen des Bauernkrieges auf das Ries gab der Opposition in der Stadt mächtigen Auftrieb und verschärfte die Spannung zwischen den konservativen Kräften des Rats und der Gemeinde. In der zweiten Märzhälfte befand sich die gesamte Landschaft in voller Erregung. Ende März bildete sich im Ries der Deininger Haufe, und nach zeitgenössischen Berichten zogen die Bürger Nördlingens täglich scharenweise mit Weib und Kind zu den Bauern hinaus, trotz der ‹Vermahnung› des Rats an die Bürger, ‹keine ungebührliche Einung noch Bündnis untereinander, noch weniger mit den Bauern zu machen›. Forner und seine Parteigänger nutzten in diesen Tagen die entschiedene Parteinahme der Gemeinde für die Sache der Bauern und die nahe Anwesenheit des Bauernhaufens. Es kam zu den Unruhen und der Erhebung der Gemeinde gegen den Rat vom 3. und 4. April, durch die Forner aus seinem Hausarrest befreit und wieder an die Spitze des Stadtregiments gebracht wurde. In diesen Tagen ließ sich Forner auch das bauernfreundliche Lied in einem Wirtshaus vorsingen und gab darauf mehrere Ratszeichen (vom Rat gezeichnete Gutscheine) zu vertrinken, wie Conz Annahans bei seinem Verhör berichtet. Er tat das wahrscheinlich vor allem, um seine Popularität zu sichern. Denn sogleich nach seiner Rückkehr an die Spitze des Rats wandte sich Forner gegen ein Zusammengehen mit den Bauern und sorgte für die schnelle Eindämmung und Beendigung der Unruhen und für die Wiederherstellung des Stadtregiments durch den Rat unter seiner Führung und mit einer stärkeren Einbeziehung der Zunftmeister. Er erwies sich als Vertreter der gemäßigten Opposition, die vor allem von den wohlhabenderen Zunftmeistern getragen wurde. Hans Han, Zeichenmeister der Geschlachtgewander, unterstützte ihn in diesem Bestreben.

Die Mehrzahl der Geschlachtgewander, des stärksten Gewerkes der Stadt, bildete jedoch den radikalen Kern der städtischen Opposition und die aktive Kraft in den Auseinandersetzungen mit dem Rat, vor allem in dem Aufstand der Gemeinde vom 3. und 4. April. Sie kamen in den Tagen dieser revolutionären Bewegung häufig im Hause des Glasers Balthasar Fend zusammen, der neben seinem Handwerk auch das Recht, Wein zu schenken, erworben hatte. Glaser entwickelte sich zum Sprecher der offen bauernfreundlichen Kräfte. 1526 gefangengenommen, mehrmals gefoltert und schließlich auf dem Marktplatz als einer der ‹Hauptschiffierer [Anführer] des Bauernaufruhrs› hingerichtet, bekannte er sich bis zuletzt zu den aufständischen Bauern: ‹. . . er habe gesehen, wie die Bauern hoch beschwert und nicht Willens wären, Jemand zu schaden, Unrechtes oder Unbilliges zuzufügen, sondern nur begehrten, was Recht wäre. Nur um den Bauern zur Gerechtigkeit und Billigkeit zu verhelfen, habe er am 4. April das Mehr [Abstimmung mit dem Versuch, die Mehrheit zu gewinnen] unter der Gemeinde im Spitalhof gemacht. Wäre dies durchgegangen, so sei seine Absicht gewesen, die Geistlichen zu strafen und die Grafen zu vertreiben, um das ganze Ries der Stadt Nördlingen zuzueignen. Dadurch wäre es möglich geworden, das Zinsgeld abzuschaffen und das Evangelium aufzurichten und zu handhaben.› Der Glaser erkannte, daß die Reformation im Interesse des Volkes auch in der Stadt nur im Bündnis und mit Hilfe der Bauern weiterzuführen war. Daher versuchte er, die Bürger zu einem Bündnis mit den Bauern zu bewegen. Er hielt ständigen Kontakt mit dem Deininger Haufen und rief am Nachmittag des 4. April die im Spitalhof versammelte Gemeinde auf, sich mit den Bauern zu vereinigen und ihnen Hilfe und Treue zu beweisen. Die gemäßigte Partei unter Forner gewann aber die Oberhand und brachte die Bestrebungen Glasers und seiner Anhänger zum Scheitern.

In dieser Anhängerschaft Glasers und zweifellos vor dem 4. April 1525 wurde von dem Geschlachtgewander Conz Annahans das ‹püntisch Liedlein› verfaßt und in abweichenden, manche Verse auch verschärfenden Varianten häufig gesungen. Es bringt die Stimmung der bauernfreundlichen Kräfte in der städtischen Oppositionsbewegung Nördlingens zum Ausdruck sowie ihre Hoffnung auf einen Sieg der Bauern über den Feudaladel, in dem sie die wichtigste Voraussetzung für den Sieg ihrer eigenen Bestrebungen erkennen: Weil die Bauern in ihrem revolutionären Ansturm die lokalen Feudalmächte hinwegfegen, nämlich *die Schlösser zreissen / Und brennen Klöster aus, so kann man* – argumentieren die Städter in diesem Lied – *uns nit mer bscheissen.* Und in einer Variante dieser Strophe, die das Nördlinger Gerichtsprotokoll auch überliefert, heißt es: *Wir wend in* (wollen ihnen) *darumb danken, / Den Bauren lobisan, / Im Högaw und in Franken, Die greifens dapfer an.* Mit dieser Betonung und Bewunderung der revolutionären Kraft der Bauern in der Frühphase des Bauernkrieges und der Rechtmäßigkeit ihres Vorgehens gegen ihre Unterdrücker war das Lied aber nicht nur Ausdruck der Auffassungen und der Stimmung in der radikalen Fraktion der Nördlinger Bürgerschaft, sondern offensichtlich auch wirksames Mittel der ideologischen Auseinandersetzung und der Werbung für die Überzeugung und Ziele dieser revolutionären städtischen Opposition.»

Soviel zu den Hintergründen des Liedes – und den damals üblichen Folgen. Hier nun das Lied selbst, zu dem keine Melodieangaben existieren.

1. Ain Geyr ist aussgeflogen
Im Högew am Schwarzwald.
Er hat vil Jungen ausszogen.
/:Die Bauern allenthalb.:/
Sie sind aufrürig worden
In teutscher Nation
Und hand ain bsunder Orden,
/:Vielleicht wirds in wol gon.:/

2. Was mag sein ir Begeren
Der frummen Biderleut?
Es scheint ain warhaft Steren,
/:Es ist erst worden Zeit.:/
Es geschicht mit Gottes Willen,
Ist unser Sünden Schuld,
Er kanns und wirts wol stillen
/:Gott geb uns Gnad und Huld.:/

3. Jetz red ich von den Bauren
Und irem Regiment.
Mancher haist sie lauren,

/:Und waist noch nit das End.:/
Es thuns Schinder und Schaber,
Die treiben Übermut,
Merkt auf, ir Wuchersknaben,
/:Es thut in die Leng kain Gut.:/

4. Niemand tut sich mer schemen,
Er sei jung oder alt,
Alle Bosheit thund zunemen
/:In mancherlay Gestalt.:/
Thut durchainander laufen,
Man wenig der Warheit acht,
Hoffart, Geiz und Fürkaufen
/:Ist in der Welt der Pracht:/

5. Zutrinken und Gotsschweren
Hat genommen überhand,
Man kan schier nimen weren,
/:Es ist fürwar ain Schand.:/
Niemand umbs ander geben
Man sag gleich, was man well,
In aller Unzucht leben,
/:Macht jetzt das Ungefell.:/

6. Der Bund der hat geraten
Jetzt ser ain lange Zeit.
Es will nit wol geraten,
/:Das Loch ist worden weit:/
Wer mag das jetzt zuflicken?
Das kann ich nit verston,
Die Sach will sich nit schicken,
/:Es wird noch übel gon.:/

7. Herschaft die thund sie schrecken,
Das sie kam wais wa naus,
Die Bauren thuns aufwecken
/:Und nemends nach der Baus.:/
Es seind mir seltzam Kunden.
Sie wagen dir ir Haut,
Sie hand ain Sinn erfunden,
/:Wer hett in das zutraut?:/

8. Sie seind ins Feld gezogen.
Ir kainer wolt lassen ab,
Ist war und nit erlogen,
/:Viel manicher Baurenknab.:/
Sie hand zusammen geschworen
Dem Adel laid zu thon,
Sie hand in fast geschoren,
/:Was mag in werden ze Lon?:/

9. Bauren seind ainig worden
Und kriegen mit Gewalt
Sie hand ain großen Orden
/:Und seind auf manigfalt,:/
Und thund die Schlösser zreissen
Und brennen Klöster aus,
So kan man uns nit pseyssen,
/:Was sol ain bös Rabhaus?:/

10. Jetzt wil ichs laussen bleiben,
Got in der Ewigkait,
Mir thend vil Mutwil treiben,
/:Fürwar, es ist im laid,:/
Das wir so übel leben
In disem Jammertal.
Wer kan jetzt ain Frid geben,
/:Wenn sein göttliche Wal?:/

1. Ein Geier ist ausgeflogen
Im Hegau am Schwarzwald,
Der hat viel Junge erzogen
/:Bei den Bauern überall.:/
Sie sind aufrührig geworden
In deutscher Nation
Und haben ein' eignen Orden,
/:Vielleicht wird's gut ihnen gehn.:/

2. Was mag sein ihr Begehren,
Der braven Biederleut?
Es scheint der Wahrheit Stern,
/:Es ist jetzt reif die Zeit.:/
Es geschieht mit Gottes Willen,
Ist unserer Sünden Schuld,
Er kann und wird es stillen,
/:Gott geb uns Gnad und Huld.:/

3. Jetzt sing ich von den Bauren
Und ihrem Regiment.
Manch einer nennt sie Lauren
(Schelme)
/:Und weiß noch nicht das End'.:/
Es tun's Schinder und Schaber,
Die treiben Übermut;
Hüt't euch, ihr Wucherknaben,
/:Es tut in die Läng' nicht gut!:/

4. Niemand tut sich mehr schämen,
Er sei jung oder alt,
All' Bosheit tut zunehmen
/:In mancherlei Gestalt.:/
Man tut durcheinander laufen,
Man wenig der Wahrheit acht't,
Hoffart, Geiz und Fürkaufen
(Wucher)
/:Herrscht in der Welt der Pracht.:/

5. Zutrinken und Gottverschwören
Hat genommen überhand,
Man kann bald niemand wehren,
/:Es ist fürwahr ein Schand.:/
Auf den andern will man nichts geben,
Man sag' gleich, was man woll';
In aller Unzucht leben
/:Macht jetzt das Unglück voll.:/

6. Der Bund, der hat geraten
Jetzt eine sehr lange Zeit.
Es will nicht gut geraten,
/:Das Loch ist schon zu weit.:/
Wer kann das jetzt zuflicken?
Das kann ich nicht verstehn!
Sie müssen dran ersticken,
/:Es wird noch übel gehn.:/

7. Die Herrschaft tun sie schrecken,
Daß sie kaum weiß wo 'naus,
Die Bauern tun sie aufwecken
/:Und setzen ihnen tüchtig zu.:/
Es sind seltsame Kunden,
Sie wagen ihre Haut.
Sie haben ein' Sinn erfunden,
/:Wer hätt' ihnen das zugetraut.:/

8. Sie sind ins Feld gezogen,
Ihr keiner wollt' lassen ab,
– Ist wahr und nicht erlogen –
/:So mancher Bauernknab.:/
Sie haben zusammen geschworen,
Dem Adel leid zu tun,
Sie haben ihn arg geschoren,
/:Was wird ihnen werden zu Lohn?:/

9. Die Bauern sind einig geworden
Und kriegen mit Gewalt,
Sie haben einen großen Orden,
/:Sind aufständig mannigfalt:/
Und tun die Schlösser zerreißen
Und brennen Klöster aus:
So kann man uns nicht mehr bescheißen.
/:Was soll ein bös' Raubhaus?:/

10. Jetzt will ichs lassen bleiben.
Gott in der Ewigkeit
Er tut kein Mutwill treiben,
/:Fürwahr, es ist ihm leid.:/
Daß wir so übel leben
In diesem Jammertal.
Wer kann jetzt Frieden geben?
/:Nur seine göttliche Wahl (Bestimmung)!:/

(Aus: L. Müller, Beiträge zur Geschichte des Bauernkrieges im Rieß und seinen Umlanden. Zeitschr. des Histor. Vereins für Schwaben und Neuburg 17, 1890, S. 253ff)

Steinitz nennt dieses Lied «zündend» und hat wohl recht damit. Nach den Folterprotokollen wurde das *püntisch Liedlein* von der städtischen Opposition in Nördlingen im Ries begeistert gesungen (zumindest jede 4. Zeile kann man bei der Wiederholung mitsingen), verbreitet, erweitert, verändert. Und trotzdem hat es nichts an sich, was 400 Jahre später das Geyer-Lied «zündend» gemacht hat. Es ist das genaue Gegenteil: Der alte Text hat die Ruhe und Schwere einer weit ausholenden Predigt. Nach der ersten Strophe, die den Aufruhr und die Organisation der Bauern, den Orden, nennt, wird 5 Stophen lang christlich argumentiert: über den Verfall der Sitten, die Verursacher des Elends, die lange Reifezeit des Aufstands, und vor allem: daß die Revolution unausweichlich ist und auf das göttliche Recht pochen kann. Erst von der 7. bis zur 9. Strophe, also nach der ausführlichen Legitimation, kommt der Kampf zur Sprache, die Gegengewalt der Unterdrückten, die politische Notwendigkeit der Einigkeit. Und, was uns Heutigen, die wir den Feudalismus im Gegensatz zur bürgerlichen Gesellschaft eben nicht mehr als die selbstverständliche Ordnung betrachten, ziemlich schwer zu begreifen ist: Die Radikalität steckt weniger in den Aktionen – Krieg war da immer und überall – als in dem Bewußtsein, daß die Unteren das ideologische Weltgebäude der Herrschenden zerschlagen: «Sie hand ain Sinn erfunden / Wer hett in das zutraut?» Das ist es ja wohl, was den Leuten damals an die Nieren gegangen ist: Adel und Kirche wurde einfach das Recht abgesprochen, fürs Volk zu denken und zu handeln, und die Unteren stiften auf einmal «Sinn», in ihrem Interesse.

Schließlich: während die jugendbewegten nachempfundenen Lieder wie das Geyer-Lied und *Die Glocken stürmen vom Bernwardsturm* extrem kriegsbegeistert sind, ist es das *püntisch Liedlein* gerade nicht. Der bewaffnete Aufstand findet aus historischer Notwendigkeit statt, aber wenn es nur bald gut ausgegangen sein wird! sagt die letzte Strophe, und das ist mit Sicherheit keine pazifistische Floskel, sondern eine Hoffnung, ohne die Kampfbereitschaft gar nicht zustande gekommen wäre. Die letzte Strophe klingt uns heute gewiß ähnlich wie die christlichen Gesangbuchlieder. Aber wenn wir uns mit derart fernen Texten beschäftigen, müssen wir uns den tatsächlich himmelweiten Unterschied klar machen zwischen den Verweisen ins Jenseits und den Forderungen der Revolution, die das Jammertal auf Erden verändern wollte.

Das *püntisch liedlein* habe ich in einem einzigen Liederbuch der BRD gefunden, und zwar in «Lieder gegen den Tritt», vertont von Dieter Süverkrüp. Das ist mal ein erfreuliches Wunder. Weniger erfreulich, daß die Strophen 2, 4, 5, 6, 7 und 10 weggekürzt wurden, d. h. fast alle Verse, die zeitgenössisch argumentieren. Bleibt grade noch die action. Warum bloß? Ist es vielleicht unwichtig, zu erfahren, warum die Leute damals den Aufstand gemacht haben? Gibt es einen Grund, das einzige originale Kampflied von 1525, das wir noch erhalten haben, über die Hälfte zu kürzen? Und was ist das überhaupt für eine merkwürdige Scheu vor langen Liedern?

Offenbar hat das etwas mit dem Gebrauch zu tun. Bühnenkünstler, darauf angewiesen, ein konsumierendes, passives Feierabendpublikum zu unterhalten, haben eine panische Angst vor «Längen». Wenn schon eine lange Nummer, dann muß sie mit vielen Tricks «abwechslungsreich» gemacht werden. Wenn dagegen Leute für sich selber singen, auch in einfachen Strophenmustern, kann das ewig so weiter gehen. Voraussetzung: es kommt immer wieder etwas in den Strophen vor, das die Singenden beschäftigt, interessiert, erfreut, was mit ihnen zu tun hat. Wenn die Süverkrüp-Fassung also soviel Strophen unterschlägt, dann vermutlich auch deshalb, weil der Bearbeiter dem Lied nicht traut. Weil er nicht glaubt, daß solche alten Geschichten mit den Leuten, die das Buch benutzen, etwas zu tun haben könnten.

Völlig andere Erfahrungen habe ich mit dem *püntisch Liedlein* in Wyhl gemacht. Ich habe im Winter 74/75 Meinrad Schwörer aus Wyhl (Gelernter Schmied, heute Naturschutzwart im Rheinaue-Wald, praktizierender Katholik und Kämpfer gegen das Atomkraftwerk von Beginn an) gebeten, für eine Rundfunksendung den Original-Text des Liedes mit seinem alemannischen Akzent auf Tonband zu sprechen. Zunächst hat er gleich mal gesagt: «So haben die Bauern sicher nicht gesungen» und den ganzen Text in seine eigene Sprache übersetzt. (Ohne zu wissen, daß der Text tatsächlich ein Folterprotokoll ist, d. h. aufgeschrieben von einem gebildeten Schreiber, und daß er aus der städtischen, nicht der bäuerlichen Opposition stammt). Hier ein Auszug aus seiner Fassung:

A Geier isch üsg'floge im Hegau am Schwarzwald,
er hätt viel Junge uffzoge, Büre allenthalb.
Sie sin uffrierig worre in ditscher Nation
un hän e b'sundre Orde, viellicht wird's ene guat goh.

Was mag sin ihr Begehre, der fromme Biederlit,
es schient e wahrhaftige Stern, s'isch riff wore d'Zit.
Es geschieht mit Gottes Wille, isch unsre Sünde schuld,
er kann's und wird's wohl stille, Gott geb uns Gnad und Huld.

Jetzt red ich von Büre un ehrem Regiment.
Manch einer heißt se Schlüre un weiß no nit des End,
so als Schinder un Schaber, der triebe Ibermuat.
Merkt uff ehr Wuchersknaben, 's tuat in d'Läng kei guat.

Niemes tuat sich meh schäme, er sei jung oder alt,
alle Boßheit tuat zuanehme in mancherlei G'stalt,
tuat durchenander laufe, nur wenig wird auf d'Wohrheit g'acht,
Hoffart, Gitz un Woacha isch Pracht vo derer Welt.

Zuatrinke un gottverschwöre hätt g'nomme Iberhand,
man kann schier niemehr wehre, es isch fürwahr e Schand.
Ma git nit uff ander Lit, ma kann glich sage, was ma will,
in aller Unzucht läbe mach jetzt des Unglück voll.

Der Bund hätt g'warnt, 's isch jetz scho lange Zit,
es will nit guat g'rode, des Loch isch worre wit.
Wer mag des jetzt zuaflicke, des kann i net verstoh,
de Sach will sich net schicke, es wird noch ibel goh.

D'Herrschaft duan si schrecke, daß sie kaum weiß ni un nüs.
D'Büre tuan sie uffwecke un setze ehne g'hörig zua.
Es sin scho seltsame Kunde, se wage ehre eigne Hütt,
se hän e Sinn g'funde, wer hätt ehne des zuatreut.

Genau an dieser Stelle, erinnere ich mich, hat Meinrad das erste Mal unterbrochen und dem Sinn nach gesagt: «Das ist ja wie bei uns.» Die Verwunderung darüber, daß so etwas geht, daß die Unteren gegen die herrschende Dummheit «einen Sinn» finden, daß die alltägliche Empörung über die herrschenden Verhältnisse sich zu klaren Zielen und Begründungen entwickelt und über die Schwelle der anerzogenen Resignation tatsächlich zur politischen Aktion verändern kann, diese tiefe Verwunderung, als Bewegung im Kopf und in den Gefühlen, hat ihn offenbar dazu gebracht, das alte Lied in jedem Detail für sich selbst interessant zu finden. Dieses Interesse ist wohl ein anderes als das des «wertfrei» historisch Forschenden, aber auch anders als das Interesse des Politikasters, der aus der Geschichte bloß Beweise für die Richtigkeit seiner Welterklärung herausfiltert und sich im übrigen um die geschichtliche Wahrheit einen Dreck schert.

Und an noch einen Satz erinnere ich mich, den Meinrad damals sagte: «Ist das nicht merkwürdig, daß ich hier vom Land, aus einem Gebiet, wo der Bauernkrieg stattgefunden hat, warten muß, daß mir ein Städter aus einem Buch vorliest, das er sich aus der DDR hat zuschicken lassen, damit ich ein Lied aus unserer Geschichte kennen lernen kann?»

Lieder von 1525 gegen die Bauern

Damit wären wir denn beim Problem der Gehirnwäsche, von dem die US-amerikanischen Schwarzen (wie z. B. Malcolm X) oder neuerdings die Frauenbewegung schon viel klarer geredet haben als andere Unterdrückte. Von der einen Form der Gehirnwäsche, was Dokumente – in unserem Fall Lieder – aus dem Bauernkrieg betrifft, war schon die Rede: Ausrottung, Rad, Folter, Schwert und Galgen.

Aber man kann nicht nur die Köpfe entleeren, man muß auch etwas anderes anstelle der Erinnerungen hineinpflanzen. Und das hat die herrschende Propaganda schon im 16. Jahrhundert mit Fleiß betrieben – mit Folgen bis in unsere Zeit.

In der Sammlung des Rochus Liliencron finden sich zahlreiche politische Lieder von 1525, erzählende, argumentierende oder ganz einfach hämisch triumphierende, die alle ein gemeinsames Ziel haben: sie sollen zeigen, daß so eine Revolution nichts nützt.

Manche beschränken sich darauf, mit der Niederlage zu argumentieren. Nach dem Motto: Ihr habt gesehen, es geht eben nicht gut aus, es ist wie es ist, und es wird so auch bleiben. Traurig, aber wahr. So z. B. ein Zeitungslied, das Schlacht für Schlacht beschreibt und immer wieder zu solchen Strophenschlüssen kommt:

‹ist in nit wol ußgangen, ußgangen›
‹ist in nit wol bekommen, bekommen›
‹da war ein große jammer, ja jammer›
‹es möcht sie wol verdrießen, verdrießen!›
‹das hort man manchen clagen, ja clagen›
‹sie hand nit wol gefaren, gefaren›
‹es thet in nit wol glücken, ja glücken›

Das Lied wurde auf die geläufige Melodie von *Es geht ein frischer Sommer* gesungen und hat 47 überlieferte Strophen. Quintessenz:

Des soll allein sein jedem kund,
da er betracht die zeit und stund,
denk daß uns got thuot strafen,
die wir sein wort verachten gar,
wir werden nit entlaufen, entlaufen

Andere Lieder argumentieren, sprechen die Bauern direkt an. Die gehen dann nicht mehr bloß mit dem Nachweis der Vergeblichkeit hausieren, sondern schon mehr mit der gottgewollten Ordnung:

Ir wölt all welt gewinnen,
all fürsten und herren zwingen:
land ab von disen dingen,
ist mein getrwer rat,
ir secht wol, wie es auch gat!

ewer großer ybermut / es thut zu lest kain gut.

Bauren mit großen herren
die söllen spilen nit

das glücksrad wirts wol schreiben
daß es wirt alles gut;
dann werden ir euch keren
jeglicher zu seinem herren,
demselben wider schweren,
als es von recht sol sein,
demselben gehorsam sein.

Wieder andere Poeten ganz offen als Kaiser-Geburtstags-Dichter wie etwa der Jörg Wetzel von Schussenried, der gleich mit einem Kotau beginnt:

Ich sing zu lob und eren
kaiserlicher majestat;
den fürsten und auch herren
hat got verlauhen gnad . . .

Das Lied ist ziemlich hämisch und sadistisch, gibt aber zwischendurch einen wichtigen politischen Hinweis, wovor die Herren Angst hatten: dem Beispiel der Schweizer Eidgenossenschaft:

Die pawern wolten lernen
von Schwizern böse stück
und auch selbs herren werden,
das war ir ungelück

Sinnigerweise benutzt der Autor eine Melodie, die ursprünglich zu einem politischen Spottlied der Schweizer gegen die deutschen Landsknechte aus dem Jahr 1515 gehörte und seither öfter zu Spottliedern gebraucht wurde, den *Bruder Veits-Ton.* Hier im Faksimile aus dem 16. Jahrhundert:

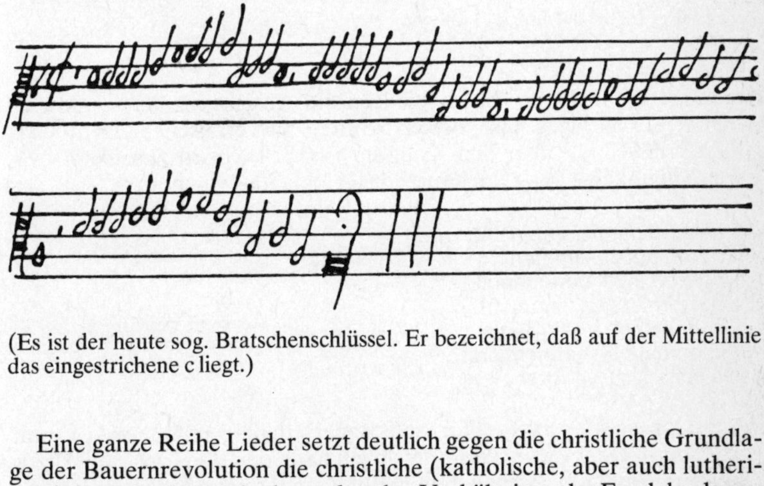

(Es ist der heute sog. Bratschenschlüssel. Er bezeichnet, daß auf der Mittellinie das eingestrichene c liegt.)

Eine ganze Reihe Lieder setzt deutlich gegen die christliche Grundlage der Bauernrevolution die christliche (katholische, aber auch lutherische) Rechtfertigung der herrschenden Verhältnisse, der Feudalordnung also. So etwa ein Zeitungslied über die fränkischen Bauern und den vergeblichen Sturm aufs Würzburger Schloß:

Ach got in deinem höchsten tron,
du wolst uns nit entgelten lon,
daß wir so böslich leben
in welschen und in deutschen land!
keiner sich helt nach seinem stand,
thun alle widerstreben.

Als Melodie wird ein verlorenes Landsknechtslied von 1524 angegeben *Sie sind geschickt zum Sturm und Streit*, die vermutlich identisch ist mit dem folgenden Lied über die Belagerung von Wien 1529:

Andere Lesart der Melodie.

Im Ton: „O Gott in deinem höchsten Thron".

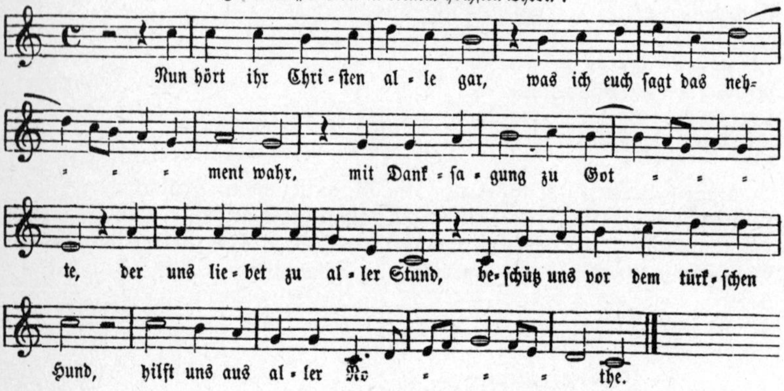

Schließlich sticht bei vielen Liedern die Absicht ins Auge, die Geschichte des Krieges nach besten Kräften zu verfälschen. Deutliches Beispiel: Ein Lied über den Krieg im Elsaß. Da wird zunächst – wie allgemein üblich – der «Hochmut» des Aufstandes verspottet:

Sich macht gar bald uß hoffart groß
der buren huf zusammen,
sei wolten sin all bundgenoß, –
ja zu der helschen flammen!
sei wolten herren sein allein,
all güter machen gar gemein,
das spil hant sei verloren.

Aber dann geht es um den für viele Bauern damals unfaßlichen Verrat von Zabern. Der Herzog von Lothringen hatte den Bauern freien Abzug zugesagt. Was dann geschah, beschreibt Zimmermann in seiner Bauernkriegschronik so:

Ein new Lied/wie es in
dem Fränckischen Pawren krieg
ergangen ist.
In dem thon/Sie sind geschickt
zum sturm zum streyt.

Fliegendes Blatt

«Im Abzug riefen etliche Bauern, es lebe Luther! Das reizte die katholischen Landsknechte, durch deren Reihen sie durchs Thor zogen, mit aller reichen Beute, die sie vertragsmäßig mitnehmen durften, und nach der die Landsknechte ärgerlich lüsteten. Ein Landsknecht faßte einen Bauern am Aermel, und that, als wollte er ihm seine Tasche nehmen, der Bauer widersetzte sich und schimpfte. Zugleich hörte der Landsknecht schreien: ‹schlagt drein, es ist uns erlaubt!› Sogleich schlug er drein, und seine Kameraden thatens ihm nach, sie hatten nur dieses Vollmachtssignal erwartet, um die Bauern nieder zu machen. Die Verrathenen, die nichts als weiße Stäblein in Händen hatten und vermeinten, dieselben sollten eine Losung des Friedens seyn, ein Zeichen sichern Geleits unter den Reitern und Knechten vor der Stadt, und die jetzt die weißen Stäblein sich zum Zeichen werden sahen, sie zu würgen, eilten die Stadt wieder zu gewinnen und ihre Waffen. Die Landsknechte verfolgten sie eben so hitzig und richteten ein gräuliches Gemetzel unter den Unglücklichen an. Die Bauern wollten das Fallgatter am Thor herab lassen, aber sie konnten nicht dazu kommen. Die lothringischen Banden drangen zugleich mit ihnen in die Stadt. Sie vertheidigten sich, so gut sie konnten, in den Straßen und auf dem Markt; aber es stachen, schlugen und schossen jetzt auch die Salmischen, die die Stadt besetzt hatten, in sie, und Reiter und Knechte ergossen sich zu den Thoren herein. Die meisten Bauern, noch wehrlos, mußten in sich stechen und hauen lassen. Alle Straßen und Häuser schwammen in Bauernblut . . . so seyen zwischen 16 000 bis 18 000, darunter auch Kinder, erstochen und erschlagen worden. Daß Zabern nicht angezündet wurde, dagegen waren sie, aber geplündert wurde die ganze Stadt, auch die Häuser des Adels, der bischöflichen Räthe und Diener. Alles Silber, Gold, Geld und Geschütz, auch viele Bürger führten sie hinweg, die sie nachher in der Gefangenschaft erstachen. ‹Die schönsten Weiber, Töchter, Kindbetterinnen nahmen sie mit sich, brauchten sie nach ihrem Willen, und ließen sie dann wieder heim gehen; sie handelten mit Weibern und ließen die Männer zusehen, die sie hernach erstachen, und erbärmlich behandelten›.»

Der Verrat und die Schlächterei von Zabern sind sehr schnell nicht nur im Elsaß, sondern in ganz Süddeutschland bekannt geworden. Trotzdem bringt es der Liederdichter im besten Springer-Stil fertig, die Geschichte umzudrehen, dem «frommen Fürsten aus Lothringen» zu lobhudeln und gleichzeitig den Bauern den Verrat, «falschen Sinn» anzulasten:

ja von dem leben zu dem dot,
die buren kamen in große not,
das schuf ir falscher sinne.

Zum Schluß noch ein zusammenhängendes Lied von 1525, das geradezu als Entgegnung zum *püntisch Liedlein* geschrieben worden sein könnte:

Das lied vom hellen pauernhaufen.
Im ton: Sant Jörg du edler ritter.

1 Wie nu, ir ellenden pauern,
wie daucht ir euch so kün?
ir habt fast ser gepuchet,
wo sein eur anschleg hin
so bald von euch verschwunden,
daß ihr in kurzen stunden
so ritterlich seit uberwunden
von herren und adel gut?
got habs in seiner hut!

2 Ir fingt an ein neuen orden,
wolt christlich bruder sein:
in clostern ist mans innen worden,
ir trunkt in auß den wein;
ir nent euch ewangelisch Christen,
ir putet in auß ir kisten;
das thet man dem bund zu wißen,
der kam bald zum spiel,
eurs ewangeliums was gar zu viel.

3 Die schloßer thett ir verbrennen
dem frommen adel gut,
ir thett euch gar nit schemen,
ir stelt nach irem blut;
ir wolt gar nit nachlaßen,
all erbarkeit thett ir haßen,
das thet der bund in kopf faßen,
er stach gar dapfer drein,
daß ir kurrt wie die schwein.

4 Ir habt artickel geschrieben
und buchlein davon gemacht,
euer keiner ist dabei blieben,
ist euch ein große schmach!
Ir habts selber zerspalten
und der keins nie gehalten,
den diebstal triebt ir mit gewalt,
ist euch ein große schand,
wo mans sagt in allem land!

5 Den hellen haufen thett ir euch nennen,
das was doch ie zu viel;
ir thett euch selber schenden,
ich neme nit viel dafür;
ir wolt den bund vertreiben
und nirgent laßen bleiben,
das thut man von euch sagen,
sechs guldein ist das geschrei
gebt inen und sat nit nein.

6 Ir puchere also große,
izund in allem land
sind ir gestanden bloße,
ist euch ein große schand!
wolt alle welt verdringen,
stet, land und leut bezwingen:
last bald von solchen dingen,
ist mein getreuer rat,
ir secht wol wie es gat!

7 Trotzlich so gar on maßen
habt ihr gedroet hart,
nichts edles bei dem leben zu laßen,
und euch fast wild gestelt,
ir wollends gar auf gerben,
sie mußen alle sterben:
mit solichem großen puchen,
muts euch, sie leben noch
und regirn als wol als vor!

8 Dann daß ir habt ermordert
den grafen von Helfenstein,
mit ime die frommen edlen,
ir knecht, das ist nit nein;
ir schuft unschuldig tode,
darinn da hett ir freude,
bringt aller welt groß leide,
clagt mancher biderman,
der hat kein schuld daran.

9 Auch habent ir bezwungen
viel manchen biderman
und in darzu gedrungen,
daß er von weib und kind mußt kan.
Ir seit gar eerlich gesellen,
habt sie hinfur gestellet,
wann man hat schlagen söllen,
so hand sie gemust daran
und ir geflohen davon.

10 Ir habt fast ser gepuchet,
getrieben groß ubermut,
ist alles an euch gerochen,
daß euch der schedel blutt.
Eur sinn hat euch betrogen,
seit auß dem land empflohen,
andern leuten habt ir das ir entzogen;
warumb? es ist nit nein,
ir dorft auch nimermer heim.

11 Ir mußt demutig werden,
sei euch halt lieb oder leid;
der adel ist auf erden
in sterk und manligkeit,
darf sich gar dapfer weren,
euch mit gewalt zersteren;
ir must bei inen lernen
und in sein unterdan,
wolt mit euch umb ein kron!

12 Ir habt wollen verdrießen
den adel all gemein
mit eurn rostigen spießen,
euer bracht ist worden klein!
das blat hat sich gewendet,
ir wart ganz gar verblendet,
verlorn habent ir das spiel,
eur hoffart ward gar zu viel,
es ist kommen zum ziel.

13 Den berg zu Wurzpurg thett ir sturmen,
das was ein selzam spiel,
mit den kopfen wolt irn umblaufen,
das daucht doch mich zu viel;
ir thett einander fast trosten,
ir wolts im floß abtoden,
das was in nit von noten;
got gab dem adel den sig,
er konts erleiden nit.

14 Ir bauern, mit großen herren
solt ir doch spielen nicht,
sie thun gar wust abkeren,
als man an euch wol sicht;
das spiel habt ir verloren,
euer keiner ist edel worden,
ir furt ein selzamen orden;
ir kamet viel zu spat,
do man den adel auß geben hatt.

15 Ein spiel habt ir angefangen,
sagt, habt nit daran gedacht:
seit meineidig geworden,
ist euch ein große schmach,
wann ir euer eid wolt vergeßen,
wolts auf die abentur setzen,
man solts nit von euch schwetzen;
und secht ihr noch so saur,
seit doch meineidig paurn!

16 Das lied hab ich gesungen
den posen paurn zu gut;
noch sein doch vil der frommen,
got habs in seiner hut,
daß sie die oberkeit nit haßen
und thunds in ir herz faßen,
es thut nichts ganz drauß wachsen!
Man befelchs dem allmechtigen got,
mir machen sonst auß ime ein spot!

Dieses Anti-Bauern-Lied ist wie viele der schlimmeren Sorte auf einen im 16. Jahrhundert weit verbreiteten Ton geschrieben, mal als *Reuterton* angegeben, mal *Sanct Jörg, du edler Ritter*, mal *Von erst so wölln wir loben*, mal als *Schenkenbach.* Entstanden als Landsknechtslied zwischen 1512 und 1514. Hier die Fassung von Erk/Böhme:

Reiterlied für die fränkischen Reiter.

Gedicht von Schenkenbach, um 1512.

Nach J. Ott 1534. Nr. 38. Reutterliedlin 1535. Nr. 7.

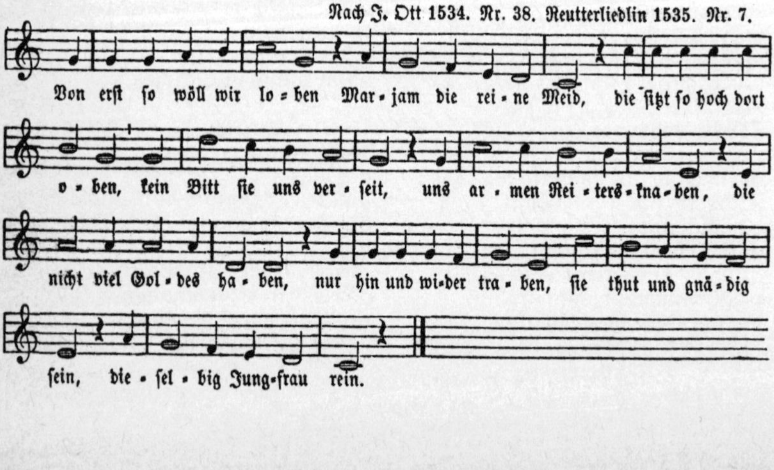

Ein newes Liedt gemacht
von der Baurschafft im Franckenland
auch von jrem lößen schiessen/ vnd
von jrem blinden stürmen.

Bawr hüt dich
Mein roß schlecht dich.

Variante des „Reutertons".

Fragment bei Schmelzel 1544. Quodlib. 20.

1. Von erst so wöll wir loben
Marjam die reine Meid;
Die sitzt so hoch dort oben,
Kein Bitt sie uns verseit,
Uns armen Reitersknaben,
Die nicht viel Goldes haben,
Nur hin und wider traben,
Sie thut uns gnädig sein,
Dieselbig Jungfrau rein.

2. Sanct Jörg, du edler Ritter,
Rottmeister sollst du sein!
Bescher uns schön Gewitter,
Thu uns dein Hilfe Schein,
Daß wir nit gar verzagen,
Wo wir im Feld umjagen,
Das Gütlen z'ammen tragen!
Errett uns arme Knecht
Vor allem strengen Recht!

3. Kaufleut sind edel worden,
Das spürt man täglich wol;
So kummt der Reiters-Orden
Und macht sie Reißig voll:
Man soll sie außher klauben
Aus ihren Mardern-Schauben
Mit Brennen und mit Rauben,
Dieselbig Kaufleut gut,
Das schafft ihr Uebermuth.

4. Merkt auf, ihr Reitersknaben,
Was unser Orden inhält!
So wir immer Pfenning haben.
Und uns Futter und Mahl entfällt,
So müssen wir fürbaß werben,
Daß wir nit Hungers sterben,
Die reichen Kaufleut erben;
So oft er dir werden mag,
Acht nit, was er dir sag!

5. Wie mochts um uns ertragen
Ein solchen kleinen Lohn?
Das Wildpret wöll wir jagen,
Do es im Holz thut stohn:
Ich mein die stolzen Franzen,
Die auf dem Pflaster umschanzen,
Und ihre Härlen pflanzen,
Das ist ein Gwild für mich,
Wo ichs im Wald ersich.

6. Vom Jagen wöll wir lassen,
Das Voglen heben an:
Ihr Reiter unverdrossen!
Ein Hütten müß wir han,
Darzu gut hürne Kloben,
Darvon die Hölzlen stoben;
Den Kauzen soll man loben,
Der uns den Vogel bringt,
Der in der Ringmaur singt.

7. Nach Voglen wöll wir fischen
Auch auf dem trucknen Land;
Laßt uns dort einher wischen,
Stoßt uns der Recht' an d'Hand,
So sing wir nimmer «Ach leider!
Wa nimm wir Winterkleider?»
Das soll uns wol bescheiden
Der mit seinen Gulden roth,
Der in das Reis eingoht,

8. Wir haben uns eins vermessen,
In dem edlen Frankenland:
Die Baurn die wöllen uns fressen,
Den Adel wohlbekannt.
Das wöll Gott nit verhängen!
Wir wöllens fürbaß sprengen,
Recht wie die Säu besengen,
So oft uns das gebührt,
Bis Schopf den Galgen rührt.

9. Hilf Gott, daß wir bezwingen
Der Bauren Uebermuth,
Die uns ums Leben bringen
Viel manchen Ritter gut!
Ihr'n Hochmuth soll man brechen,
Soll sie unter die Mähren stechen,
Manchen guten Gesellen rächen,
Bringt in groß Ungemach:
Singt uns der Schenkenbach.

Erklärung: 1,1 Maria wird als Schutzheilige angerufen. 2,1 St. Georg war Schutzpatron der Reiter und Landsknechte. 2,2 Rottmeister, Anführer einer Rotte Soldaten, franz. Corporal. 2,3 gut Wetter und nebenbei gut Glück. 2,4 laß uns deine Hilfe erscheinen, mache sie uns sichtbar. 2,6ff heißt in der Hdschr. so: «Daß wir die Baurn bezwingen, die uns da wöllen verdringen, der sich des Adels fleißt und doch den Fuchs nicht beißt». Unter Bauern sind hier die städtischen Patrizier und Kaufleute gemeint, die sich für Adel ausgeben und doch im Kampfe feige sind. 2,9 strenges Recht, Hochgericht, Galgen. 3,4 und bringt sie in volle Kriegsrüstung. 3,5ff man soll sie herausschälen aus ihren mit Marder- und Fuchspelz verbrämten Mänteln. 4,4 Futter und Mahlzeit ausfällt. 4,5 so müssen wir weiter arbeiten. 4,7 erben, beerben. 5,1 Wie sollte es für unsere Mühe nur einen so geringen Lohn abwerfen? 5,5 Franzen, Bezeichnung für schönbärtige Stutzer, weichliche, schwache Menschen (s. Rochholz, Kinderlieder S. 482). 5,6 die ihr Spiel auf dem Straßenpflaster treiben, Pflastertreter sind. 5,7 ihre Haare fein aufputzen, frisieren. 6,2ff den Vogelfang wollen wir anfangen, wollen die Bürger haben. 6,4 eine Vogelhütte müssen wir dazu haben und einen Kloben (Fußfessel) zum Vogelfang. 6,7 Kauz, hier für einen Kundschafter, der die Vögel aus der Stadt und in einen Hinterhalt lockt. 7,1 Nächst dem Vogelstellen wollen wir Fischfang treiben. 7,3 einherwischen, einherschleichen. 7,4ff Fällt uns der Richtige in die Hände, so ziehen wir ihm den Pelz aus und brauchen für Winterkleider nicht zu sorgen. 7,9 der in den Busch hereinkommt, in den Busch fällt. 8,6 Wir wollen fernerhin sie zu Roß anrennen. 8,8 so oft uns dazu Gelegenheit kommt. 8,9 bis unser Kopf am Galgen hängt. 9,6 soll sie von ihren Mären (Gäulen) herunter stechen.

Die Landsknechte des 16. und 17. Jahrhunderts bedeuteten ohne Zweifel für die Kriegstechnik einen Fortschritt. Und ohne Zweifel kamen sie aus dem niederen Volk. Im übrigen waren sie eben unproduktive Soldaten, nur zu Hause in der Rotte und der Armee, kämpften für Bezahlung gegen alle und jeden, lebten meistens «aus dem Land», d. h. vom Plündern, Morden, Stehlen, und wurden zum «natürlichen» Feind des Bauern. 1525 entschieden sie sich nicht nach ihrer Klassenherkunft, sondern nach ihrem Beruf. Unter den militärischen Stars ihrer Zeit, wie etwa dem berühmten Georg von Frundsberg, kämpften sie den Kampf der Feudalherren gegen das niedere Volk. Aber sie produzierten auch unablässig Lieder, sehr brutale, oder auch rein informative Zeitungslieder oder auch traurige über die Mühen des Tötens und die Schwierigkeit, ans Geld zu kommen, und die Nähe des eigenen Todes.

Im Gegensatz zu den Liedern der Revolution von 1525 wurden diese Lieder überall verbreitet, und das bis ins 20. Jahrhundert. Warum wohl? Die Herren brauchten immer Soldaten, und das Soldatentum braucht seinen Mythos, und dazu gehören Trommeln und Pfeifen und Uniform (bzw. Imponier-Kostüme) und – Lieder.

Ebenso wie die Landsknechtsheere die Schlachten gegen die Bauern gewannen, gewannen auch ihre Lieder gegen die revolutionären Lieder. So entwickelte sich ein Strang deutscher Volksmusik-Tradition, aufgegriffen von den Romantikern und zur romantischen Blüte entwickelt von der deutschen Jugendbewegung. Die Liederbücher der Bündischen sind voll mit alten Landsknechtsliedern, und im «Turm» findet sich auch selbstverständlich das schreckliche Schenkenbach-Lied, gekürzt und unter Beibehaltung des altertümelnden Tones den moderneren Hör- und Singgewohnheiten angepaßt. Dasselbe gilt für den Satz von Waldemar von Bausznern.

Für die Jugendbewegung wurden die alten Landsknechtslieder massenhaft aufbereitet, besonders beliebt waren *Der Reif und auch der kalte*

Sankt Jörg, du edler Ritter, Rottmeister sollst du sein ·
Bescher uns gut Gewitter, laß uns dein Hilf erschein!
Daß wir nit gar verzagen, wo wir in Feld umjagen,
das Gütlein zsammen tragen! Errett uns arme Knecht
vor allem strengen Recht!

Hilf Gott, daß wir bezwingen der Bauren Übermut, die uns ums
Leben bringen viel manchen Reiter gut! Ihren Hochmut soll man
brechen, soll sie unter die Mähren stechen · Manch guten Gesellen rächen,
bringt uns groß Ungemach: Singt uns der Schenkenbach ·

Worte aus einer Handschrift von 1525 (Schenkenbach ?)
Weise nach Schenkenbachs Reiterlied, bei J. Ott, 1534
Satz von Waldemar von Baussnern Aus: Alte Volklieder
(Waldemar von Baussnern; N.G. Elwertsche Verlagsbuchhandlung, Marburg) Lied der Strauchritter; vergleiche
alle Strophen bei Erk-Böhme!

Schnee / der tut uns armen Landsknecht weh oder *Gott gnad dem großmächtigen Kaiser frumme* oder *Wer war es der den Lorbeer brach,* oder auch *Unser liebe Fraue vom kalten Brunnen,* wozu dann die Wandervögel extra noch eine bauernfeindliche zweite Strophe hinzugedichtet haben . . .

Landsknechte

Unſer liebe Fraue vom kalten Brunnen, beſcher uns armen
Landsknecht ein warme Sunnen! Daß wir nit erfrieren,
ziehn wir dem Bauersmann, ſein wullen Hemd vom Leibe,
das ſteht ihm übel an, das ſteht ihm übel an.

Unſer liebe Fraue vom kalten Brunnen, beſcher uns armen
Landsknecht ein warme Sunnen! Daß wir endlich finden
nach aller Arbeit Ruh! Der Teufel hol das Raufen,
das Saufen auch dazu, und das Saufen auch dazu!

Worte aus Georg Forsters (1514-68) „Frische Teutsche Liedlein“, Teil V, Nr. 37, 1566 · Weise nach dem Wallfahrtslied: „Gelobt sei Gott, der Vater“ · Strophe 2 und 3 im Wandervogel entstanden · Zuerst bei. W. Werkmeister: „Deutsches Lautenlied“, 1914 (ohne Kehrreim). Kehrreim zuerst in Heinrichs und Pfusch: „Frisch gesungen“, Hannover 1907, Nr. 59 Satz von Walther Hensel Aus: Strampedemi (Walther Hensel; Bärenreiter, Kassel; 1931)

Zum Schluß noch ein Beispiel für die Nachempfindung, wie sie in der Jugendbewegung gepflegt wurde und gegen die niemals ein Staatsanwalt eingeschritten ist – einfach deshalb, weil diese Form von Verrohung zum Repertoire des Männlichkeitskultes gehörte . . . und gehört.

37 Knechte des Merian

Worte und Weise sind mündlich überliefert

Die Gehirnwäsche hat funktioniert.

Die Sieger haben nicht nur die Geschichte geschrieben, wie sie ihnen gefiel, sie haben auch dem Volk ihre «Volks»-Musik aufgezwungen und die der Verlierer ausgerottet. Wenn wir heute originale Töne aus dem Jahr 1525, insgesamt des 16. Jahrhunderts, hören, die sich irgendwo abgewandelt oder unberührt erhalten haben, dann sind es die Töne der militärischen Sieger, der Landsknechts-Armeen, oder der ideologischen Sieger, der Lutherischen Kirche. Luther und seine Anhänger haben von Anfang ihre Lieder in Büchern verbreitet und durch die Institution der Kirche dem Volk eingehämmert. Und damit eben auch die Ideologie, daß die weltliche Obrigkeit zu Recht besteht und der Christenmensch erst im Jenseits aufatmen darf. Ist das nicht sehr bezeichnend für die jahrhundertealte deutsche Misere, das Bündnis zwischen Thron und Altar, Soldatenmarsch und Choral?

Lutherische Gesangbücher aus dem 16. Jahrhundert

Gesangbuch von Joseph Klug, Wittenberg, Auflage von 1544 (Bl. E 3).
Das deutsche Credolied Luthers „Wir gläuben all an einen Gott".

Gesangbuch von Valentin Babst, Leipzig 1545, 1. Teil, Nr. 77 (Bl. Y 1–2). Der Lobgesang Simeonis.
Mensuralnoten in Holzschnitt. Illustration eines unbekannten Meisters.

Traurige Folge dieser Geschichtslosigkeit der Unteren: Jeder romantische Nachempfinder holt sich aus der nicht erhellten Vergangenheit ein paar Brocken für noch so finstere oder idiotische Ziele. Und wenn der zur Zeit bekannteste Sänger der neudeutschen Reaktion, Heino, für Herzog Filbinger das *Deutschland-Lied* und die *Schwabenhymne* («Preisend mit viel schönen Reden») auf Schallplatte singt, und zur selben Zeit im Fernsehen das «alte deutsche Volkslied» *Wir sind des Geyers schwarzer Haufen* schallert, dann paßt das hervorragend zusammen. Denn der Geyer, der 1525 im Hegau ausgeflogen ist, wurde erschlagen, gerupft und gebraten. Der andere ist inzwischen ein Vasall des Pleitegeiers, Heino soll ihn haben dürfen.

Nachtrag in Sachen Jugendbewegung

Als ich dieses Kapitel mit etwas Abstand noch mal gelesen hatte, war ich erschrocken, wie gradlinig da widersprüchliche Entwicklungen beschrieben werden, von der Romantik über die Jugendbewegung zum Faschismus. Was über den Gesang der bündischen Jugend gesagt wird, finde ich zwar richtig, wird aber dem Gegenstand nicht gerecht. Das liegt wohl auch daran, daß ich als von der Nachkriegs-Jugendbewegung Betroffener inzwischen besonders schroff und eindimensional kritisiere, gerade weil der Rest meiner Person entschieden hinter bestimmten Einsichten im Kopf hinterherhinkt. Ich stecke da noch zu tief drin.

Die Jugendbewegung hat aber niemanden zum Faschisten verdammt, es gibt auch andere Beispiele.

Schon im Ersten Weltkrieg war Langemarck nicht alles. (Langemarck: der berühmte Sturmlauf feldgrauer Wandervögel in den heroischen Tod, unter Absingen des *Deutschlandlied*). Es gab eine ganze Menge Jugendbewegte, die aus der Kriegswirklichkeit gelernt haben, die idealistischen Spinnereien korrigierten und am Aufbau proletarischer Jugendorganisationen teilnahmen. (Kehrseite der Medaille: die bündische Singekultur hat sich anscheinend endlos in der Linken erhalten, in den Liedern der Interbrigaden – «Spaniens Himmel breitet seine Sterne» von Dessau – ebenso wie im Liederrepertoire von Falken, Naturfreunden oder linken Pfadfindern.)

1933 war es nicht so, daß die Bündische Jugend der Weimarer Republik wie ein Mann Rechts-um-Marsch in Richtung Hitlerjugend gemacht hätte. Ziemlich viele Gruppen versuchten, Reserven zu bewahren, einige leisteten sogar Widerstand. Wie viele ehemalige Bündische dann im letzten Kriegsjahr in der weitgehend noch totgeschwiegenen radikalen Widerstandsbewegung (z. B. «Edelweißpiraten») mitgemacht haben, weiß ich nicht. Es waren aber welche dabei.

Titelblatt der ersten Druckschrift der Freideutschen Jugend, die kurz nach dem Treffen auf dem Hohen Meißner erschien. Zeichnung von „Fidus"

Schließlich nach 1945: Auch da gab es nicht nur das Remake der reaktionären Bünde im Dienste des Antikommunismus. Eine Aachener d.j.l.ll.-Gruppe etwa diskutierte Marx, was damals noch etwas bedeutete. Eine Freiburger Gruppe bereitete sich mit Niemöller-Lektüre geschlossen auf die Kriegsdienstverweigerung vor. Und 1964 organisierten Leute aus der Bündischen Jugend (Peter Rohland, Hein und Oss Kröher, Diethart Kerbs u. a.) das erste Festival «Chanson Folklore International», und das finde ich heute noch eine große Tat. (Von wegen «Ringelpietz auf Burg Waldeck», wie ein ignoranter Rezensent in «konkret» so nebenbei fallenläßt, um dagegen die große kulturpolitische Leistung des Duos «Zupfgeigenhansel» abzuheben). Immerhin konnten wir dort die Lieder und die dazugehörige Erfahrung der amerikanischen Anti-Kriegsbewegung, der Bürgerrechtler und Gewerkschafter kennenlernen, die Lieder der italienischen Linken, die Lieder aus den KZ (Da waren die *Moorsoldaten* noch kein Stimmungsschlager), und auch die völlig unterdrückte Tradition deutscher demokratischer Volks- und Revolutionslieder, vor allem aus dem Vormärz und 1848/49. Und es war der bündische Waldeck-Sänger Peter Rohland, der sich mühsam aus Steinitz und Volksliedarchiven diese Sachen zusammengesammelt hat.

1968 war ich sehr verblüfft, wie viele ehemalige Bündische in den SDS-Gruppen arbeiteten; daß ich heute jede Menge alter Freunde in Anti-AKW-Bürgerinitiativen, der Gewerkschaft oder in der Arbeit für Jugendzentren und ähnliches wieder treffe, wundert mich nicht mehr. Offenbar haben die Bündischen, wenn sie mal politisch was lernen, weiter die Bereitschaft, in Gruppen und öffentlich für als sinnvoll erkannte Ziele zu arbeiten.

Mit diesen Hinweisen will ich nun nicht das bündische Problem in Wohlgefallen auflösen. Es liegt mir einfach daran, daß Freunde aus der Lagerfeuer-Zeit, die das lesen, nicht meinen, ich wollte nun mit dem Hochmut des Konvertiten meine frühere Geschichte so vernichten, als wär sie nichts als Unfug und Schaden und als hätte ich damit nichts zu tun. Vielleicht läßt sich nun, auf dem Hintergrund der vorangegangenen Informationen, etwas genauer erklären, worin der Haken der speziellen bündischen Liedkultur besteht:

1. Das Singen stabilisiert die Gemeinschaft

Für die Jugendbewegung ist das gemeinsame Singen ein pädagogisches Mittel, eingesetzt zur Erziehung der Gefühle. Denn die Jugendlichen, die in die Gruppen kommen (überwiegend Oberschüler, Führer-Studenten, d. h. Jugendliche mit verlängerter Kindheit), kommen im Protest: im Protest vor allem gegen die Abhängigkeit von der Familie, keineswegs getröstet von den offiziellen Ablösungs-Einrichtungen wie Schule oder Vereinsmeierei.

Sie kommen mit dem Wunsch nach freiem Flug und haben den Wunsch nach einem besseren Nest noch lange nicht vergessen. Die bündische Gruppe erfüllt beide Wünsche.

- Einerseits beharrt die Jugendbewegung auf ihrer Autonomie. Der Bund organisiert sich selbst, verachtet die Normen der «Spießer» in Familie, Staat, Berufsleben. Das gipfelt in den zwanziger Jahren in den Phantasien vom «Jugendreich», der «Jugendpartei», der «Jugendrevolution». Die Großfahrt mit ihren Abenteuern und Gefahren und ungewöhnlichen Erlebnissen wird für den Wunsch nach Freiheit zur wichtigsten Attraktion. Abhauen wird möglich, getragen vom Rausch des Fernwehs: «Wo wollt ihr hin, ihr tollen Jungen? Wir wissen nicht, in fernes Land».
- Andererseits garantiert der Bund und seine Gruppen eine absolute Verläßlichkeit: Gruppenabend, Bundeslager, Lagerfeuer-Kreis, Kameradschaft, ja, und Führer-Prinzip und Disziplin fangen den, der abhaut, immer wieder auf. Die Bündischen lesen und träumen schon von Rimbaud, aber sie turnen im Gegensatz zu dem mit Netz.

Das Netz, die Gemeinschaft, wird ständig durch Singen beteuert, um so mehr beteuert, als es eigentlich nirgendwo verankert ist. Singen vor dem Frühstück (Madrigal oder Choral), beim Waschen (forsch-fröhlich «Heijo Heijo»), beim Wandern («Wir ziehen über die Straßen . . .»), beim Feiern («Aber am Abend laden wir uns ein . . .»), am Lagerfeuer («Die Steppe zittert . . .»). Schlaflieder gibt es auch, russisch («Bajuschki Baju») oder französisch («Fais dodo»). Die Lieder werden meist vom Führer verordnet, der mehr wissen muß und weiß, was wann «paßt». (Schrecklich diese Peinlichkeit, wenn ein Außenseiter ohne Stil eine Lagerfeuer-Stimmung durch einen ordinären Schlager entweiht!) Außenstehende reagieren auf diese unfaßlich monomane Technik, den Tag mit Liedern abzudecken, meistens mit Ekel. (Vielleicht auch, weil sie gewohnt sind, ihre Stimmungen lieber mit Radioprogrammen zu skandieren?)

2. Das Singen kettet die Träume an

Die Bündischen tragen ungern Normalkleidung, sie lieben Kostüme, und zwar in jeder Beziehung. Das fängt schon beim Zeltlager an, diesem Indianerspiel. (Übrigens sehr zweckmäßig, seit der berühmte Tusk – ein legendärer Held der Jungenschaften – die Lappenkothe als Gruppenzelt der deutschen Jungenschaften propagiert hat: vier Planen ohne Stangen, die holt man sich aus dem Wald. Und oben eine Öffnung als Kamin, das Zelt kann beheizt werden. Die ebenfalls den Lappen abgeguckte Jurte ist das Modell für die Freundschaftshäuser, die seit Wyhl auf besetzten Plätzen gebaut wurden . . .)

Dann die Organisation dieser Bünde in «Horden» und «Stämme» oder die hierarchische Gliederung vom «Wölfling» aufwärts über «Knappen», «Cornets» zu «Ältesten» oder «Rangers».

Wozu dienen die Kostüme? Wo werden die Träume hingeführt?

Schauen wir uns den Liedschatz an: Da identifiziert sich die Gruppe (siehe oben) mit dem von Kampf und Schwermut (besonders beliebt: der verlorene Haufe) geprägten Landsknechtsleben. Oder mit den edlen Rittern des Deutschen Ordens. Oder den chinesischen Grenztruppen irgendeiner Operetten-Dynastie oder der Goldenen Horde des Dschingis Khan. Oder mit den besonders beliebten militärischen Männerbünden, denen noch ein Hauch Rebellion anhaftet: den Kosaken, den Haiducken vom Balkan, den Klephten aus Griechenland, den Macho-Revolutionären von Pancho Villa. Sogar die Spirituals der schwarzen Gemeinde in den USA passen, seit es das (Männer-) Golden-Gate-Quartett gibt, und selbstverständlich die Shanties der Männerbünde auf hoher See.

Jetzt wendet jemand ein: Nun laß der Jugend ihre Spiele, ihre Phantasie, das kann doch befreien, zu Neuerungen führen, Erfindungen, Gelöstheit, Distanz vom festgemauerten Alltag . . .

Wenn es so wäre! In Wirklichkeit aber landet der freie Flug der Jugendbewegung doch wieder im Nest, fast genauso wie der abenteuerlustige Tourist am Mittelmeer sein «Edelweiß» und seinen «Wienerwald» und der Science-fiction-Leser weit hinten in der Galaxis seinen autoritären Staat von 1978 wieder findet. Genau besehen trainieren die fernwehkranken Jugendlichen im exotischen Maskenspiel gerade die Haltungen, die das verachtete System der bürgerlichen Erwachsenen stabilisieren. Das ist nicht Schlamperei, sondern Methode, diese Nachlässigkeit, mit der das bündische Singen Sprache und Volksmusik ausländischer Kulturen verhunzt. Da wird in die trostlosen deutschen Singegewohnheiten eingemeindet auf Teufel komm raus. Bis nur noch ein ganz kleiner exotischer Kitzel bleibt, ein Gewürz in der immer gleichen deutschen Soße. Am schlimmsten sind dann die nachempfundenen Produktionen, die lassen überhaupt nichts zeitlich oder räumlich Fernes mehr übrig. Was ist das? Einübung in Blindheit, Taubheit, Dummheit, Diebstahl – Kulturimperialismus.

Anthropologen wie Margaret Mead haben bei Völkern, die anders leben als wir, entdeckt, daß das bei uns Übliche nicht allgemein-menschlich ist. Daß der Mensch veränderbar ist.

Der bündische Traum vom «Primitiven» bezweckt das Gegenteil: Die Legitimation des Üblichen aus den Nebelschwaden der Geschichtsromantik.

(Wäre noch nachzutragen, daß nicht wenige Leute aus der Jugendbewegung anfingen politisch zu lernen, weil sie neugierig genug waren, in Griechenland oder Spanien oder im deutschen Mittelalter nachzuforschen, was da nun wirklich los war. Und dann zu fragen: Wozu, verdammt, haben wir wohl diese Mythen gebraucht?)

3. Chorgesang gewöhnt an die Autorität der Gemeinschaft

Man könnte das pädagogische Ziel so beschreiben: Die Wünsche und Interessen sollen aufgehen/verschwinden/sich deformieren in einem höheren Zweck, der als Selbstzweck dargestellt wird: Gemeinschaft, Gemeinwohl, Zivilisation, Volk, Deutschland, FDGO usw. Gemeinschaftsgesänge überwältigen uns mit Gefühlen zu solchen Selbstzwecken, weil das Singen normalerweise wenig mit Denken zu tun hat. Nicht zufällig ist der Liedschatz der protestierenden Jugendbewegung heute sowohl bei den Schulmusikern wie den staatserhaltenden Schlagerstars (Heino) im Repertoire, war den Nazis nützlich ebenso wie allen Verbänden, die versuchen, Jugendliche zu gemeinschaftsbewußten Untertanen zu erziehen.

Wenn Streikende zusammen singen oder Platzbesetzer oder Demonstranten, dann legen sie die Zwecke offen, darüber wird diskutiert. Das ist offenbar etwas anderes, als die vereinheitlichende Gemeinschaft um das Lagerfeuer oder den Gral oder das Deutschtum oder die «Freie Marktwirtschaft», oder?

Ich frag mich manchmal, ob das nicht alles Schnee vom letzten Jahrzehnt ist. Aber wenn ich in Omnibussen oder auf Fußballplätzen oder an Baggerseen oder in Schulen oder Folkfestivals oder in linken Festzelten singen höre, denke ich schon mal: Das kennste doch . . .

Christ ist erstanden
WACHT AUF VERDAMMTE DIESER ERDE
Bomben Bomben auf Enge-Land
WALTER
PETER
Peters Vater
Wenn die drei am Steuer müde werden, singen sie das!
Was singen Sie?

Die Internationale

. . . in den Medien

Popeye, der Spinatmatrose, «trifft die Ameisenzwerge oder ‹Alles vernichten!› oder ‹Die Zwergeninvasion›».[1]

Der Muskelmatrose hilft König Blozo gegen den Angriff der Ameisenzwerge.

Jeden 22. März kommen sie von weither und nehmen alles mit, was nicht niet- und nagelfest ist. Der Rat von Popeye's Sohn wird befolgt: Kurz vor dem 22. wird alles Wertvolle festgenagelt. Endlich dann . . .

1 Nr. 30 der Heftreihe «Popeye der Seemann», Moewig-Verlag, ca. 1975.

Wir befragten Ende 1977 eine junge Lehrerin, unter welchen Umständen sie mit der *Internationale* in Berührung gekommen ist.

> Meine erste Begegnung mit der Internationalen ist etwa 10 Jahre her. Da war ich noch Schülerin und in der Schülerbewegung. Da haben wir uns wenig um die *Internationale* gekümmert, auch in der Schule nicht die *Internationale* gegrölt. Meine erste Begegnung war sehr angstbetont, und zwar vor dem Fernseher. Ich habe damals natürlich sehr interessiert Tagesschau gesehen. Das muß irgendeine Demonstration gewesen sein, und zwar war das in Frankfurt. Da wurden dann manchmal so einzelne Gesichter eingeblendet, das können die ja technisch hervorragend machen. Und ich erinnere mich noch an einzelne, die doch recht verklärt, manche aber auch recht aggressiv waren. Und dann wurde die *Internationale* gegrölt. Danach Szenen mit Gewalttaten. Drähte werden geknackt, Schubladen rausgerissen, alles durcheinandergewirbelt, entsprechende Kommentare, die ich vergessen habe, die sich aber sicher in meinem Unterbewußtsein festgesetzt haben. Es war jedenfalls sehr schreckensbesetzt, und ich dachte nur: O Gott, wenn die an die Macht kommen . . . Das war für mich fürchterlich.

Superman wird wieder einmal von seinem «Erzfeind» Lex Luthor, der «menschlichen Denkmaschine», attackiert. Immer wieder hat Luthor gegen «Supie» verloren, und das treibt ihn zur Raserei. Deshalb: «Der Hammer des Lex Luthor»[2]

Denn diesmal hat er einen teuflischen Plan:

Er bleibt kühl, indem er mit einem Trick seinen blinden Haß auf Superman überträgt. Dieser tobt, wird unkontrolliert. So kennt man ihn gar nicht.

2 Heft 5 der Reihe «Superman-Batman», Ehapa-Verlag, Stuttgart, 28. 2. 1976.

Angeblich hat er in seiner Raserei sogar einen Unschuldigen umgebracht. Lex Luthor triumphiert.

Und indem er sich selbst entmaterialisiert, um sich in sein Labor hinüberzustrahlen und dort wieder Gestalt anzunehmen . . .

. . . und im Liederbuch

1. Die Internationale

Wacht auf, Verdammte dieser Erde,
die stets man noch zum Hungern zwingt!
Das Recht wie Glut im Kraterherde
nun mit Macht zum Durchbruch dringt.
Reinen Tisch macht mit dem Bedränger!
Heer der Sklaven, wache auf!
Ein Nichts zu sein, tragt es nicht länger,
alles zu werden, strömt zuhauf!
Völker, hört die Signale!
. . .

Es rettet uns kein höh'res Wesen,
kein Gott, kein Kaiser, noch Tribun.
Uns aus dem Elend zu erlösen,
können wir nur selber tun!
Leeres Wort: des Armen Rechte!
Leeres Wort: des Reichen Pflicht!
Unmündig nennt man uns und Knechte,
duldet die Schmach nun länger nicht!
Völker, hört . . .

In Stadt und Land, ihr Arbeitsleute,
wir sind die stärkste der Partein.
Die Müßiggänger schiebt beiseite!
Diese Welt muß unser sein;
unser Blut sei nicht mehr der Raben
und der nächt'gen Geier Fraß!
Erst wenn wir sie vertrieben haben,
dann scheint die Sonn' ohn Unterlaß!
Völker, hört . . .

Aber . . .

Beide Arten der Verbreitung werden dem Lied wohl nicht ganz gerecht. Einmal wird es zum Abzeichen des Untermenschen, ganz gleich was im Text steht – Schlagwort genügt. Das andere mal wird es zum Wahrzeichen des richtigen Weges zur klassenlosen Gesellschaft, ganz gleich ob der historische Text heute noch dazu taugt – Abdruck genügt.

Beide Arten, das Lied darzustellen, ignorieren die Tatsache, daß das Lied eine Geschichte hat und – vor allem – *was* es für eine Geschichte hat. Dazu sollen die folgenden Abschnitte ein paar Informationen liefern, und zwar

- zum Text,
- zur Melodie,
- zum Gebrauch vor 1945 und
- zum Gebrauch nach 1945.

Zum Text

Wie der Text entstanden ist und was er einmal bedeutet hat

Die *Internationale* ist nicht als Auftragsdichtung für die internationale Arbeiterklasse geschrieben worden. Sie ist eines von sehr vielen Liedern, die um die Zeit der Pariser Commune (1871) entstanden sind. Erst etwa 30 Jahre später wurde sie auch außerhalb Frankreichs bekannt und erhielt nach und nach durch den Gebrauch, der von ihr gemacht wurde, den Signalcharakter, der es Mitgliedern der 1., 2., 3. und 4. Internationale erlaubte, das Lied als Ausdruck der kämpfenden Arbeiterklasse in allen Ländern zu benutzen.

Der Text ist nicht allgemeinmenschlich-überzeitlich, sondern historisch. Geschrieben ist er in einem bestimmten geschichtlichen Augenblick: Juni 1871, und zwar vom Standpunkt einer bestimmten Organisation aus: Pariser Sektion der Internationalen Arbeiterassoziation (dazu weiter unten), und in einer Sprache, wie sie damals in der revolutionären sozialistischen Literatur geführt wurde.

Das bedeutet nicht, daß das Lied heute museumsreif ist. Es konnte ja gerade deshalb von der Arbeiterbewegung in allen Ländern übernommen werden, weil die praktischen Erfahrungen und die Lehren aus der Commune, der ersten proletarischen Revolution, Beispiele für die Zukunft gegeben haben, weil hier Ziele genannt wurden, die noch nicht erreicht sind. Trotzdem ist inzwischen einiges von dem Lied in der historischen Entfernung unverständlich geworden. Denen, die die *Internationale* um die Jahrhundertwende verbreitet haben, war die Geschichte der Commune bedeutend näher und geläufiger als uns.[3]

Der Verfasser: Eugène Pottier, 1816–1887. Einer der zahlreichen Künstler und Intellektuellen, die sich auf die Seite des Proletariats schlugen und die während der Commune politisch arbeiteten und kämpften.

Pottier, Sohn eines Kistenmachers, war Packer, erfolgreicher Dekorationsmaler und Stoffmusterzeichner, Chansonnier, Verfasser von Revuen und Schlagern, Singspielen für Vorstadttheater, politisierte sich nach der niedergeschlagenen Revolution von 1848. Er war Mitglied der 1. Internationale von Beginn an, arbeitete in den Gewerkschaften und wurde während der Commune zum Delegierten der Arbeitervereine gewählt, weiter ins Zentralkomitee der 20 Stadtbezirke und in den Communerat, kämpfte als Offizier der Nationalgarde. Nach dem Sieg der Konterrevolution konnte er ins Ausland fliehen (London und Boston), ging aber nach der Amnestie 1880 nach Paris zurück, arbeitete dort weiter politisch und unterstützte den Aufbau der französischen Arbeiterpartei POF (Parti ouvrier français).

Pottier war der produktivste Liedermacher der Commune. Viele sei-

3 Communeliteratur, auf die wir uns stützten: Marx: Der Bürgerkrieg in Frankreich; P. L. Lavrov: Die Pariser Commune (Rotbuch 25); Brecht: Die Tage der Commune; H. Swoboda: Die Pariser Kommune 1871 (dtv dokumente); Pariser Kommune 1871. Eine Bilddokumentation, Berlin 1971.

POTTIER (EUGÈNE)

ner Lieder werden noch heute in der französischen Arbeiterbewegung gesungen, z. B. *Jean Misère* (Hans Elend), *L'Insurgé* (Der Aufständische) oder *Elle n'est pas morte* (Sie ist nicht tot). Bis zu seinem Tod beteiligte er sich an den politischen Kämpfen, schrieb Texte zu aktuellen Themen, Streiklieder. Der Leichenzug für Pottier mit 5000 Menschen war nicht nur eine Demonstration für ihn, sondern auch für die politischen Ziele der Arbeiterbewegung und der Commune, die der Communarde vertreten hatte. Die Enthüllung seines Denkmals auf dem Friedhof Père Lachaise im Jahre 1908 war ebenfalls von einer riesigen Demonstration begleitet.

Den Text der *Internationale* schrieb Pottier im Juni 1871, als er sich in Paris vor dem weißen Terror versteckt hielt. Die Versailler rächten sich damals für den Versuch der Arbeiter, ihre eigenen Klasseninteressen in der Revolution durchzusetzen. Allein in den letzten Maiwochen wurden 17000 Leichen aus Paris abtransportiert. Die früheren Revolutionen, aus denen die Bourgeoisie immer wieder ihren Nutzen zog, waren nie so blutig.

Gewidmet ist der Text dem «Bürger Gustave Lefrançais, Mitglied der Commune». Lefrançais (1826–1901), 1851 Berufsverbot als sozialistisch eingestellter Lehrer, beliebter Redner, zeitweilig Präsident des Communerates, war nach der Zerschlagung der Commune in die Schweiz geflohen und arbeitete nach seiner Rückkehr nach Paris in anarchistischen Gruppen.

Der ursprüngliche Text der Internationale hat sechs Strophen. Wir drucken ihn hier mit unserer wörtlichen Übersetzung ab.

L'Internationale
1. Debout! les damnés de la terre,
Debout! les forçats de la faim!
La raison tonne en son cratère,
C'est l'éruption de la fin.
Du passé faisons table rase,
Foule esclave, debout! debout!
Le monde va changer de base:
Nous ne sommes rien, soyons tout!
C'est la lutte finale:
Groupons-nous, et demain,
L'Internationale
Sera le genre humain.

Die Internationale
Steht auf, Verdammte der Erde!
Steht auf, Galeerensklaven des Hungers!
Die Vernunft brodelt in ihrem Krater,
Das ist der endgültige Ausbruch.
Das Vergangene wollen wir ausmerzen,
Versklavte Masse, steh auf, steh auf!
Die Welt wird sich von Grund auf ändern:
Wir sind nichts, wir wollen alles sein!
Dies ist der letzte Kampf:
Schließen wir uns zusammen, und morgen
wird die Internationale
die menschliche Ordnung sein.

2. Il n'est pas de sauveurs suprêmes:
Ni Dieu, ni César, ni tribun,
Producteurs, sauvons nous-mêmes!
Décrétons le salut commun!
Pour que le voleur rende gorge,
Pour tirer l'esprit du cachot,
Soufflons nous-mêmes notre forge,
Battons le fer quand il est chaud!
C'est la lutte finale . . .

Es gibt keine höheren Retter:
Keinen Gott, keinen Cäsar, keinen Tribun,
Werktätige, retten wir uns selber!
Verordnen wir das Allgemeinwohl!
Damit der Dieb seine Beute wieder herausgibt,
Damit der Geist aus seinen Fesseln befreit wird,
Blasen wir selbst in unser Feuer,
Schmieden wir das Eisen, solange es glüht!
Dies ist der letzte Kampf . . .

3. L'Etat comprime et la loi triche;
L'impôt saigne le malheureux;
Nul devoir ne s'impose au riche;
Le droit du pauvre est un mot creux.

C'est assez languir en tutelle,
L'égalité veut d'autres lois;
«Pas de droits sans devoirs, dit-elle,
Egaux, pas de devoirs sans droits!»
C'est la lutte . . .

Der Staat unterdrückt und das Gesetz betrügt;
Die Steuer läßt den Unglücklichen zur Ader;
Der Reiche hat keine Pflicht;
Das Recht der Armen ist ein leeres Wort.
Wir haben lange genug in der Unterdrückung geschmachtet.
Die Gleichheit will andere Gesetze,
«Keine Rechte ohne Pflichten, sagt sie,
Ebenso: Keine Pflichten ohne Rechte!»
Dies ist der letzte Kampf . . .

4. Hideux dans leur apothéose,
Les rois de la mine et du rail
Ont-ils jamais fait autre chose
Que dévaliser le travail?
Dans les coffres-forts de la bande
Ce qu'il a créé s'est fondu.
En décrétant qu'on le lui rende
Le peuple ne veut que son dû.
C'est la lutte finale . . .

Scheußlich in ihrer Verklärung
Die Könige des Bergwerks und der Eisenbahn.
Haben sie etwas anderes getan,
Als die Arbeit auszuplündern?
In den Geldschränken der Bande
Ist das, was geschaffen wurde, zu Geld geworden.
Wenn das Volk beschließt, daß ihm zurückgegeben werden muß,
Will es nur haben, was ihm gehört.
Dies ist der letzte Kampf . . .

5. Les rois nous soulaient de fumées,
Paix entre nous, guerre aux tyrans!
Appliquons la grève aux armées,
Crosse en l'air et rompons les rangs!
S'il s'obstinent, ces cannibales,
A faire de nous des héros,
Ils sauront bientôt que nos balles
Sont pour nos propres généraux.
C'est la lutte finale . . .

Die Könige benebeln uns mit Qualm,
Friede zwischen uns, Krieg den Tyrannen!
Wenden wir den Streik an in den Armeen.
Gewehrkolben nach oben, sprengen wir das Glied!
Wenn sie darauf bestehen, diese Kannibalen,
Aus uns Helden zu machen,

Werden sie bald erfahren, daß unsere Kugeln
Für unsere eigenen Generäle sind!
Dies ist der letzte Kampf . . .

6. Ouvriers, paysans, nous sommes
Le grand parti des travailleurs;
La terre n'appartient qu'aux hommes,
L'oisif ira loger ailleurs.
Combien de nos chairs se repaissent!
Mais, si les corbeaux, les vautours,
Un de ces matins, disparaissent,
Le soleil brillera toujours!
C'est la lutte finale . . .

Arbeiter, Bauern, wir sind
Die große Partei der Werktätigen;
Die Erde gehört nur den Menschen,
Die Müßiggänger sollen anderswo bleiben.
Wieviele weiden sich an unserem Fleisch!
Aber wenn die Raben und die Geier
Eines Morgens verschwunden sind,
wird die Sonne immer scheinen.
Dies ist der letzte Kampf . . .

Einige Anmerkungen zu diesem Text:
Zum Titel:
Die «Internationale Arbeiterassoziation», gegründet am 28. September 1864 in London, war die praktische Konsequenz aus der Forderung des «Kommunistischen Manifestes»: «Proletarier aller Länder, vereinigt euch!» Das Gründungsmanifest und die Statuten verfaßte Karl Marx. Mitglieder waren vor allem englische und französische Arbeiter, aber auch Vertreter aus Deutschland, Italien, Polen und der Schweiz. Die französischen Sektionen, zu denen Pottier gehörte, entwickelten sich vor allem in den Streiks 1865–67. Im März 1870 gab es in Paris 13 Sektionen, im April schon 25. In ganz Frankreich hatte die Internationale 245000 Mitglieder.

In der Pariser Commune trat die Internationale als Gruppe auf, 17 Delegierte von 90.

Allerdings war die Organisation theoretisch sehr uneinheitlich. Die meisten Vertreter waren Anhänger Proudhons, der eine Gesellschaft konkurrierender Kleineigentümer forderte. In der Praxis der Commune verhielten sich die Mitglieder der Internationale dann aber viel konsequenter im Interesse des Proletariats, als sie vorher in ideologischen Auseinandersetzungen geredet hatten.

Zur ersten Strophe:
Bisher hatte die Bourgeoisie alle französischen Revolutionen gewonnen, auch wenn die Arbeiter auf den Barrikaden starben. In der Commune

und in Pottiers Lied ist es die Arbeiterklasse, die jetzt Geschichte in ihrem Interesse macht.

«Die Verdammten der Erde» zitiert einen schon bekannten Begriff: Der Schriftsteller, Revolutionär und Mitglied der Commune Félix Pyat hatte 1841 das Theaterstück «Die beiden Schlosser» veröffentlicht. Darin heißt es, die Welt des Proletariats ist «die Welthölle, wo die Armen verdammt sind». Sie besteht aus zwei Klassen: «solche, die fressen, und solche, die gefressen werden . . . Diebe und Bestohlene.» Wie das geändert werden soll, sagt das Stück nicht. Die Internationale proklamiert dagegen gleich am Anfang den Aufstand des Proletariats.

Daß sich die Welt von Grund auf ändern muß, drückt eine politische Linie aus, die sich von anderen unterscheidet. Vor und auch während der Commune forderten viele, vor allem aus der Jakobinertradition heraus, nur eine *politische* Revolution. Die Gruppe der Internationalen Arbeiterassoziation dagegen forderte auch die *ökonomische*.

Die Zeile «Wir sind nichts, wir wollen alles sein!» bezieht sich auf ein berühmtes Dokument aus der französischen Revolution von 1789, verfaßt vom Abbé Sieyès:

«Was ist der Dritte Stand? Alles.
Was ist er bis jetzt in der politischen Ordnung? Nichts.
Was verlangt er zu werden? Etwas.»

Das Bürgertum war in der Tat schon «alles», es hatte ökonomische Macht, aber keine politische. Die hat es sich in der Revolution von 1789 geholt.

Das Proletariat dagegen ist «nichts», es hat keine ökonomische Macht. Die proletarische Revolution muß «alles» erkämpfen, die politische und die ökonomische Macht.

(Dies sind keine Bildungszitate. Die Auseinandersetzung mit der Revolution von 1789 gehörte damals zur aktuellen politischen Diskussion. Pottier nahm dabei die fortgeschrittenste Position ein, was auch in der Gruppe der «Internationale» nicht selbstverständlich war.)

Zur zweiten Strophe:
Gegen die Demagogie von Kirche, Kaiserreich und liberalen Volksvertretern, die sich mit Bezug auf die römischen Tribunen als Volksfreunde gaben, setzt Pottier die Devise der Internationalen Arbeiterassoziation: «Befreiung der Arbeiter durch die Kraft der Arbeiter selber!» Die letzte Zeile bezieht sich auf eine Erfahrung der Commune: Die Organistion war nicht vorbereitet auf die Revolution. Als das Volk von Paris aber spontan die Initiative ergriffen hatte, konnten sich die Revolutionäre nicht aus der Geschichte heraushalten.

Zur dritten Strophe:
Die Interpretation der alten Revolutionsparolen «Freiheit und Gleichheit» nahmen in der politischen Diskussion einen wichtigen Platz ein. Ein Beispiel dafür, wie Pottiers Text diese aktuelle Diskussion einbezieht, ist:

Jean Baptiste Millière, Arbeiter, später Advokat und revolutionärer Publizist, Mitglied der Commune, von den Versaillern 1871 ermordet, schrieb: «Ohne Gleichheit ist die Freiheit das größte Elend für das Volk, der Triumph des Individualismus ... Gleichheit bedeutet: Gleichheit der Pflichten, die den Fähigkeiten eines jeden entsprechen, und Gleichheit der Rechte, die den Bedürfnissen eines jeden entsprechen ...»

Zur vierten Strophe:
In Fragen des Eigentums nimmt Pottier eine konsequentere Position ein als viele Mitglieder der französischen Sektionen der Internationale. Beim Basler Kongreß 1869 gaben von 55 Delegierten aus Frankreich nur 11 ihre Stimme für einen Beschluß, der erklärte, «daß die Gesellschaft das Recht besitzt, das Privateigentum an Grund und Boden abzuschaffen und in gemeinsames Eigentum umzuwandeln» und «daß diese Umwandlung eine Notwendigkeit ist». Auch die Commune erwies sich zu ihrem Schaden dem Besitz gegenüber als zu zaghaft. Besonders schwerwiegend war dieser Fehler in der Frage der Banken.

Der Delegierte Johannard schlug am 28. April 1971 vor, die Eisenbahn zu konfiszieren – der Antrag wurde abgelehnt.

Zur fünften Strophe:
Als unmittelbare Erfahrung steht hinter dieser Strophe die Antikriegs-Agitation in Deutschland und Frankreich und der preußisch-französische Krieg. In Lyon wandten sich am 10. 1. 1870 die der Internationale angeschlossenen Frauen an die jungen Militärpflichtigen mit dem Aufruf: «Ihr sollt nicht mit sinnlosen Erklärungen protestieren, sondern mit einem revolutionären Akt, mit der Kriegsdienstverweigerung!»

Die Commune selbst entstand an dem Tag, als Soldaten der bürgerlichen Regierung Thiers den Pariser Arbeitern ihre eigenen Kanonen stehlen sollten. Die Soldaten liefen zum Volk über. In diesem Zusammenhang wurden zwei als Henker und Bluthunde bekannte Generäle, Lecomte und Clément Thomas, erschossen. Die Commune wurde mit Hilfe von Truppen zerschlagen, die aus der Gefangenschaft oder vom Land kamen und die niemals gelernt hatten, politisch zu denken.

1935 zog der französische Ministerpräsident Laval nach Moskau, um eine Annäherung zwischen Frankreich und der Sowjetunion auszuhandeln. Auf Moskauer Anweisung hin wurde danach für die KPF das Militär in Frankreich unangreifbar, Strophe 5 der *Internationale* verschwand aus den Liederbüchern.

Zur sechsten Strophe:
Der Schluß des Liedes, der den Ausblick auf den Sieg der proletarischen Revolution gibt, trotz der vollständigen Niederlage der Commune, nennt auch gleichzeitig ein Problem, das entscheidend zur Niederlage beigetragen hat: die Vernachlässigung des Landes. Paris war vom Land abgeschnitten, Bauern und Landarbeiter waren ausschließlich der reaktionären Propaganda ausgeliefert.

Ein Dokument zeigt, daß die Commune dieses Problem erkannt hat, wenn auch zu spät. Am 9. April wurde ein Flugblatt verfaßt und in einigen Teilen Frankreichs verteilt. Es beginnt:

«An die Arbeiter auf dem Lande! Bruder, man betrügt dich. Unsere Interessen sind dieselben. Das, was ich fordere, willst auch du. Die Befreiung, die ich verlange, ist auch deine ...»

Und das Flugblatt endet: «Es wird so lange Revolutionen in der Welt geben, solange nicht die Losung gilt: Die Erde dem Bauern, Das Werkzeug dem Arbeiter, Die Arbeit für Alle.

Die Arbeiter von Paris.»

Übersetzungen

Mit dem Vordringen der *Internationale* in andere Länder um 1900 ergab sich das Problem der Übersetzungen. Meist stellen die Übersetzungen Bearbeitungen dar, schon durch die häufige Reduzierung der Strophenzahl. Wenn bei uns nur drei Strophen gesungen werden, so ist das Lied schon sehr verändert.

Übersetzungen enthalten aber schon in den Worten selbst starke Eingriffe, und sie müssen sie auch enthalten. Brecht sagt dazu:

«Es besteht erfahrungsgemäß die Neigung der Lyriker, vor den unzweifelbaren Schwierigkeiten einer Übersetzung von Kampfliedern zu kapitulieren. Die unzweifelbaren Schwierigkeiten bestehen hauptsächlich darin, daß die verschiedenen Proletariate unter verschiedenen Umständen kämpfen, also verschiedene Parolen brauchen. Selbst da, wo die Umstände die gleichen sind (Unterdrückung, Ausbeutung, Stand der Arbeiterbewegung), sind Einzelheiten immer sehr verschieden (Frage der Bündnisse und so weiter). Die unzweifelhaften Schwierigkeiten können aber im allgemeinen überwunden werden. Die auf große allgemeine Wahrheiten und Ziele gerichteten Kampflieder können in (den sehr wichtigen) Einzelheiten abgeändert werden durch den Übersetzer.» (Bertolt Brecht: Gesammelte Werke, Frankfurt 1975, Bd. XIX, S. 405)

Nach 1900, als die *Internationale* in Deutschland bekannt wurde, gab es zahlreiche Übertragungen, die sich eine Zeitlang nebeneinander hielten, ehe sich die heute übliche Fassung durchsetzte.

Vermutlich schon 1901 entstand eine Fassung von Franz Diederich: «Nun Mut, Verfemte dieser Erde», 1902 eine solche von dem Arbeiterdichter Rudolf Lavant: «Empor, ihr Enterbten der Erde». Sie erschien in der frühesten deutschen Arbeitersänger-Zeitung «Lieder-Gemeinschaft»[4], und zwar in Nummer 4 vom Mai (!) 1902, die auch einen Aufsatz «Eugen Pottier, der Sänger der Kommune» von Manfred Wit-

4 Diese und einige weitere Informationen zur Geschichte der Internationale stammen aus dem Aufsatz: Ingel Lammel, *Politisches Lied und Volkslied in der Gesangspraxis der Arbeiterklasse*, in: *Forum Musik in der DDR*. Arbeiterklasse und Musik. Theoretische Positionen in der deutschen Arbeiterklasse zur Musikkultur vor 1945. Eine Dokumentation des Arbeiterliedarchivs, Arbeitsheft 15, Berlin 1974 (Akademie der Künste der DDR), vor allem S. 40ff und S. 123.

tich enthielt. Daß das Lied damals in Deutschland noch wenig bekannt war, zeigt der Schluß des Textes:

«Das Chanson Pottiers, das wir an der Spitze dieses Blattes bringen, ‹Die Internationale›, von Degeyter komponiert, wird von den französischen Sozialisten bei allen Festen gesungen; es hat die Marseillaise vollständig verdrängt, da diese ja die offzielle Hymne der Bourgeois-Republik wurde.»

Der Text erschien – wie damals üblich – ohne Noten.

Eine zweite Übersetzung von Franz Diederich erschien seit 1908 in Arbeiterliederbüchern. Wir entnehmen sie dem Liederbuch «Rot Front. Das neue Liederbuch mit Noten» von 1927 (Verlag Junge Garde, Berlin).

Nun reckt empor des Elends Stirnen,
Ihr Angeschmiedeten der Not!
Aus Tiefen grollt des Rechtes Zürnen,
Der Tag bricht an, der Glutball loht.
Vermorschtes sinkt in Gruft und Grauen,
Was sinkt, wir stoßen es hinein!
Wir wollen neu die Welt erbauen,
Sind nichts wir, laßt uns alles sein.
/: Schon jubeln des Siegers Signale!
Empor, der Tag dringt ein.
Die Internationale
Wird die Menschheit sein! :/

Der ist ein Tor, wer seinen Ketten
Der Hoffnung Blick nach oben stellt!
Wir schaffen, um uns selbst zu retten,
Und unsre Rettung gilt der Welt!
Die Hände weg von unsrer Scheuer!
Dem Geist die Fesseln ab! So sei's.
Wir heizen selber unser Feuer.
Schlagt auf das Eisen! Es ist heiß.

In Trug und Druck sind wir geschlagen.
Das Blut der Adern preßt der Raub.
Den Reichen drückt kein Pflichtentragen.
Des Armen Recht ist arm und taub.
Nun soll sich Zwang und Schmachten heben.
Gleich sei der Zukunft Glücksgeschlecht!
Kein Recht, dem keine Pflicht gegeben,
Und keine Pflicht, die ohne Recht!

Die Macht, die ohne Maß und Ende
Uns niederzwingt in Not und Fron,
Sie nahm das Schaffen unsrer Hände
Und baute ihrer Herrschsucht Thron.
Wo Räder sausen, Öfen lodern,
Ragt, was wir darbend aufgeführt.
Nun kommen wir, es heimzufordern,
Und fordern nur, was uns gebührt.

Du Volk verbrüderter Millionen.
Du Arbeitsbund der ganzen Welt!
Nur den, der schafft, soll Glück belohnen.
Der Müßiggang verliert das Feld.
Hinweg, die uns am Fleische hangen!
Schon scheucht die Angst sie weit und breit:
Sie flattern auf in Todesbangen --
O steig empor, du Sonnenzeit!

Diederich scheint vor der 5. Strophe der Originalfassung zurückgeschreckt zu sein («Kugeln für unsere eigenen Generäle»), so wie es später auf Geheiß Moskaus auch die KPF tat (vgl. S. 182). Jedenfalls ist in seiner Fassung nur diese Strophe ausgelassen. Sonst erscheinen alle anderen der Reihe nach.

In diesem Liederbuch kommt auch die heute übliche Fassung vor, allerdings mit einer zusätzlichen dritten Strophe, der als vierte «In Stadt und Land» folgt. In der dritten sind Gedanken der originalen Strophen 3 und 4 verbunden. Ob sie auch von Luckhardt stammt, ist unklar. Jedenfalls steht sie auch im Liederbuch der – überwiegend kommunistischen und sozialistischen – Naturfreundejugend aus den frühen zwanziger Jahren[5] und wurde auch im und nach dem Ersten Weltkrieg als fester Bestandteil des Liedes gesungen:[6]

Gewölbe, stark und fest bewehret,
Die bergen, was man dir entzog.
Dort liegt das Gut, das dir gehöret,
Und um das man dich betrog.
Ausgebeutet bist du worden,
Ausgesogen bis aufs Mark!
Auf Erden rings, in Süd und Norden,
Das Recht ist schwach, die Willkür stark.
Völker, hört usw.

Die Luckhardtsche Fassung erschien bereits 1910 im «Arbeiter-Liederbuch für Massen-Gesang» in Dortmund, wohl auch in anderen Büchern dieser Zeit. Schon im August 1910 verfügte das Königliche Landgericht Dortmund unter Berufung auf § 130 StGB ein sofortiges Verbot des Abdrucks und die Vernichtung der Druckplatten. Nun umgingen die Herausgeber durch einen Trick das Verbot. Sie ersetzten Luckhardts Text durch den von Diederich «Nun reckt empor des Elends Stirnen» und setzten als Titel nicht *Die Internationale*, sondern *Nun reckt empor* darüber, darunter klein in Klammern den Haupttitel. So wurde das Lied dann nicht verboten.

Offenbar sind eine Zeitlang beide Fassungen nebeneinanderher gesungen worden. So berichtete mir im März 1978 ein Rentner, ehemaliges

5 Liederbuch Berg frei! Volks- und Wanderlieder für Naturfreunde, hg. vom Gau Schwaben, o. O., o. J.

6 Mitteilung des auf S. 186 zitierten Rentners.

KP-Mitglied, folgendes: «Ich bin nach dem 1. Kriege zur USPD-Kinderschutz-Kommission gekommen. Die USPD, das waren die Anhänger von Karl Liebknecht, und die hatten sich von der MSP, den Mehrheitssozialisten, abgespalten. Da wurde eine Kindergruppe gebildet, und da gehörte ich gleich mit zu. Wir haben Lieder gesungen, Theater gemacht, Wanderungen. Ich war damals 1918 11 Jahre. Mein Vater war Schiffszimmerer auf der Werft, und ich hatte nur Volksschule besucht, mich aber durch Lektüre stark weitergebildet. Am 4. Februar 1919 wurde hier in Bremen die Räterepublik ausgerufen. Damals hab ich als Junge schon hart mitarbeiten müssen, z. B. daß unsere Genossen draußen hinter den Wümme-Armen in Borgfeld auch Waffen bekamen. Denn Bremen war z. T. schon wieder besetzt. Ich bin dann mit einem langen Stock über die Gräben gesprungen und hab denen in einem Rucksack einen ganzen Gurt Maschinengewehrpatronen gebracht. Wir sind dann bald zur sogenannten alten Jungen Garde, zum Kommunistischen Jugendverband gekommen, da bin ich lange Jahre bei gewesen, bei der KJ. Da sind wir viel auf Fahrt gewesen. Wir haben aber auch militärische Ausbildung genossen. Da hab ich sehr viele Kampflieder kennengelernt. Ich habe dann ja auch eine Kindergruppe übernommen vom Jung-Spartakusbund, bin nachher Organisationsleiter gewesen vom ganzen Nordwesten. Das haben die Nazis später nie rausgekriegt, weil ich immer unter Pseudonym arbeitete, Klaus Störtebeker. Die Pioniere wußten nur den Namen Klaus.

Wie ich zur KJ gekommen bin, hab ich auch gleich die *Internationale* kennengelernt, und das war ja für uns ein erhebendes Lied, etwas ganz Besonderes. Die wurde immer am Abschluß der Veranstaltungen gesungen, das war selbstverständlich. Wir haben sie mit Begeisterung gesungen, wenn ich mit den Pionieren losging auf Fahrt, oder es wurde irgendein Umzug gemacht, dann kam das immer wieder vor, daß wir die *Internationale* gesungen haben.

Wir haben immer die vier Strophen gesungen, als dritte die mit dem «Gewölbe». Aber auf dem Hamburger Jugendtag 1923 auf Ostern, da habe ich einen ganz anderen Text kennengelernt. Da waren so 100000 Jugendliche vertreten von KJ. Und wir Bremer gingen mal dicht hinter den Hamburgern, und es wurde die *Internationale* gesungen. Und wir sangen die mit unseren Strophen, also denen von dem Degeyter, und dann hab ich mal so hingehört, was die nun eigentlich sangen, und das war dieser ganz andere Text, der anfängt ‹Nun reckt empor des Elends Stirnen›.»

Die Luckhardtsche und die Diederichsche Fassung wurden also gleichzeitig verwendet, aber nicht von den gleichen Leuten, sondern geographisch getrennt nach städtischen oder regionalen kommunistischen Verbänden. Die Luckhardtsche Fassung wurde dabei mit vier Strophen gesungen. Die heutige Version mit drei Strophen setzte sich dann im Laufe der zwanziger Jahre durch.

Diese Fassung stützt sich in Strophe 1 auf die entsprechende bei Pottier. In Strophe 2 sind Pottiers Strophen 2 und 3 zusammengefaßt.

Dabei ist stark verändert worden. Strophe 3 beruht auf Pottiers Strophe 6. Auch dabei ist stark verändert worden. Ein Vergleich der beiden Fassungen lohnt sich! (Vgl. Originalfassung mit wörtlicher Übersetzung S. 178f und Luckhardts Fassung S. 175)

Der Refrain hat sich durch die Übersetzung, aber auch durch die weitere historische Entwicklung sehr geändert.

«Das letzte Gefecht» reimt sich zwar auf «Menschenrecht», bedeutet aber etwas sehr anderes als «la lutte finale». Das Wort «fin» meint ja nicht nur «Schluß, Ende», sondern auch «Zweck, Absicht, Ziel». Und ebenso steckt in dem Adjektiv «final» nicht nur der Abschluß, sondern auch die Zielrichtung. Ganz ähnlich die Bedeutungsverengung in der Übersetzung von «lutte» (Kampf) auf den strategischen Begriff aus der Militärsprache «Gefecht». «Das letzte Gefecht» ist eine sehr unhistorische und undialektische Idee, eigentlich mehr christlich-teleologisch, und reimt sich genau genommen besser auf «das jüngste Gericht».

Die Internationale bezog ich in Pottiers Fassung auf die Ideen der 1. Internationale. Schon damals gab es mit Sicherheit eine gewisse Spannung zwischen der Idee «Internationale» und der in London angestrebten Organisationsform. Wie war das wohl zu Zeiten der Komintern? (Ganz ähnlich die historische Veränderung des Wortes «Partei». «Le grand parti des travailleurs» bezeichnet noch die ihrer Interessen bewußte Klasse. Aber «wir sind die stärkste der Partein» etwa 1930?). Schließlich die wichtige Stellung des Wortes «Menschenrecht» in der deutschen Fassung. Mir scheint, daß hier die deutschen Verhältnisse zur Sprache kommen. Die deutsche Arbeiterbewegung hat in ihren Kampfzielen nicht nur klassenspezifische Forderungen aufgestellt, sie muß auch noch den französischen Kampf von 1789 nachholen. Das ist tatsächlich 1978, im Jahr des Russell-Tribunals in der BRD, von erschreckender Aktualität.

Brecht (ca. 1940) zum deutschen Refrain der Internationale:

«Flach, leer, platt werden Gedichte, wenn sie ihrem Stoff seine Widersprüche nehmen, wenn die Dinge, von denen sie handeln, nicht in ihrer lebendigen, das heißt allseitigen, nicht zu Ende gekommenen und nicht zu Ende zu formulierenden Form auftreten. Geht es um Politik, so entsteht dann die schlechte Tendenzdichtung. Man bekommt ‹tendenziöse Darstellungen›, das heißt Darstellungen, welche allerhand auslassen, die Realität vergewaltigen, Illusionen erzeugen sollen. Man bekommt mechanische Parolen, Phrasen, unpraktikable Anweisungen. Jeder von uns weiß, wie der tausendste Aufguß des großartigen Refrains der ‹Internationale› aussieht!
Die Strophe
Völker, hört die Signale!
Auf zum letzten Gefecht!
Die Internationale
erkämpft das Menschenrecht!
ist heute lebendig wie am ersten Tag. Da hat jedes Wort seinen Sinn, und er kann in reichster Weise kommentiert werden, damit das Menschenrecht erkämpft werde; da sind die Signale, die sie hören müssen; da ist

das *letzte* Gefecht; da sind die Völker, die das Menschenrecht noch nicht haben! Da ist das Gefühl von der Schwierigkeit des Kampfes, und da ist die Siegesgewißheit! Das ist so groß wie klug gefühlt.» (Bertolt Brecht: Gesammelte Werke, Frankfurt 1975, Bd. XIX, S. 394)

Wer ist es, dessen Übersetzung Brecht so lobt?

Es ist ein Unbekannter.

Sein Name ist Emil Luckhardt. Irgendwann im ersten Jahrzehnt dieses Jahrhunderts soll er die Übersetzung gemacht haben.

Und wer war er?

In anderen Fällen bekommt man bald heraus, wer die Autoren oder Übersetzer von Liedertexten waren. Denn sie waren meist auch irgendwo in einer der linken Parteien tätig oder bekannt. Bei Luckhardt scheint das nicht so zu sein. Anfragen bei Arbeiterkultur- und Arbeiter-Archiven in der BRD, DDR und in Österreich blieben ergebnislos. Er scheint in der linken Bewegung ein unbeschriebenes Blatt gewesen zu sein.

Vielleicht war er auch gar kein rechter Linker?

Es gab eine Künstlerfamilie namens Luckhardt: Fritz Luckhardt machte 1872 in Wien repräsentative Fotoaufnahmen von Richard Wagner und seiner Frau Cosima, u. a. auch das Foto, auf dem Cosima sitzt und zu dem stehenden Wagner aufblickt. Hans und Wasili Luckhardt waren während der zwanziger Jahre in Berlin tonangebende Architekten. Maler des Namens gab es auch. Sollte jemand aus dem unproletarischen Bohème-Milieu die Übersetzung gemacht haben? Wurde er deshalb ein bißchen verschwiegen? Seine Identität verdunkelt, damit kein Schatten auf das Symbollied fiel?

Es ist auch möglich, daß der Unbekannte zu dem Musikverlag Luckhardt gehörte, der von 1900 bis 1907 in Stuttgart ansässig war (ab 1904 mit Verlag Lebrecht zusammen).[7] Das ist die richtige Zeit. Und um Musik geht es auch. Ein bürgerlicher Verleger als Übersetzer der proletarischen Hymne? Wer mag genauer nachforschen?

Vielleicht ist es interessant. Denn eventuell war es Luckhardt selbst nicht recht, daß er namentlich genannt wurde. Sein Name taucht recht spät auf. Wo taucht er überhaupt zum erstenmal auf? Jedenfalls scheint da ein Problem mit dem «Bündnispartner» vorzuliegen. (Auch ist noch unerforscht, ob der rätselhafte Luckhardt ursprünglich schon nur drei Stophen hatte oder ob eine ursprünglich größere Strophenanzahl später beschränkt wurde).

Brecht fährt mit dem Lob der Übersetzung fort:

«Wir neigen dazu, solche Schöpfung für einen Glücksfall zu halten. Wir sprechen von mehr oder weniger gut. Das weniger Gute ist dann auch gut, nur eben weniger. In Wirklichkeit ist es aber oft einfach schlecht. Den großen, lebendigen Parolen wird eine armselige, unpraktikable, spießige Bedeutung verliehen; sie bekommen etwas Formales, Oberflächliches, Abgestandenes. Die großartige Furchtlosigkeit der Re-

7 1900–1902 Rotebühlstr. 121, dann Hohenstaufenstr. 15; Mitteilung von Dr. Drollinger, Stadtarchiv Stuttgart, vom 29. 8. 1975.

Cosima und ihr Richard . . .
Oder die Linke und ihr Karl Marx?

volutionäre, die aus gewaltigem Verantwortungsgefühl der Menschheit gegenüber kommt, macht der Ängstlichkeit derer Platz, die sich nicht ‹verhauen› wollen. Und die beste Methode, sich nicht zu ‹verhauen›, scheint ihnen, überhaupt nicht zu hauen, sondern möglichst das Alte zu sagen, und zwar in der alten Weise. Aber es ist so natürlich nicht mehr das Alte. Seht nicht auf die Dinge, sondern auf das, was über sie gesagt wurde, sprecht nicht mehr, wie euch der Schnabel gewachsen ist, sondern wie er andern gewachsen war, und ihr bekommt tote, falsche, leere Papierliteratur, formalistisches Zeug, Politik und Literatur der Form nach!» (A. a. O.)

Das kann – auf die *Internationale* angewendet – Konsequenzen haben.

Entweder: Man erkennt in den Wort- und Satzbildungen nicht Mängel von einzelnen Leuten, z. B. von Herrn Luckhardt, sondern die Züge der ganzen politischen Richtung, die hinter dem Lied steht und einem nicht entspricht und die sich deshalb durch die Verbesserung bestimmter Übersetzungswendungen nicht ändern wird.

D. h. man kann zwar die «Glut im Kraterherde», die «mit Macht zum Durchbruch dringt», der «nächt'gen Geier Fraß» oder die «ohn' Unterlaß» scheinende «Sonn'» als etwas altmodisch und unpassend belächeln. Aber man kann auch – vor allem wenn man den verbissenen Ernst mancher Sänger an diesen Textstellen sieht – zu der Ansicht kommen, daß das Beibehalten dieser Stellen das Pendant zum unbeirrten Festhalten an bestimmten alten Kernsätzen der marxistischen Lehre ist. Wer also glaubt, der «nächt'gen Geier Fraß» entspreche der heutigen Realität von Fühlen und Denken, wird vielleicht ebenso sagen, heute ginge «ein Gespenst um in Europa» oder: Ausschließlich das Proletariat könne der wahre Motor des Fortschritts sein, und sonst könne niemand dazu beitragen.

Wenn man das Lied und seinen Inhalt in diesem Zusammenhang sieht, kann das dazu führen, daß man die *Internationale* nicht mehr singt.

Oder: Man hält die genannten Textstellen doch für Übersetzungsmängel und versucht eine Neuübersetzung der Internationale, in der der alte Inhalt sprachlich aktualisiert ist. So tat es Sigmar Mehring in der Sammlung «Französische Revolutionslieder aus der Zeit der Pariser Commune» (Malik-Verlag, 1924). Und so tat es Erich Weinert (1890–1953). Er war Volkssänger und Propagandist der KPD in der Weimarer Republik. Als er 1937 am Spanischen Bürgerkrieg teilnahm, schrieb er folgende Neufassung, und zwar alle sechs Strophen:[8]

8 Aus: Weinert für unsere Zeit. Ein Lesebuch, Berlin und Weimar 1975; ursprünglich in Weinerts Buch «Eugène Pottier und seine Lieder», Verlag der Nationalen Minderheiten, Kiew (die Fassung sollte ursprünglich zum 20. Jahrestag der Oktoberrevolution in der Sowjetunion erscheinen).

Zum letzten Kampf! Ihr alle,
Ihr Völker im Verein!
Die Internationale
Wird alle Menschheit sein!

Auf, ihr Verdammten des Planeten,
Auf, Hungerknechte, aus dem Sumpf!
Vernunft bricht aus den Morgenröten.
Aus Schlünden donnert sie Triumph.
Macht endlich Schluß mit dem Gewesnen!
Es stürzt die Welt. Der Tag ist nah.
Denn heut sind wir die Auserlesnen.
Wir waren nichts, jetzt sind wir da!

Wir wissen, daß uns glücklich mache
Kein Gott, kein Kaiser, kein Tribun.
Genossen, unsrer Freiheit Sache
Kann nur in unsren Händen ruhn!
Packt, bis es brüllt, das Ungeheuer,
Und schafft dem Geist ein freies Gleis!
Wir blasen jetzt ins eigne Feuer.
Schlagt auf den Stahl, er ist noch heiß!

Staat und Gesetz gehn über Leichen.
Die Steuer wird zum Massenmord.
Wo gibt es Pflichten für den Reichen?
Des Armen Recht? Ein leeres Wort!
Genug! Es sprechen jetzt die Knechte,
Und das Gesetz der Gleichheit spricht:
Nicht eine Pflicht mehr ohne Rechte,
Und keine Rechte ohne Pflicht!

Abscheulich blähn sich diese Götzen.
Die Herrn von Schacht und Eisenbahn.
Sie machen unser Blut zu Schätzen,
Sie haben unser Gut vertan.
In Stahltresoren liegt's vergraben.
Wann machen wir die Rechnung glatt?
Das Volk will ja nur wiederhaben,
Was man dem Volk gestohlen hat.

Die Herrscher machten uns betrunken.
Der Zauber muß zu Ende sein.
Drum werft ins Heer der Freiheit Funken!
Dann schlägt es mit dem Kolben drein.
Wenn sie uns zwingen, die Barbaren,
Soldat zu spielen noch einmal,
Wir werden unsre Kugeln sparen
Für unsren eignen General.

Arbeiter, Bauern, kommt zum Ende!
Wir sind der Schaffenden Partei!

Die Welt gehört in unsre Hände.
Der Reichen Schonzeit ist vorbei.
Sie sogen Blut aus unsren Wunden.
Reißt ihnen ab den Heiligenschein!
Erst wenn das Geiervolk verschwunden,
Wird unsre Welt voll Sonne sein!

Zum letzten Kampf! Ihr alle,
Ihr Völker im Verein!
Die Internationale
Wird alle Menschheit sein!

Eine hervorragende Übersetzung!

Der Vergleich mit unserer wörtlichen Übersetzung zeigt es. Wie schön wäre es, wenn dieser Text statt des alten gesungen würde! Nur braucht man dazu wohl eine neue Melodie, wie schon der Refraintext zeigt. Er paßt schlecht auf die alte Melodie.

Wer macht eine neue Melodie auf die Weinert-Fassung?

Oder: Man hat den Eindruck, daß eine noch so gute Übersetzung den aktuellen Problemen des Klassenkampfes nicht gerecht wird, will aber die alte symbolträchtige Melodie beibehalten, um in ihr den Traditionszusammenhang der Arbeiterbewegung deutlich werden zu lassen. Man macht also neue Strophen als Zusatz oder Ersatz. Davon werden einige in den Schlußabschnitten dokumentiert. Oder man macht einen gänzlich neuen Text ohne Bezug zum Original von Pottier.

Dies ist der Fall bei der Proletarischen Internationale der italienischen Gruppe «Lotta continua» (Der Kampf geht weiter), die den Text, wie sie erklärt, «auf die heutige Situation der Klassenauseinandersetzungen umgeschrieben» hat (LP «Lotta continua» im Trikont-Verlag, München).

L'Internazionale Proletaria
1. Noi siamo i proletari in lotta
gli oppressi che hanno detto no
La forza immensa di chi vuole
revosciare la società.
Nelle fabbricchee, nelle campagne
nelle scuole e nei quartier
la violenza degli sfruttati
questo mondo trasformerà.
  Questa voce che sale
  della lotta e che va
  è l'internazionale
  più forte umanità.
  Questo pugno che uguale
  l'uomo all'uomo farà
  è l'internazionale
  più grande umanità.

Die proletarische Internationale
Wir sind die Proletarier im Kampf,
Die Unterdrückten, die nein gesagt haben,
Die unermeßliche Kraft aller, die wollen
Umstürzen die Gesellschaft.
In den Fabriken, auf dem Land,
in den Schulen und Stadtteilen –
wir sind die Gewalt der Ausgebeuteten,
die diese Welt ändern wird.
Diese Stimme, die aufsteigt
aus dem Kämpfen und sich ausbreitet,
ist die Internationale,
die stärkste Menschheit.
Diese Faust, die gleich machen wird
den Menschen zum Menschen,
ist die Internationale,
die größte Menschheit.

2. Contro il riformismo che contratta
ma che il potere non ci da
noi siam la classe que avanza
che il communismo costruira.
Uguaglianza, forza e fantasia
conoscenza e libertà
che ci fu negata dal potere
a tutti quanti apparterà.
Questa voce . . .

Gegen den Reformismus, der verhandelt,
aber uns die Macht nicht gibt,
sind wir die Klasse, die vorrückt,
die den Kommunismus aufbauen wird.
Gleichheit, Stärke und Fantasie,
Wissen und Freiheit,
die uns von den Herrschenden verweigert werden,
werden allen gehören,
Diese Stimme . . .

3. Noi siam la classe de chi crede
che la vera libertà
la si conquista con fucile
chi scende a patti la perderà.
Senza patria, senza legge e nome
da Battipaglia a Düsseldorf
siamo la tendenza generale
siamo la rivoluzion.
Questa voce . . .

Wir sind die Klasse derer, die glauben,
daß die wirkliche Freiheit
mit dem Gewehr erobert wird.
Wer Kompromisse macht, wird verlieren

Ohne Heimat, ohne Gesetz und Namen,
Von Battipaglia bis Düsseldorf,
Wir sind die allgemeine Tendenz,
wir sind die Revolution.
Diese Stimme . . .

Zur Melodie

Sie wurde 17 Jahre nach dem Text gemacht – 1888 –, und zwar von dem 1848 in Gent geborenen Drechsler Pierre Degeyter, der zu dieser Zeit in Lille in Nordfrankreich lebte und auch als Chorleiter tätig war.

In einem Bericht über ein Gespräch mit Degeyter aus dem Jahre 1923 heißt es:[9]

«1888 schuf die sozialistische Sektion von Lille einen Chor, und sie berief an seine Spitze – Degeyter . . . Die Gruppe nannte sich ‹Arbeiter-Lyra›.[10] ‹Wir hatten keine sozialistischen Lieder›, erzählte Degeyter, ‹Delory brachte uns aus Paris die «Revolutionären Lieder» von Pottier; daraus kann man schon etwas machen, meinte er zu mir. So setzte ich denn die Musik auf meinem Harmonium binnen weniger Tage zusammen. Mein Bruder Adolphe sang sie. Sofort wurden die Lieder im Chore geprobt und bei den Festen gesungen, und bald errang die ‹Internationale› einen großen Erfolg. Der Chor war» – so fuhr Degeyter fort – «ein ganz hervorragender. Gute Sänger mit mächtigen Stimmen . . .»

Zunächst war das Lied nur in Nordfrankreich bekannt, 1895 wurde es dann bei einem Gewerkschaftskongreß in Troyes gesungen (südöstlich von Paris), und seit dem Parteikongreß der P.O.F.[11] in Paris war es in ganz Frankreich bekannt[12] und verdrängte bei den Sozialisten den Gesang der Marseillaise.[13] Seit der Jahrhundertwende wanderte es dann in die Nachbarländer, so auch nach Deutschland,[14] wo seit 1901 verschiedene Textdrucke und -übersetzungen erschienen, die natürlich nur mit der Degeyterschen Melodie zusammen in die Arbeiterschaft drangen. 1904 wurde das Lied auf dem Internationalen Sozialistenkongreß in

9 L'Humanité, 5. Mai 1923, deutsch im Reichenberger «Vorwärts» 13.–19. Mai 1923; zitiert nach Inge Lammel: Politisches Lied und Volkslied in der Gesangspraxis der Arbeiterklasse, a. a. O., S. 42.

10 «La lyre des travailleurs».

11 Vgl. S. 176.

12 Diese und die folgenden Nachrichten aus der Frühgeschichte des Liedes sind mitgeteilt bei Emile Tersen: L'Internationale. Edité pour la commémoration du 30me anniversaire de la mort de Pierre Degeyter, Paris 1962, und Inge Lammel: Politisches Lied und Volkslied in der Gesangspraxis der Arbeiterklasse, a. a. O., S. 40ff.

13 Vgl. die auf S. 184 zitierte deutsche Nachricht von 1901.

14 Siehe die Darstellung S. 218.

Amsterdam gesungen.[15] 1910 erschien in Deutschland der erste Notendruck, und zwar in einer Chorfassung des für die Arbeiterchorbewegung so wichtigen Komponisten und Dirigenten Adolf Uthmann. Es war bereits die Textfassung Luckhardts. Verlegt waren die Noten beim Deutschen Arbeiter-Sängerbund (zeitgenössische Titel-Abbildung S. 196).

Degeyter hatte zunächst an seinem Lied wenig Freude, denn der in seiner mündlichen Erinnerung erwähnte Delory, späterer Bürgermeister von Lille, behauptete, Pierres Bruder Adolphe sei der Urheber der Melodie, und hatte dabei die Absicht, sich von diesem die Urheber- und Veröffentlichungsrechte abtreten zu lassen. Zunächst hatte er damit auch Erfolg. Jedoch schrieb Adolphe kurz vor seinem Tod seinem Bruder Pierre – der seit 1902 in St. Denis nördlich Paris lebte – im Jahre 1915: «Ich habe nie im Leben Musik erfunden, um so viel weniger die Internationale.» Mit diesem Dokument gelang es Pierre Degeyter endlich, 1922 als wahrer Komponist der Melodie gerichtlich anerkannt zu werden. Es war das Jahr, als er aus Altersgründen seinen Beruf beendete und mit einer Pension der Internationalen Arbeiterhilfe (IAH) lebte. Erstaunlich ist das starke Interesse, das die deutsche Arbeiterpresse an dem Rechtsstreit um die Autorschaft der Melodie zeigte. Schon 1914 erschien ein Artikel.

15 Settimelli/Falavolti, Canti socialisti e comunisti, Rom 1973, S. 32; dort erfährt man auch, daß die italienische Fassung 1901 aus einem Wettbewerb der satirischen Zeitschrift «L'Asino» hervorging. Zu den Text- und Melodiewendungen vgl. S. 210.

Zweimal war Degeyter bereits vor 1927 in die UdSSR eingeladen worden, wie ein deutscher Korrespondent der «Roten Fahne» berichtet.[16]

Und 1927 endlich saß der 79jährige auf der Ehrentribüne in Moskau und hörte zum 10. Jahrestag der Oktoberrevolution seine Melodie singen.

16 6. 1. 1927, zit. I. Lammel: Politisches Lied und Volkslied ... a. a. O., S. 124, dort auch der Hinweis auf die IAH.

Die Arbeit, die er als Vierzigjähriger gemacht hatte, war allgemein anerkannt worden, war ein nützliches Werkzeug im großen Freiheitskampf! Maurice Thorez, Generalsekretär der KPF, war neben ihm und berichtet 1949 zum Anlaß des 17. Todestages Degeyters:[17]

«Die meisten unter uns haben die Internationale schon in frühester Kindheit gesungen, und jedesmal ergreift uns von neuem eine starke Bewegung, wenn ernst und mächtig das Lied der Arbeiter erklingt.

Ich stand im Jahre 1928 (?) neben Pierre Degeyter in Moskau, als mit dem Gesang der Internationale Tausende und Abertausende sowjetische Arbeiter an ihm vorbeimarschierten. Die Tränen liefen über das Antlitz des alten revolutionären Kämpfers, der dort, in dieser Ehrung eines ganzen Volkes, das Herr seiner Entscheidungen ist, seinen herrlichsten Lohn fand.»

17 Aux accents mêlés de la Marseillaise et de l'Internationale, Paris 1950; zit. nach Inge Lammel: Politisches Lied und Volkslied . . ., a. a. O., S. 43.

Welche Begeisterung wird den Alten erfaßt haben!

Und wie anders die Begeisterung eines anderen Alten, 118 Jahre früher, beim Erklingen seiner Hymne, still am Klavier vor sich hinspielend, ohne Massenaufmarsch: *Gott erhalte Franz den Kaiser!* – das «Volkslied», wie es auch genannt wurde. 78 Jahre alt war Joseph Haydn 1809, und die Melodie war die Sonne seines Alters. Der Kaiser freute sich auch, und mit ihm freuten sich alle Nationalisten bis hin zu Hoffmann von Fallersleben (vgl. S. 23f), Wilhelm II., Hitler und Adenauer. Auch diese Hymne hatte ihre angemessene Funktion erhalten. Es ist schon ein Unterschied zwischen einer Nationalhymne und einer Internationalhymne!

Als Degeyter 1932 starb, gingen 50000 hinter seinem Sarg.

Die Melodie, durch die Degeyter berühmt wurde, trägt wirklich alle Anzeichen des Außerordentlichen. Sie ist lang und differenziert, aus einem Guß, ohne schwache Stellen und verlegene Wendungen! Es ist, als ob hinter dieser Melodie ein erfahrener, feuriger Komponist stände, ein Verdi in seinen besten Jahren!

Und an Melodien Verdis wird Degeyter sich wohl auch orientiert haben. Es gab ja damals noch keine Tradition von Arbeiterliedern, die so ausgeprägt gewesen wäre wie etwa heute nach Eisler. Aber es gab eine Tradition der fortschrittlichen Oper, und die kannte auch das Proletariat. Bestimmte Chöre und Lieder daraus wurden aufgegriffen und verwendet, so z. B. auch der Chor der Israeliten «Va pensiero» aus Verdis Oper *Nabucco* (*Nebukadnezar,* 1842), der damals nicht eine Nummer aus dem Wunschkonzert war wie heute, sondern als revolutionäres Lied verwendet wurde, so auf den Barrikaden in Mailand während der 48er Revolution. Und ist der Melodiebeginn, die ganze Anlage und Einteilung der Melodie, schließlich das Emporschwingen auf den Hochton im Schlußabschnitt nicht dem Refrain der *Internationale* so nahe, daß man annehmen könnte, hier sei eine direkte Abhängigkeit vorhanden?

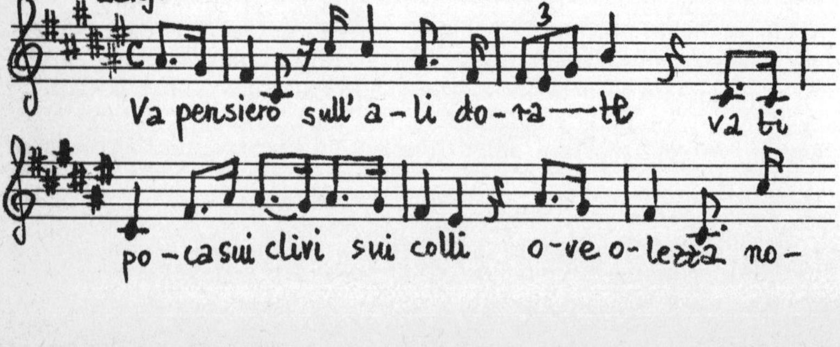

Die Vermutung, daß es sich dabei nicht um einen Zufall handelt, sondern um eine Tradition in französischen Freiheitsliedern, erhärtet sich, wenn man ein weiteres, noch älteres und noch berühmteres Lied betrachtet, den *Chant du départ* von Méhul (1763–1817), ein Lied, das 1793 entstanden war und damals neben der *Marseillaise* als Hymne der Revolution galt.

Wir geben es auf S. 200 wieder in der ins Deutsche umtextierten Fassung von Max Kegel, der es mit dem Titel *Völkermai* als Männerchorsatz 1896 im «Wahren Jacob» veröffentlichte.[18]

Auch diese Melodie beginnt mit dem von *Internationale* und *Nabucco*-Chor her bekannten Motiv. Es scheint sich um ein Fanfarenmotiv zu handeln, das konstitutiv ist für französische und italienische Freiheitslieder des 19. Jahrhunderts und auf die Französische Revolution zurückgeht.

Ob es sich bei Degeyters Melodie um eine unbewußte Adaption handelt oder ob die Übernahme des melodischen Motivs bewußt, als eine Art Zitat, erfolgt ist, kann man nicht entscheiden. Falls es als Zitat gemeint ist, würde damit durch Degeyter eine neuartige Dimension in die Produktion von Volks- und Arbeitermusik gebracht: Neben die übliche Methode, überlieferte Melodien, die durch ihren traditionellen Gebrauch schon bestimmte Bedeutungen an sich haften haben, als Grundlage neuer, der gleichen Tradition verpflichteter Texte zu verwenden, träte damit die Übernahme lediglich eines Zitates, einer melodischen Floskel, die als Bestandteil älterer Lieder bekannt ist und nun im neuen Textzusammenhang signalhafte, auf den geschichtlichen Zusammenhang hinweisende Bedeutung erlangt. (Ein solches Verfahren hat Hanns Eisler 1950 für das *Lied von der blauen Fahne* angewendet: Es beginnt mit der gleichen Floskel des Anfangs der *Internationale*, vgl. S. 118.)

Man müßte mehr über die Herkunft und Gebrauchstradition dieser Melodiewendung wissen. Sicher kommt sie aus der Jagd- und Militärmusik zu den Komponisten der Französischen Revolution. Aber was bedeutet dieses Signal genauer, und wie zieht es sich durch die Musikgeschichte – etwa bei Beethoven?

Denn solche Intervalle sind nicht beliebige, bedeutungsleere Intervallfolgen, die nur durch einen Text Sinn erhalten. Vielmehr hängen ihnen aus ihrem Gebrauch in älterer Vokalmusik oder Tanz-, Jagd- oder Militärmusik bestimmte Bedeutungen an, die sich beim Hören – zur

18 Entnommen dem Heft: Lieder zum 1. Mai (*Das Lied im Kampf geboren*, H. 3), hg. von Inge Lammel, Leipzig 1959.

Proletarier, erwacht aus düstrer Sorge Brü-ten!
Seht, der Mai hüllt die Welt in Licht u. Glanz u. Blü-ten
Der Freiheit Sonne steigt herab.
und ruft: „Enterbte, uns zu Hauf!"
Die
Hütten, die Werkstatt, die Schächte der werbende
Weckruf durchhallt: Es hilft uns zur Freiheit, zum
Rechte der Einigkeit Wundergewalt. So steht zu-
sammen, ihr Mannen, daß der Menschheit es werde
kund: Den Erdball soll mächtig umspannen der Arbeiter
einiger Bund, den Erdball soll mächtig umspannen
der Arbeiter einiger Bund!

Gegenwart hin immer mehr schwindend – auch dann einstellen, wenn die Wendungen ohne Text erscheinen oder der alte funktionale Bezug zu Tanz, Jagd oder Militär verschwunden ist, z. B. in einer Sinfonie. Solche Melodiewendungen wandern mit ihren Bedeutungen durch die Musikgeschichte. Der absteigenden kleinen Sekunde z. B. (etwa g-fis) haftet seit Jahrhunderten die Bedeutung der schmerzlichen Trauer an.

Außerdem wäre es wichtig zu wissen, was für andere Lieder dieser Art Degeyter noch geschrieben hat!

Er selbst berichtet ja von mehreren «Liedern», die er auf Texte von Pottier gemacht hat,[19] und es wird in der «Roten Fahne»[20] auch von mehreren Liedern berichtet, die Degeyter vertont hat und mit einem Arbeiterchor in St. Denis aufführte, z. B. *En avant la classe ouvrière.*

Mir ist eine Schallplatte bekannt («Chants de la commune par la groupe 17»[21]), auf der eine andere Pottier-Vertonung Degeyters erklingt, der bereits als Text erwähnte *L'Insurgé.* Laut Plattentext hat Pottier ihn 1883 gedichtet. Die Entstehung der Melodie ist dort im Dunkeln gelassen, jedoch kann man annehmen, daß der Text auch in dem 1888 Degeyter vermittelten Gedichtband Pottiers stand.[22]

Von der Struktur der Melodie her muß man die Vertonung irgendwo in der zeitlichen Nähe der *Internationale* ansetzen. Teilweise wirkt sie sogar wie eine Vorstudie. Jedenfalls hat die erste Refrainhälfte teilweise große Ähnlichkeit mit der entsprechenden Stelle der *Internationale,* und auch Partien der Strophe wie der Beginn, der Anfang des Mittelteils (T. 13), der Abgang T. 17 (interessant und selten im Arbeiterlied die dortige Verkürzung um einen Takt, sehr an die Stelle im Refrain des *Solidaritätsliedes* erinnernd!) und überhaupt die Folge von halben Noten und punktierten Achteln mit Sechzehnteln stimmen mit entsprechenden Stellen des anderen Liedes überein. Die Melodie habe ich von der Schallplatte übertragen, wo sie in einem vierstimmigen Chor oft schwer identifizierbar verschwimmt. Die Übertragung wird also nicht an allen Stellen in Ordnung sein. Die Schreibung im 2/4-Takt ist von der Originalhandschrift der *Internationale* übernommen (s. weiter unten), ist aber auch durch die erwähnte metrische Verkürzung notwendig geworden.

Pottiers Text dazu lautet folgendermaßen:

L'insurgé, son vrai nom c'est l'homme
Qui n'est plus la bête de somme
Qui n'obéit qu'à la raison
Et qui marche avec confiance
Car le soleil de la science
Se lève rouge à l'horizon.

19 Vgl. S. 194
20 Vgl. S. 196, Fußnote 16.
21 Le chant du monde LDX 74447.
22 Zu Degeyters Erwähnung dieser Buchübergabe vgl. S. 194.

Devant toi, misère sauvage
Devant toi, pesant esclavage
L'insurgé se dresse
Le fusil chargé.

On peut le voir aux barricades
Descendre avec les camarades
Riant, blaguant, risquant sa peau
Et sa prunelle décidée
S'allume aux splendeurs de l'idée
Aux reflets pourprés du drapeau.

En combattant pour la commune
Il savait que la terre est une

Qu'on ne doit pas la diviser
Que la nature est une source
Et le capital une bourse
Où tous ont le droit de puiser.

A la bourgeoisie écoeurante
Il ne veut plus payer la rente
Combien de milliards tous les ans.
C'est sur nous, c'est sur notre viande
Qu'on dépèce un tel dividende
Ouvriers, mineurs, paysans.

Il comprend notre mère aimante
La planète qui se lamente
Sous le joug individuel
Il veut organiser le monde
Pour que de sa mamelle ronde
Coule un bien-être universel.

Die wörtliche Übersetzung lautet:
Der Aufständische, sein wahrer Name ist Mensch, der nicht mehr das Lasttier ist, nur der Vernunft gehorcht und mit Vertrauen marschiert, weil die Sonne der Wissenschaft sich rot am Horizont erhebt.

Vor dir, schreckliches Elend, vor dir, drückende Sklaverei, erhebt sich der Aufständische, das Gewehr geladen.

Man kann ihn auf den Barrikaden sehen oder einkehren mit den Kameraden, lachend, aufschneidend, seine Haut wagend, und sein entschlossenes Auge erhellt sich beim Erglänzen der Idee, beim roten Abglanz der Fahne.

Im Kampf für die Kommune wußte er, daß die Erde eine (Einheit) ist, daß man sie nicht teilen darf, daß die Natur eine Quelle ist und das Kapital eine Börse, wo alle das Recht haben zu schöpfen.

Der widerwärtigen Bourgeoisie will er nicht länger Rente (Steuer) zahlen, wieviel Milliarden all die Jahre. Es ist von uns, von unserm Fleisch, daß man eine solche Dividende zusammenstückt (herausschneidet), Arbeiter, Bergleute, Bauern.

Er begreift unsere liebende Mutter, die klagende Erde, unter dem Joch des Individuums. Er will die Welt organisieren, damit von ihrem runden Busen ein universelles Wohl fließe.

Dieser Text ist später entstanden als die *Internationale.* Die Idee der Partei als Vorhut des Volkes hat sich verstärkt. Dem Volk werden nicht seine Leiden vor Augen geführt, sondern die Herrlichkeit des entschiedenen Revolutionärs. Manche Stellen, so die mit dem Glänzen des Auges oder dem unbeschwerten Lachen im Kampf, erinnern an die bekannten Poster aus dem Che Guevara-Kult. Die Wendung an die Betroffenen in der vorletzten Strophe ist schnell wieder vorbei. Aber – und das ist witzig – sie können sich wie der Freiheitskämpfer ungeniert aus der Börse der Kapitalisten bedienen, sie ist öffentlich zugänglich wie die Natur.

Sehen wir uns die großartige Melodie der *Internationale* genauer an! Hier Pierre Degeyters Handschrift der Melodie mit seiner Harmonisierung.

mon de va changer de ba se nous ne som mes rien
soy ons tout c'est la
Refrain
lut te fi na le grou pons
nous et de main l'in ter na tio na le se
ra le genre hu main c'est la lut te fi na

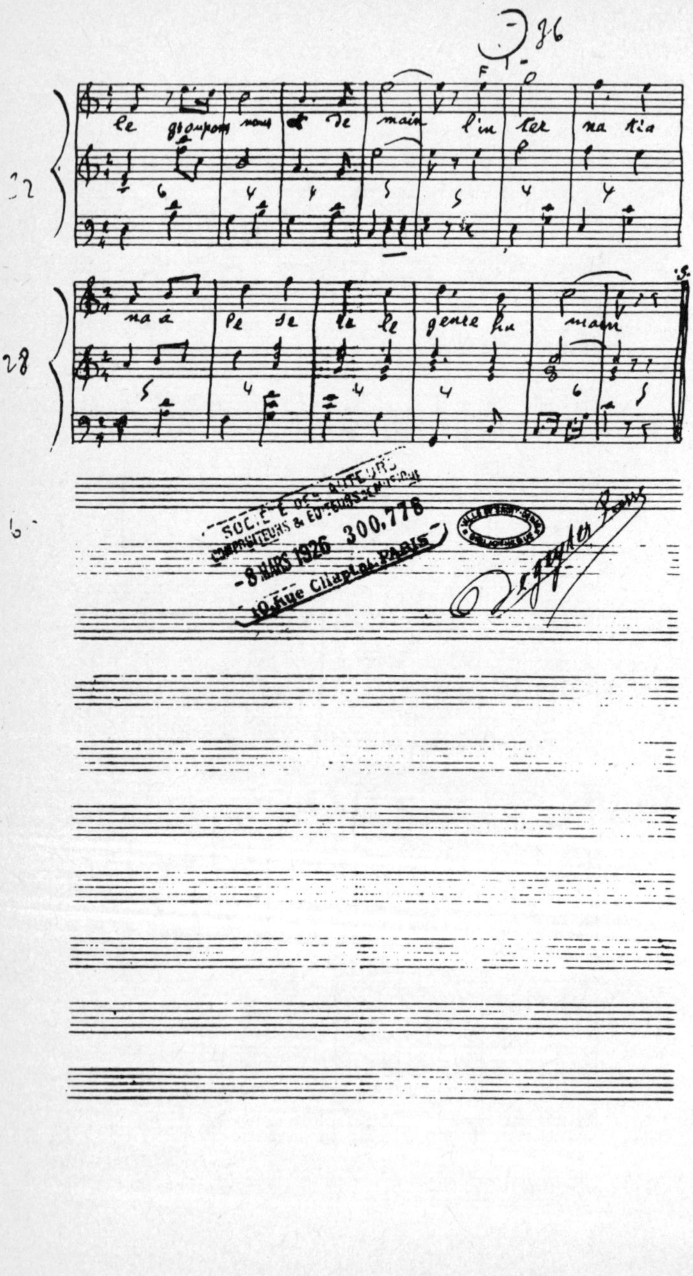
8 MARS 1926 300,778
PARIS

Die Harmonisierung ist vor allem im Refrain – z. B. bei der ersten Stelle «l'internationale» – sehr unbeholfen und fehlerhaft. Die Schrift legt allerdings die Vermutung nahe, daß Degeyter diese Niederschrift in hohem Alter machte, als er nicht mehr auf der Höhe seiner Kraft war, vielleicht erst 1926, wenn er diesen Autograph extra für die «Société des auteurs» machte (Stempel am Schluß). Aber auch für diesen Fall verrät die Notenschrift keine große Übung. Die Zahlen im System sind offenbar Harmonieziffern für ein Begleitinstrument.

Nach der «Introduction» heißt die Melodie nach Degeyter folgendermaßen (die zugesetzten Pfeile weisen auf die ursprüngliche, heute abgeschwächte rhythmische Schärfe hin):

Degeyters Eigenschrift ist für die Erkenntnis der Änderung wichtig, die die Melodie seither durchgemacht hat. Das gilt einmal für die dynamischen Anweisungen, die dem heutigen Gesangsstil oft sehr widersprechen («leiser werden» und «piano» in der Refrainmitte!), dann auch für die Rhythmik in der Strophe («marche»), hauptsächlich aber für die Melodieführung im Refrain.

Degeyter schreibt:

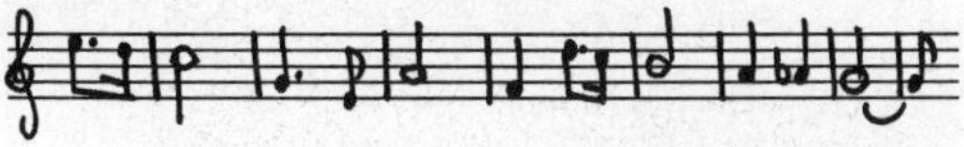

und 

In Frankreich und Italien singt man heute so:

Bei uns wird häufig so gesungen:

und 

Die schon erwähnte Fassung von «Lotta continua» geht melodisch so (vgl. S. 192f):

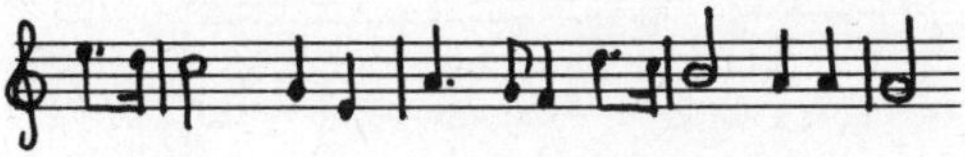

Da sind bemerkenswerte Abschleifungen vor sich gegangen!

Warum bestehen die Leute, die so verbissen an der «nächt'gen Geier Fraß» festhalten, nicht auch auf der Beibehaltung der chromatischen Wendung a – as – g? Sie stammt doch auch aus der Zeit des großen kommunistischen Aufbruchs!

Schön einfach macht man es sich, wenn man schreibt:

«Die Wirkung dieses Kampfrufes in absteigender Chromatik wurde durch die Herabsetzung einer Note um einen halben Ton beträchtlich erhöht . . . Auch die Schlußakte der ‹Internationalen› konnten durch die Vereinfachung der Melodieführung und die Verschärfung des Rhythmus in ihrer Aussage verstärkt werden.»[23]

Das ist die Sprache der Produktionsberichte: Das Soll konnte durch Einführung einer neuartigen Rationalisierungsmethode übererfüllt werden! Zackzack! Immer schön unpersönlich zum Fortschritt! Ist das die richtige Art von Parteilichkeit der Wissenschaft? Das ist eher eine altertümliche Ausdrucksästhetik, die nur die Rechtfertigung des Bestehenden betreibt und Widersprüche verdeckt. Könnte nicht auch an der alten Melodieführung etwas Gutes sein, etwas Besseres vielleicht sogar? Könnte nicht die heutige Fassung durch Faulheit entstanden sein oder durch die musik-machistische Meinung, Chromatik sei für das Proletariat zu weichlich, nicht geradlinig genug?

23 Inge Lammel: Das Arbeiterlied, Leipzig 1970, S. 26.

Sehen wir uns dagegen die heutige italienische Singweise an![24]

Mitentscheidend für die Wirkung ist wohl, daß Degeyter die Zeilen konsequent auftaktig komponiert hat, und zwar nicht nur da, wo der jambische Beginn der Zeilen in der Strophe (leicht–schwer, vgl. Text S. 178) das ohnehin nahelegt, sondern auch da, wo in Strophe und Refrain Anapäst-Bildungen sind (leicht–leicht–schwer). Mit dieser Auftakt-Melodik steht er in der Nachfolge von revolutionären Hymnen wie der *Marseillaise.* Ihre eigentümliche Vorwärts-Dynamik kann man am ehesten im Vergleich mit nationalistischen Hymnen erkennen, die häufig keine Auftakt-Melodie haben, z. B. *God save the Queen* oder das *Deutschland-Lied,* übrigens auch weitgehend die Hymne Eislers für die DDR *Auferstanden aus Ruinen.* Nur Volltaktmelodik, alles steht, nichts

24 Settimelli/Falavolti: Canti socialisti e comunisti, Rom 1973, S. 160.

bewegt sich, kein Voran: Stillstand. (So ist auch der Übergang der alten *Wacht am Rhein*-Melodie S. 32 von Auftakt- zu Volltaktmelodik im Refrain bezeichnend: Zuerst könnte man erwarten, es werde etwas kommen, und dann doch nur wieder der olle Kommißkopp!)

Die Melodie der *Internationale* ist dreiteilig gebaut. Der Anfangsteil reicht bis zum langen hohen c, der Mittelteil (piano) bis zum Refrain, dieser ist dann der Schlußteil. Jeder Teil ist in sich nochmals zweiteilig. Anfangs- und Schlußteil stehen in der Haupttonart und sind modifizierte Wiederholungen, nur daß im Schlußteil die Wiederholungsglieder doppelt so lang sind wie im Anfangsteil. Der Mittelteil steht in der Tonart der 5. Stufe, der sog. Dominanttonart (G-Dur, wenn C-Dur Haupttonart ist).

Das ist alles völlig normal. Von dem Harmonie- und Formverlauf her könnte das ein Muster vieler beliebiger Lieder sein. Das Besondere dieser Melodie liegt aber in der Variations- und Kombinationstechnik der Melodiemotive. Diese Technik möchte ich einmal am Refrain darstellen.

Zunächst ist der Refrainbeginn als Variation des Strophenbeginns zu erkennen. Der Refrainbeginn ist dabei eine Zusammenziehung der wichtigsten Töne des Strophenbeginns, aber er ist auch eine Komprimierung der Takte 3–4 (Abgang d – g) bzw. ihrer Abwandlung T. 7–8 (Auftakt d – c), also:

Der Refrainauftakt bezieht die Punktierung aus der Melodie des Anfangsteiles (Pfeile S. 208), die genaue Stellung der Töne e – d als Auftakt eines Abschnittes jedoch vom Beginn des Mittelteiles (piano, ohne Punktierung). Auch die rhythmische Verbindung dieses Refrainauftaktes mit der anschließenden halben Note kommt aus dem Mittelteil, ebenso der auftaktige Aufsprung g – e in einer abgewandelten Form dieses Auftaktrhythmus (Viertel-Halbe). Er leitet im Refrain die 2. Hälfte des Wiederholungsgliedes ein.

Es sind also alle Elemente, die im Refrain melodische und architektonische Funktion haben, aus der Melodie der Strophe gezogen, und zwar in Form direkter Übernahme, Umstellung, Komprimierung oder Umformung. Der Refrain ist musikalisch als Träger der inhaltlichen Konsequenzen aus der Strophe bestärkt. Er sagt: Weil das so ist, deshalb: «Völker, hört die Signale . . .» Vor allem im Refrainauftakt ist dies deutlich. Seine Vorbilder in der Strophe leiten stets nur anschließende, untergeordnete Teile ein, den Schluß des Anfangsteiles, dann den Mittelteil. Er ist also aus der Strophe als Merkmal logisch untergeordneter Teile bekannt. Das ist ein rhetorischer Gestus, das Verfahren eines guten Redners: Das Ziel der Rede wird in immer neuen Stufen abgeleitet und begründet.

Der Refrain platzt also mit seinem Auftakt nicht mit einem «Bums» unvermittelt herein wie der Refrain der alten *Wacht am Rhein* (S. 32), sondern er beginnt mit der Geste «Deshalb», melodisch anschließend, begründend, vermittelnd. Und dieser Bezug zur Strophe geht ja dann im Refrain weiter, Takt für Takt.

In der Aussage des Refrains ist die Begründung der Strophen enthalten. Dies ist für das Bewußtsein des Refrain-Singenden nur in der Erinnerung, abstrakt-logisch, möglich: Er denkt ja den Refrain-Text. Daß dieser Zusammenhang aber in seinem Melodiegesang konkret vorhanden ist, wird ihm meist nicht bewußt, aber die unbewußte Auffassung dieser Tatsache stellt den Eindruck der Geschlossenheit und inneren Stimmigkeit des Liedes her.

«Ist die Melodie nicht ein bißchen zu schwer?»

Für wen? Für Sie?

Für die Arbeiterklasse war sie jedenfalls nicht zu schwer!

Schließlich haben nicht nur Bürgerliche, sondern auch Proletarier mit Ausdauer die *Marseillaise* gesungen, die nun wirklich eine so schwierige Melodie hat, daß man heute noch manchen Franzosen in Verlegenheit bringt, wenn man ihn nach den genauen Wendungen der Melodie fragt. Hier nochmals die Melodie zur Erinnerung:

Für die deutschen Arbeiter hat diese Melodie sogar so viel bedeutet, daß zwischen 1848 und 1930 eine Vielzahl von deutschen Freiheits- und Arbeiterliedertexten auf sie gemacht worden sind (siehe Exkurs S. 229f).

Brecht sagt zu der Frage schwieriger Melodien folgendes:

«Arbeiterchöre sprachen komplizierte Verspartien (‹wenns Reime wären, dann gings runter wie Wasser, und nichts bliebe hängen›) und sangen schwierige (ungewohnte) Eislersche Kompositionen (‹Da ist Kraft drin›). Aber wir mußten bestimmte Verszeilen umändern, deren Sinn nicht einleuchtete oder falsch war. Wenn in Marschliedern, die gereimt waren, damit man sie schneller lernen konnte, und die einfacher rhythmisiert waren, damit sie besser ‹durchgingen›, gewisse Feinheiten (Unregelmäßigkeiten, Kompliziertheiten) waren, sagten sie: ‹Da ist ein kleiner Dreh drinnen, das ist lustig›. Das Ausgelaufene, Triviale, das so

Gewöhnliche, daß man sich nichts mehr dabei denkt, liebten sie gar nicht (‹Da kommt nichts bei raus›). Ich vergesse nie, wie mich ein Arbeiter anschaute, dem ich auf seine Anregung, in einem Chor über die Sowjetunion noch etwas einzubauen (‹Da *muß* noch das rein – sonst wozu?›), erwiderte, das würde die künstlerische Form sprengen: mit dem Kopf auf die Seite gelegt, lächelnd. Ein ganzer Trakt der Ästhetik stürzte durch dieses höfliche Lächeln zusammen. Die Arbeiter hatten keine Angst, uns zu lehren, und sie hatten keine Angst, selber zu lernen.» (Bertolt Brecht: Gesammelte Werke, Bd. XIX, Frankfurt 1975, S. 328f)

Es ist falsche Herablassung, die in der Frage nach zu hohen Schwierigkeitsgraden steckt. Sie ignoriert, daß die Arbeiterbewegung im 19. und 20. Jahrhundert eine ungemein lange und reiche Chortradition hatte, in der Schwierigkeiten ganz anderer Größenordnung gemeistert wurden.

Als ein Zeugnis dafür, daß in der Arbeiterbewegung oft Melodien noch größerer Kompliziertheit gesungen wurden, kann der *Chant des ouvriers* («Gesang der Arbeiter») von Pierre Dupont aus dem Jahr 1846 gelten. Es war eines der beliebtesten Lieder der französischen Arbeiterbewegung, ist aber auch heute noch in Frankreich bekannt. Länge und Schwierigkeit der Melodie sind einzigartig. Der auf der Trinkfreude der Unterdrückten aufgebaute Appell zur Einigkeit hat sicher den Temperenz-Bemühungen der Arbeiterparteien des ausgehenden 19. Jahrhunderts viel Mühe gemacht. Die erste und die letzte der sechs Strophen sowie der Refrain lauten (mit wörtlicher Übersetzung):

Nous dont la lampe, le matin,
au clairon du coq se rallume,
nous tous qu'un salaire incertain
ramène avant l'aube à l'enclume,
nous qui des bras, des pieds, des mains,
de tout le corps luttons sans cesse,
sans abriter nos lendemains
contre le froid de la vieillesse.

Aimons-nous, et quand nous pouvons
nous unir pour boire à la ronde,
que le canon se taise ou gronde,
buvons, buvons, buvons
à l'indépendance du monde!

> Wir, deren Lampe sich am Morgen
> beim Hahnenschrei entzündet,
> damit uns alle ein ungewisser Lohn
> vor Sonnenaufgang an den Amboß fortholt,
> wir, die mit Armen, mit Füßen, mit Händen,
> mit dem ganzen Körper ohne Ende kämpfen,
> ohne unsere späten Tage zu schützen
> gegen die Kälte des Alters.

Lieben wir uns, und wenn wir uns
vereinigen können, um in der Runde zu trinken,
ob die Kanone schweige oder grolle,
trinken wir, trinken wir, trinken wir
auf die Unabhängigkeit der Welt!

A chaque fois que par torrents
notre sang coule sur le monde,
c'est toujours pour quelques tyrans
que cette rosée est féconde;
ménageons – tee dorénavant,
l'amour est plus fort que la guerre;
en attendant qu'un meilleur vent
souffle du ciel ou de la terre.

Aimons-nous . . .[25]

Jedesmal, wenn in Strömen
unser Blut über die Erde fließt,
ist immer für einige Tyrannen
dieser Tau fruchtbar.
Gehen wir hinfort behutsam mit ihm um,
die Liebe ist stärker als der Krieg,
in Erwartung, daß ein besserer Wind
vom Himmel blase oder von der Erde.

Lieben wir uns . . .

Kein sehr kämpferischer Text! Warum das Lied so beliebt war, müßte man auf der Grundlage genauerer Kenntnisse der Situation der französischen Arbeiterklasse dieser Zeit zu erklären versuchen. Sind es Zensurgründe? Jedenfalls hallten die Straßen von diesem Lied wider, wenn es zu der folgenden Melodie gesungen wurde. Versuchen Sie einmal, sie auswendig zu lernen.

25 Nach Pierre Brochon: La chanson française. Le pamphlet du pauvre (1834–51), Paris 1957.

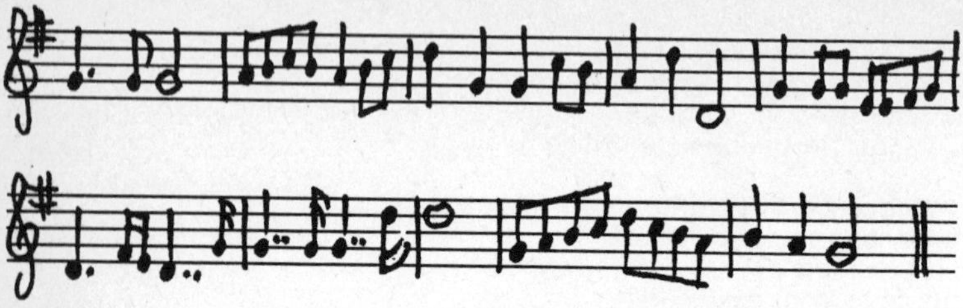

Nicht nur der Text, auch diese Melodie ist eigentümlich fremdartig für unser Verständnis von Arbeiterliedern. Sie ist so friedlich, scheint es, endet nach scharfen, militärischen Punktierungen mit einer sanften, versöhnten Geste. Auch die Figuren vom Anfang bis zu dem tiefen Schlenker sind uns fremd. Sie kommen – Entstehung 1846! – eben nicht aus Arbeiterliedertradition. Die gab es damals noch gar nicht. Sondern sie kommen aus der französischen Oper des frühen 19. Jahrhunderts und aus der Musik der französischen Revolution (François Boieldieu, Etienne Méhul, Cherubini, Catel, Gossec). Dort gibt es auch so runde, friedliche Gebilde, die wir heute inhaltlich nicht mehr oder falsch verstehen. Auch die Proleten gingen damals in die Oper, allerdings nicht in die Große Oper, sondern in die Vorstadt-Oper, die es heute nicht mehr gibt. (Es gibt ja kaum noch Vorstadt-Kinos!). Diese Zusammenhänge sind gänzlich unerforscht, müßten aber für eine Darstellung der Geschichte des Arbeiterliedes – auch des deutschen – aufgeklärt werden. Denn – nicht nur im Fall der *Internationale* – es kamen französische Melodien in großer Zahl nach Deutschland und wurden dort von der Arbeiterbewegung benutzt.

Der *Chant des ouvriers* beispielsweise stand unter dem Titel *Französisches Arbeiterlied* in deutscher Übertragung von A. Meißner in Max Kegels «Sozialdemokratischem Liederbuch» von 1891[26], war also in Deutschland bekannt, wenn vielleicht auch nicht verbreitet. Die Übertragung läßt sich auf die zitierte Originalmelodie gut singen, wenn man an ihr einige kleine rhythmische Veränderungen vornimmt.

Kaum kräht der Hahn das erste Mal,
So brennt schon uns're Lampe wieder,
Und neu beginnt die alte Qual
Und dröhnend fällt der Hammer nieder,
Für ewig ungewissen Lohn
Müh'n wir uns rastlos ab auf Erden.

26 Zitiert nach der achten Auflage von 1897; zu dem Buch und seinen Auflagen vgl. Inge Lammel: Bibliographie der deutschen Arbeiterliederbücher 1833–1945, Leipzig 1971, S. 37.

Die Noth vielleicht kommt morgen schon,
Wie soll es erst im Alter werden? . . .
Liebt euch einander treu und heiß
Und lasset – ob die Schwerter blinken,
Ob uns des Friedens Palmen winken
Im Kreis, im Kreis
Uns auf die Welterlösung trinken!

Mit hartem Grund und falscher Fluth
Ist unser Loos ein ew'ges RIngen,
Und was darin an Schätzen ruht,
Wir sind es, die's zu Tage bringen,
Wir schaffen Erz und Diamant,
Wir sä'n für jene, die genießen –
Wir armen Lämmer, welch' Gewand
Schafft sich die Welt aus unsren Vließen!
Liebt euch einander treu und heiß . . .

Kommt uns das harte Werk zu gut,
Dem unsre Hände rastlos dienen?
Wohin geht unseres Schweißes Fluth?
Wir sind nichts andres als Maschinen!
Wir bau'n den Reichen ihre Stadt,
Die Pracht auf diesem Wandelsterne;
Wenn sie den Honig fertig hat,
Jagt man die Biene in die Ferne.
Liebt euch einander treu und heiß . . .

Es trinkt das fremde, blasse Kind
Die reine Milch von unsern Frauen,
Und wenn sie groß geworden sind,
Sind sie zu stolz, uns anzuschauen.
Das Herrenrecht der alten Welt
Erschreckt nicht mehr des Dorfes Bräute,
Allein dem Gold des Mäklers fällt
Noch jeder Hütte Kind zur Beute.
Liebt euch einander treu und heiß . . .

Wir müssen frierend unterm Dach,
Wo Käuzchen wimmern, Diebe kauern
Im engen, finsteren Gemach
Des Lebens lange Nacht vertrauern.
Und doch ist heiß auch unser Blut,
Uns labte eben wie die Reichen,
Der Sonne segensreiche Gluth,
Die kühlen Schatten unter Eichen!
Liebt euch einander treu und heiß . . .

So oft in schnöder Raserei
Wir blutig noch das Feld gedünget,
Hat sich die alte Tyrannei
Durch unsern Opfertod verjünget.

Spart euer Blut, spart eure Kraft,
Die Liebe muß das Höchste bringen,
Der Hauch, der neue Welten schafft,
Wird bald die ganze Welt durchdringen!
Liebt euch einander treu und heiß
Und lasset – ob uns Schwerter blinken,
Ob uns des Friedens Palmen winken
Im Kreis, im Kreis
Uns auf die Welterlösung trinken.

Der Vergleich mit unserer eigenen wörtlichen Übersetzung zeigt die hohe Qualität dieser Übertragung. (Neben der Beherrschung dieser Melodie war es auch selbstverständlich, so gut wie den ganzen vielstrophigen Text auswendig zu lernen.)

Ein weiteres Beispiel für die Übernahme schwieriger französischer Liedmelodien durch die deutsche Arbeiterbewegung ist der oben erwähnte *Chant du départ* (S. 199f), und er weist auch diese eigentümlich weichen Stellen auf wie das soeben besprochene Lied. Im Ausweichen in die Moll-Variante der Dur-Grundtonart (c-Moll) kommt er der *Marseillaise* gleich (S. 213: G-Dur → g-Moll), vielleicht ein Charakteristikum von Liedern der Französischen Revolution.

Zum Gebrauch vor 1945

Manches aus der Frühzeit wurde schon bei Besprechung von Text und Melodie deutlich.

Es ist uns bisher jedoch nicht gelungen, etwas über den frühen Gebrauch der *Internationale* vor dem Ersten Weltkrieg aus der Feder der Arbeitersänger selbst zu finden. Aber es gibt ein Zeugnis von einem Bürgerlichen, ein Zeugnis von besonderem literarischen Rang, nämlich eine Stelle aus Heinrich Manns Roman «Der Untertan». Das Buch entstand ab 1914, und Heinrich Mann kann man zu den Sympathisanten der Arbeiterbewegung rechnen. Wenn der folgende Ausschnitt auch in der Zeit um oder vor 1900 spielt und insofern dem deutschen Proletariat die *Internationale* etwas verfrüht in den Mund legt (vgl. S. 183f), so gibt die Wahl des Liedes und der zum Gesang in Beziehung gesetzten Situation wohl ein recht gutes und klares Bild von der Kampf- und Symbolkraft, die dieses Lied schon zu so frühem Zeitpunkt – vielleicht um oder vor 1910 – im proletarischen Kampf hatte. Denn für die Darstellung der Konfrontation zwischen Proletariat und Staatsmacht wird der gesellschaftlich scharfäugige Heinrich Mann sicher die typischsten und treffendsten Mittel ausgesucht haben, die damals in den realen Auseinandersetzungen tatsächlich Anwendung fanden.[27]

27 Das Zitat ist entnommen der dtv-Ausgabe von «Der Untertan», München [16]1977, S. 323f.

Napoleon Fischer, Kandidat der SPD, ist im Wahlkreis Netzig zum Entsetzen der Nationalen als Abgeordneter gewählt worden und steht vor seiner Abreise nach Berlin. Genossen wollen seine Abfahrt zur Demonstration machen. Die ist jedoch verboten.

«Auf den Bahnhof zu rückte eine Gruppe von Männern, in deren Mitte eine Standarte schwebte. Einige Schutzleute kamen nicht eben leichtfüßig die Treppe herab und stellten sich ihnen entgegen. Alsbald stimmte die Gruppe die Internationale an. Gleichwohl ward ihr Ansturm von den Vertretern der Macht erfolgreich zurückgeschlagen. Mehrere kamen freilich durch und scharten sich um Napoleon Fischer, der, langarmig, wie er war, seine bestickte Reisetasche beinahe am Boden schleppte. Beim Büfett erfrischte man sich nach diesen in der Julisonne für die Sache des Umsturzes bestandenen Strapazen. Dann versuchte Napoleon Fischer auf dem Bahnsteig, da der Zug ohnedies Verspätung hatte, eine Ansprache zu halten; aber ein Polizist untersagte es dem Abgeordneten. Napoleon setzte die bestickte Reisetasche hin und fletschte die Zähne. Wie Diederich ihn kannte, war er im Begriff, einen Widerstand gegen die Staatsgewalt zu begehen. Zu seinem Glück fuhr der Zug ein –»

Zugegeben, etwas zynisch und ironisch!

Aber Hanns Eisler 1934 in seiner Schrift über die «Geschichte der deutschen Arbeitermusikbewegung von 1848» ist auch nicht sehr viel wärmer und einfühlsamer:[28]

«Die Arbeitergesangvereine waren aber nicht die einzigen Organisationen, die sich mit Musik beschäftigten. Von den Arbeiterbildungsinstituten aus setzte eine Art musikalische Volksbildungsbewegung ein: Man organisierte Konzerte, in welchen man die Arbeiter mit der großen bürgerlichen Musik bekannt machte, man veranstaltete populär-wissenschaftliche Kurse über Musikgeschichte und bot billigen Musikunterricht. Die Arbeiterorchestervereine (hauptsächlich Blasorchester) dienten praktischen Zwecken, besonders als Marschmusik bei Demonstrationen und Aufmärschen. Bei Versammlungen spielten sie die klassischen Lieder, die ‹Internationale›, die ‹Marseillaise›, das ‹Lied vom Arbeitsmann›, aber bei internen Vereinsfestlichkeiten, Gewerkschaftsfesten und Arbeitertanzunterhaltungen Schundmusik und Operettenschlager. Die ganze Arbeitermusikbewegung der Vorkriegszeit war in einem anarchischen Zustand. Nebeneinander enthielt sie die heterogensten Elemente und, obwohl die materiellen Grundlagen sich durch die wachsende Macht der SPD verbreiterten, war man noch weit davon entfernt, die ersten Versuche des Aufbaues einer neuen revolutionären Arbeitermusik zu unternehmen.»

Revolutionäre Arbeitermusik! Meint Eisler wohl, die Arbeiter hätten bei ihren «Tanzunterhaltungen» zur *Internationale* tanzen sollen anstatt zu «Operettenschlagern»? Auch ist bisher nicht die revolutionäre Tanzmusik zu finden gewesen, die Eisler selbst für die «Tanzunterhaltungen»

28 Hanns Eisler: Schriften I. Musik und Politik 1924–1948, München 1978, S. 216.

der Arbeiter seiner Zeit geschrieben hat, denn er kann sich doch rühmen, «die ersten Versuche des Aufbaues einer neuen revolutionären Arbeitermusik» unternommen zu haben. Oder gehört Tanzen und Tanzmusik nicht zu den «revolutionären» musikalischen Erscheinungen? Oder reicht da schon *Vorwärts und nicht vergessen* – und Wiegeschritt? Hätte nur die KPD der Weimarer Zeit mehr «heterogene Elemente» gehabt und wäre sie etwas «anarchischer» gewesen, dann wäre sie nicht so schwach geblieben!

War es denn «Anarchie», daß seit der Jahrhundertwende bis in die zwanziger Jahre hinein mehrere verschiedene deutsche Texte der *Internationale* nebeneinander gesungen wurden, offenbar als Zeichen der relativen Selbständigkeit regionaler Gruppen der alten SPD oder der frühen KPD? (Vgl. S. 186) Oder ist darin nicht gerade die Beweglichkeit, Lebendigkeit und Ungesteuertheit zu erkennen, die der späteren KPD seit Mitte der zwanziger Jahre fehlte?

Wenn um 1930 beispielsweise ein ausländisches Lied aufgetaucht wäre, das mit einiger Wahrscheinlichkeit von großem Wert auch für die deutsche Arbeiterbewegung hätte sein können, so hätte die Führung der KPD niemals zugelassen, daß die verschiedenen Gaue der Partei in sich unterschiedliche deutsche Übersetzungen entwickelten und benutzten. Sie hätte – streng zentralistisch – die Sache sofort an sich gezogen, den Genossen Erich die offizielle gesamtdeutsche Übersetzung machen lassen und diese über die «Rote Fahne» und die Musikorganisationen der Partei einheitlich verbreiten lassen: Von oben nach unten, nicht umgekehrt! Was da alles an Produktivität verlorengeht!

1918 / I

Die *Internationale* wird nach der Oktoberrevolution Nationalhymne der UdSSR. Als Degeyter sie also 1927 in Moskau hörte, erklang sie da als sowjetische Nationalhymne oder als proletarische Welthymne? Diese Unklarheit scheint die Sowjetführung nicht lange ertragen zu haben. 1943 wurde die *Internationale* als Nationalhymne abgeschafft, blieb aber Parteihymne. Die neue Nationalhymne kennen wir alle aus dem Fernsehen («Ein ewiges Bündnis von Volksrepubliken»). Die Begründung für den Wechsel war, daß die *Internationale* «inhaltlich nicht den radikalen Wandel widerspiegelt, der im Ausland durch den Sieg des sowjetischen Systems stattgefunden hat» und «weil sie nicht die soziale Natur des Sowjetstaates ausdrückt.»[29].

Also Kampflieder gegen die Unterdrückung werden abgeschafft, da es keine Unterdrückung mehr gibt, basta![30] Der andere Grund ist sicher

29 Diese Zitate sind entnommen: Liedermagazin, hg. Breckoff, Kleinen, Lemmermann, Segler, Kassel und Basel 1975, S. 246f.

30 Vgl. auch Inge Lammel: Das Arbeiterlied, a. a. O., S. 82 über die «Funktion des Arbeiterliedes in der Deutschen Demokratischen Republik»: «In unserem sozialistischen Staat . . . werden die neuen Lieder nicht mehr gegen die herrschende Staatsmacht, sondern für den sozialistischen Aufbau und für die Politik von Partei und Regierung geschaffen. Sie haben eine neue Funktion

vorgeschoben: Daß die Vermischung der Funktionen des Liedes als National- und Internationalhymne die Selbständigkeit anderer sozialistischer Länder beeinträchtigen könnte, weil sie beim Gesang immer an den großen Bruder denken müßten, also im Sinn einer Verwässerung des Gedankens der Weltrevolution durch nationalistische Untertöne in der Welthymne.

Der Hauptgrund für den Wechsel wird wohl gewesen sein, daß mit ihr der «Große vaterländische Krieg» gegen Nazideutschland nicht zu besingen war und daß Väterchen Stalin von Pottier noch nicht hatte berücksichtigt werden können.

Die genaueren Umstände schildert – wenn auch etwas hämisch – ein Artikel aus dem Bremer «Weser-Kurier» vom 2. 9. 1977 anläßlich einer nochmaligen Textänderung der neuen Hymne:

Nur Stalin nebst dem Schlachtenlärm getilgt

Sowjetbürger erhielten zur Hymne wieder einen Text – es ist fast der alte von Dietrich Möller.

Wer die Premiere versäumte, war selbst daran Schuld. Keine sowjetische Zeitung zwischen Brest im Westen und Wladiwostok im Osten des Landes, die sie nicht an bevorzugter Stelle angekündigt hätte: Das zentrale Rundfunk- und Fernsehprogramm würde am 31. August die neue Staatshymne der UdSSR übertragen, gültig ab 1. September. Und für diese Uraufführung war das Beste gerade gut genug – Chor und Orchester des berühmten Bolschoitheaters zu Moskau.

Über zwanzig Jahre hatten die Sowjetmenschen eine Hymne ohne Worte, Stalins wegen. «Stalin erzog uns zur Treue zum Volke, zur Arbeit und zu Ruhmestaten begeisterte er uns», sang man einst. Das war vor Chruschtschows Abrechnung mit dem schnauzbärtigen Diktator. Nachdem aber parteiamtlich festgestellt worden war, daß Stalin sich «grausamster Unterdrückung» und der «Verletzung aller Normen der revolutionären Gesetzlichkeit» schuldig gemacht hatte, war es mit dem Loblied vorbei. Nur die alte Melodie wurde noch gespielt, der Text wurde gestrichen.

Von ein paar unbedeutenden Korrekturen abgesehen, ist die alte mit der neuen Melodie identisch. Aber auch wer die Worte aus der Zeit zwischen 1944 und der Abrechnung mit Stalin noch im Kopf hat, braucht wenig Mühe aufzuwenden, den revidierten Text zu lernen. Ganze sieben Zeilen muß er sich neu einprägen – zwei im Refrain, eine in der zweiten Strophe und die vier der dritten Strophe.

Jene letzte Strophe war ganz unter dem Eindruck des Krieges mit Deutschland geschrieben worden: «In Schlachten stählten wir unsere Armeen, niederträchtige Aggressoren werfen wir vom Weg! Wir entscheiden in Schlachten das Schicksal der Geschlechter! Wir schreiten zum Ruhme des Vaterlands voran!» Nun klingt es bei weitem weniger martialisch, wenn es heißt, daß man «im Sieg der unsterblichen Ideen des Kommunismus» die Zukunft des Landes

---

erhalten und sind nicht mehr Kampfmittel einer unterdrückten Klasse gegen eine Klasse von Ausbeutern, sondern Ausdruck der gemeinsamen Interessen aller Werktätigen.»

sehe, daß man der «Roten Fahne des ruhmreichen Vaterlands ... immer rückhaltlos treu sein» werde.

Der Kommunismus als Zielbeschreibung ist auch im Refrain enthalten: «Lenins Partei – Volkes Kraft führt uns zum Sieg des Kommunismus!» Zusammen mit den ersten beiden Zeilen der letzten Strophe ist hier natürlich schon die nächste Korrektur an der Hymne vorprogrammiert, wenn auch noch nicht abzusehen, hört und liest man doch ständig, die Sowjetgesellschaft befände sich auf dem Wege zum Kommunismus. Freilich, das Ziel scheint fern. Termine werden nicht genannt. Die Zielbeschreibung bleibt eine vage Zukunftsverheißung.

Es entbehrt nicht einer gewissen Delikatesse, daß der Textautor der alten Hymne jetzt selbst Hand an sein Werk legte, um den Namen Stalins zu tilgen. Sergej Wladimirowitsch Michalkow, dessen eigentliches Metier übrigens das Schreiben von Kinderliteratur ist, erhielt immerhin dreimal den Stalin-Preis, einmal allerdings auch den Lenin-Preis. Statt Stalin ist es nun Lenin, der «zur Arbeit und zu Ruhmestaten begeistert» und zudem die Völker «zur gerechten Sache anfeuerte».

Bis zum 31. Dezember 1943 war übrigens die «Internationale» die sowjetische Staatshymne, noch von Lenin verordnet. Als sie auf Veranlassung Stalins ersetzt wurde, sah man darin eine Hinwendung zu Patriotismus und Nationalismus; der eine oder andere Kritiker sprach aber auch von großrussischem Chauvinismus. Dabei wurden die ersten beiden Zeilen der ersten Strophe zitiert: «Der unverbrüchliche Bund freier Republiken fügte für immer das Große Rußland zusammen.» Die Betonung Großrußlands sowie die Worte «unverbrüchlich» und «für immer» schienen im Widerspruch zu jenem Artikel der Verfassung zu stehen, mit dem das Recht einer jeden Sowjetrepublik auf Austritt aus der Union garantiert wurde. Nun wäre damals die Wahrnehmung des Austrittsrechts nach Stalins Worten ohnehin «zutiefst konterrevolutionär» gewesen und hätte die Anwendung von Gewalt gerechtfertigt.

Dieser Widerspruch bleibt erhalten. Die ersten beiden Zeilen blieben ebenso unverändert in der neuen Hymne, wie auch in dem Entwurf für eine neue Verfassung das Austrittsrecht garantiert wird. Und so wird es also auch bei der Polemik und dem Vorwurf bleiben, die Hymne sei ein Ausdruck des großrussischen Chauvinismus.

1918/II

Wilhelm Schumacher berichtet in seinem Buch «Leben und Seele unseres Soldatenliedes im Weltkrieg»[30a] über «unverkennbare Anzeichen des militärischen Zusammenbruches» und über «rebellische Gesinnung» in einigen Teilen des deutschen Heeres 1918 und fährt fort:

30a Frankfurt/M. 1928, Deutsche Forschungen, Heft 20, S. 180f.

Diese Verse atmen denselben revolutionären Geist, der aus dem „Proletarierlied" spricht, das nach Aussage meines Gewährsmanns H. K. im Felde unter Gesinnungsgenossen 1918 gesungen wurde. Ich führe zur Probe eine Strophe des mit „Wer schafft das Gold und Silber zutage" beginnenden Marschgesangs an:

2. Wer ward von je geknechtet von der Tyrannen Brut?
Wer mußte für sie schaffen und opfern selbst sein Blut?
Wer treibt allein das Weltenrad
und hat dabei kein Recht im Staat?
:,: Das sind wir Arbeitsmänner vom Proletaria(t). :,:[9]

(H. K. aus by. I.-R. 5.)

In denselben Mannschaftskreisen erschallte auch die „Internationale" als Kampfruf schon viele Monate vor dem Umsturz:

— — — — — — — — — —

Es rettet uns kein höhres Wesen,
kein Gott, kein Kaiser noch Tribun,
uns von dem Elend zu erlösen
müssen wir schon selber tun.
Völker, höret die Signale!
Auf, zum letzten Gefecht!
:,: Die Internationale
erkämpft das Menschenrecht. :,:

(H. K. aus by. I.-R. 5, 1918.)

Es war unter solchen Stimmungsverhältnissen kein Wunder, daß das fast vergessene 1848er „Heckerlied" wieder erwachte; so sangen denn in einzelnen Truppenteilen (aus badischer mündlicher Überlieferung) die erbitterten Soldaten „Dreiunddreißig Jahre währt die Knechtschaft schon" im alten Text auf das monarchisch-militärische System:

Blut muß fließen, Blut muß fließen,
Blut muß fließen knüppelhageldick!
Das gibt rote Hosen, das gibt rote Hosen,
das gibt rote Hosen für die deutsche Republik! (W. Sch.)

Es kam ja endlich so weit, daß ehemalige Feldsoldaten, nachdem sie ihre anderen Lieder größtenteils begraben hatten, mit roten Fahnen an der Zugspitze unter diesem Gesang in Berlin ihre „Heldentaten" verrichteten. Ein durchschlagendes neues Revolutionslied hat sich meines Wissens nicht gefunden; ich sehe in dieser Tatsache sowie im Hinblick auf die angeführten Parodien vaterländischer und sentimentaler Lieder einen ergänzenden Beweis zu der unwiderlegten Behauptung, daß die Novemberrevolution große Ideenarmut und inneren Zusammenbruch, nicht aber revolutionäre Begeisterung offenbarte.

Es ist schon die Luckhardtsche Fassung. Schade für die Soldaten, daß Luckhardt Pottiers fünfte Strophe nicht übersetzt hatte («Unsere Kugeln für unsere eigenen Generäle»).

1918/III

Der Gründungsparteitag der KPD schließt laut genauem Protokoll am 1. 1. 1919 durch die Worte des Vorsitzenden Wilhelm Pieck:[31]

«Genossen, ich glaube die Konferenz am besten zu schließen, wenn ich Sie auffordere, mit mir einzustimmen in ein Hoch auf die internationale sozialistische Weltrevolution: Sie lebe hoch! (Die Versammlung stimmt in den dreimaligen Hochruf ein.)

Die Konferenz ist geschlossen. (Schluß 3 Uhr.)»

Die *Internationale* wird nicht gesungen!

Herr Pieck sagt «Sie» zu den Genossen!

Ein dreifach Hoch!

Ein Bremer Rentner, ehemals Zeitungssetzer und Anhänger der antiparlamentarischen und antigewerkschaftlichen Gruppe «Rote Kämpfer» (linksoppositionell zur KPD), im Hitler-Faschismus mehrfach inhaftiert, erzählte uns im Januar 1978:

«Die *Internationale*, das ist so fast das erste gewesen, was mich mit der Arbeiterbewegung in Verbindung gebracht hat.

Ich war ja deutschnational begeistert und für die Kirche, so war man erzogen. Mein Vater arbeitete auf der Ziegelei, und wir waren fünf Geschwister. Ich weiß noch, wie ich, als der Krieg anfing, mich wunderte über die Leute und fragte: ‹Ja, freut ihr euch denn gar nicht, daß Krieg ist?› Ja, und dann war der Krieg zu Ende, und so langsam dämmerte es dann ja. Ich kam in die Lehre. Das dauerte gar nicht lange, da traf ich meine Schulfreunde, die bei uns in Rinteln auf der anderen Seite der Weser wohnten, auf der ‹Hütte› – die ‹Hütte›, das war die Glasfabrik. Da wohnten denn die richtigen Proletarier. Wir waren auch eine Proletarierfamilie, aber wir stammten vom Lande, aber auf der ‹Hütte›, da sammelten sich die Sozialdemokraten und die Kommunisten. Am 1. Mai 1919 – ich war ja jetzt Stift bei uns in der Zeitung und mußte gerade den Wetterbericht von der Post abholen –, da demonstrierten die Arbeiter von der ‹Hütte›: ‹Albert, Mensch, du gehst zur Arbeit?!› riefen sie mich an, meine Schulfreunde im Zug, und ich genierte mich so 'n bißchen. Aber ich war schon begeistert mit dafür, guckte mir das an, und dann schreibt unser Redakteur in der Zeitung, das würden die Arbeiter noch mal schwer bereuen! Was für ein Irrweg sie jetzt gehen, daß sie jetzt mit der *Internationale* und roten Fahnen aufmarschieren! Und am nächsten Sonntag sagt mein Vater zu mir: ‹Albert, geh doch mal Zigarren holen!› Ich komme durch die Gasse und sehe mit einmal, wie am Sonntagmorgen

31 Protokoll des Gründungsparteitages der Kommunistischen Partei Deutschlands, Berlin (DDR) 1972, S. 312.

die Arbeiter da aufmarschieren von der ‹Hütte› wieder, und gerade schwenken sie vor das Haus meines Chefs ein. Und ich stand dazwischen, und er stand am Fenster. Sie demonstrierten wegen dieser Notiz da in der Zeitung. Das war damals selbstverständlich: Das lassen wir uns doch nicht gefallen! Und da haben sie auch die *Internationale* gesungen.

Und dann dauerte das gar nicht lange – wir waren da Naturfreunde gewesen und hatten schon für uns mal Wanderungen gemacht –, da wurde unsere Naturfreunde-Gruppe gegründet. Die waren überwiegend kommunistisch eingestellt. Und auch die sozialdemokratische Jugend war überwiegend in der Naturfreunde-Gruppe organisiert. Nach einem Jahr wollten die dann die Sozialdemokratische Arbeiterjugend gründen. Das gab dann so eine Unruhe: ‹Hier, wir gehören doch alle zusammen!› Wir sind gewandert, wir sind marschiert. Aber die *Internationale*, die war bei jeder Gelegenheit dabei. Das ‹Kommunistische Manifest›, das habe ich weit später kennengelernt oder überhaupt kommunistische Broschüren und marxistische Broschüren. Aber die *Internationale*, die sagte uns alles. Die gab uns ein Weltbild. ‹Wacht auf, Verdammte dieser Erde!›, da war ja die Menschheit angesprochen, da hatte man Ziele, da wußte man, wofür. Da hatte man was gelernt ohne alles Theoretisieren, ohne das man was ‹gelernt› hatte. Und solche Sätze wie ‹die stets man noch zum Hungern zwingt›, sicher, gehungert habe ich nicht. Aber wenn man das erweitert, dann ist dieser Hunger ja auch heute noch da. Wenn ich nur damit zufrieden bin, daß ich für die andern schaffen muß, ja! Wenn ich aber meine, teilhaben zu müssen am Leben, dann hat die *Internationale* heute noch ihre Berechtigung. Sie war für uns das erste und auch immer das Bedeutendste, was bei jeder Gelegenheit kam. Später kamen dann ja noch die anderen Lieder dazu: ‹Dem Morgenrot entgegen, ihr Kampfgenossen all› und so weiter.[32] Und das war selbstverständlich, daß wir alle Lieder auswendig sangen, ohne Liederbuch. Wir hatten ja auch noch gar keine Bücher.

Ich erinnere mich noch an eine Nachtwanderung von Rinteln zum Hermannsdenkmal bei Detmold, die ganze Nacht durch bis nächsten Morgen um 11 Uhr. Und dann ganz romantisch, bei Mondschein, haben wir eine Rast gemacht. Dann spielte einer auf der Flöte. Und dann mit einemal doch wieder: Kampflieder! Die waren eben immer dabei. Oder bei einer Demonstration in Hameln: Da war die *Internationale* immer dabei.

Und dann später in der Stadt, wenn man dann die Leute traf und zusammen zu dem Treffpunkt ging, dann wurde immer gesungen, und auch die *Internationale*. Das war ganz anders als heute. Und in den Versammlungen, das war selbstverständlich, daß dann mindestens zum Schluß auch die *Internationale* gesungen wurde,[33] manchmal auch bei Nazi-Kundgebungen, wenn da viel Arbeiter da waren, also viel Oppositionelle, da wurde die *Internationale* angestimmt. Das war der Protest denen gegenüber, wenn sie uns nicht rausjagten.

32 Lied der Jugend, vgl. S. 231.
33 Vgl. auch den Bericht eines alten KP-Mitgliedes, S. 186.

Und die Parteiversammlungen wurden auch immer durch die *Internationale* abgeschlossen, genau wie heute. Aber das wurde nicht bekanntgegeben, das kam irgendwie spontan. Wir haben das nicht so banal oder ritualisiert empfunden, wie es heute manchmal in solchen Versammlungen ist. Das ist der Unterschied dazu. Und es sagte eigentlich mehr.

Bei meiner Frau, als ich die dort kennenlernte, war das ganz anders. Die kannte die *Internationale* von zu Hause. Ihr Vater war sehr aktiv gewesen. Die haben viel gesungen zu Hause, und da wurde auch das gesungen. Und als ich sie kennenlernte – da war sie noch 17 –, sind wir zusammen zu Veranstaltungen gegangen und haben es mitgesungen. Aber die sangen es auch zu Hause mit Freundinnen, die in der KPD waren. Das war eigentlich selbstverständlich. Das gehörte dazu. Das war also nicht nur so um des Singens willen, sondern eben um einer Sache willen, auch der *Sozialistenmarsch* oder *Brüder, zur Sonne*, das gehörte so zum Liedgut mit dazu.

Und als wir dann später um 1930 zu den großen kommunistischen Versammlungen und Demonstrationen gingen, da war es selbstverständlich, daß die *Internationale* gesungen wurde, und auch von Leuten von der SPD, die da mit dabei waren, also z. B. bei 1. Mai-Kundgebungen. Da waren ja die von der SPD auch dabei, und da wurde bestimmt die *Internationale* gesungen. Das waren ja Gewerkschaftsmitglieder und die Arbeiterjugend. Vielleicht sangen sie es seltener, als es bei der KPD gesungen wurde, und wohl kaum bei Veranstaltungen von der Eisernen Front, wo ja außer der SPD noch die ganzen Mittelparteien drin waren. Das war ja diese linksbürgerlich-sozialdemokratische Bewegung, der Versuch, die Entwicklung aufzuhalten.»

Dieser Arbeiter wies uns auch darauf hin, daß – wie bereits erwähnt (S. 186) – die *Internationale* zu seiner Jugendzeit noch vierstrophig gesungen wurde. Überhaupt war das Lied damals noch in Bewegung, man machte etwas damit. Es entstanden neue Strophen, eine z. B. im Jahre 1920.

Erhard Lucas, Autor mehrerer Bücher über die Märzrevolution (Verlag Roter Stern), schrieb uns dazu:

«Im März 1920 sangen bewaffnete Arbeiter am ‹Waldschlößchen› in Walsum, einer Gaststätte, die während des Aufstandes zu einer Kampfleitung und einem zentralen Nachschubpunkt umfunktioniert wurde, die ‹Internationale› mit einer neuen Strophe:

Laßt los die Hebel der Maschinen,
Zum Kampf heraus aus der Fabrik!
Dem Werk der Zukunft wolln wir dienen,
der freien Räterepublik!
Nieder mit der Vaterländer Grenzen,
nieder mit dem Bruderkrieg!
Der Freiheit Morgenfarben glänzen,
die rote Fahne führt zum Sieg.
Grausig tönen Fanfaren,
auf zum letzten Gericht!

Der Galgen den Barbaren,
dem Volk das Sonnenlicht.

(Mitteilung von Heinrich Köster, 1920 Mitglied der Roten Ruhrarmee, an Christoph Ebner, Witten)»

«Dem Volk das Sonnenlicht!» Das klingt, da es ja wohl überwiegend von Bergleuten gesungen wurde, wie das Dunkel-Hell-Bild der Befreiung, das schon in älteren Bergmannsliedern vorkommt (auch in *Brüder, zur Sonne, zur Freiheit*), so in einem Lied von Heinrich Kämpchen während des Ruhrstreiks 1889, das zu der Melodie von *Wohlauf, Kameraden, auf's Pferd* (aus «Wallensteins Lager» von Schiller) gesungen wurde und als *Internationales Knappenlied* wieder im Streik 1909 gesungen wurde:[34]

Bemerkenswert ist an der Zusatzstrophe von 1920 auch, wie offen hier kommunistische und christliche Vorstellungen ineinander verwoben wurden: Die Revolution erscheint wie das Jüngste Gericht, wo die Menschheit in Sünder und Fromme geschieden werden, die im Fegefeuer (Galgen) oder im Paradies (Sonnenlicht) landen. Aus diesem Grunde erscheint auch der künftige Untergang der Unterdrücker geradezu als strafende, überirdische Gerechtigkeit. Warum sollten die Fanfaren sonst «grausig» tönen wie die des Jüngsten Gerichts?

34 Vgl. Inge Lammel: Das Arbeiterlied . . ., a. a. O., S. 49. Das gleiche Dunkel-Hell-Bild gibt es auch in einem anderen Knappen-Lied von 1889, vgl. S. 40.

1920
Die Revolution ist von den Freikorps niedergeschlagen.
Die Räterepubliken haben nur kurze Zeit existiert.
In der Münchner Räterepublik gibt es aber nicht nur den äußeren Feind, die «weißen» Truppen, von Bamberg durch die SPD-Exilregierung gesandt, sondern es gibt auch den inneren Feind, die Konkurrenz und Zerstrittenheit in der Führung der Republik, auf der einen Seite die KPD, auf der anderen Leute wie Ernst Toller (USPD) oder Erich Mühsam (Anarchist).
Als die Freikorps die Republik im Jahre 1919 zerstört haben, werden viele Revolutionäre erschossen, manche erhalten Festungshaft, so auch die beiden linken Schriftsteller:
Ernst Toller sitzt in der Festung Ansbach.
Erich Mühsam sitzt in der Festung Niederschönenfeld.
Toller im Januar 1920,
Mühsam im November 1920:
Beide tun das gleiche:
Sie übersetzen die *Internationale* neu!

(Vgl. I. Lammel, Politisches Lied und Volkslied in der Gesangspraxis der Arbeiterklasse, a. a. O., S. 43)

Die Direktheit und Radikalität, die in der zusätzlichen Strophe von 1920 liegt, erscheint auch in anderen ergänzenden Dichtungen zur *Internationale*, die in jener Zeit entstanden.

Um 1925 schrieb der kommunistsche Dichter Franz Carl Weiskopf zwei Zusatzstrophen für die Kampforganisation der KPD, den «Roten Frontkämpfer-Bund», und für die «Rote Jungfront». Diese Strophen wurden im RFB, aber auch als selbständiges Lied gesungen:[35]

Rot Front! Der Börsenjobber zittert,
es wackeln Geldschrank und Altar.
Rot Front! Die alte Fessel splittert,
das Eigentum ist in Gefahr.
Hände hoch, ihr auf der andern Seite!
Die Waffen nieder! Ausregiert!
Die alte Welt geht schmählich pleite:
Rot Front marschiert, Rot Front marschiert!

35 Lieder des Roten Frontkämpferbundes, hg. Elfriede Berger und Inge Lammel (Das Lied im Kampf geboren, Heft 8), Leipzig 1960. Als wichtige Information steht nach dem Liedabdruck S. 28, hier sei wohl 1925 in einem deutschen Arbeiterliederbuch die früheste Melodieaufzeichnung der *Internationale* zu finden, während vorher nur der Text oder – auch schon vor 1914 – eine Chorpartitur abgedruckt worden sei für den Gebrauch in den Arbeiterchören.

Vorwärts, hört die Signale!
Tritt gefaßt, links, zwei, drei!
Die Internationale
ist unser Feldgeschrei!

Rot Front! Die Jungfront an die Spitze!
Die Straße frei, du alte Welt!
Der Hammer dröhnt, die Sichel schneidet,
die Kette bricht, die Mauer fällt.
Her zu uns! Aus Dörfern und Fabriken
kommt, Genossen, reiht euch ein!
Die Kerker auf und die Kasernen:
Wer unten war, wird oben sein!

Vorwärts, hört die Signale . . .

Diese Praxis der Neutextierung alter Melodien je nach Bedürfnis und Gelegenheit ist die Praxis des Volksliedes seit altersher. Ohne diese Praxis keine Volkskultur. Schon von daher ist die These, die Schlager seien die Volkslieder unserer Zeit, abwegig.

Entweder man griff auf Melodien nur ihres Bekanntheitsgrades wegen zurück ohne Rücksicht auf den alten Textzusammenhang. Einziges Ziel war dabei: Möglichst viele sollen das Lied möglichst schnell und einfach singen können. Oder man wählte die zu übernehmende Melodie gerade nach dem alten Textzusammenhang aus. Dies war hauptsächlich in der Arbeiterbewegung üblich. Die Übernahme alter Arbeiterlieder-Melodien für neue Texte bedeutete, mit der Auswahl der alten Melodie und mit deren Gesang immer wieder den geschichtlichen Zusammenhang des proletarischen Kampfes konkret zu erfahren. So war im Gesang von neuen Strophen auf die Melodie der *Internationale* immer auch der Zusammenhang mit den Kämpfen und Kämpfern der Pariser Kommune präsent. Dieses Verfahren konnte auch ironisch verwendet werden, wie noch an einem Beispiel gezeigt wird (S. 237).

Exkurs
Zwei alte Liedmelodien im Gebrauch der deutschen Arbeiterbewegung

Viele Lieder der deutschen Arbeiterbewegung wurden auf solche «klassischen» Melodien aus Widerstands- und Freiheitsliedern gesungen.

Eine sehr beliebte Melodie war die des Liedes *Zu Mantua in Banden* auf den Tod des Tiroler Freiheitskämpfers Andreas Hofer, der 1810 von napoleonischen Soldaten hingerichtet wurde. Der von Julius Mosen 1831 gedichtete Text verlor sich aus den Gedächtnissen, aber der 1844 dazu gemachten Melodie haftete noch lange der alte Freiheitskämpfer-Gehalt an. Johannes Most schrieb darauf das Parteilied *Die Arbeitsmänner* zur Entstehung der 1869 von August Bebel und Karl Liebknecht gegründeten «Sozialdemokratischen Arbeiterpartei». Erste und letzte Strophe mit Refrains lauten:

Wer schafft das Gold zutage?
Wer hämmert Erz und Stein?
Wer webet Tuch und Seide?
Wer bauet Korn und Wein?
Wer gibt den Reichen all ihr Brot
Und lebt dabei in bittrer Not?
Das sind die Arbeitsmänner, das Proletariat,
das sind die Arbeitsmänner, das Proletariat.

Ihr habt die Macht in Händen,
wenn ihr nur einig seid!
Drum haltet fest zusammen,
dann seid ihr bald befreit.
Drängt Sturmschritt vorwärts in den Streit,
wenn auch der Feind Kartätschen speit.
Dann siegt, ihr Arbeitsmänner, das Proletariat,
dann siegt, ihr Arbeitsmänner, das Proletariat!

Bemerkenswert ist der Wandel der Refraintexte. Lautet der Refrain der zweiten Strophe noch wie der der ersten, so heißt der der dritten «Wacht auf, ihr Arbeitsmänner, auf Proletariat!», während der der vierten («Zum Kampf, ihr Arbeitsmänner! Auf, Proletariat!») schon zum angegebenen Refrain der Schlußstrophe überleitet.

Dieses Prinzip, das an anderer Stelle noch erörtert wird (S. 309), ist dann 1907 von dem Bremer Heinrich Arnulf Eildermann in sein heute noch bekanntes und beliebtes *Lied der Jugend* übernommen worden («Dem Morgenrot entgegen, ihr Kampfgenossen all! Bald siegt ihr allerwegen, bald weicht der Feinde Wall!»), in dem nach viermaligem Refrain «Wir sind die junge Garde des Proletariats» der Schlußrefrain folgt «Vorwärts, du junge Garde des Proletariats!» (Ab 1922 war dies das Lied der Jugend in der Sowjetunion, das *Lied des Komsomol.*)

In der gleichen Zeit entstand auch ein Lied zum 1. Mai auf die gleiche Melodie: *Der Weltfeiertag* mit dem Refrain «Es grünt der Völker Maien, der Weltbefreiungstag!» Und aus den zwanziger Jahren sind zwei Neutextierungen der Melodie aus dem Roten Frontkämpferbund überliefert: *Die roten Sturmkolonnen* und *Hoch, rote Fahne.* In beiden Fällen sind die Autoren unbekannt. Die jeweils letzten Strophen lauten:

Aufstehn der Freiheit Männer,
Liebknecht und Held Lenin,
Rosa und all die Kämpfer,
die deckt der Rasen grün.
Ihr Geist belebet unsren Sinn,
sie führen uns zur Freiheit hin!

Sie führn die roten Fronten
zum letzten heilgen Sieg!

und

Und wenn die Meute bellet,
gewappnet stehn wir dann;
an unsrer Kraft zerschellet
der Feinde Lügenbann.
Rot-Front soll es dann schallen
auf weitem Erdenrund!

Wir siegen oder fallen
für den Sowjet-Völkerbund.[36]

Es ist vielleicht ganz erhellend für den heutigen Leser, einmal die «normalen» kommunistischen Lieder kennenzulernen, nicht immer nur die Spitzenprodukte von Bertolt Brecht und Hanns Eisler. Wie nahe sind doch manche Textwendungen und -bilder Liedteilen der rechten Kampfgruppen der Zeit, wie ähnlich sind sich doch in der kämpfenden Masse der beiden Richtungen noch manche Bilder von Kampf, Opfer und Sieg!

Wenn der Arbeiter von 1930 auf dem Laufenden war, kannte er sogar

36 Die drei letzten Texte aus den beiden schon genannten Heften der Reihe «Das Lied im Kampf geboren» (Lieder vom 1. Mai; Lieder des roten Frontkämpferbundes)

noch eine weitere Fassung. Sie kann all denen Mut machen, die sich durch die vermeintliche Autorität und Heiligkeit der alten Lieder gehemmt fühlen bei dem Wunsch, einmal ein bißchen an den Texten zu ändern und zu aktualisieren. Hier geht es nämlich um eine Parodie, die heute noch verwendbar ist.

Die Fassung steht in Heft 1 (Januar 1929) der Zeitschrift «Das rote Sprachrohr. Material für Agitprop-Truppen und Arbeiter-Theater-Vereine», herausgegeben vom Zentral-Agitprop der KPD und des KJVD. «Das rote Sprachrohr» war der Name einer der bekanntesten Berliner Agitprop-Truppen der Zeit (sie ist auch im Film «Kuhle Wampe» von Brecht, Dudow und Eisler zu sehen und zu hören).

In diesem Heft steht der *Gesang der Männer vom Hauptvorstand* von Hermann Schatte:

1. Wir sind die mächtigste Partei,
wir sind die SPD.
Wir habens herrlich weit gebracht.
Wir sind ohn Sorg und Weh.
Proleten leiden bittre Not;
wir aber werden satt und rot.
Wir sind ja auch die Männer
vom Haupt-, vom Hauptvorstand.

2. Wer plagt vom frühen Morgen
sich bis zur späten Nacht?
Wir nicht. Wir haben Gelder,
Bequemlichkeit und Pracht.
Wer steht mit an dem Weltenrad,
wer sitzt im bürgerlichen Staat?
Das sind die wackren Männer
vom Haupt-, vom Hauptvorstand.

3. Wer kroch von je mit Zittern
in der Tyrannen Steiß,
wer roch gewaltge Dünste,
wer opferte viel Schweiß.
O Volk, glaub nie, daß du es bist,
das immerfort betrogen ist.
Glaub immer nur den Männern
vom Haupt-, vom Hauptvorstand.

4. Wir raffen uns zusammen
und schwören: schwarz-gold-rot.
Wir haben nichts zu fürchten,
wir haben unser Brot.
Wir sind ja nicht so ungeschlacht
wie der Prolet vom Kohlenschacht.
Wir sind ja doch die Männer
vom Haupt-, vom Hauptvorstand.

5. Wir ham die Macht in Händen,
wir sind die Herren hier.
Prolet, du hältst die Schnauze,
denn hier diktieren wir.
Wir gehen gern um jeden Streit,
dieweil der Feind so schrecklich speit.
Ja, schlau sind stets die Männer
vom Haupt-, vom Hauptvorstand.

Nicht mehr verwendbar ist heute der Zusatz der Redaktion, jedenfalls sein 2. Teil:

«Man erhöht den Wert des Liedes, wenn man den Leuten einige Köpfe vom Hauptvorstand aufsetzt (sehr einfach) oder Schilder umhängt mit den einzelnen Namen. Leider hat der Genosse Dichter einen guten wirksamen Schluß vergessen, das müssen die Genossen Spieler nachholen. Am besten so: Aus dem Saale springen am Schluß eine paar kräftige Arbeiter, sagen: so seht ihr also in Wirklichkeit aus, und von euch haben wir uns seit 1914 durch allen Dreck und allen Verrat ziehen lassen. – Arbeiter, Genossen, mit dem heutigen Tage verlassen wir den Hauptvorstand und die SPD und treten in die Kommunistische Partei ein.»

In diesem Lied wird die Übernahme der Melodie ironisch gewendet, und der Bezug zu der Geschichte liegt nicht nur in der Melodieübernahme, sondern auch im Übernehmen einzelner Textwendungen aus den *Arbeitsmännern* («Proleten leiden bittre Not» oder «Wir ham die Macht in Händen»), aber auch – gleich zu Beginn wie ein Motto! – zur *Internationale*: «Wir sind die mächtigste Partei!» Das ist die blasphemische Umdrehung von «In Stadt und Land, ihr Arbeitsleute, wir sind die stärkste der Parteien!» Während in der *Internationale* an dieser Stelle nicht unbedingt eine politische Partei, sondern eine Volksmasse mit gleich motivierter und gleich gerichteter Parteilichkeit gemeint ist, klappt in der Parodie von Schatte der Text nach der übernommenen großen Geste von der «mächtigsten Partei» in sich zusammen: «Wir sind die SPD!»

Ein anderes Musterbeispiel für die Melodieübernahme in der deutschen Arbeiterbewegung ist die *Marseillaise* des Rouget de Lisle von 1792. Bis in die zwanziger Jahre des 20. Jahrhunderts hinein war sie Symbolmelodie deutscher Freiheits- und Arbeiterlieder.

Angefangen hat die Eindeutschung des Textes bereits im Jahr der Entstehung, 1792, als ein Flugblatt erschien, auf dem das Lied mit dem Textbeginn auftauchte: «Auf, Franken, eilet zum Gefechte!» Selbst Hegel fertigte schon zu diesem frühen Zeitpunkt eine Übersetzung an.

Im 19. Jahrhundert gab es dann eine solche Flut von deutschen Neutextierungen, daß es völlig unmöglich wäre, sie hier alle aufzuzählen: *Marseillaise*-Fassungen zu bestimmten Streikbewegungen, zu Wahlen, zum Arbeitersport, selbst zu Weihnachten.[37]

37 Die vorangegangenen Informationen stammen von Inge Lammel aus dem bereits zitierten Aufsatz «Politisches Lied und Volkslied in der Gesangspraxis der

Wir geben hier nur eine begrenzte Auswahl wieder, die aber doch einen Einblick in die Popularität und Bearbeitungspraxis dieses Liedes vermitteln kann.

Bänkelsängerlied

auf den Kommunistenprozeß 1847 gegen Hätzel, Mentel und andere.
Verfasser: Der Goldschmiedegeselle Ludwig Bisky

Höret, was ich euch berichte,
hört die schreckliche Geschichte
von dem Kommunistenfang;
so sich in den jüngsten Tagen
zu Berlin hat zugetragen,
hört den schaurigen Gesang.

In der alten Jacobstraße
bei dem biergefüllten Glase
saßen zweiundzwanzig Mann;
sammt und sonders schlechte Christen
Atheisten, Kommunisten –
Herrgott, sieh uns gnädig an!

Lauter Miß- und Übeltäter
Hoch- und Vaterlandsverräter
und Verschwörer bei der Nacht.
Doch am Tage simple Schneider,
Tischler, Schuster und so weiter
Handwerksleute kurz gefaßt!

Aßen Butterbrot und Käse
sangen froh die Marseillaise!
Schimpften mörderisch dabei
auf das Geld und auf den König
auf die Pfaffen auch nicht wenig,
und die heilge Polizei . . .

und so weiter

(Aus: Ernst Schräpler: Handwerksbünde und Arbeitervereine 1830–1853, Berlin 1972, S. 301f)

Während der Revolution 1848/49 gab es mehrere Neudichtungen. Eine ist die *Reveille* («Weckruf») des Dichters Ferdinand Freiligrath, die «mit donnerndem Beifall und einem dreifachen Hoch auf den Dichter» bei der Revolutionsfeier am 19. 3. 1849 auf dem Kölner Gürzenich begrüßt wurde. Erste Strophe und Refrain lauten (Melodie vgl. S. 213):[38]

Arbeiterklasse», a. a. O., S. 46f. Dort ist auch Spezialliteratur zur Geschichte der Melodie in Deutschland angegeben.

38 Inge Lammel: Das Arbeiterlied, a. a. O., S. 221 und S. 97.

Frisch auf zur Weise von Marseille,
frisch auf ein Lied mit hellem Ton!
Singt es hinaus als die Reveille
der neuen Revolution,
der neuen Revolution!
Der neuen, die mit Schwert und Lanze
die letzte Fessel bald zerbricht –
der alten halben singt es nicht!
Uns gilt die neue nur, die ganze!

Die neue Rebellion!
Die ganze Rebellion!
Marsch! Marsch!
Marsch! Marsch!
Marsch! Wär's zum Tod!
Und unsre Fahn' ist rot!

Hier wird der historische Sinn der Melodieübernahme, der Rückbezug auf eine vorangegangene Revolution und die Identifizierung mit ihren Kämpfern, sogar am Textbeginn ausdrücklich benannt, eine intellektuell geprägte Offenlegung des Volksmusik-Prinzips.

Eine andere dieser Neudichtungen ist der *Aufruf* des Schumachers Heinrich Bauer aus dem Jahr 1849, kein bürgerliches Freiheitslied mehr wie das vorangegangene, sondern ein Arbeiterlied, wie Strophe 1 und Refrain zeigen.[39]

Auf, Proletarier, Arbeitsleute!
Auf, die ihr wirket Tag und Nacht!
Die Stunde schlägt, sie ruft zum Streite:
Auf, Brüder, mutig in die Schlacht!
Verlasset jetzt die Arbeitsstätten,
Landmann, verlasse deinen Pflug!
Es ist gewirkt, geschafft genug –
Wir wollen uns befrein von Ketten!

Auf, Proletarier all!
Das Werk ist bald getan!
Steht Mann für Mann!
Es kommt zum Fall –
Der Freiheit Tag bricht an!

Die *Arbeitermarseillaise* («Wohlan, wer Recht und Wahrheit achtet») des Hamburger Schlossers Jacob Audorf wurde dann das Parteilied von Ferdinand Lassalles 1863 gegründetem Allgemeinen Deutschen Arbeiter-Verein und verdrängte in dieser Funktion das von Lassalle eigens zu diesem Zweck von Georg Herwegh bestellte *Bundeslied* («Bet' und arbeit', ruft die Welt»), da die Fassung von Audorf «bei ungleich gerin-

39 Ebenda, S. 33.

gerem dichterischen Werte . . . durch die packende Melodie des Marseiller Marsches mehr einschmeichelte».[40]

Allerdings war der Text auch recht einschmeichelnd:[41]

Das freie Wahlrecht ist das Zeichen,
in dem wir siegen, nun wohlan!
Nicht predigen wir Haß den Reichen,
nur gleiches Recht für jedermann.
Die Lieb' soll uns zusammenketten,
wir strecken aus die Bruderhand,
aus geist'ger Schmach das Vaterland,
das Volk vom Elend zu erretten!
Nicht zählen wir den Feind,
nicht die Gefahren all.
Der Bahn, der kühnen, folgen wir,
die uns geführt Lassalle!

Man könnte sich geradezu vorstellen, daß Sozialdemokraten mit diesem Lied auf den Lippen in den Ersten Weltkrieg zogen und sich dort mit den bisherigen Unterdrückern gegen die «geist'ge Schmach des Vaterlands» verbrüdern konnten. Was für ein unglaublicher Rückschritt gegenüber dem *Aufruf* von Bauer, welch bedeutsamer Unterschied zum Parteilied *Die Arbeitsmänner* der alten SPD (vgl. S. 230)!

Hanns Eisler hat später auf einen Text von Kurt Tucholsky ein Lied über das Bewußtsein geschrieben, das in einem solchen Arbeiterlied stecken kann: *Sozialdemokratischer Parteitag* (Letzte Strophe S. 237).

In dessen Schlußstrophe werden der alte Text und die alte Melodie recht giftig zitiert. Aber ist der Textschluß («Wir sind noch nie so weit entfernt gewesen . . .») doppelte Ironie? Da ist doch «die kühne Bahn, die uns geführt Lassalle», als eine gute Bahn bewertet. Durch das Zitat hat die Stelle eine sehr vielschichtige politische Bedeutung erhalten.

Vielen Arbeitern schien aber schon im 19. Jahrhundert der Text der *Arbeitermarseillaise* trotz seiner Beliebtheit auch nicht recht geheuer zu sein. Statt des Refrains z. B. wurde wegen dessen «starken Personen-Cultus» (zeitgenössische Äußerung) oft lieber der von Freiligraths *Reveille* gesungen («Marsch! Wär's zum Tod! Denn unsre Fahn' ist rot!»). In dieser Fassung wurde das Lied dann auch verboten, nicht jedoch in der mit Audorfs Refrain. Welche massenfernen Züge die SPD schon damals haben konnte, zeigt der Abdruck des Liedes in einem sozialdemokratischen Liederbuch von 1891. Es erschien dort in der unbeliebteren Fassung mit dem Hinweis, man müsse entschuldigen, aber der Autor Audorf habe auf dem Abdruck seiner unversehrten Fassung bestanden.[42] Das Eigentumsrecht steht über dem Allgemeinbesitz!

40 Franz Mehring 1913; zit. nach I. Lammel: Das Arbeiterlied . . ., a. a. O., S. 37.

41 Ebenda, S. 37f.

42 Alle diese Hinweise stammen aus dem genannten Buch von Inge Lammel, S. 37ff.

Uns imponieren schrecklich die enormen
Zigarren, Autos und die Umgangsformen –
    Man ist ja schließlich doch kein Bolschewist.
Die Rechte grinst, und alle Englein lachen.
Wir sehen nicht, was sie da mit uns machen,
    nicht die Gefahren all . . .
Skatbrüder sind wir, die den Marx gelesen.
Wir sind noch nie so weit entfernt gewesen,
    von jener Bahn, die uns geführt Lassall'!

Parallel zu dieser Fassung wurde im Kampf um die Verkürzung der Arbeitszeit die *Achtstunden-Marseillaise* von Ernst Klaer gesungen, vor allem zum 1. Mai. Anfangs- sowie Schlußstrophe und Refrain lauten:[43]

Ihr Männer all, ob euch der Kittel,
ob euch die blaue Bluse schmückt –
in euren Händen ruht das Mittel,
zu ändern, was euch schwer bedrückt.
Reicht euch die Hand, schließt euch zusammen
zu einem großen Bruderbund,
und übers ganze Erdenrund
wird wie ein Blitz die Losung flammen:

Gebt den Achtstunden-Tag!
Verkürzt der Arbeit Plag!
Zum Siegeszug
die Trommel schlug.
Acht Stunden sind genug!
. . .

Schon rafft sich rings in allen Ländern
empor das Proletariat.
Das Los der Armen soll sich ändern,
und ändern soll sich's durch den Staat.
Oh, wenn wir fest zusammenstehen,
wer will uns weigern unser Recht?
Empor, empor, du neu Geschlecht,
laß trotzig deine Banner wehen!

Gebt den Achtstunden-Tag!
. . .

«Ändern soll sich's durch den Staat!» Dies wurde von Proletariern gesungen, die doch in anderen Liedern wie der *Internationale* recht offen für den Sturz des Staates eintraten! Klingt das nicht etwas nach dem «Wir reichen euch die Bruderhand» in der *Arbeitermarseillaise* von Audorf? Es ist leider wenig bekannt darüber, wie die unterschiedlichen ideologischen Strömungen in der alten SPD vor dem Ersten Weltkrieg sich auch im Liedersingen äußerten. Daß alle diese alten Lieder nebeneinander her gesungen wurden, muß man glauben, wenn man weiß, daß durchaus auch noch in den zwanziger Jahren nebeneinander die *Internationale* und ein so politisch schwammiges Lied wie *Brüder, zur Sonne, zur Freiheit* gesungen wurde, auch innerhalb der KPD. Offenbar wurden viele Lieder nicht textkritisch betrachtet, sondern als Abzeichen und Symbole bestimmter politischer Ereignisse verwendet und begriffen, so *Brüder, zur Sonne* als Symbol der Russischen Revolution und der eigenen Nachfolge auf diesem Weg.

Wie wenig wir heute von den kulturellen Überlegungen und Aktivitäten der alten SPD und dann auch der KPD verstehen, zeigt auch ein anderes Beispiel: In den zwanziger Jahren hatte die Melodie der *Marseil-*

43 Lieder zum 1. Mai, a. a. O., S. 9f.

laise noch so viel Kraft und Bedeutung, daß sogar der Rote Frontkämpferbund der KPD, eine besonders radikale Organisation, eine Neufassung der *Marseillaise* sang, dazu noch mit einem Textelement aus Freiligraths *Reveille* («Die alte Rebellion»).[44] Offenbar war die Tatsache, daß es sich sowohl bei der Französischen als auch der 48er Revolution um weitgehend bürgerliche Erscheinungen gehandelt hatte – das war ja von Marx hinreichend dargestellt worden! –, kein Grund, der diese musikalische Praxis verhinderte. Hauptsache war wohl die revolutionäre Geste in der Melodie. Daß auch in Melodien der Unterschied von Bürgertum und Proletariat deutlich werden könnte, scheint damals noch nicht Gegenstand der Reflexion gewesen zu sein. Und dieser Gedanke stößt ja heute noch auf verbreitetes Unverständnis, ja auf Widerwillen und Widerstand, so als wolle man die Musik als letzten Zufluchtsort der Bewußtlosigkeit hartnäckig verteidigen und dort Manifestationen von Klasseninteressen oder Klassenkämpfen nicht gelten lassen.

Sie stehet auf und weckt die Massen,
sie lebt, die alte Rebellion.
Sie will die Völker all umfassen,
den Herrschern zahlen ihren Lohn.
Kam'raden, laßt uns nicht verzagen!
Schwer ist der Kampf, doch groß das Ziel.
Es sei! Es gilt! Als wär's zum Spiel,
laßt uns das letzte tun und wagen.

Rot Front! Wir treten an!
Jungsturm, auf, Mann für Mann!
Die KPD, Lenins Partei,
sie macht die Menschheit frei!

Eine Hausfrau, Tochter eines Gefängnisbeamten aus Ostpreußen (durch Heirat abgebrochenes Studium), erzählte uns im Januar 1978 folgendes:

Es muß so 1923 bis 25 gewesen sein, als ich zum erstenmal die *Internationale* gehört habe. Und zwar, das war zu Hause in Insterburg. Und das war da hinten in unserer Straße, da wo die Chaussee nach Königsberg anfing, da war das Vereinslokal von der Kommunistischen Partei. Und die machten öfter damals Umzüge, und zwar haben sie dann verschiedene Lieder gesungen mit Schalmeikapellen. Da haben sie auch die *Internationale* gesungen. Das weiß ich noch ganz genau: Die Musik der Schalmeikapellen fand ich ganz ausgezeichnet. Das waren so aufreizende und scharfe Klänge. Und dazu dieses Lied, das hat mich sehr beeindruckt, und es wirkte auf mich ähnlich wie die *Marseillaise*, eigentlich die beiden Lieder, die ich für eine Volksbewegung ausgezeichnet finde. Aber erstensmal habe ich gar nicht den Text verstanden. Ich wußte nur so ungefähr, worum es geht: Daß es ein Lied der Arbeiter aus der ganzen Welt wäre, die sich vereinigen wollten gegen die Kapitalisten. Bloß den Refrain,

44 Lieder des roten Frontkämpfer-Bundes, a. a. O., S. 35

den hab ich natürlich mitgekriegt, und das ist auch das einzige, was ich dann noch so ungefähr kann: (singt) «Brüder, hört die Signale! Macht euch klar zum Gefecht! Die Internationale regiert das Menschenrecht!» Und es war mir auch klar, daß das aus der Russischen Revolution ist. Und das muß ich noch sagen: Dieses Lied kam mir immer sehr gefährlich vor. Dieses Lied ruft zum Kampf auf und zur Revolution, und da ich mich mit der Russischen Revolution ein bißchen beschäftigt hatte, hatte ich immer irgendwie Angst vor dem Lied, als ob dahinter gleich Mord und Totschlag käme. Nicht irgendwie was Aufbauendes, sondern was Zerstörendes. Das verband sich mir mit diesem Lied.

Später habe ich mich immer geschämt, daß ich den Text nicht konnte. Mir kommt es so vor, als ob man sowohl den Text von der *Internationalen* wie auch von der *Marseillaise* wie auch vom *Deutschlandlied* kennen muß, und zwar nicht aus irgendwelchen nationalen Gründen, sondern weil das wichtig ist zu wissen, was da für Bewegungen hinter stehen. Und deswegen nützt es nichts, wenn man die Melodie kann und die schick findet. Ich finde es wichtig, daß man den Text kann. Und den konnte ich nie, und das ist mir heute noch ärgerlich.

Die *Internationale* hatte jetzt bereits einen so hohen Bedeutungsgrad als Symbol der kommunistischen Weltrevolution, daß ihr Erklingen – wie das Erblicken des Roten Sternes – das Publikum stets scharf polarisierte: hier die enthusiastisch Zustimmenden, dort die Verängstigten oder Ablehnenden.

Man stelle sich einmal die Internationale während der zwanziger Jahre im Konzert vor oder im Theater oder in der Oper. Hierzu Beispiele.

Konzert

1924 kam Hanns Eisler von Wien nach Berlin und schloß sich der dortigen Arbeiterbewegung an.

1927 schrieb er «Vier Stücke für gemischten Chor» (op. 13), deren erstes (Vorspiel) zunächst sentimentale Chormusik-Klischees zitiert: religiöse Stimmung mit Kirchenglocken, dann Natur mit Wald und Echo, schließlich Liebe mit dem schönsten Mädchen. Nun fährt der Text aber anders fort:[44a]

Das heißt: Sich abwenden von der Wirklichkeit!
Das heißt: Sich abwenden von der Forderung des Tags!
Das heißt: Sich abwenden von unserm Kampf!
Auch unser Singen muß ein Kämpfen sein!
Wie steht's geschrieben?
Wir Proleten, wir haben nichts zu verlieren
als unsere Ketten und haben eine Welt zu gewinnen!

Also: Karl Marx: Kommunistisches Manifest, zitiert wie die Bibel (Jesus sagt auch immer «wie geschrieben stehet», wenn er auf das Alte Testament verweist!). Nach diesem großen Zeigefinger kommt ein Doppelpunkt: Und hinter ihm erhebt sich noch ein größerer Zeigefinger vor dem Publikum:

44a Hanns Eisler: Lieder und Kantaten, Bd. 5, Leipzig 1961, S. 155ff.

Wacht auf, Ver - damm-te die-ser Er - de! Wacht auf! Wacht auf!
Wacht
Wacht auf, Ver - damm-te die-ser Er de! Wacht auf! Wacht auf!
Wacht

Der bürgerliche Hörer mag erschreckt gewesen sein angesichts einer so geballten Ladung. Aber ist die triumphale Freude, die der Arbeiter dabei empfunden haben mag, so erfreulich? Sicher mag man es als Fortschritt ansehen, wenn die kommunistische Bewegung mit Texten und Melodien in den bürgerlichen Konzertsaal einbricht. Aber ist es ein Fortschritt, wenn der Arbeiter dort sitzt und darauf wartet, daß er einmal vor Freude aufspringen kann, wenn etwas aus der Welt seiner Kämpfe erklingt?

Theater

Anders war es in proletarischen Theateraufführungen mit Arbeiterpublikum. Dort wurde häufig das Lied gesungen anstelle des sonst üblichen Beifallklatschens. 1927 wurde Tollers «Hoppla, wir leben» am Proletarischen Theater von Erwin Piscator inszeniert. «Die Rote Fahne», Parteiorgan der KPD, schrieb:

«Die Arbeiter, die am Schluß der Vorstellung nach Piscator riefen und stehend die Internationale sangen, fühlten es in allen Fasern: Hier schafft ein Mann, der mit dir kämpft und fühlt.»

Ebenso heißt es von der Aufführung von Friedrich Wolfs «Matrosen von Cattaro» 1930 in der «Volksbühne»:

«Am Schluß der Vorstellung wird von einem Teil des Publikums die Internationale gesungen.»[45]

Da tritt das Publikum aus seiner passiven Rolle heraus und mit den Menschen auf der Bühne in Verbindung. Die Zuschauer sind nicht Unterhaltene oder Erschütterte, sondern wie die Schauspieler Mitproduzierende im gleichen Kampf. Sie verstehen das Stück nicht als Ausgleich zur Arbeit, sondern als Anleitung zum Kämpfen. Die *Internationale* ist ein Erkennungslied für die Gleichgesinnten im Publikum, ein Zeichen gemeinsamer Parteilichkeit. Der Bürgerliche, der sitzen bleibt und nicht singt, mag sich sehr betreten und peinlich fühlen, wenn da die Mehrzahl steht und singt, womöglich mit den Schauspielern zusammen, und wenn er nicht dazugehört. Dann soll ihn das Stück wohl auch nichts angehen, wenn die anderen so deutlich zeigen, daß es ihnen allein gehört?

Oper

Wie mag sich demgegenüber der Arbeiter in der Oper gefühlt haben, zum Beispiel bei Wagners «Meistersinger von Nürnberg», wenn der Chor im dritten Akt herausschreit: «Wach auf!» Und dann auch noch mit dem gleichen Tonschritt wie am Beginn der *Internationale*!

Das Nürnberger Volk singt dem Meistersinger und Schumacher Hans Sachs zur Verehrung ein Lied vor, das er selbst gemacht hat:

45 H. Ihering, H. Fetting: Ernst Busch, Berlin (DDR) 1965, S. 45 und S. 82.

*) Ausser SACHS singen alle Anwesenden diese Strophe mit: sie ist daher, je nach der Stimme in jede Gesangsparthie einzutragen. —
(Alle Sitzenden erheben sich; die Männer bleiben mit entblösstem Haupte. BECKMESSER bleibt, mit dem Memoriren des Gedichtes beschäftigt, hinter den andern Meistern versteckt, so dass er bei dieser Gelegenheit der Beachtung des Publicum's entzogen wird.)

Der gesamte Text lautet:

Wach auf! Es nahet gen den Tag.
Ich hör singen im grünen Hag
ein wonnigliche Nachtigall.
Ihr Stimm durchdringet Berg und Tal.
Die Nacht neigt sich zum Occident,
der Tag geht auf von Orient.
Die rotbrünstige Morgenröt'
her durch die trüben Wolken geht.

Und dann:

Heil Nürnbergs teurem Sachs! Heil! Heil!

Da sollen offenbar andere als ich aufwachen und zu einem anderen Zweck, wird der Arbeiter in seinem Sessel gedacht haben. Vielleicht wird er auch im Programmheft nachgeschaut und festgestellt haben, daß die Oper 1868 uraufgeführt wurde. Drei Jahre vor der Kommune! 1871 in Paris haben die Volksmassen nicht auf einen Führer geblickt und ihm Heil zugerufen, wenn er auftrat. Statt dessen konnten die gewählten Volksvertreter jederzeit abgesetzt werden, wenn sie Unfug machten, unter ihnen auch Eugène Pottier. Und den Arbeiter wird es im stillen gegraust haben, wenn er an das Schicksal der Kommunarden dachte und dazu den prasselnden Beifall der Herrschaften um sich herum hörte. Und dann hat er sich vielleicht aufgesetzt und gedacht: Diesmal nicht! Diesmal siegen wir!

Vielleicht hat der Arbeiter auch nichts dergleichen gedacht, hat noch nicht einmal die Gleichheit des Melodie- und Textbeginns bemerkt. Dann war es sicher einer, der der Kulturpolitik der SPD anhing, wonach die Arbeiter sich, um mit den Bürgerlichen mitzuhalten und als Kämpfer gleichberechtigt zu sein, die bürgerliche Kultur aneignen sollten. War das nur Meinung der SPD? Hanns Eisler meinte ja sogar 1927 anläßlich der Beethoven-Feiern:

«Und wenn dieser gewaltige Hymnus ‹An die Freude› aufbraust, sich steigert und jubelnd ausklingt, dann kann und muß jeder klassenbewußte Arbeiter, mit Kraft und Zuversicht erfüllt, sich sagen können: Diese Töne, die schon jetzt uns, den noch kämpfenden Arbeitern, Energien zuführen, werden erst recht uns gehören, wenn wir über die jetzt herrschende Klasse gesiegt haben werden und den Millionenmassen der bis dahin Unterdrückten mit dem Triumphgesang Beethovens zujauchzen werden: «Seid umschlungen, Millionen!»[46]

Tatsächlich, wieviel Kraft saugten die deutschen Arbeiter aus dieser Melodie, als sie in den fünfziger Jahren vor dem Radio saßen und die Hymne hören konnten, wenn bei internationalen Wettkämpfen Sportler

46 Die Rote Fahne, 22. 3. 1927, nach: Hanns Eisler, Schriften I, a. a. O., S. 29f.

aus der DDR oder der BRD Medaillen errungen hatten!

Hätte da nicht «jeder klassenbewußte Arbeiter sich sagen können: «Diese Töne, die schon jetzt uns, den noch kämpfenden Arbeitern, Energien entziehen, werden nie mehr zu hören sein, wenn wir über die jetzt herrschende Klasse gesiegt haben»!

Die französischen Sozialisten jedenfalls sangen Ende des 19. Jahrhunderts nicht mehr so gerne die *Marseillaise*, das alte Freiheitslied: Es war auch zur Bourgeois-Hymne geworden![47]

Und *Freude, schöner Götterfunken* selbst?

Schon im 19. Jahrhundert wurde dieses Lied nicht nur als «Triumphgesang» verstanden! Ein *Konservatives Bundeslied* (Melodie: *Freude, schöner Götterfunken*)[48] von einem anonymen Autor Hidigeigei enthüllt sehr gut, welche reaktionären Kräfte es waren, die das berühmte Lied zu ihrer Hymne erkoren hatten. Besser als Beethovens Melodie ist in diesem Falle eine andere vom Ende des 18. Jahrhunderts zu verwenden, die im 19. Jahrhundert für den Schillertext üblich war. (Im März 1978 wurde dieses Lied in Göttingen gesungen, versehen mit einem zweiten Titel: *Godesberger Kälbermarsch.*)

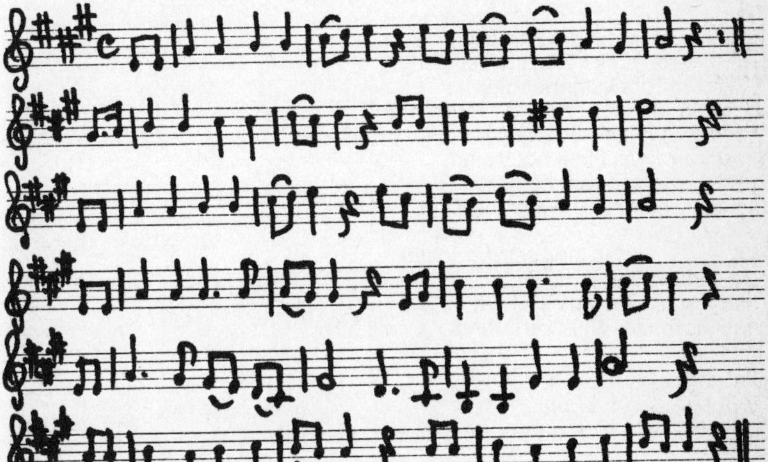

Rückschritt, liebliche Bewegung,
die der Krebs uns sinnig zeigt,
banne jede Überlegung,
schaff, daß alles Denken schweigt!
Deine Zauber binden wieder,
was der Freiheit Hauch empfand,

47 Vgl. S. 184.
48 Max Kegels: Sozialdemokratisches Liederbuch, [8]1897, S. 74f.

Und der Nebel steigt hernieder
über das zu helle Land.

Chor: Seid verschlungen, Millionen,
stets vom Militäretat,
soll der Unterricht etwa
fressen unsre Doppelkronen?

Wer auf Erden je gezwungen,
einem Blatte vorzustehn,
Wer die Feder je geschwungen,
ins Gefängnis soll er gehn.
Ja, wer auch nur eine Silbe
gegen unsern Schutzzoll schreibt,
weil die literar'sche Milbe
selbst nicht ungehudelt bleibt.

Chor: Was der Freude und dem Schmerze
Ausdruck giebt auf dem Papier,
Weh den Rittern vom Geschmier,
Weh der edlen Druckerschwärze.

Rückwärts lautet die Parole,
Rückwärts, rückwärts, stolzer Cid!
Erst zum Tabaksmonopole,
dann so weiter, Schritt für Schritt!
Bis des Scheiterhaufens Gluthen
unser einz'ges Licht noch sind,
Und die Ketzer und die Juden
schmoren drin mit Weib und Kind.

Chor: Die Verfassung sei vernichtet,
ein Gefängnis sei die Welt;
dann ist unser Haus bestellt,
dann ist unser Werk verrichtet.

Ist dieses Lied von Tucholsky?
Oder ist es von heute?[49]

49 Mehr zur klassischen Musik und Eislers Stellung zu ihr in den Eisler- und Beethoven-Aufsätzen des S. 265 Fußnote 69 genannten Buches. Charakteristisch dafür, wie Eislers Stellung dazu auch in der DDR-Zeit war, ist folgende Bemerkung: «Mit Kummer erinnere ich mich, daß an den Parteitagen der Nazis in Nürnberg die ‹Eroica› gespielt werden konnte, ohne daß danach irgend etwas ausbrach.» (Nathan Notowicz: Wir reden hier nicht von Napoleon, wir reden von Ihnen! Gespräche mit Hanns Eisler . . ., Berlin (DDR), 1971, S. 57)

Schlagzeilen aus dem Zentralorgan der KPD «Die Rote Fahne» aus der Zeit der Weimarer Republik:

Schulkinder singen die Internationale
Die Spandauer Sipo und die Internationale
Internationale in der Kirche
Internationale beendete Nazi-Kundgebung
Die Internationale Hochverrat?
Ermordet wegen dem Gesang der Internationale
Die Internationale vor den Klassenrichtern
Deutschlandlied oder Internationale

(Vgl. Inge Lammel: Politisches Lied und Volkslied in der Gesangspraxis der Arbeiterklasse, a. a. O., S. 44).

1928 erschien in Berlin bei der Büchergilde Gutenberg die Erzählung «Aktiengesellschaft Hammerlugk» von Karl Schröder (1884–1950; in der Weimarer Zeit Mitglied der SPD, aber auch links der KPD stehender Oppositionsgruppen wie der KAPD 1920–22 und der Roten Kämpfer 1932; später in der DDR in der SED und beim Verlag Volk und Wissen).[50]

Der Roman spielt in einer Maschinenfabrik in Schlesien zu Beginn der zwanziger Jahre. Während einer Betriebsversammlung anläßlich eines Streikes spricht auch der Arbeiter Fischer. Er kommt zum Schluß seiner Rede (S. 186f):

«‹Immer wieder müssen wir es mit Keulenschlägen hineinhämmern, das eintönige Lied! Nur die vereinte Kraft der Proletarier aller Länder kann uns retten. Nur das Klassenbewußtsein der vielen: Aber jeder einzelne ist dazu nötig. Jeder einzelne muß so sein, als käme es gerade auf ihn an. Klar müssen wir sein, und einig müssen wir sein und nicht soviel reden, sondern *handeln.*›

Eine wunderbare Atmosphäre lag über den Tausenden, als Fischer geendigt hatte. Jede Unruhe war während seiner Rede aus dem Saal gewichen. Auch an der Eingangstür war es völlig still geworden. Leute, die gerade hatten herausgehen wollen, waren stehengeblieben, drehten sich leise um und horchten mit angespanntem Gesicht. Sogar die abgestumpften, an alle Art Versammlungen gewöhnten und gleichgültig gewordenen Kellner gingen zunächst auf Zehenspitzen; dann blieben auch sie stehen und lauschten.

Ein paar Sekunden nach der Rede war es so lautlos, daß kein Atemzug den Raum zu erfüllen schien. Dann aber löste sich die ungeheure Spannung in einem einzigen überwältigenden Aufschrei. Ein jauchzendes Brausen ungeahnter Kräfte sprengte alle Grenzen, wuchs hinaus über die

50 Olaf Ihlau: Die roten Kämpfer. Ein Beitrag zur Geschichte der Arbeiterbewegung in der Weimarer Republik und im Dritten Reich, Erlangen 1971, S. 180ff.

Enge und Öde des Saals hinein in den Urstrom alles Lebens, das zum Licht drängt. Auch die Männer am Tisch auf der Bühne sprangen auf, und als müßte es so sein, als könnte alles Verdrängte, Unterdrückte und Begrabene, alle Qual und Sehnsucht und Freude keinen anderen Ausweg finden als im rauschenden Urmeer tönender Laute, stieg es wie brennende Fackeln aus tausend Kehlen:

Wacht auf! Verdammte dieser Erde,
die stets man noch zum Hungern zwingt.
Das Recht wie Glut im Kraterherde
nun mit Macht zum Durchbruch dringt!
Reinen Tisch macht mit den Bedrängern!
Heer der Sklaven, wachet auf!
Ein Nichts zu sein – tragt es nicht länger;
Alles zu werden, strömt zuhauf!
Völker, hört die Signale!
Auf zum letzten Gefecht!
Die Internationale erkämpft das Menschenrecht!»

März 1931

Kampfmusik

Organ der revolutionären Arbeiter-Sänger- und Musiker Deutschlands ·
Redaktion und Zentralversand:
Jfa Berlin C 25 Münzstrasse 24

Jahrgang 1 Nummer 2 Preis 10 Pfg.

Die Arbeitersänger greifen an!

Warum müssen wir die Kampfgemeinschaft schaffen?

Zeitschrift der KPD-Sänger, die sich 1931 unter maßgeblicher Beteiligung von Hanns Eisler vom SPD-bestimmten Deutschen Arbeiter-Sängerbund (DAS) abspalteten und die Kampfgemeinschaft der Arbeitersänger gründeten.

Mündlich mitgeteilt aus der Zeit vor 1945:

Völker, hört die Signale,
auf zum letzten Gericht!
Die Überlandzentrale
versorgt Berlin mit Licht

1. Es gibt einen Anklang an die Strophe aus der Ruhr-Revolution von 1920 («letztes Gericht»). Eine relativ frühe Entstehung dieser Parodie wäre also möglich.
2. Solche Parodien werden nur von «unten» her gegenüber hohen, hohlen Herrschaftssymbolen gemacht, etwa der *Wacht am Rhein* oder dem *Freude, schöner Götterfunken* (vgl. S. 41f und S. 245f). Soweit hatte es die *Internationale* in den zwanziger und dreißiger Jahren schon gebracht an Ehrwürdigkeit und Unantastbarkeit.
   Es machte nicht nur mehr Spaß, den Text neu zu fassen oder umzudichten, sondern es machte schon Spaß, ihn zu verletzen, anzutasten und lächerlich zu machen.
   Ein schlimmes Zeichen! Die *Internationale* – wenn auch nur auf dieser Ebene – vergleichbar mit der *Wacht am Rhein*! Sie hatte damals schon so eine Heiligkeit, daß es manchen geradezu reizte, sie zu durchbrechen und als volksfremd bloßzustellen.
3. Die *Internationale* wird vom Sockel herunter auf den Boden der Realitäten geholt, so wie in allen anderen Parodien. «Es braust ein Ruf wie Donnerhall», aber nicht der von der «Wacht am Rhein». Viel wichtiger als die ist jetzt für uns ganz was anderes: «In Mannheim sind die Kartoffeln all'!»
   «Völker, hört die Signale, auf zum letzten Gefecht!» – aber nicht zum Menschenrecht, das dauert uns zu lang, wir können uns auch nichts darunter vorstellen. Viel wichtiger als das ist für uns jetzt, daß wir in dieser Zeit des ständigen Stromausfalls (zwanziger Jahre oder Zweiter Weltkrieg?) Licht haben: «Die Überlandzentrale versorgt Berlin mit Licht!» Das wäre schon viel heutzutage!

Aber das Lied war noch lebendig. Es wurde nicht nur feierlich geschwungen wie die Parteifahne, sondern es wurde auch noch produktiv benutzt. Ein Freund erzählte uns aus der Generation seiner Eltern:

«Ein Verwandter war in Thüringen Pastor. Es gibt da ja diese kleinen Arbeiternester. Und in der Zeit der Arbeitslosigkeit, also die letzten Jahre von Weimar, zogen die Arbeiter Sonntag für Sonntag, während in der Kirche Gottesdienst stattfand, mit einem Zug um die Kirche und sangen immer die Internationale ab.»

Dagegen erzählte uns im Januar 1978 ein Rentner, früherer Kaufmann, von ganz anderen Erfahrungen, die er mit der *Internationale* gemacht hatte:

«Ich könnte das untergliedern, indem ich sage, einmal von der Harmonik her der Eindruck auf mich, dann von der Ideologie und schließlich von dem aus dem Lied sprechenden Kampfesmut.

Um mit dem ersten, dem kürzesten und am spätesten mir bewußt gewordenen zu beginnen: Es hat mich eigentlich immer gestört, wenn ich das Lied gehört habe, daß das mit dem der KPD und auch eigentlich der SPD – sie war doch da mit in der Eisernen Front[51], wenn sie da also mitmarschiert ist, dann doch auch mit Schalmeien und der *Internationale* – eigenen Schalmeienklang verbunden war. Das Instrument als solches hat mich gestört, weil das Instrument nicht so eingerichtet ist, daß es die harmonischen und melodischen Kontexte mitbrachte.

Es waren immer irgendwie so schräge Begleittöne da drin.[52] Und das hat mich immer sehr gestört. Das war das Vordergründigste. Und es war für mich geradezu gräßlich. Da mußte ich immer geradezu weghören oder weglaufen. Ich konnte das vom rein Musikalischen her nicht verkraften, nicht genießen. Also, es war mir greulich, so daß ich da schon eigentlich so – natürlich völlig irre – Rückschlüsse zog auf die gesellschaftliche Masse, die dahinter stand. Ich habe also die Unmöglichkeit, auf einem solchen gehemmten Instrument etwas zu spielen, übertragen auch auf die Leute, die das spielten, und auf ihr Kulturniveau. Aus diesem Grunde war das Lied für mich immer schon sehr häßlich.

Das war in der Zeit zwischen 1925 und 1930. Da habe ich das nur mit Schalmeien gehört, dauernd immer bei den Straßenmärschen und Straßenschlachten. Da war das geradezu wie eine Fanfare, die durch die ganzen Straßenschluchten durchschlug. Und da sich das immer verband – und damit komme ich zu dem zweiten Punkt – mit den sogenannten Straßenschlachten zwischen den Braunen und den Roten, dann waren mit Kapellen nur die Roten da mit ihren Schalmeien – die Nazis sangen ja nur ohne Instrumente, die hatten dann später die ganzen Militärkapellen. Und – das ist dann der dritte Punkt vorweggenommen mit dem Kampfesmut – das hat mich immer richtig erschreckt, weil ich das Lied ja nicht nur gehört habe, sondern auch gesehen habe, was dabei geschah, aus sicherem Hausflur oder aus sicherem Fenster im dritten Stock, wo ich

51 Zur Eisernen Front vgl. S. 226.

52 Tatsächlich hatten die Schalmeienkapellen der kommunistischen Arbeiterbewegung einen begrenzten Tonvorrat, denn jedes Instrument hatte nur eine Tonleiter, so daß bei vielen Liedern manche Töne der Begleitung entfallen mußten, bei einigen auch Melodietöne. Denn fast alle Lieder weichen in der Mitte in die Tonart der 5. Stufe oder der Dominante aus, bei einem Lied in C-Dur würde das G-Dur bedeuten. Und in der G-Dur-Tonleiter ist ein fis, was in der C-Dur-Tonleiter nicht vorkommt. Dieser Ton muß also in der Schalmeienkapelle ausgelassen werden oder durch andere Töne ersetzt werden, was oft einen etwas seltsamen und hohlen Eindruck macht. Aber die Instrumente waren billig, sehr schnell zu lernen und nicht schwer im Gewicht, alles Vorteile gegenüber den Instrumenten einer Blaskapelle, wenn es sich darum handelt, daß man mit wenig Geld Lieder begleiten will, und zwar in Situationen, wo man keine sehr langen Proben gebrauchen kann und eventuell einmal bei der Demonstration sehr schnell weglaufen oder mit zupacken muß. Dies ist dem Tubaspieler beispielsweise verwehrt. Er muß nicht nur das Instrument absetzen, sondern auch noch auf das teure Ding aufpassen. Eine Schalmeienkapelle und -werkstatt gibt es heute noch in der BRD in einer Wirkungsstätte Erich Honeckers, in Wiebelskirchen an der Saar. Auch Honecker war vor 1933 Schalmeispieler. Heute sieht man es ihm nicht mehr an.

da wohnte – ich denke gerade an Leipzig –, also immer nur in Verbindung mit richtigen Kämpfen und Blut und Schlachten und Gummiknüppeln und Messern und Revolvern und liegengebliebenen Toten gesehen habe. Und aus dem Grunde war dieses Lied, die *Internationale*, immer auch gleichzeitig verbunden nun nicht nur mit dem Wort Revolution, hinter dem ja nicht unbedingt immer das Abschlachten und etwas Schlechtes stehen muß, sondern man kann sich auch eine Revolution vorstellen, die zu etwas Gutem führt, nicht gerade unblutig, aber nicht auf so eine Art, wo die unterklassigen Mördertypen alle uniformiert waren, so hab' ich sie ja gesehen, sei es braun oder mit ihren – heute würde man sagen Mao-Mützen – also Schiebermützen. So habe ich das gesehen. Und aus dem Grunde hat mich dieses Lied der *Internationale* nun nicht nur vom Musikalischen her, wie ich vorher sagte, sondern auch vom Terror her – es war ja ein richtiger Terror, der mit dem Lied immer verbunden war – völlig abgestoßen.

Und nun zur Ideologie zurück.

Ich bin ja seit frühester Jugend außerordentlich national, wenn nicht sogar nationalistisch erzogen worden. Sogar als im Jahre 1915 mein Vater gefallen war, damals war ich also acht Jahre, da hätte das so auf mich auch in den nachfolgenden Jahren irgendwie abschreckend wirken können oder gegen diesen Staat, der einen Krieg führte, einstellen müssen. Aber es war genau das Gegenteil der Fall. Es war so, als ob ich den Opfertod meines Vaters eben als ein Blutopfer für das Vaterland ansah. Ja, das geht sogar so weit, daß ich mich im Zweiten Weltkrieg freiwillig gemeldet habe, obwohl ich damals schon Familienvater war, und zwar weil ich damals glaubte, nun genau wie mein Vater mein Leben dem Vaterland opfern zu müssen. Bis in diese späten Jahre hinein ging ja meine ganze nationalistische Emotion.

Und als ich dann anfing, mich ein bißchen mit Geschichte und Politik zu beschäftigen beim Nachabitur – das war 1929/30 –, da habe ich diesen Leuten, die dieses Lied sangen, es entsetzlich übel genommen, daß sie im Gegensatz dazu, was die *Internationale* und das Lied eigentlich bedeuteten, im Jahre 1914 für die Kriegskredite gestimmt haben. Es war also ein ganz klarer ideologischer Bruch zwischen dem, was sie sangen, und dem, was sie im Reichstag in der Abstimmung taten. Und hinzu kam ja noch, daß alles das, was in dem Lied zum Ausdruck kommt, nämlich daß sich die Brüder, die Völker aller Länder vereinigen sollen, im Jahre 1914 völlig auseinanderbrach. Denn da galt das plötzlich nicht mehr. Da sind dieselben Arbeitervölker, die sich vorher durch Lied und Proklamationen dazu bekannt hatten, auseinandergefallen und sind wieder national, nationalistisch und chauvinistisch geworden. Und das ist etwas, was mich von der ideologischen Seite auch immer furchtbar gegen diese *Internationale* eingenommen hat, weil ich erkannt habe: Das ist ja alles nicht wahr, was die da singen.

Und als das alles wieder einen gewissen Aufschwung bekam, so 1925, wo man hätte sagen können, daß alles, dieses Lied, diese Bewegung, einen neuen Inhalt bekamen, da war das in mir immer belastet mit dem

Gedanken, daß sich die deutsche Arbeiterschaft verbünden wollte, also anbiedern wollte bei den Arbeitervölkern der Siegermächte, was ich als ausgesprochen demütigend empfand, schon deshalb, weil ich glaubte, daß man sich anbiedern wollte mit solchen Feind- und Siegermächten, die zwar nun auch so taten, als wenn da eines Tages die internationale Arbeiterschaft die Macht ergreifen würde in einer Großvereinigung – dem glaubte ich eben nicht, weil ich ja erkannt hatte, daß nach dem Versailler Diktat das alles nur Heuchelei war, und daß im Grunde genommen die Großpolitiker und Kapitalisten die Macht hatten und Deutschland geknechtet, diktiert, unterjocht hatten. Und das ist also das dritte, was ich sagen möchte von der Ideologie her: Ich habe einfach dem Wahrheitsgehalt dieses Liedes niemals eine rechte Bedeutung zugemessen.»

Moskau, Abschluß des 7. Weltkongresses der Komintern, 1935:[54]

Der Kongreß erhob sich. Die Kapelle intonierte die Internationale, die von allen unter ungeheurer Begeisterung mitgesungen wird, und nun beginnt der traditionelle Gesang der Delegationen. Als erstes stimmen die Tschechoslowaken das «Rude Prapor» an, das alte Revolutionslied der tschechischen Arbeiter («Fort mit den Tyrannen!»). Dann rufen sie im Sprechchor: «At' zije Dimitroff!» – «Es lebe Dimitroff!»

Die Franzosen folgen mit der «Carmagnole». Mit besonderer Begeisterung wird die dritte Strophe («Es lebe die Kommune von Paris!») gesungen, das «Ça ira!» dröhnt durch den Saal. Die Chinesen singen den Marsch der chinesischen Roten Armee . . . Die Italiener stimmen «Bandiera rossa» an, der ganze Saal fällt in die herrlichen Klänge dieses Revolutionsliedes ein. Die Deutschen folgen mit dem Roten Wedding, zum letztenmal rollt das «Rot Front!» durch den Kongreß-Saal.[55] Die Spanier und Südamerikaner singen noch ein Lied[56], dann ruft der Vorsitzende Genosse Thorez: «Ich erkläre den VII. Weltkongreß der Kommunistischen Internationale für geschlossen!» . . .

Der Kongreß singt nun feierlich zum zweitenmal alle drei Strophen der Internationale. Unter Hurra-Rufen und unter Gesang leert sich der historisch gewordene Säulensaal des Moskauer Gewerkschaftshauses, der Sitzungssaal dieses wahrhaft historischen Kongresses des internationalen Proletariats der ganzen Welt . . .

---

54 Pressebericht der «Deutschen Zentral-Zeitung», Moskau, 29. 8. 1935, zitiert nach Inge Lammel: Politisches Lied und Volkslied in der Gesangspraxis der Arbeiterklasse, a. a. O., S. 44.

55 Vielleicht war es diese Gelegenheit, zu der Weinert seinen alten Text verallgemeinerte (vgl. S. 267).

56 Jede andere Nation wird extra mit ihrem Lied aufgeführt, die Exoten . . . na gut, die haben auch gesungen. War das auch auf anderen Gebieten in der Komintern so?

Die unerfüllten Hoffnungen der Linken der dreißiger Jahre in Frankreich und Spanien

Am 14. Juli 1936, also zur Zeit der Volksfrontregierung in Frankreich, «skandierte das Freiheitslied des Rouget der Lisle, verbunden mit der Internationale, den Marsch von 1 Million Männern und Frauen, die von der Bastille zur ‹Nation› zogen»[57].

Im Juni 1938 erschien, herausgegeben von Ernst Busch, das wohl umfangreichste Liederbuch des spanischen Bürgerkrieges, die «Canciones de las Brigadas Internacionales»[58]. Und für die Internationalen Brigaden standen am Ende des Bandes Strophen der *Internationale* in 14 Sprachen. Ob bei der zu Beginn aufgeführten Fassung die alte 3. Strophe (vgl. S. 179) mit dem Anfang «Der Staat unterdrückt» zufällig weggeblieben ist oder ebenso absichtlich wie die alte 5. Strophe in Frankreich können wir nicht entscheiden. (Abdruck beginnt umseitig)

Blicken Sie einmal zum Vergleich auf die verschiedensprachigen Fassungen der *Wacht am Rhein* (S. 30)! Läßt sich ein größerer Unterschied der Anlässe und Haltungen denken, mit der das französische Lied und das deutsche Lied in so viele Sprachen übertragen worden sind?

Die erfüllten Hoffnungen der Rechten der dreißiger Jahre in Deutschland

Die *Internationale* wurde nicht mehr gesungen. Wer es dennoch wagte, wurde zur Verantwortung gezogen. Ein Freund erzählte uns:

«Mein Onkel war zwar nicht in der KP gewesen, aber er war schon immer gegen die Nazis gewesen. Und das zeigte sich dann nach der Machtübernahme darin, daß er sich nicht anpaßte, sondern immer so Witze gegen den Führer und die Partei erzählte, nicht mit dem Hitler-Gruß grüßte und auch nicht auf die Nazi-Versammlungen ging. Das fiel in der kleinen Stadt, wo er wohnte, natürlich auf. Man wußte ja auch, daß er eine Art Sympathisant der KP gewesen war, und er leistete sich auch zum Teil ganz schöne Dinger. So hat er einmal bei einer dieser nazistischen Sportertüchtigungen in der Fabrik, wo er arbeitete, ein Expander auseinandergezogen und dann wie zufällig das eine Ende dem Partei-Vorturner auf den Kopf schnellen lassen. Sie hatten ihn jedenfalls auf dem Kieker.

Und dann kam einmal an dieser Uhrenfabrik, wo er arbeitete, ein Zug von BDM-Mädchen vorbei. Und die sangen eines ihrer deutsch-nationalen Lieder. Das konnten die in der Fabrik nicht aushalten, und mein Onkel und drei seiner Kollegen sangen aus der Fabrik heraus die Internationale dagegen.

Da war das Maß offenbar voll.

Am nächsten Tag kam gleich die Polizei, und am übernächsten wurde (weiter S. 258)

57 Maurice Thorez: Fils du peuple; zit. nach Emile Tersen, a. a. O., S. 14.
58 Neuausgabe vom Verlag Rot Front, Kiel.

L'INTERNATIONALE

Paroles de Eugène Pottier 1871 — Musique: P. Degeyter

1

Debout, les damnés de la terre,
Debout, les forcats de la faim
La raison tonne en son cratère,
C'est l'éruption de la fin.
Du passé, faisons table rase.
Foules esclaves, debout, debout.
Le monde va changer de base,
Nous ne sommes, rien, soyons tout!

2

Il n'est pas de sauveur suprême:
Ni Dieu, ni César, ni tribun;
Producteurs, sauvons-nous mêmes!
Décrétons le salut commun!
Pour que le voleur rende gorge,
Pour sauver l'esprit du cachot,
Soufflons nous-mêmes notre forge,
Battons le fer quand il est chaud!

Refrain

/: C'est la lutte finale,
Groupons-nous et demain,
L'Internationale,
Sera la genre humain. :/

3

Hideux dans leur apothéose,
Les rois de la mine et du rail
Ont-ils jamais fait autre chose
Que dévaliser le travail?
Dans les coffres-forts de la bande
Ce qu'il a creé s'est fondu;
En décrétant qu'on le lui rende
Le peuple ne veut que son dû.

C'est la lutte finale...

4

Les rois nous saoulaient de fumées,
Paix entre nous, guerre aux tyrans!
Appliquons la grève aux armées,
Crosse en l'air et rompons les rangs!
S'ils s'obstinent ces cannibales,
A faire de nous des héros,
Ils sauront bientôt que nos balles
Sont pour nos propres généraux.

C'est la lutte finale...

5

Ouvriers, Paysans nous sommes
Le grand parti des travailleurs;
La terre n'appartient qu'aux hommes,
L'oisif ira loger ailleurs.
Combien de nos chairs se repaissent?
Mais si les corbeaux, les vautours,
Un de ces matins disparaissent,
Le soleil brillera pour toujours!

C'est la lutte finale...

La Internacional

(HIMNO DE LOS TRABAJADORES DE TODOS LOS PAISES)

1

Arriba, parias de la tierra!
En pie, famélica legión!
Los proletarios gritan: Guerra!
Guerra hasta el fin de la opresión
Borrad el rastro del pasado!
Arriba esclavos, todos en pié!
El mundo va a cambiar de base.
Los nada de hoy todo han de ser.

/: **Agrupémonos todos,**
en la lucha final.
El género humano
es la Internacional. :/

2

Ni en dioses, reyes o tiranos,
busquemos nuestra salvación.
Nosotros solos realicemos
el esfuerzo redentor.
Para hacer que el tirano caiga,
legión esclava en pie, a vencer
Soplemos todos nuestra fragua;
el hierro es hijo de la fe.

Agrupémonos todos, etc.

3

Campesinos y obreros, somos
del mundo el principio y el fin.
La tierra sólo es de los hombres;
quien no trabaje ha de morir.
El negro vuelo que se cierne
del fascio, cuervo explotador
será ahuyentado para siempre
y brillará radiante el sol.

Agrupémonos todos, etc.

ITALIA

Compagni avanti il gran partito
Noi siamo dei lavorator.
Rosso un fiore in petto c'é fiorito.
Una fede c'é nata in cor.
Noi non siamo più nell'officina
Entro terra ai campi al mar
La plebe sempre all'opra china
Senza ideale in cui sperar.
/: **Su lottiamo! L'ideale**
Nostro alfine sará
L'Internazionale
Futura umanitá. :/

DEUTSCHLAND

Wacht auf, Verdammte dieser Erde,
Die stets man noch zum Hungern zwingt!
Das Recht, wie Glut im Kraterherde,
Nun mit Macht zum Durchbruch dringt.
Reinen Tisch macht mit den Bedrängern!
Heer der Sklaven, wache auf!
Ein Nichts zu sein, tragt es nicht länger,
Alles zu werden, strömt zu Hauf!
/: **Völker, hört die Signale!**
Auf zum letzten Gefecht!
Die Internationale
erkämpft das Menschenrecht! :/

DANEMARK

Rejs Jer! Fordomte her paa Jorden!
Rejs dig, du Sultens Slavehær!
I Rettens Krater buldrer Torden,
nu er det sidste Udbrud mær!
Bryd kun Fortids more Mur i Stykker.
Slaveskarer, der er kaldt!
Snart Verdens Grundvold sig forrykker,
fra Intet da vi bliver Alt!
/: **Vaagn til Kamp af jer Dvale,**
til den allersidste Dyst;
—og Internationnale
slaar Bro fra Kyst til Kyst. :/

SVERIGE

Upp trälar uti alla stater,
som hungern bojor lagt uppà.
Det dánar uti i rättens krater,
snart skall utbrottets timma slá.
Störtas skall det gamla snart i gruset
slav stig upp för att slá dig fri!
Frán mörkret stiga vi mot ljuset,
frán intet allt vi vilja bli.
/: **Upp till kamp emot kvalen.**
Sista striden det är,
ty Internationalen
át alla lycka bär. :/

NEDERLAND

Ontwaakt, verworpenen der aarde
Ontwaakt, verdoemd' in hongersfeer
Reedlijk willen stroomt nu over d'aarde
En die stroom rijst al meer en meer
Sterft gij oude vormen en gedachten
Slaaf-geborenen ontwaakt, ontwaakt!
De wereld steunt op nieuwe krachten
Begeerte heeft ons aangeraakt.

/: **Makkers, ten laatsten male**
Tot den strijd ons geschaard
En de internationale
Zal morgen heerschen op aard'! :/

ENGLAND

Arise! ye starvelings from your slumbers;
Arise ye criminals of want,
For reason in revolt now thunders,
And at last ends the age of cant.
Now away with all superstitions.
Servile masses, arise! arise!
We'll change forthwith the old conditions
And spurn the dust to win the prize.

/: Then comrades come rally
And the last fight let us face.
The International
Unites the human race. :/

U. S. A.

Arise you prisoners of starvation
Arise you wretched of the earth,
For justice thunders condemnation,
A better world's in birth.
No more tradition's chains shall bind us
Arise you slaves, no more in thrall
The earth shall rise on new foundations
We have been naught, we shall be all.

/: Then comrades, come rally,
And the last fight let us face,
The International
Unites the human race. :/

JUDAICO

שטייט אויף, איר אַלע, וועלכע ווי
שקלאַפן
אין הונגער לעבן מוז און נויט!
דער גייסט — ער קאָכט, ער רופט
צום וואָפן,
אין שלאַכט אונז פירן איז ער גרייט.

די וועלט פון גוואַלדטאָטן און ליידן
צעשטערן וועלן מיר, און דאַן —
פון פרייהייט, גלייכהייט אַ גאַניידן
באַשאַפן וועט דער אַרבעטסמאַן.

/: דאָס איז שוין דער לעצטער
און אַנטשיידענער שטרייט,
מיט דעם אינטערנאַציאָנאַל —
שטייט אויף, איר אַרבעטסלייט! :/

er abgeholt und saß sechs Wochen in Untersuchungshaft, bis er auf Betreiben der Fabrikdirektoren, von denen einer sogar Nazi gewesen sein soll, wieder rauskam.

Die Internationale hat er dann so bald nicht wieder gesungen. ‹Nimm doch den Arm hoch, Kurt!› flehte seine Frau ihn auf der Straße an, ‹runter fällt er wieder von allein!›»

Es wird oft versucht, im Hinblick auf die Liederpraxis der Nazis und der Kommunisten in den zwanziger und dreißiger Jahren eine Rechts-Links-Gleichheit zu behaupten. Denn die Nazis haben ja zum Teil auch Lieder aus der Arbeiterbewegung übernommen.

Hier muß man aber unterscheiden.

Die Melodien eines großen Teiles der Arbeiterlieder stammen aus dem Fundus älterer Soldatenlieder, die überall – besonders nach dem Ersten Weltkrieg – bekannt waren: *Der kleine Trompeter, Der kleine Tambour, Bei . . . sind viele gefallen, Auf, auf, zum Kampf* usw. Diese Kampflieder wurden von Reaktionären und Kommunisten umgesungen (*«Dem Kaiser Wilhelm . . . Dem Adolf Hitler . . . Dem Karl Liebknecht haben wir's geschworen»*). Die altbekannten Melodien aus dem Krieg mußten während der Revolution schnell ihren Zweck als Textfolien erfüllen. Für anderes war keine Zeit. In Texten und Singweise unterschieden sich dann aber diese Lieder der Rechten und Linken oft, wenn auch die Bilder manchmal Ähnlichkeiten hatten (vgl. S. 231).[59]

Daneben gab es in der Arbeiterbewegung aber auch die «großen» Lieder wie die *Internationale* oder bald auch die Eisler-Lieder, zu deren Differenzierungs- und Schwierigkeitsgrad die faschistischen Lieder nie kamen: Sie blieben alle auf dem Niveau einer vorgeblichen «Volkstümlichkeit».

Die Nazis benutzten Musik und andere Kulturtechniken, um die Leute bei den aufregendsten und bedrängendsten Rückständigkeiten zu fassen und sie so in eine falsche Sicherheit und Gemütlichkeit zu wiegen, d. h. vom Denken abzuhalten.

Bezeichnend ist folgender Unterschied: Es gibt wohl lustige und witzige Lieder von den Linken – z. B. *Gustav Kuhlkes seliges Ende* von Erich Weinert, ein Parallel-Lied zum *Roten Wedding* auf den «Blutmai» 1929[59a] –, aber keine von den Rechten – im Liederbuch der Hitler-Jugend[60] stehen unter der Rubrik «Rüpelei» acht müde Lieder vom Schlage *Ein Kuckuck auf dem Zaune saß.*

59 Zu der Frage der Liedübernahme durch die Nazis vgl. auch S. 310ff, vor allem Fußnote 9.

59a Text und Melodie im Arbeitersongbuch (Frankfurt 1973, Fischer), dort auch andere Beispiele; historische Aufnahme mit Weinert als Sänger auf der LP «Vorwärts und nicht vergessen. Musik der Arbeiterbewegung in Dokumentaraufnahmen», Eterna 810052.

60 Uns geht die Sonne nicht unter. Lieder der Hitler-Jugend, Köln 1934.

Das kommt einmal daher, daß in der linken Bewegung das Proletariat die größte Gruppe ausmachte und die Tradition der frechen, ironischen Gassenhauer aus der Großstadt beisteuerte, also die Technik der entlarvenden, bloßstellenden musikalischen Ironie «hochgestellter» Ideen, Gegenstände und Persönlichkeiten. Die darin steckende Lebendigkeit, Unberechenbarkeit und Beweglichkeit der Volkskultur war für die Ordnungs- und Unterordnungszwänge der Nazis unakzeptabel: Die Volkskultur wurde zerstört und abgeschafft.

Weiterhin hatte die linke Bewegung Langfristigkeit und Anziehungskraft genug, um Intellektuelle wie Eisler zur Mitarbeit zu bringen – sein Vater war schon «aktiv», wenn auch als Philosoph! – und damit eine neuartige Qualität giftigen Humors hereinzutragen, wie er sich z. B. in dem Zitat von Mendelssohns Chor *Wer hat dich, du schöner Wald, aufgebaut so hoch da droben* in Eislers *Stempellied* zeigt: «Wer hat dir, du armer Mann, abjebaut so hoch da droben?»[61] Eisler griff dabei die volkstümliche Parodiepraxis auf und differenzierte sie – eventuell auch in Nachfolge der Volksmusiktradition (vgl. S. 198f) – zur Zitatpraxis. Solche Intellektualität und Gedankenschärfe war für das Begriffsvermögen der Nazis zu vielschichtig, deshalb verdächtig und «jüdisch»-dekadent. Die linken Intellektuellen wurden zerstört und abgeschafft.

Danach wurde nur noch wenig gelacht. Lachende Gesichter sieht man auf Fotos aus der Zeit vor allem beim Anblick des Führers. Das Lachen wurde durch das Jubeln ersetzt.[62]

Wie sieht es aber mit der Übernahme der schwierigen linken Lieder durch die Nazis aus?

Sie sangen doch – nach Eislers eigenem Bericht[63] – die *Nationale* und einen *Braunen Wedding* – ganz zu schweigen von *Brüder, zur Sonne, zur Freiheit*, das ohne jede Textänderung in das bereits erwähnte HJ-Liederbuch eingehen konnte mit dem Hinweis «Kampflied der S.A.» oder auch lange gesungen wurde als *Brüder, in Zechen und Gruben.*

Diese Übernahme war einmal als musikalische Gehirnwäsche für solche Gleichgeschalteten gedacht, die noch zu viel vom alten Text und dessen Bedeutung im Kopf hatten, aber es war auch eine Demonstration nach außen: da pflanzten sich die Nazis auf, um zu zeigen: «Heute gehört uns Deutschland und morgen die ganze Welt»[64] – im Vorgriff schon die *Internationale*!

Die berühmten Lieder übernahmen die Nazis aber offenbar sehr selten. Wenn sie es nach der Machtübernahme taten, dann wohl weniger im Sinne eines Raubes von Kampfmitteln als einer öffentlichen Zur-

61 Quellen zu Text und Musik sowie historische Aufnahmen vgl. Fußnote 59a.

62 Zur Schwierigkeit mit dem Lachen bei Liedern mit Festcharakter vgl. auch S. 275.

63 Hanns Eisler: Schriften zur Musik I, a. a. O., S. 265.

64 Aus dem HJ-Lied von Hans Baumann: *Es zittern die morschen Knochen.* Zu Baumanns Tätigkeit in der Musikpädagogik der BRD vgl. Segler-Abraham: Musik als Schulfach, Braunschweig 1966.

schaustellung der Waffen des geschlagenen Gegners. Ins «Liedgut» gingen sie selten ein.[65]

Aber sie wurden offensichtlich auch schon vor der Machtübernahme, in der Kampfphase teilweise umtextiert und gesungen.

Diese Tatsache hat Hanns Eisler erbittert:[66]

Diese sogenannten Kampflieder «sind gleicherweise bezeichnend für die Demagogie, mit der der nationalsozialistischen Politik die äußeren Attribute einer ‹Revolution› verliehen werden, wie für die Unverfrorenheit, mit der dabei an geistigem Eigentum gestohlen wird, was gerade Vorteile verspricht. Hier also ist die Form der proletarischen Kampflieder entwendet – darüber hinaus die einzelnen Melodien der populärsten proletarischen Kampflieder manchmal mit veränderten Texten. Gerade der Klassencharakter des proletarischen Kampfliedes, das in und zum politischen Kampf des Proletariats entstanden war, ist sein wesentlichstes Charakteristikum. Des Klassencharakters und des revolutionären Inhalts entkleidet, wird es in demagogisch-scheinrevolutionärer Weise für die Zwecke der kleinbürgerlichen Faschistentruppen verwendet.»

Die Entrüstung Eislers ist begreiflich und nachvollziehbar. Seine Auffassung über geistiges Eigentum und Raub von solchem Eigentum allerdings sind – gerade wenn es sich um volkstümliche Kunst handelt – hinter dem Bewußtseinsstand von Eislers Mitkämpfern wie etwa Brecht zurück.[67]

Aber – und das ist bedenklicher – er war hierin auch hinter dem Bewußtseinsstand mancher Musikforscher aus dem rechten Lager zurück. Lesen wir zum Vergleich eine Passage eines Rechten zum gleichen Thema, in der auch eine weitere Begründung für die Liedübernahme durch die Nazis vorkommt:[68]

«Wie ist es nun zu erklären, daß sich die Nationalsozialisten eine gewisse Zahl von Kampfliedern der Kommunisten angeeignet, die Melodie übernommen und sie nur textlich etwas umgestaltet haben? Von einer Gesinnungsgemeinschaft kann weder früher noch heute auch nur im entferntesten bei diesen geschworenen Gegnern die Rede sein. Psychologisch liegt der Vorgang verhältnismäßig einfach. Die Melodien in ihrer rhythmisch durchschlagenden und anfeuernden Kraft gelten als Volkseigentum, an einen ‹Diebstahl› geistigen Eigentums denkt niemand im Volke. In der Zeit der propagandistischen Aufmärsche war aber vielleicht ein sehr realer Zweck (Fußnote: Diese Auffassung vertrat mein

65 Zu diesem Thema siehe auch S. 314.

66 Hanns Eisler: Musik und Musikpolitik im faschistischen Deutschland (1935), in: Schriften I. Musik und Politik 1924–1948, München 1973, S. 341.

67 Den Vorwurf, den Kommunisten ihre Kampflieder gestohlen zu haben, wurde damals den Nazis allerdings häufig gemacht und war in der Arbeiterschaft gängig. Er erstreckte sich sogar auf das Nazi-Lied *Die Fahne hoch*, vgl. S. 314, Fußnote 9.

68 Martin Wähler, Das politische Kampflied als Volkslied der Gegenwart, Mitteldeutsche Blätter für Volkskunde 8 (1933).

früherer Schüler Werner Lehmann, ein S.A.-Mann, dem ich auch manchen anderen Hinweis verdanke) mit dem Singen gerade dieser Lieder verbunden. Es galt vor Jahren, Gesinnungsgenossen für die völkische Bewegung zu gewinnen, die Bürger aus dem Traumleben zu wecken, die unentschiedenen und schwankenden Arbeiter ins nationalsozialistische Lager hinüberzuziehen. Die bekannte Melodie und der gewohnte Rhythmus rief die Gegner ans Fenster und ließ sie manches Erfreuliche wahrnehmen, z. B. die Ordnung und den Schneid der vorbeimarschierenden Braunhemden, wobei sicherlich manche Sympathien und manche Gegner gewonnen wurden. Der feste Schritt und der trotzig-stolze Gesang der marschierenden S.A. war es oft allein, der den verzagten Bürgern die Hoffnung auf eine Wendung in der trostlos verfahrenen Lage gab und den Glauben an das künftige Deutschland stärkte.

Da die meisten Lieder in der S.A. bekannt waren, ehe sie in den gedruckten Sammlungen der Rotfront veröffentlicht wurden, ist der Vorgang der Liedübernahme in erster Linie darauf zurückzuführen, daß übertretende ehemalige Kommunisten ihre Lieder, die sie mitbrachten, weitersangen, freilich mit entscheidend veränderten Texten an einigen Stellen. Auf die historische Richtigkeit kam es den Sängern nicht an, nur auf das Ziel, eine vollständige Wandlung auf revolutionärem Wege herbeizuführen. Wenn z. B. auch in S.A.-Kreisen das Leuna-Lied – sogar mit der Ortsbezeichnung Leuna! – gesungen wurde, obwohl es doch in der Zeit des Kommunistenaufstandes und Kampfes bei Leuna (1921, Anm. d. Autors) noch keine S.A. gab, so störte das nicht. Die Grundschicht des menschlichen Wesens ist die ‹Stimmung›, nicht die Überlegung. Der Verstand muß immer besonders geweckt werden, vor allem in der proletarischen Schicht. Da der Volksmensch ein ‹gestimmtes Wesen› ist, wie ihn ganz treffend der Philosoph Martin Heidegger bezeichnet hat, wirkt man auch am stärksten auf ihn durch Stimmungsmache ein, bei den besonders musikalischen Thüringern durch musikalische, rhythmische Stimmung.»

Ein unvergleichliches Beispiel faschistischer «Herrenmenschen»-Ästhetik! Aber die zur S.A. «übertretenden ehemaligen Kommunisten»! Die gab es. Viele denken nicht gerne an sie, weil sie sich dann klarmachen müßten, welche Fehler der KPD solche Übertritte veranlaßten.

Exil

Die *Internationale* war im Exil wie alle anderen, die nicht in Deutschland illegal arbeiteten oder im KZ saßen und starben oder sich anpaßten. Der öffentliche Gesang wurde schwer geahndet.

Hanns Eisler hielt sich in den USA auf.
Konnte er da mit Arbeiterkampfliedern etwas anfangen?
Ohne die deutsche Arbeiterklasse?
Das konnte er, und zwar sogar mit der *Internationale*!
Sie erscheint als knappes Zitat in dem Instrumentalquintett «Vierzehn

Arten, den Regen zu beschreiben», einem zwölftönig komponierten Stück. Die *Internationale* in der Zwölftonreihe!

Dieses Stück, op. 40 von 1943, ist Arnold Schönberg zum 70. Geburtstag gewidmet. (Schönberg, auch im US-Exil, war in den ersten Berliner Jahren Eislers Lehrer und hatte damals gerade die Zwölftontechnik entwickelt.) Es ist die Filmmusik zu Joris Ivens' Film «Regen» und besteht aus 14 Variationen über ein Anfangsthema mit dem Titel «Anagramm».

Die Grundreihe (G) ist die kompositorische Basis eines Zwölftonstükkes und wird vom Komponisten für jedes Werk neu erdacht. In ihr müssen alle 12 Halbtöne einer Oktave ohne Wiederholung eines Tones aufeinander folgen. Die Intervallstruktur ist nur zum Teil freigestellt. Denn die Zwölftontechnik als Kompositionsorganisation atonaler, d. h. von einem Klang- oder Tonzentrum – wie im Dur-Moll-Stil – freier Musik soll auf Quinten, Dreiklänge oder Oktaven in der Reihe verzichten. Eislers Reihe zu dem Stück fängt auch ganz typisch an mit Tritonus (übermäßiger Quart), dann nur noch Sekunden und einer Terz. Jedoch ist diese Erscheinung der Reihe als G nur eine Idee, denn die intervallische Anordnung bei der Komposition ist insofern freigestellt, als man die abfolgenden Töne der Reihe in beliebiger Oktavhöhe einsetzen kann.

Weiterhin kann die Reihe transponiert werden, d. h. im ganzen um beliebige Intervalle nach oben oder unten versetzt werden. Und sie kann auch als Umkehrung – waagerecht gespiegelt – erscheinen (U), die selbst auch wieder transponiert werden kann. So fängt also die Umkehrung in der großen Obersekunde (U 2) auf cis an und kehrt dann alle Intervalle der Grundreihe um. Und so entsteht ein Intervallgebilde, das in den Tönen 1–8 dem Kopf der *Internationale* ähnelt, aber ihm nicht gleichen kann, weil sonst verbotene Tonwiederholungen und Dreiklangbildungen auftreten würden. Die rhythmische Bildung dieses Reihenbeginns und vor allem die Tiefsetzung der Töne ab Ton 6, also die entscheidenden Merkmale für die Melodievergleichbarkeit, sind einmalig im Erscheinungsbild der Reihe in dem ganzen Stück. Auch die exponierte Stellung des Zitates läßt die Möglichkeit eines Zufalls als unwahrscheinlich dastehen. (Der Versuchung, bei U 4 ein B-A-C-H-Zitat der Töne 2 bis 5 anzubringen, hat Eisler widerstanden, soweit ich sehe.)

Weitere Gedanken zu dieser Zitattechnik folgen am Beginn des nächsten Abschnitts.

Zum Gebrauch nach 1945

Deutschland wird in zwei Staaten aufgespalten, DDR und BRD.

DDR

Hanns Eisler kehrt aus den USA zurück und läßt sich in Ost-Berlin nieder. Er bearbeitet seine alten Kampflieder für eine Schallplattenaufnahme mit seinem alten Genossen Ernst Busch.

Beim Einrichten der Begleitarrangements verfällt er wieder auf sein altes Steckenpferd, die Zitattechnik, im «Stempellied» – wie erwähnt (S. 259) – entlarvend eingesetzt.

Nun nimmt sie aber eine andere Funktion ein. Man höre den *Roten Wedding* auf der Platte «Ernst Busch I» im pläne-Verlag! Jeweils bei den Einschnitten hinter den Textstellen «die Trommeln werden gerührt» und «der Rote Wedding marschiert» wird lautstark von den Begleitinstrumenten der Beginn der *Internationale* zitiert.

Fl. 1 2
a 2
mf
Ob. 1 2
Klar. 1 (B) 2
Fag. 1 2
Hr. 1 (F) 2
fp
3
Trpt. 1 (B) 2
1.
ff
Pos.
Pauken
Kl. Tr.
Schlagz.
Gr. Tr.
Gesang
rührt. Links, links, links, links! Der ro - te Wed-ding mar - schiert! Wir
liert. Links, links, links, links! Der ro - te Wed-ding mar - schiert! Sie

Das ist jedoch kein Einzelfall. Eisler scheint seine Zitattechnik, die er in den Werken der DDR-Zeit besonders künstlich ausbaute,[69] in besonderer Weise auf die *Internationale* konzentriert zu haben. Schon in dem Kammermusikwerk «14 Arten, den Regen zu beschreiben» aus der Exilzeit erschien ja der Melodiekopf der Hymne (vgl. S. 262). Und auch in Liedern, die in der DDR-Zeit neu entstanden wie im *Lied von der blauen Fahne* (vgl. S. 116f.) und in *Vorwärts, Bolschewik* nach einem Text von Majakowski erscheint die *Internationale* in der gleichen Funktion wie im *Roten Wedding* als Zwischenruf bei den Texteinschnitten (zu hören auf der bereits genannten Schallplatte mit Ernst Busch).

Das sind doch alles sehr merkwürdige Selbstversicherungen und Selbstbeteuerungen: «Auch im Exil und selbst in der 12-Ton-Schreibe bleibe ich dem Marxismus treu!» – «Auch wenn die DDR nicht revolutionär entstanden ist, wie wir das einmal für Deutschland erkämpfen wollten, bleibt dieser Staat doch in der Tradition der revolutionären kommunistischen Bewegung!»

Diese Zitate sind Rechtfertigungen. Die *Internationale* lebt nicht mehr, ist nicht mehr aktiv, wird nur noch aufgeführt[70] oder – wie am 1. Mai – dazu herangezogen, um den sozialistischen Charakter des neuen Staates unwiderlegbar zu beweisen. Pottiers und Degeyters Bombe liegt entschärft in der Vitrine, und der Museumswärter sagt: «Bitte sehr, da können Sie sie sich anschauen. Sie können ruhig nahe herangehen. Aber bitte nicht berühren!»

69 Vgl. P. Schleuning: Deponite potentes de sede – Stoßt die Mächtigen vom Thron. Ein Bach-Zitat in Hanns Eislers Musik zur ‹Mutter›, in: P. Schleuning (Hg.): Warum wir von Beethoven erschüttert werden u. a. Aufsätze zur Musik, Frankfurt/M. 1978.

70 Empfohlen sei die offizielle DDR-Oratorien-Fassung der *Internationale* (Eterna 4 10 119) mit großem Rundfunkchor und -orchester, Satz hoffentlich nicht von Eisler.

Exkurs: Die Texte des Roten Wedding

Das *Internationale*-Zitat in der *Roten Wedding*-Fassung aus der DDR-Zeit hat übrigens sein textliches Pendant. Denn nicht nur Eisler hat arrangiert, sondern auch Ernst Busch.

Der ursprüngliche Text von Erich Weinert aus dem Jahre 1929 hieß folgendermaßen:[71]

Links, links, links, links! Die Trommeln werden gerührt!
Links, links, links, links! Der Rote Wedding marschiert!
Hier wird nicht gemeckert, hier gibt es Dampf,
denn was wir spielen, ist Klassenkampf
nach blutiger Melodie!
Wir geben dem Feind einen kräftigen Tritt,
und was wir spielen, ist Dynamit
unterm Hintern der Bourgeoisie!

Roter Wedding! Grüß euch, Genossen!
Haltet die Fäuste bereit!
Haltet die roten Reihen geschlossen,
denn unser Tag ist nicht weit!
Drohend stehen die Faschisten
drüben am Horizont!
Proletarier, ihr müßt rüsten:
Rot Front, Rot Front!

Links, links, links, links! Trotz Zörgiebels Polizei![72]
Links, links, links, links! Wir gedenken des ersten Mai!
Der herrschenden Klasse blut'ges Gesicht,
der Rote Wedding vergißt es nicht
und die Schande der SPD!
Sie woll'n uns das Fell über die Ohren zieh'n,
doch wir verteidigen das rote Berlin,
die Vorhut der Roten Armee!

Roter Wedding . . .

Links, links, links, links! Wir ziehen den Vorhang auf!
Links, links, links, links! Nun nimmt das Spiel seinen Lauf!
Die Republik ist ein schöner Palast,
doch sie steht auf einem dicken Morast
von Dummheit und Reaktion!
Wir rücken an und wir misten aus
und bauen uns ein besseres Haus:
die deutsche Sowjet-Union!

Roter Wedding . . .

71 Nach der historischen Aufnahme der bereits genannten LP «Vorwärts und nicht vergessen . . .»

72 Er war als Berliner SPD-Polizeiminister für die Toten des 1. Mai 1929 verantwortlich.

Bald danach – vielleicht für den Weltkongreß der Komintern von 1935 (vgl. S. 252) – machte Weinert eine verallgemeinerte Fassung des Textes, die nicht so speziell auf die Berliner Situation von 1929 und auf das Bild des Kampfes als Theater-Bühne gemünzt war.

So heißt es in der 1. Strophe am Schluß:

Wir betteln nicht mehr um Gerechtigkeit,
wir stehn zum entscheidenden Angriff bereit
zur Vertreibung der Bourgeoisie!

Hier wird wohl auch der Skrupel mitgewirkt haben, ob das Wort «Hintern» auf die Dauer in einem proletarischen Kampflied überregionaler Bedeutung angemessen ist oder ob es die Arbeitermoral schwächt.

In der zweiten Strophe heißt es dann, da Zörgiebel wirklich keine allgemein bekannte Größe war:

Trotz Faschisten und Polizei!

Die dritte ist dann völlig anders, wohl weil die ursprüngliche Fassung etwas zu direkt und ordinär erschien und weil die «deutsche Sowjet-Union» ferner war als je:

Links, links, links, links! Die Fahne weht uns voran!
Links, links, links, links! Der rote Wedding tritt an!
Wenn unser Gesang durch die Straßen braust,
dann zittert der Feind vor der Arbeiterfaust!
Denn die Arbeiterklasse erwacht!
Wir stürzen die Säulen des Ausbeuterstaats
und gründen die Herrschaft des Proletariats.
Kameraden, erkämpft euch die Macht.[73]

Da wirkt der Proletkult mächtig in der «Arbeiterfaust», und der Feind flieht schon beim Anhören des proletarischen Gesanges.

In diese Richtung geht dann noch weiter jene Neudichtung, die Ernst Busch wahrscheinlich extra für die Plattenfassung und den Gebrauch in der DDR herstellte.[74]

Links, links, links, links! Die Trommeln werden gerührt!
Links, links, links, links! Die Arbeiterklasse marschiert!
Wir fragen euch nicht nach Verband und Partei,
seid ihr nur ehrlich im Kampf mit dabei
gegen Unrecht und Reaktion!
Wir sind durch die Not, durch den Hunger vereint,
uns binden die Opfer im Kampf vor dem Feind,
unsre Lieder der Revolution!

Roter Wedding! Grüßt euch, Genossen!
Haltet die Fäuste bereit!

73 Vgl. Arbeitersongbuch, a. a. O., S. 175.
74 Übertragen von der genannten LP «Ernst Busch 1».

Haltet die roten Reihen geschlossen,
dann ist der Tag nicht mehr weit!
Kämpfen wir als Sozialisten
endlich in einer Front!
Arbeitsbrüder, Kommunisten:
Rot Front! Rot Front!

Links, links, links, links! Der Kampf wird weiter geführt!
Links, links, links, links! Ein Lump, wer kapituliert!
Wir tragen die Wahrheit von Haus zu Haus
und jagen die Lüge zum Schornstein hinaus,
wie Karl Marx es und Lenin gelehrt!
Und schlug auch der Feind unsre besten tot,
der Wedding kommt wieder, Berlin bleibt rot,
damit Deutschland den Deutschen gehört!

Roter Wedding ...

Der Text stammt sicher aus den fünfziger Jahren: Hunger, Wiederaufbau, Trauer, aber auch die Sorge, die Bevölkerung könne nicht mitziehen! Es ist ein Werbelied geworden, «Verband und Partei» sind angeblich gleich, wenn man mitmachen will! Eine Lüge, denn es wurde sehr genau danach «gefragt»! Ein bißchen Wiedervereinigung ist drin («Deutschland den Deutschen») und eine schon absurd anmutende Bemühung um Volkstümlichkeit: Marx und Lenin als Schornsteinfeger!

Und wie Eisler das Lied und den Staat mit dem *Internationale*-Zitat rechtfertigt und aufbaut, so kommentiert es auch Busch: Uns binden «unsre Lieder der Revolution»! Wie z. B. der *Rote Wedding* und die zitierte *Internationale.* Das Lied lobt sich selbst!

Vor allem die Anspielung auf Gesamtdeutschland hat wohl bewirkt, daß der Text für den Abdruck in der Sammlung von Eislers «Lieder und Kantaten» (Band 5, 1961) nochmals geändert werden mußte, nun aber so stark und so verallgemeinernd, daß es sich schon nicht mehr um das gleiche Lied handelt. Es geht nicht an, daß dieses Lied in der Ausgabe noch unter Weinerts Namen veröffentlicht wurde – er war bereits 1953 gestorben.

Links, links, links, links! Die Trommeln werden gerührt!
Links, links, links, links! Der rote Wedding marschiert!
Wir tragen die Wahrheit von Haus zu Haus
und jagen die Lüge zum Fenster hinaus,
wie uns die Genossen gelehrt.
Wir nähren den Haß und wir schüren die Glut,
wir heizen die Herzen mit Kraft und Mut,
bis der letzte Prolet uns gehört.

Roter Wedding, grüßt euch, Genossen,
haltet die Fäuste bereit!
Haltet die roten Reihen geschlossen,
dann ist der Tag nicht mehr weit.

Schon erglüht die rote Sonne
flammend am Horizont.
Kämpft, Genossen, Sturmkolonne!
Rot Front, Rot Front!

Links, links, links, links! Ein Lump, wer kapituliert!
Links, links, links, links! Der rote Wedding marschiert!
Sie schlagen uns die Genossen tot,
doch der Wedding lebt, und Berlin bleibt rot.
Es wächst unser heimliches Heer.
Und holt das Volk seine Freiheit zurück,
dann spürt der Faschist unsre Faust im Genick.
Wir entreißen ihm Dolch und Gewehr.

Roter Wedding . . .

Das kann man nun wohl auch Ernst Busch nicht mehr anlasten. Es scheint eine Neufassung zu sein, die dem defekten Computer für linientreue Liedertexte aus dem DDR-Kultusministerium entstammt. Da wird die «Glut» gegen «Dolche» geschürt, ein «heimliches» Heer bildet sich, schwingt aber dennoch die «Faust», die «Herzen» werden «geheizt», und über allem «erglüht die rote Sonne»! Eine Bullen-Hitze!

Was mag Hanns Eisler empfunden und gedacht haben, als er 1961 den druckfrischen Band in Händen hielt und an den *Roten Wedding* von 1929 zurückdachte?

Ein Jahr später starb er.

BRD

1951 schrieb der Königsberger Lotar Olias (*Junge, komm bald wieder*) für die Auftritte der Mainzer Hofsänger in der Karnevalssaison 1952 das Lied *So ein Tag, so wunderschön wie heute.*

Nach einer Meinungsumfrage des Instituts für Demoskopie in Allensbach von 1971 singen die Deutschen, wenn sie in Stimmung kommen, am liebsten dieses Lied (53%)[75]: In Stimmung waren also offenbar die Hoesch-Arbeiter im September-Streik 1969, die Terroristen nach der Lorenz-Entführung 1975, ein Teil der Wyhler nach der positiven Abstimmung über den Verkauf des KKW-Geländes im gleichen Jahr (vgl. S. 84). Sie alle sangen: «So ein Tag, so wunderschön wie heute, so ein Tag, der dürfte nie vergehn.» Und auf den Fußballplätzen kann man diese Hymne nach großen Siegen auch oft hören.

Der Refrain lautet:

75 Angabe nach Liedermagazin, a. a. O., S. 199.

Ein anderer Refrain beginnt: (Schreibung nach Übereinstimmung der Tonhöhen)

Anders geschrieben: (nach Übereinstimmung des Taktes)

Ist das noch Zufall, noch Bearbeitung des gleichen Musters?

Oder ist da nicht die *Internationale* zum Schlager ausgeschlachtet worden?

Lotar Olias, Jahrgang 1913, war schon 20 Jahre alt, als das Lied nicht mehr gesungen werden durfte. Es konnte also in seinem Kopf den Faschismus überdauern, um dann 1951 in neuem Gewande aufzuerstehen.

Das Unbewußte des Volks wird schon wissen, warum das Lied so beliebt ist für Triumphgesänge! Die BRD-Nationale!

Eine Assoziation von der bürgerlichen Soziologie her: Die Arbeiter sind nicht auf langfristige Ziele hin zu konditionieren oder um dieser Ziele willen zu einem längeren Erfolgsaufschub zu motivieren. Sie wollen statt dessen sofortige Erfolge sehen, hier und jetzt, praktische Ergebnisse.[76] Falls das stimmt, dann aber nur für die BRD, kaum für die Weimarer Republik. Der These fehlt die historische Komponente.

Diesem historischen Wandel des Bewußtseins entspricht der Rollenwechsel der *Internationale* ausgezeichnet: Von «Wacht auf, Verdammte dieser Erde» zu «So ein Tag, so wunderschön wie heute»!

76 Zusammenfassung dieser Beurteilungen in Henning Kuhlmann: Klassengemeinschaft, Berlin 1975, S. 14ff.

Das ist die Arbeiterhymne des Wirtschaftswunders.

Im Jahre 1954, als das Lied sein Copyright beim Sikorski-Verlag in Hamburg erhielt, wurde die KPD verboten.

Walter Moßmann beschreibt sein Verhältnis zu *Internationale* so:

«Ich weiß nicht, wann ich die Internationale zum erstenmal gehört und gesungen habe. Ich weiß, daß ich sie ganz lange nicht mitgesungen habe. Mit ganz wenigen Ausnahmen. Und das kommt von der Jungenschaft her. Daß wir da so Massenchöre dauernd zusammen gesungen haben, daß sich das bei mir geändert hat mit der Chansonwelle, da konnt' ich überhaupt derartige Lieder gar nicht mehr mit jemand zusammen singen. Und deshalb ist mir auch immer nur ein starker Kloß im Hals geblieben, wenn das gesungen wurde. Gefunden habe ich sie ganz sicher schon vor der SDS-Zeit mal beim Rumsuchen nach Liedern in Büchern. Da war die auch mal drin. Und dann hab ich sie mit der Gitarre geübt und ausprobiert. Und die Melodie hat mir gut gefallen, das weiß ich. Aber dann ist sie eigentlich in dem Zusammenhang, wo ich gesungen habe, nie gesungen worden. Das muß so Mitte der sechziger Jahre gewesen sein.

Ich weiß nicht, ob sie bei DFU- oder Ostermarsch-Veranstaltungen gesungen wurde. Aber da hatte ich ohnehin eine ganz starke Ablehnung gegen. Das Lied hatte einfach keine Bedeutung für mich. Das war eine Melodie, die ich ganz interessant fand. Aber ich hab sie dann nicht gesungen. Andere Musiken standen mir da viel näher.

Und dann hat sich's geändert mit der SDS-Zeit, also '68. Und da gab's diese Veranstaltungen, wo am Schluß mit flammendem Auge, die Faust emporgereckt, die *Internationale* gesungen wurde. Bei der Delegiertenkonferenz '68 in Frankfurt war das so schrecklich. Das wurde dann kräftig vom Podium angestimmt, und die standen dann auf. Aber das hatte mit ML-Zeit und so noch gar nichts zu tun gehabt. Bei mir war das eine Aggression gegen jede Art von formiertem Massengesang. Das hing wahrscheinlich einerseits so mit einem vagen Faschismus-Widerstand zusammen, andererseits mit der Epoche, die ich einfach hinter mir hatte, wo ich deshalb besonders aggressiv war, in der Jungenschaft da diese mächtigen Märsche und Chöre. Ich fand das entwürdigend und widerwärtig, speziell mit so einem Anspruch, so mit Bedeutung. Und diesen Widerwillen gab es bei vielen von uns aus dem Freiburger SDS, da waren viele Typen dabei, die so antiautoritär waren.

Und dann '68 auf der Waldeck:

Ich hab dann ja auch nie die Strophen gelernt und auch nicht die Begleitung auf der Gitarre. Ich hab mich dann auch immer rausgeredet, ich könnt's nicht. Und auf der Waldeck dann, wo es den großen politischen Himmelsflug gab, da gab's dann so eine Spaltung in die linken Sänger und die fachidiotischen, die mit Politik nichts haben wollten, zum Teil sich auch überfahren fühlten, durch das, was da lief. Da wurde ein ganz phantastisches Manifest am Schluß vorbereitet, wo dann verkündet wurde, daß die Waldeck ab heute ein Zentrum des internationalen Widerstandes gegen Imperialismus und Kapitalismus wäre. Das war ja auch kurz nach dem französischen Mai. Und alle, die dieser Meinung waren von den Sängern, die stellten sich dann auf die Bühne – das war dann auch noch irgendwie phantastisch beleuchtet –, und auch die anderen vorne im Publikum hoben dann die Faust, die dann auch dazugehörten, und da wurde das gesungen. Aber da konnte ich's auch noch nicht. Da habe ich mich dann an den Rand verdrückt, bin weg. Wenn ich irgendwann mal das Gefühl hatte, man muß das machen, aus Gründen der Solidarität, dann mit fürchterlich schlechtem Gewissen. Denn ich war mir ziemlich sicher, daß das gegen alles ist . . . daß das opportunistisch ist, wenn ich da mitsinge. Eigentlich mag ich's nicht.

Und eigentlich dann erst '73, als wir angefangen haben, mit der Blaskapelle in Freiburg Arbeiterlieder zu singen und das auszugraben und da eigentlich auch mehr ein sachliches Verhältnis dazu hatten, daß wir eine kaputte Tradition wieder ins Licht rücken wollten, da hab ich das mit den anderen Liedern zusammen her vertragen können. Obwohl wir ja der Meinung waren: Die *Internationale* möglichst selten, sonst ist das so abgedroschen und leer. Da hatten wir dann ja auch in dem besetzten Haus in der Hummelstraße, das dann 1973 abgerissen wurde, direkt ein Wochenende, an dem wir uns in Gruppen mit Fragen von politischen Liedern beschäftigten, deren Entstehung, Machart, Gebrauchsgeschichte und heutiger Verwendungsmöglichkeit. Und da war auch die *Internationale* dabei. Dann hab ich mich mit der Kommune ziemlich stark beschäftigt damals, und darüber habe ich natürlich auch allerhand über die *Internationale* mitgekriegt, aber eben mehr theoretisch, historisch. Und so sind dann auch Rundfunksendungen entstanden über politische Lieder, wo auch mal die *Internationale* drin auftauchte. Das ging ja parallel: Die Blaskapelle, damit und mit den Liederblättern die Lieder verbreiten, und sofort historisch dann an die Lieder ranzugehen. Die Unbefangenheit ging da auch noch, weil wir so eine historisch-kritische Distanz dazu hatten, mehr auf der Ebene von Informationen.

Also, meine Karriere mit der *Internationale* war ziemlich kurz, denn von den Anlässen, wo die noch mit Inbrunst gesungen wird, halt ich mich ja fern. Mit Spaß hab ich es eigentlich nur in einer Fremdsprache gesungen, also italienisch bei einem Aufenthalt in Italien. Und bei der schönen Demo im Mai '73, wo ich es auch mitsang, da aber in der spanischen Fassung. Viel interessanter in der SDS-Zeit war an kollektiver Aktion bei Demos das Erfinden und Rufen von Sprechchören. Das hat viel mehr Spaß gemacht, und das Bedürfnis, sich kollektiv akustisch zu äußern, ging mit Sprechchören viel besser. Mit neuen selbstgemachten Liedern, das ging ja erst viel später los.»

In dem besetzten Haus 1973 in der Freiburger Hummelstraße, das Walter erwähnt hat, wohnte ein ehemaliger Student, der im Gefolge der ML-Bewegung Arbeiter geworden war, gut Gitarre spielte und zu der Zeit ein bißchen herumflippte.

Er schrieb während der Zeit der Hausbesetzung folgenden neuen Text zur *Internationale*. Auch die Zeichnung gehört dazu:

Die Internationale

Ihr Unterdrückten aller Länder
erkennt, wer Euch im Nacken sitzt;
ein Parasit mit scharfen Klauen,
der Euch aussaugt, wenn Ihr schwitzt.
Die Entwicklungshilfe in der einen
tarnt die mörderische andre Hand.
Der Parasit "Imperialismus"
raubt jedes Volk aus, jedes Land.

Völker, seht Eure Feinde!
Wer ist Herr, wer ist Knecht?
Schließt Euch zusammen!
Erkämpft Euch Euer Recht!
Völker seht Eure Feinde!
Jeder Tag zeigt uns mehr:
nur bewaffneter Klassenkampf
schafft unsre Freiheit her.

Tagtäglich unsre Kraft verkaufen
an den, der Arbeitsmittel hat.
Die Aktionäre der Konzerne
werden zwar fett doch niemals satt.
Unsre Arbeit soll nicht denen dienen,
nicht ihrer Rüstung, ihrem Krieg.
Nach unsern Wünschen wolln wir produzieren
nicht mehr für deren Scheißprofit.

Völker, seht ......

Es rettet uns kein höhres Wesen,
kein Gott und auch kein starker Mann.
Gegen den Imperialismus
könn' nur wir selbst in Massen ran.
Viele schwätzen ja von freiem Rechtsstaat
und sozialer Marktwirtschaft.
Wir aber hörn auf kein Geschwätz mehr,
wir kämpfen für die Arbeitermacht.

Völker, seht ......

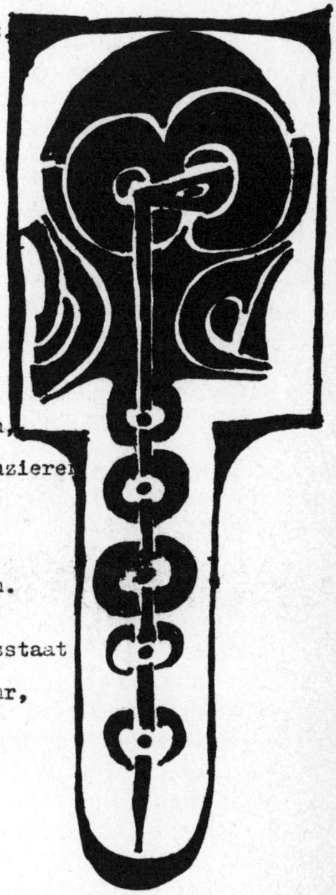

Die Internationale

Ihr Unterdrückten aller Länder
erkennt, wer Euch im Nacken sitzt;
ein Parasit mit scharfen Klauen,
der Euch aussaugt, wenn Ihr schwitzt.
Die Entwicklungshilfe in der einen
tarnt die mörderische andre Hand.

Der Parasit «Imperialismus»
raubt jedes Volk aus, jedes Land.

Völker, seht Eure Feinde!
Wer ist Herr, wer ist Knecht?
Schließt Euch zusammen!
Erkämpft Euch Euer Recht!
Völker seht Eure Feinde!
Jeder Tag zeigt uns mehr:
nur bewaffneter Klassenkampf
schafft unsre Freiheit her.

Tagtäglich unsre Kraft verkaufen
an den, der Arbeitsmittel hat.
Die Aktionäre der Konzerne
werden zwar fett, doch niemals satt.
Unsre Arbeit soll nicht denen dienen,
nicht ihrer Rüstung, ihrem Krieg.
Nach unsern Wünschen wolln wir produzieren,
nicht mehr für deren Scheißprofit.
Völker, seht ...

Es rettet uns kein höhres Wesen,
kein Gott und auch kein starker Mann.
Gegen den Imperialismus
könn' nur wir selbst in Massen an.
Viele schwätzen ja von freiem Rechtsstaat
und sozialer Marktwirtschaft.
Wir aber hörn auf kein Geschwätz mehr,
wir kämpfen für die Arbeitermacht.
Völker, seht ...

Ein Student und ehemaliger Werkzeugmacher erzählt:

«Die *Internationale* hab ich zum erstenmal wahrgenommen, als ich in einer schwäbischen Kleinstadt mit anderen einen Republikanischen Klub gegründet habe, der nur dazu diente, alles was da an Protestpotential da war, aufzufangen. Wir haben uns angelehnt an die Vorbilder der größeren Städte, Berlin, Frankfurt usw. Und in dem Zusammenhang ist es dann auch aufgekommen, daß es da so was Ähnliches gibt wie so'n Kampflied – das war so '68, '69, als das bei uns erst so richtig losging. Bei uns waren aber auch ältere Leute dabei, Arbeiter, Krankenpfleger und so Leute. Einer war so was wie die graue Eminenz von unserem Bürgermeister, und der hat uns von der Arbeiterbewegung schon was erzählt, also nicht systematisch, sondern so wie sich das ergeben hat. Der kannte das Lied auch. Und das wurde dann nicht so als feierlicher Höhepunkt gesungen, sondern das hat sich eher so ergeben, daß man das in besoffenem Zustand gesungen hat, mit erhobener Faust im offengewickelten 2 CV durch die Stadt gebraust ist.

Die für uns eigentlich wichtigen Lieder waren damals für uns die von Floh de Cologne oder von Degenhardt. Die hat damals fast jeder von uns gekannt. Die klassichen Lieder wurden nicht richtig gelernt, höchstens daß sie mal einer zur Gitarre sang. Aber eine ernsthafte Musikkultur wurde nicht gepflegt. Wir kannten die *Internationale* nur vom Hörensagen, und daß es ein wichtiges Lied gewesen sein soll. Es war ein Lied unter anderen, hatte als Kampflied keine wichtige Bedeutung. Gesungen habe ich es höchstens aus Lust am Singen mal. Die erste Strophe hab ich wohl singen können.

Das einzige Mal, wo die *Internationale* einen offiziösen Charakter hatte, wo was vorbereitet worden war, Liederblätter gemacht, Kapelle eingeübt, da hab ich das erste und letzte Mal öffentlich die *Internationale* gesungen: Das war am 1. Mai 1973 in Freiburg.

Aber immer, wenn ich am Gesang der *Internationale* dabei war, ist mir ein Beispiel aus meiner Schulzeit eingefallen. In der fünften Volksschulklasse stand auf dem Lehrplan Singen des *Deutschland-Liedes*. Und da hat irgendeiner von uns so ein bißchen dabei gelacht oder eine Bemerkung gemacht, muß nicht mal über das Lied gewesen sein. Und der wurde dann sofort von der Lehrerin mit Strafe bedacht. Der wurde dann rausgeschmissen, weil sie gesagt hat: ‹Bei diesem wichtigen Lied, da darf nicht gelacht werden!›

Heute kann ich das Lied in der Art von einem Klassiker beurteilen. Singen könnte ich es nur dann, wenn ich meine politische Auffassung auf die Basis des ‹Kommunistischen Manifestes› stellen würde. Und das tun ja die K-Gruppen. Aber wir würden ja nicht daraus zitieren und daraus eine politische Folgerung ableiten.»

In dem Godard-Film «Tout va bien» («Alles geht gut») wird ein Streik dargestellt. Der Chef ist eingeschlossen in seinem Büro. Als er pissen muß, geben ihm die Arbeiter drei Minuten Zeit – genausoviel wie sie normalerweise selber kriegen. Er findet aber kein freies Klo, denn die Arbeiter, jetzt die Herren der Fabrik, halten sich so lange im Klo auf, wie sie wollen. Die drei Minuten sind abgelaufen, der Chef steht vor der soundsovielten verschlossenen Tür.

Da kriegt er eine Erklärung: Von innen pfeift ein Arbeiter die *Internationale.*

Ein Student erzählt:

«Ich habe früher, als ich Schüler war, 1967, in einem politischen Kreis mitgearbeitet mit Leuten, die sich dann später je nach der politischen Richtung aufgeteilt haben. Da wurden meist nur Aktionen vorbereitet. Und dann gab es da regelmäßig so Sitzungen. Es war in einer riesigen Altbauwohnung, die nur von einem bewohnt wurde. Diese Räume standen der Gruppe zur Verfügung. Die traf sich dann einmal wöchentlich.

Es waren vielleicht 18 oder 20 Leute. Und am Schluß jeder Gruppensitzung wurde die *Internationale* gesungen. Das hat sich vielleicht in der fünften oder sechsten Sitzung ergeben. Ich selbst hatte vorher wohl mal davon gehört, aber mich nie darum bemüht, das zu lernen. Und dann stellte sich heraus, daß fünf oder sechs Leute das textlich und von der Melodie her beherrschten und das auch gesungen haben. Und andere haben den Refrain vielleicht mitgesungen. Und die restlichen fünf, sechs, die waren dann im Aufbruch, weil es ja eh zu Ende war. Die haben also, während noch gesungen wurde, die Mäntel gegriffen oder ihre Papiere zusammengerafft. Und zu denen gehörte ich auch. Das war für mich unheimlich bedrückend, weil ich dachte immer: Also die guten Leute hier, die politisch bewußten, die können hier auch noch so'n Lied absingen! Und stehend wurde ohnehin gesungen, weil man ja im Aufbruch war und sowieso schon stand. Später wurde dann sehr rigide in dieser Gruppe vorgegangen, daß man sich dem Bewußtsein der Arbeiter angleichen müßte, also in bezug auf Haarlänge, Kleidung, und damit hing auch zusammen, daß man sich bemühte, dieses Lied zu lernen. Ich bin aber dazu auch noch extrem unmusikalisch, und ich denke immer, ich verderbe selbst die beste Darbietung. Und ich habe die *Internationale* auch nur einmal, und auch da nur in Bruchstücken, gesungen, 1968 war es, bei der Demonstration gegen die Notstandsgesetze in Bonn. Das war auf so einer Riesenwiese im Park, und unter so ein paar Bäumen war ein Haus. Und da saß ich und hörte den Reden zu. Und in der Situation konnte ich dann auch Bruchstücke mitsingen. Hinterher, zum Beispiel bei einer 1. Mai-Veranstaltung des Kommunistischen Bundes 1973, hatte ich dann keine Schwierigkeiten mehr damit, daß ich das Lied nicht konnte und nicht mitsingen konnte. Und ich bin dann hinterher auch rausgegangen. Hier an der Universität habe ich noch nie erlebt, daß das gesungen wird.

Von dieser Maiveranstaltung weiß ich noch ganz genau, wie man am Schluß die *Internationale* singen mußte, so mit Aufstehen und Absingen von hektographierten Zetteln. Das war ganz feierlich, eine Kirchenstimmung. Und dann sagte auf einmal einer: Können wir mal die Bedienung reinlassen? Und da war auf einmal die ganze Spannung weg, und alles grölte nur noch.»

Die Hausfrau, die im vorigen Abschnitt schon über ihre Eindrücke aus den zwanziger Jahren erzählte (S. 239), fährt fort:

«Dann habe ich das Lied sicher noch manchmal gehört, das ist mir aber nicht so gegenwärtig. Sehr gut habe ich es dann in neuerer Zeit gehört von einem Tonband einer Rundfunksendung über politische Lieder. Und da hört man die *Internationale* von Italienern mit Blechmusik. Das hat mich ganz toll beeindruckt. Da habe ich übrigens zum erstenmal gedacht, daß dadrin die ganze Knechtung der Menschen liegt und daß man davor nicht nur Furcht haben muß, sondern daß auch Befreiung drin liegt.[77]

1973 bin ich dann so zufällig in eine Versammlung reingekommen vom KBW. Ich wollte doch mal sehen, was die Leute da so betreiben, und was da so für eine Atmosphäre ist. Na, erst mal war da schon komisch, daß ich so alt war. Aber ich setzte mich dann mutig zwischen die Genossen. Als die dann hörten, daß ich aus Bremen war, da wurde ich dann auch gleich anerkannt als Altgenossin. Es war mir auch ganz interessant, was da alles auf dem Podium gesprochen wurde. Da war dann diese Blaskapelle, die spielten Musik. Das war sehr schön, sehr gut. Und dann zum Schluß wurde die *Internationale* gesungen. Und da erhoben sich alle mit gereckter Faust. Da konnte ich ja nun nicht sitzen bleiben. Da stand ich auch auf, und es war furchtbar peinlich, weil ich ja den Text nicht wußte. Jedenfalls den Anfang wußt ich noch ungefähr, die Melodie kannte ich ja auch, und dann habe ich nachher immer bloß noch so mitgegrunzt und meine Lippen so bewegt, daß es nicht so aussah, als ob ich da ein Unbeteiligter wäre. Ich wollte den Text nun abhorchen von den anderen. Aber zu meinem Erstaunen konnten die Leute um mich herum den Text auch nicht. Die guckten sich so gegenseitig um und wollten den Text erlauschen und dann singen. Bloß dann, wenn der Refrain kam, der ging dann flott von allen. Dann brauste es los. Und ich war dann auch immer richtig glücklich, daß ich richtig mitsingen konnte und nicht immer den Dummen markieren mußte.»[78]

Ein Hochschullehrer erinnert sich:

«Ich glaube, der SDS bestand noch. Aber die Forderung, man müsse sich der Arbeiterklasse zuwenden, war jedenfalls schon sehr stark. Da tauchte Daniel Basi auf, ein argentinischer Genosse, der in Freiburg an der Musikhochschule Kompositionslehre studierte. Der propagierte das

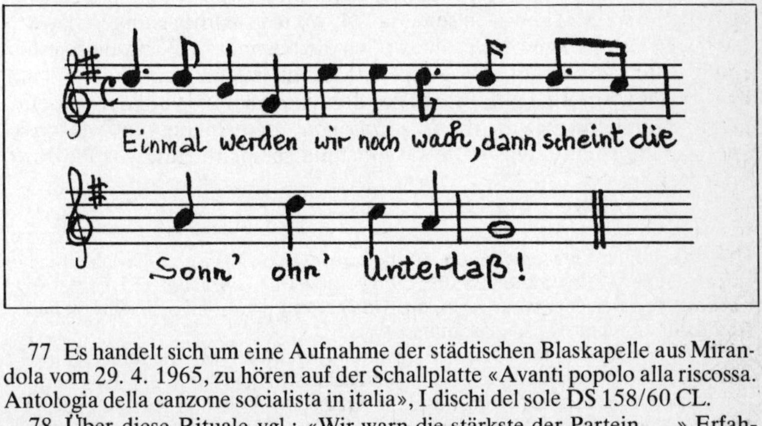

77 Es handelt sich um eine Aufnahme der städtischen Blaskapelle aus Mirandola vom 29. 4. 1965, zu hören auf der Schallplatte «Avanti popolo alla riscossa. Antologia della canzone socialista in italia», I dischi del sole DS 158/60 CL.

78 Über diese Rituale vgl.: «Wir warn die stärkste der Partein . . .» Erfahrungsberichte aus der Welt der K-Gruppen, Berlin 1977, Rotbuch-Verlag.

sehr stark, also man müsse jetzt das Proletariat und so weiter, und das hätten wir schon immer vernachlässigt. In dem Zusammenhang tauchte dann als Mangel auf – vielleicht hat Daniel uns auch direkt gefragt –: ‹Könnt ihr eigentlich die *Internationale*?› Nein, können wir nicht! Also schwach die Melodie, hatte man vielleicht mal gehört, weiß ich nicht, eventuell Mai '68 in Freiburg mit den Gewerkschaften. Kurz und gut, wir stellten also alle fest, wir können die *Internationale* nicht. Und da sagte Daniel: ‹Das ist ein unglaublicher Skandal, jetzt müssen wir die lernen.› Dann wurde das abgenüdelt, also die Melodie und der Text, daß man sich das einprägt. Und dann ist er mit Karin, mir und – ich glaube, da war noch einer dabei – ins Grüne gezogen, also ich weiß noch genau, das war schon wunderbares Wetter, die Wiesen standen auch schon ganz schön hoch. Und da legten wir uns auf eine Böschung, und dann wurde das gebimst, aber wirklich. Der Daniel hatte eine Gitarre dabei, und ich verhedderte mich also regelmäßig, entweder bei der Melodie oder beim Text. Also ich brachte das nicht gleichzeitig, Text korrekt und Melodie korrekt. Und dann sagte Daniel immer: ‹Nein, hoch mußt du erst beim zweitenmal im Refrain.› Und dann kam das alles so gleichzeitig: In allen verschiedenen linken Gazetten stand dauernd der Text der *Internationale*. Ich habe ihn aus einer rausgeschnitten und hab mir den an die Schranktür gehängt, an den Schrank, wo ich immer vorbeikommen mußte, wenn ich von meinem Arbeitstisch aufstand und in der Küche mir einen Tee kochen wollte. Dann warf ich da wieder einen Blick drauf und dachte: Zum 1. Mai nächsten Jahres sitzt es dann. Aber vielleicht saß es immer noch nicht.

Und da wurde das dann '69, '70 gesungen und auch später noch. 1974, da entsinne ich mich. Da kam ich verspätet, ich war verreist gewesen, da kam ich verspätet auf den Abschluß der 1. Mai-Kundgebung, und da auf dem Münsterplatz stehen sie da alle mit erhobenen Fäusten und singen die grade ab. Also: Ich habe es nie gelernt. Ich hab es nie gebracht, also mitgesungen schon. Aber es fehlten dann immer Textstellen. Das wird auch das letzte Mal gewesen sein, da '74, wo ich sie mitgesungen habe.

Da muß es auch gewesen sein, wo ich die besondere Wirkung so einer Blaskapelle beobachtet hab. Also, 1. Mai, alles leer, kaum jemand am Straßenrand, nur eine alte Frau. Und dann kam der Zug mit der Kapelle, und auf einmal fing sie an, die *Internationale* mitzusingen, bloß weil da so eine Kapelle spielte. Das hätte sie sonst nie gemacht. Eine Art Pawlowscher Reflex!»

Im schon mehrfach erwähnten «Arbeitersongbuch» (Fischer-Taschenbuch 1973) steht auf den Seiten 28 und 29 das Lied *Der 1. Mai hat 365 Tage*. Der Text ist von der Werkstatt Köln, die Musik von Luca Lombardi. Ihr gilt hier die Aufmerksamkeit (Abdruck umseitig).

In dem überleitenden Nachspiel ist der Beginn der *Internationale* zitiert. Aber das Zitat bedeutet mehr als in der Technik Eislers (S. 263f): Es gibt die musikalische Schlußfolgerung aus dem Ärger und der Unterdrückung, die in den Strophen dargestellt werden und der in den Refrains auch nur Hinweise auf Solidarität und Gewerkschaftsstärkung folgen: Man muß zum Kommunisten werden, um sinnvoll gegen die geschilderten Zustände ankämpfen zu können!

Oder was kann das Zitat denn sonst bedeuten, wenn es nicht nur ein musikalisches Ornament ist?

Was der Text sich nicht zu sagen traut, verdeutlicht die Musik.

Aber: Warum steht das Zitat in Moll?

Sind die Zeiten so trübe gegenüber 1871? Oder ist es der trutzige Recken-Ton?

Ein Lehrbeauftragter erzählt:

«In Liederbüchern hatte ich das Lied schon gesehen, etwa 1968, als ich als Musikwissenschaftler auch anfing, mich mit linker Musikkultur zu beschäftigen. Aber ich habe das Lied nie gesungen. Es wurde bei uns in der Studentenbewegung nicht verwendet. Auch in der Wochenschau, bei Bildern vom Mai '68 in Paris, hörte ich den Refrain, wohl auch in einem der Filme von Godard vielleicht. Dann war ich 1972 auf der Maikundgebung des BKA in Freiburg, nicht Bundeskriminalamt, sondern Bund Kommunistischer Arbeiter, eine der Aufbauzellen des späteren KBW. Da wurden auch die sogenannten klassischen Lieder gesungen, *Roter Wedding, Lied der Jugend, Einheitsfrontlied, Solidaritätslied*, und auch die *Internationale*, unheimlich dünn in der westlichen Vorstadt, wo es ganz still war und kaum jemand aus dem Fenster sah. Da war immer bei dem runden Platz am Tunnel eine Möglichkeit, die Größe des Zuges zu messen. Wenn der Zuganfang in die Straße nach links abbog, während der Schluß aus dem Tunnel kam, so daß also der ganze Zug einmal um den Platz paßte, war die Demonstration klein. Strömten die Genossen aber noch aus dem Tunnel, war der Zug groß. Da bin ich nur so mitgegangen, war sehr unschlüssig. Und ich habe mich so geschämt. Ich habe gedacht: ‹Mensch, ich bin Musikwissenschaftler, Musiker, und ich kenn' solche Lieder nicht, das ist doch unmöglich, da ist doch mein Wissen unheimlich beschränkt und einseitig. Die Linken singen da diese Lieder mühelos – da hatte ich noch nicht durchschaut, daß die das zum Teil auch nicht konnten –, und ich bin völlig schimmerlos.›

Diese Scham ergriff mich noch viel stärker, als ich um diese Zeit im Tessin im Urlaub war und mit meiner Freundin und einem Paar aus Berlin auf dem Luganer See ruderte. Da stimmten sie in revolutionärer Versonnenheit die Eisler-Lieder und die *Internationale* an, und ich fühlte mich derart minderbemittelt und diesen Heroen aus dem voranpreschenden Berlin unterlegen, daß ich mich in meiner ganzen Musikerexistenz bedroht fühlte.

Dann habe ich also zu Hause mit meinen bereitstehenden Liederbüchern – dem von Inge Lammel vor allem – hingesetzt und die richtig auswendig gelernt, was ich seit der Zeit meines Konfirmandenunterrichtes nicht mehr in der Art gemacht hatte.

Etwas beeinträchtigt und geradegerückt wurde meine autoritäre Haltung zu den Liedern durch den Anblick von vier SDSlern, die einmal

Der 1. Mai hat 365 Tage!

nachts besoffen in der Herrenstraße das *Solidaritätslied* und die *Internationale* sangen, immer so mit einem Fuß auf dem Bürgersteig gehend, mit dem anderen im Rinnstein, im Süden *Kandelmarsch* genannt. Das ist ja eine Kulturschändung, dachte ich zuerst, aber wenn es die sogar machen . . .! Im nächsten Jahr, also '73, da hatten wir schon die Blaskapelle gegründet, um den Gesang bei Demonstrationen zu stützen. Das führte aber wieder dazu, daß ich die *Internationale* nicht sang, sondern bloß den Baß dazu auf der Tuba spielte. Dann war da am 1. Mai noch abends das Festzelt des KBW, und ich weiß noch – ich schäm mich richtig, das zu erzählen –, wie stolz ich war, weil ich als einziges Mitglied der Kapelle beim Spielen des *Internationale*-Refrains die Faust heben konnte. Die anderen mußten ja mit einer Hand die Ventile bedienen und mit der anderen das Instrument halten, während ich dazu einen Lederriemen um den Bauch hatte. Und dann noch die linke Faust!

Und dabei ist mir auch viel von der Feierlichkeit des Liedes klargeworden. Ich stand ja mit der Tuba vorne auf dem Podium, den ersten Reihen der KBW-Sänger zugewandt. Ich konnte ihnen direkt ins Gesicht sehen. Und da sah ich eine derartige glühende Begeisterung, eine direkt religiöse Gläubigkeit, unheimliches Leuchten in den Augen, mit dem Ausdruck drin: Es steht nahe bevor! Der Kampf lohnt sich doch! Bald können wir seine Früchte ernten! In den Tod gehen wir für unsere Idee! Eine Art Selbstaufgabe. Und die Veranstaltungen setzten die *Internationale* auch regelrecht rituell ein. Am Schluß stand der Vorsitzende vorne auf dem Podium hinter seinem Tisch auf und sagte: ‹Genossen und Genossinnen, wir beenden die Veranstaltung mit dem Gesang der *Internationale*!› Und dann rappelten alle von ihren Sitzen hoch, und der Vorsitzende und seine beiden Seitenmänner stimmten das Lied an und erhoben wie der ganze Saal beim Refrain die Faust. Man blickte so hoch zu ihnen mit ihren gereckten Fäusten, wie sie starr vor sich hinsangen. Das hat mir schon oft einen Stich gegeben, weil ich im Unterschied dazu die schwarzen US-Läufer auf dem Siegertreppchen bei der Olympiade sah, auch mit erhobener Faust!

Dann war ich 1974 noch mal bei der 1. Mai-Kundgebung, und da habe ich es dann auch noch mal gespielt. Aber dann hat es wohl ein Ende gehabt mit Singen und Spielen der *Internationale*. Denn dann kam ja die Abwendung von den kommunistischen Gruppen, weil wir uns in Wyhl engagierten und dabei sahen, was die K-Gruppen da für Mist machten. Also, der praktische Umgang mit der *Internationale* ist bei mir gefallen und gestanden mit der engeren Berührung und Beschäftigung mit dem KBW. Sowie ich davon nichts mehr wissen wollte, entfiel auch das Lied. Es ist eben ein Parteilied, und man kann es eigentlich nur machen, wenn man von der Idee einer zentralen Partei des Proletariats überzeugt ist. Sonst geht es einfach nicht.

Heute singe ich es nur noch im Auto, wenn ich müde bin und mich wachhalten muß. Dann erschallt es mächtig im Gehäuse, und ich mobilisiere meine ganzen regressiven Kräfte, um das Lied dann als Wachmacher richtig einsetzen zu können. Das habe ich neulich meinem Vater erzählt. Und er hat gesagt: ‹Wirklich, das machst du? Ich singe nämlich

Alt (2. Stimme von oben) Kann wegbleiben 1.5.73

immer in solchen Situationen die Frontlieder aus dem Zweiten Weltkrieg! *Bomben auf Engelland* und so was!›

Dabei fällt mir ein, daß ich eben gelogen habe, oder auch nicht. Denn selbstverständlich habe ich das Lied noch mal laut und in aller Öffentlichkeit gespielt. Das war auf dem Podium beim Repressions-Kongreß des Sozialistischen Büros '76 in Frankfurt. Da hatte es vorher Spaß gemacht, mit einer der großen Marschformationen zum Römer zu gehen und den Leuten durchs Spielen beim Singen mehr Spaß zu machen. Aber dann nachher die *Internationale* auf dem gerammelt vollen Platz, alle haben mitgesungen, das war schon beklemmend. Das hab ich glatt verdrängt. Na, von den Massenkulturveranstaltungen auf dem Kongreß sind ja viele für immer von derlei linkem Showgepränge geheilt worden. Das war wieder so eine falsche Vereinigungsvorstellung in Frankfurt: Alle Unterdrückten vereinigen sich!

Überhaupt: Was an dem Lied für Autoritätsdinger hängen, viel stärker als an den Eisler-Liedern! Potenziert trat das für mich einmal auf, als die Blaskapelle bei einer der beiden 1. Mai-Demonstrationen die *Internationale* spielte, und zwar in einem vierstimmigen Satz von mir, denn ich war damals der einzige in der Kapelle, der Sätze hinkriegte, und einen traditionellen hatten wir nicht. Und da sagte jemand in der Nähe hinterher: ‹Mensch, dieser Satz von dem Eisler ist ja astrein!› Da bin ich fast geplatzt vor Stolz: *Internationale* und dann noch von Eisler, da ist man ja schon fast in den sozialistischen Olymp geliftet.

Ich will noch zum Schluß zwei Situationen erzählen, wo ich den Gesang der *Internationale* – auch heute noch – für richtig halte und sinnvoll finde. Das war einmal bei der Maikundgebung des DGB 1973 auf dem Rathausplatz in Freiburg. Nach langen Reden stellte sich heraus, daß ein Jugendvertreter, der sehr beliebt war und offenbar auch von den Mitgliedern des Kommunistischen Jugendbundes anerkannt war, nicht reden durfte, auch nicht nach langen Sprechchören ‹Reden lassen!› Der DGB-Bonze wollte den Konflikt beilegen, indem er vom Balkon des Rathauses herab die Kundgebung für geschlossen erklärte. Darauf hin marschierte der Großteil der Anwesenden, die *Internationale* singend, vom Platz und setzte auf dem nahen Münsterplatz die Kundgebung in eigener Regie fort. Da war die *Internationale* ein Zeichen von Protest und Selbstbestimmung. Ganz ähnlich war es ein paar Jahre später bei einer Studentendemonstration in Karlsruhe gegen Numerus clausus oder eine der neuen Verordnungen des zum Glück nicht mehr amtierenden Kultusministers Hahn. Die recht zahlreichen und auch an der Organisation beteiligten MSBler, also die DKP-Studenten, hatten das Tragen roter Fahnen und das Singen der *Internationale* untersagt, da dadurch die Verbindung zur Bevölkerung gestört würde. Ich weiß noch, wie ausdauernd, auch noch auf der Schlußkundgebung, ein großer Teil der Demonstranten die *Internationale* sang! Das war ein richtiges Erkennungszeichen. Und man dachte: ‹Na, wer singt mit? Und die Schweiger . . . hähä!›[79]

79 Vgl. die entsprechende Situation im Arbeitertheater der zwanziger Jahre (S. 242).

Anfang der siebziger Jahre sah ich in der Schweiz in einem Andenkenladen eine Reihe dieser winzig kleinen Drehorgeln oder besser Stiftwalzen, vielleicht 4 cm lang, mit Handkurbel. Neben der *Kleinen Nachtmusik* und *In München steht ein Hofbräuhaus* gab es eine Walze, auf der ein Schild aufgeklebt war:

INTERNATIONALE
(KOMMUNISTISCH)

Beim Drehen dieser winzigen Walze hätte man singen können:

In Stadt und Uni, liebe Leute,
wir sind die kleinste der Partei'n!
Die Revis, Spontis schiebt beiseite:
Diese Wahl muß unser sein!
Unsre Wut bringt leider niemand Schaden,
bloß dem mächt'gen Schleyer Spaß!
Erst wenn wir fünf Prozente haben,
singen auch wir ohn Unterlaß:

Völker, laßt die Randale,
lest Lenin und nicht Brecht!
Und dann im Wahllokale
wählt uns, sonst geht's euch schlecht!

Eine Buchhändlerin erzählt:

«Bei mir war das ganz komisch. Zuerst hab ich gedacht, ich weiß gar nicht mehr, wann ich das Lied zuerst gehört habe. Aber dann ist mir eingefallen, daß meine Mutter das früher immer gesungen hat, und zwar nicht aus irgendwelchen politischen Gründen – die war ziemlich unpolitisch –, sondern weil man das so unheimlich grölen kann. Die hat immer in der Küche gestanden und gekocht und immer wahnsinnig gebrüllt. Und die kannte den Text auch nicht,immer nur den Refrain hat sie gebrüllt wie ein Idiot und gerührt dabei. Und seitdem hat das Lied für mich nie so ein Gewicht oder eine politische Schwere gehabt. Es war für mich immer so was, wenn man mal richtig schreien will.

Richtig mitgesungen hab ich das eigentlich nur ein einziges Mal. Und da hab ich einen derartigen Widerwillen gekriegt gegen diese heilige Stimmung, die da plötzlich auftritt, wenn alle so dastehen und die *Internationale* singen. Das war auf dem Pfingstkongreß des Sozialistischen Büros 1976 in Frankfurt. Und da bin ich etwas verloren in dieser Menge gestanden, und die haben alle so plötzlich eine Stimmung wie in der Kirche gekriegt. Mich hat da so das Grausen gepackt von diesem kollektiven Wahnsinn, der da über alle Leute gekommen ist, daß ich mich irgendwie entfernt habe von dieser Gesellschaft und gewartet, bis das Lied zu Ende ist.

Im Laden sing ich das Lied ja sonst mal für mich, so ganz laut, in meiner eigenen Fassung, also: ‹Brüder, höret die Signale!› oder: ‹Volker, höre die Signale!› Aber einmal war ich etwas gehobener Stimmung und fing an, wieder den Refrain zu singen, nur mal so. Und dann ist einer ganz ernst auf mich zugegangen und hat gesagt: ‹Du, hör mal, ich will dir mal was sagen: Ich werd dieses Lied nur noch dann singen, wenn wir wirklich zum letzten Gefecht aufbrechen!› Und seitdem habe ich das Lied wohl auch nicht mehr gesungen.»

Bei diesem aufrechten Genossen mischen sich politische Moral und politische Vorsicht in idealer Weise. Denn wenn er das Lied bis zur großen sozialistischen Revolution nicht mehr singt, kann er auch in der Zeit bis dahin nicht wegen des Gesanges der *Internationale* belangt werden und kommt unbehelligt bis zur Befreiung durch.

Denn es ist – wie einst (S. 247, 253) – auch heute gar nicht so ungefährlich, die Hymne zu singen. Wer läßt sich auch gerne als «Geier» ansingen! Aber sogar schon die Melodie allein ohne Text genügt, um einen in Schwierigkeiten zu bringen. Und da sage einer, im Reich der Töne herrsche noch so etwas wie Freiheit!

Hier zum Beweis eine Meldung der Zeitschrift «stern» (17/1976):

Berufsverbot

Falsche Töne im Ministerium

In Bonn soll ein Beamter gefeuert werden, weil er die «Internationale» gepfiffen hat

Doktor Folker Hansen, 38, Bibliotheksdirektor im Bonner Verteidigungsministerium, erfüllte einen dienstlichen Auftrag. Er fertigte 12 Fotokopien eines «Beschaffungsvorschlages für Bundeswehr-Bibliotheken» an. «Ehe ich umständlich einen Schreibsoldaten anfordere, mache ich das lieber selber.»

Bei der «stupiden Arbeit» pfiff der Beamte vor sich hin: Zunächst die französische «Marseillaise», dann ein altes Arbeiter-Kampflied – die «Internationale».

Die revolutionären Flöten-Töne blieben nicht ohne Echo. Schon drei Tage später erhielt Hansen einen Brief mit dem Aufdruck «Vertraulich – streng geheim». Absender war Hansens Vorgesetzter Oberst i. G. Alois Friedel, Leiter des Referats 7 in der Abteilung Innere Führung. Das CSU-Mitglied «ersuchte» seinen Mitarbeiter, künftig das laute Pfeifen der «Internationale» zu unterlassen. Hansen: «Ich war völlig verdutzt.»

Um der Rüge Nachdruck zu verleihen, schickte Friedel – nach Kollegen-Urteil eher ein Freund der italienischen Oper – eine Brief-Kopie an die Personalabteilung. Hansen: «Ein Tiefschlag. Jetzt entsteht der Eindruck, daß ich ein gefährlicher Linksradikaler bin.» Erst Ministerialdirigent Herbert Laabs konnte den aufgebrachten Hansen beruhigen: ihm sei keine Vorschrift bekannt, die das Pfeifen von Liedern verbiete.

Laabs Meinung scheint sich nicht überall im Verteidigungsministerium herumgesprochen zu haben. Als Hansen am Dienstag letzter Woche wieder einmal auf dem Flur pfiff – zunächst «O, du schöner Westerwald», dann ein paar Takte der «Internationale», weil es «so eine schmissige Melodie ist» –, wurde ihm der Rausschmiß angedroht: Vom Leiter der Dokumentation, Oberstleutnant Karl Beelke («Das ist Kommunismus. Eine Beleidigung der Bundeswehr») alarmiert, rief Friedel seinen Untergebenen sofort zu sich: «Sie haben meinen Befehl mißachtet.» Hansen: «Ich möchte Sie darauf aufmerksam machen, daß ich alle Lieder pfeifen darf.» Friedel: «Wenn das Ihre Meinung ist, kann ich mit Ihnen nicht mehr zusammenarbeiten. Ich werde Ihre Entlassung beantragen.»

Seither muß der Familienvater um seine Existenz fürchten. Hansen: «Man muß für die Zukunft unserer Demokratie das Schlimmste befürchten, wenn schon harmloses Pfeifen zu derart brutalem Meinungsterror führt.»

Hilfe erhofft Hansen sich jetzt von der SPD-Betriebsgruppe des Ministeriums. Die Genossen um Rat zu fragen, fiel ihm nicht leicht. Denn Hansen ist seit 18 Jahren Mitglied der CDU und vertritt die Union im Stadtrat von Meckenheim.

Felix Perelsztein

Auf den ersten Blick kann diese Nachricht empören.

Aber:

Was würden wir sagen, wenn der Vorgesetzte beim Pfeifen des *Horst-Wessel-Liedes* eingeschritten wäre?

Was würden wir sagen, wenn ein Bekannter ständig diese Faschisten-Hymne pfeifen würde und sie trotz unseres Protestes weiterpfeifen würde mit dem Hinweis, er könne pfeifen, was er wolle, und die Melodie sei so schmissig?

Ist es nicht dumm, zu jammern: Es war doch nur die Melodie? Gehen wir da nicht der bürgerlichen Ästhetik von der Freiheit der Musik und der Inhaltslosigkeit der reinen Tonfolgen auf den Leim? Es ist doch die *Internationale*, auch wenn sie nur gepfiffen wird!

Woher mag Herr Hansen wohl die *Internationale* so lieben? Woher kennen seine Kollegen im Ministerium das Lied wohl so genau, daß sie es immer sofort identifizieren? Raffinierte Spione aus dem Osten?

«Ich fühlte mich wie Amundsen, als ich dieses Neuland erforschte», erinnerte sich Hans Beierlein an einen Geistesblitz von 1975.[80] Er hatte entdeckt, daß es für die *Internationale* ein Copyright beim Pariser Verlag «Chant du monde» gibt, aber noch keine Subverlags-Abmachungen für die deutschsprachigen Länder. Diese erkaufte er nun für ganze 4000 DM.

Hinfort hat er das Recht, für alle Aufführungen und Veröffentlichungen der Hymne gegen Entgelt Tantiemen einzuziehen, und zwar in der Schweiz, in Österreich, in der BRD und in der DDR.

Man hätte nun denken können, zumindest die DDR würde da Schwierigkeiten machen und nicht für die geheiligte Hymne Mammon abführen.

Aber nicht doch!

Sie hatte bereits Geschäftsbeziehungen mit Beierlein, der seine Edition Montana um 1960 durch zwei DDR-Hits emporgebracht hatte: «Gitarren klingen leise durch die Nacht» und «Wir fuhren nach Madagaskar». Die DDR-Stellen teilten sich die Tantiemen mit Beierlein und halfen ihm auf die Beine, so daß er heute dank dieser linken Starthilfe das sozialistisch-fortschrittliche Liedgut von Heino und Udo Jürgens vertreiben kann.[81]

Das dankte er den Genossen hinter der Mauer und bot dem VEB Lied der Zeit die Rechte an der *Internationale* auch zum Halbe-Halbe-Verfahren an.

Und – natürlich – erklärten die Genossen ihre Zahlungswilligkeit!

So wird Beierlein auch an diesem Aufsatz verdienen.

Die LP «Hannes Wader singt Arbeiterlieder» ist beim UZ-Pressefest 1977 aufgekommen. Bevor die Schlußnummer (was wohl?) erklingt, sagt Hannes: WIR HABEN NOCH EIN LIED, DAS WIR GEMEINSAM SINGEN KÖNNEN. DANACH KANN NICHTS MEHR KOMMEN!
(Empfohlen für alle Sänger, die Zugaben nicht lieben.)

80 Nachricht aus dem Spiegel 32, 1975.
81 Vgl. S. 49ff zu *Lieb Vaterland*.

Hanns Eislers Kampflieder und die Frage der Lieder-Refrains

Die DDR-Zensur macht lange Finger, oder: «Die Kunst zu erben»

Um eine Reihe politischer Lieder (vor allem die von Hanns Eisler) abdrucken zu dürfen, muß man sich in der DDR die Genehmigung besorgen. Für unser Buch versuchte das der Rowohlt Taschenbuch Verlag seit April 1978. Dann kam der Mai, dann der Juni, dann der Juli. Als der Juli vorbeiging, war das ursprünglich geplante Erscheinungsdatum des Bandes geplatzt. Dann teilte uns der VEB Deutscher Verlag für Musik (Leipzig) mit, daß er den Abdruck sämtlicher Eisler-Lieder, über deren Rechte in der DDR verfügt wird, untersagt.

Das erschien uns rätselhaft.

Man hat uns darüber belehrt, daß VEB dazu das Recht hat.

Inzwischen haben wir uns die Sache mit den Rechten einmal durchüberlegt:

Ursprünglich war doch wohl der Rechtsschutz für Urheber (Dichter, Komponisten) eine notwendige Rüstung des Kopfarbeiters auf dem Schlachtfeld der kapitalistischen Warenproduktion, nach und nach entwickelt seit der Französischen Revolution. Die Rüstung sollte den produktiven Kopfarbeiter davor schützen, daß die Ergebnisse seiner Arbeit von anderen unbezahlt oder unter Wert gehandelt oder durch Verfälschung zerstört würden, was dann dem Ruf des Produzenten, also seiner Geschäftsgrundlage, schaden könnte.

Nehmen wir mal an, die Werke Eislers wären durch ihren Warencharakter ausreichend definiert (das Buch soll ja verkauft werden), und nehmen wir mal an, unsere Beziehung zu Eisler-Liedern wäre ausschließlich eine Warenbeziehung (immerhin kriegen die Autoren Honorar), dann fragt sich doch: Welcher Schaden könnte Hanns Eisler durch die Veröffentlichung unseres Buches entstehen?

1. Können wir Hanns Eisler beschädigen?
Offenkundig können wir das nicht, der Komponist ist seit 1962 tot. Beschädigen könnten wir allenfalls ein Denkmal, das wäre dann ein Fall für Denkmalpfleger. Allerdings haben bürgerliche Gesetze dafür gesorgt, daß die Verfügungsgewalt über Werke toter Komponisten an Erben weitergereicht wird, auch wenn diese Erben überhaupt keinen Anteil an der Herstellung der Werke hatten. Es *könnte* also einer Eisler-Erbe sein, dem der Klassenkampf zuwider und Musik ein lästiges Geräusch ist. Nun traten uns die Eisler-Erben entgegen in Gestalt des VEB Deutscher Verlag für Musik (Leipzig), vertreten durch den Verlagsleiter.

Wären wir DDR-Bürger, würden wir uns an diesen Mann halten – schließlich hat er ja mit der Unterschrift seinen Namen hergegeben. Als Ausländer, unkundig der Verhältnisse, die Entscheidungen erzwingen, auch ohne jede Einflußmöglichkeit, stehen wir der Unterschrift dieses Mannes ratlos gegenüber. Mag sein, er ist ein Sprachrohr. Aber wer spricht dann? Im folgenden werden wir also die Verfügungsgewalt schlicht VEB nennen. Schließlich hat der Unterschreibende ja für VEB unterschrieben, auch wenn zu vermuten steht, daß das Volk, dem der Verlag zu eigen ist, nicht besonders befragt wurde über unseren Fall.

2. Könnten wir die Eisler-Erben finanziell schädigen?
Der Rowohlt Taschenbuch Verlag hat ein Angebot gemacht, um die Lizenzen zu kaufen. Darüber hat sich VEB nicht beklagt, es scheint also in Ordnung zu gehen. Auch wurde nicht behauptet, unsere Veröffentlichung von Eisler-Liedern könnte anderen Veröffentlichungen zuvorkommen und so eventuelle Geschäfte schädigen. (Was ja auch lächerlich wäre – die Massenlieder z. B. liegen in unzähligen Publikationen vor, seit über 40 Jahren . . .)

Antwort also: nein.

3. Fälschen oder zerstören wir Eisler-Werke?
Wir haben gerade versucht, möglichst viele Quellen und Belege ungekürzt und unverfälscht zu zitieren. Der Leser soll die Möglichkeit haben, unsere Ansichten kennenzulernen, sich dann zurückzulehnen und die besprochenen Lieder mit Text und Noten anzuschauen, um zu prüfen: Stimmt das, was die Autoren sagen? Leuchtet das ein? Er soll sich eben selbst ein Bild machen können. Genau das aber will uns VEB gerade verbieten. Jede Kürzung ist natürlich eine Verfälschung. D. h., gerade die Eisler-Erben zwingen kraft ihres Erbrechts zu kürzen, auszulassen, damit zu verfälschen. So wird die kritische Diskussion über Eisler erschwert, von der wir gar nicht wissen, wie sie ausgehen wird. Wir haben ja nichts anderes vor, als unsere Meinung zu sagen, in Erwartung des Widerspruchs.

Wir haben schließlich VEB um Gründe für das Verbot gebeten und erhielten am 4. August 1978 per Fernschreiben diese Antwort:

«. . . wir beanstanden die unsachliche mangelnde wissenschaftliche information der autoren verratende abfassung des textes insbesondere die auf seite 142 der korrekturfahnen (oben) ersichtliche massive diskreditierung der editorischen arbeit im deutschen verlag fuer musik . . .»

Das also war des Rätsels Lösung: Es geht gar nicht um den Schutz des Urheberrechts, es geht um unsere Meinung. Und weil die den Leuten, die über das Eisler-Erbe verfügen, nicht paßt, werden wir bestraft durch Lizenz-Entzug.

Wir haben auf Fahne 142 nachgeschaut. Da wird ein tatsächlich schrecklicher Text des «Roten Wedding» so kommentiert: «Es scheint eine Neufassung zu sein, die dem defekten Computer für linientreue Liedertexte aus dem DDR-Kultusministerium entstammt.» (hier S. 269)

Dadurch also fühlt sich VEB diskreditiert. Vielleicht weil der Computer gar nicht defekt war? Oder haben wir uns in der zuständigen Behörde vertan? Wie auch immer, VEB ist selber schuld, wenn wir Vermutungen anstellen müssen. Es ist nicht unsere Praxis, Texte undatiert zu veröffentlichen, das tut der Deutsche Verlag für Musik. Auf dem Hintergrund einer zentral verwalteten Geschichtsinterpretation, die sich in gewissen Abständen ändert, Personen mal auftauchen, mal verschwinden läßt, Fakten mal so, mal so hindreht, kann uns das nicht wundern. Wir als Leser und Käufer der Eisler-Bände bestehen auf dem Recht, uns über fehlende Datierung und schlechte Textfassung beklagen zu dürfen. Wenn sich VEB dann beleidigt, «diskreditiert», fühlt, ist das nicht unser Bier.

Was VEB hier macht, nennt man Zensur. Säßen wir in Jena oder Leipzig, wäre der Fall klar. Das Buch dürfte nicht erscheinen. Weil wir aber im deutschen Ausland sitzen, können uns die engstirnigen Kulturverwalter nur mit Hilfe des bürgerlichen Erbgesetzes behindern. Der Einspruch derer, die im Besitz des Erbes sind, trifft nun weniger uns – wir kennen die Lieder, die wir nicht drucken dürfen – als vielmehr die Leser. So kommen sie um den Genuß, die Belege zu studieren, um uns unter Umständen kritisieren zu können.

«Eigentum ist Diebstahl» heißt ein alter Slogan; an dem ist was dran. Kein Dichter und kein Komponist kann Arbeiterkampflieder schreiben ohne die Massen der Kämpfenden. Eisler 1958 zur Frage, warum in der DDR keine guten Arbeiterkampflieder entstanden sind: «. . . diese echten proletarischen Marschlieder entstanden schon deswegen nicht, weil ja unsere Arbeiter leider heute bei der Demonstration gar nicht mehr singen. Folglich: ohne Praxis geht dieses Genre nicht.» (Gespräch mit Bunge.) 1935 hatte er geschrieben: «Das Kampflied ist das eigentliche Volkslied des Proletariats.» Was besagt, daß es nicht einer Person – z. B. einem Komponisten – gehören kann, geschweige denn seinen Erben. Nur der kapitalistische Warenmarkt zwingt die Spezialisten, ein Volkslied zum Privatbesitz zu erklären und somit die Mitproduzenten, die kämpfenden Massen, zu bestehlen.

Wir müssen gestehen, wir haben ohne Notar und Rechtsgrundlage Eisler beerbt, wie es – nach dem bürgerlichen Recht – krimineller nicht mehr geht. Wir haben nach 1968 jahrelang uns das angeeignet, was in unserer vorherigen Bildung und Ausbildung nicht vorgekommen war: die Lieder der Arbeiterbewegung und das Werk Eislers. Wir haben uns viele Abende zu quasi öffentlichen Veranstaltungen um ein Klavier gruppiert und Lied um Lied und Note für Note in den Mund genommen. Dann sind wir damit auf die Straße und zu politischen Veranstaltungen gegangen und haben – ohne jemals bei Eislers Erben nachzufragen – die Lieder verbreitet, auf Flugblättern gedruckt und mit einer Blaskapelle begleitet. Schließlich sind wir dazu übergegangen, die Texte für unsere Zwecke zu aktualisieren, neue Texte zu schreiben. Und heute sind wir tatsächlich soweit, daß wir einiges von dem, was inzwischen ein halbes Jahrhundert alt ist, mit unseren Erfahrungen kritisieren. Unsere Welt ist eine andere geworden, und die Forderungen dieser Tage sind andere als die von 1930.

Hanns Eisler hat uns zu solchen Methoden verführt. «. . . wir werden jetzt schon uns durchaus nicht genieren, das spießbürgerliche Gedicht ‹Die Glocke›, das bereits Schillers Freunden eine Verlegenheit war, als solches zu bezeichnen. Wobei wir zugleich die geschichtlichen Bedingungen bloßlegen werden, denen der Dichter der Räuber und dann wieder des Tell hier erlegen ist. Haben doch auch Marx und Engels stets den ideologischen Schein entzaubert und ihn von der fortwirkenden Wahrheit unterschieden; auf unser gutes Recht, diese erprobten Methoden anzuwenden, dürfen wir auch der Klassik gegenüber nicht verzichten.» (Die Kunst zu erben, 1937)

Daß der DDR-Bürokratie Entzauberung nicht paßt, nämlich dann, wenn der Zauber des real existierenden Sozialismus nicht so recht geglaubt wird, das war uns bekannt. Daß in der DDR die Zensur – wie auch bei uns – eine staatserhaltende Kraft ist, wußten wir. Daß aber die langen Finger des bürgerlichen Erbrechtes über die Grenze reichen und uns Ausländern derart ins Handwerk pfuschen würden, haben wir nicht erwartet.

Da wir nun einerseits in einem bürgerlichen Verlag publizieren, der gehalten ist, Erbrechte zu respektieren, und da wir andererseits nicht gewillt sind, uns weder aus Leipzig noch aus Reinbek vorschreiben zu lassen, was wir meinen sollen, mußten wir eben in den sauren Apfel beißen. Einige Belege wurden gekürzt oder gestrichen, der Leser muß sich die behandelten Stücke in anderen Veröffentlichungen anschauen. Auf den freigewordenen Platz kam das Sacco & Vanzetti-Kapitel. Das der Schuß aus Leipzig allerdings nach hinten losgeht, dürfte klar sein. So gewinnt der VEB keine Freunde im Westen.

Der Abdruck des Liedes vom «Freiheitsbüchlein» am Anfang dieses Buches schien uns angesichts der zunehmenden Zensur und Selbstzensur in der BRD sehr angemessen. In seiner bekannten, charmanten Art hat VEB aber wieder dafür gesorgt, daß weiterhin zum Begriff «Zensur» beide Deutschlands assoziiert werden. Uns war die DDR zunächst nicht so wichtig, weil ziemlich fern. Aber bitte, wenn VEB wünscht . . .

Walter Moßmann, Peter Schleuning
Bremen, August 1978

Wie ist das Verhältnis von Strophen und Refrain in den Liedern, die von den Arbeitern gesungen wurden, bevor Hanns Eisler begann, selber Arbeiter-Kampflieder zu schreiben, also vor etwa 1927?

Da gibt es Lieder ganz ohne Refrain.

Bundeslied
von Georg Herwegh (vgl. S. 235)

«Bet und Arbeit!» ruft die Welt,
«Bete kurz, denn Zeit ist Geld!
An die Türe pocht die Not,
bete kurz, denn Zeit ist Brot!»

So gehen einfache Vierzeiler in vielen Strophen hintereinander her. Das ist die Tradition des erzählenden Volksliedes, wie es auch aus dem Weberlied *Das Blutgericht* von 1844 bekannt ist:

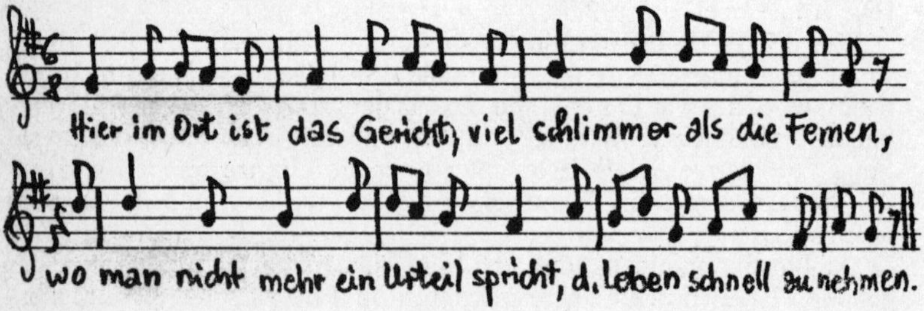

Waren solche durchlaufenden Erzählstrophen achtzeilig, wurden sie melodisch meist so aufgeteilt, daß die Weise der Zeilen 1 und 2 für die Zeilen 3 und 4 wiederholt werden. Entsprechendes gilt dann für Zeile 5 bis 8. Also eine doppelte Wiederholungsfolge.

(Wie bei diesen Beispielen wird es auch im folgenden aus Platzgründen nur möglich sein, von jedem genannten Lied jeweils die erste Strophe wiederzugeben.)

Dann gibt es Vierzeiler, bei denen die letzten beiden Zeilen wiederholt werden. Das geschieht meist, ohne daß die Melodie sich bei der Wiederholung ändert:

Brüder, zur Sonne, zur Freiheit,
Brüder, zum Lichte empor,
Hell aus dem dunklen Vergangenen
leuchtet die Zukunft hervor.

So auch bei vielen ehemaligen Soldatenliedern (zu Parallelliedern der Nazis s. S. 258):

Büxensteinlied
(aus: Argonnerwald)

Im Januar um Mitternacht
ein Spartakist stand auf der Wacht.
Er stand mit Stolz, er stand mit Recht,
stand kämpfend gegen ein Tyrann'geschlecht.

Leunalied
(aus: In Frankreich sind viele . . .)

(Nach: I. Lammel [Hg.]): Lieder der Partei, a. a. O., S. 49)

Der kleine Trompeter
(aus: Von allen Kameraden)

(Nach: I. Lammel [Hg.]: Lieder der Partei, a. a. O., S. 63)

Dieses Prinzip wird auch auf längere Strophen angewendet, auf Sechszeiler wie «Der junge Tambour» oder «Auf, auf, zum Kampf» (Wiederholung der beiden Schlußzeilen) oder auch Achtzeiler, z. B. «Wir sind die erste Reihe», das von den Faschisten in folgender, von den Kommunisten gleichzeitig verwendeter Fassung gesungen wurde:

Wir sind die erste Reihe,
wir gehen drauf und dran!
Wir sind die junge Garde,
wir greifen mutig an.
Im Arbeitsschweiß die Stirne,
der Magen hungerleer,
die Hand voll Ruß und Schwielen
umspannet das Gewehr.

(Beide Schlußzeilen wiederholt)

Bei den Achtzeilern fängt es dann aber mit der Refrainbildung an, das heißt mit dem Gleichbleiben, dem musikalisch-textlichen Übereinstimmen der beiden oder mehrerer Schlußzeilen durch das ganze Lied. Ein Beispiel sind «Die Arbeitsmänner» (vgl. S. 230f, Text und Noten in: Inge Lammel [Hg.]: Lieder der Partei, a. a. O., S. 26)

Das gibt es auch bei Zehnzeilern, etwa dem *Sozialistenmarsch,* der 1891 anläßlich des Erfurter Parteitages der SPD von Max Kegel (Text) und Carl Gramm (Melodie) gemacht wurde. Bei ihm werden die beiden Schlußzeilen, jede für sich, wiederholt und als Refrain durch das Lied beibehalten.

Die großen Arbeiterlieder haben dann alle Refrains. In den meisten Fällen sind die Refrains melodisch genau wiederholte Vierzeiler am Strophenende. Und die Strophen sind zumeist achtzeilig. Hierfür drei Beispiele: Einmal die *Internationale* (vgl. S. 178), dann die polnische *Warschawjanka* von 1883, die in der deutschen Arbeiterbewegung sehr verbreitet war (Abdruck S. 296).

(Nach: I. Lammel [Hg.]: Lieder der Partei, a. a. O., S. 24)

(Nach: I. Lammel [Hg.]: Lieder der Partei, a. a. O., S. 11)

Hierher gehört auch das *Hundertschaftenlied* («Sieh, durch die Straßen mit festem Schritt zieht eine trotzige Kriegerschar. Eisern die Fäuste, drohend die Blicke, wie sie das Arbeiterviertel gebar»). Die Melodie wurde Anfang der zwanziger Jahre aus Italien übernommen. Später sang es der Rote Frontkämpfer-Bund. Nach acht Textzeilen mit durchlaufender Melodie heißt der wiederholte Refrain:

(vgl. Inge Lammel [Hg.]: Lieder der Partei, a. a. O., S. 61)

Dieser Vielfalt stand Hanns Eisler gegenüber, als er begann, sich mit der Frage auseinanderzusetzen, wie er selbst und mit welcher Textvorlage er Arbeiterkampflieder machen konnte.

Zunächst probierte er herum.

1927 schrieb er die Musik zu Erich Weinerts *Der Heimliche Aufmarsch*, in dem die Strophen von unterschiedlicher Länge sind, mehr frei rezitierend als liedhaft gesungen, während der Refrain eine Riesenlänge von 20 Takten hat (Ernst Busch hat für seine Plattenaufnahme der LP

«Ernst Busch 1» dann eine Fassung mit gleich langen Strophen daraus gemacht).

Auch das Lied *Drum sag der SPD ade* (Text: Robert Winterfeld) von 1928 hat bei 16 Takten Strophenlänge wieder einen Riesenrefrain von 25 Takten, obwohl das Textzeilenverhältnis der beiden Teile nur 8 zu 10 ist (vgl.: Lieder des Roten Frontkämpferbundes, zusammengestellt von E. Berger und I. Lammel, Leipzig o. J., S. 85).

Diese Überlänge des Refrains hat auch das *Sturmlied des Kampfbundes gegen Faschismus*, ein Kampflied der KPD gegen die von der SPD bestimmte «Eiserne Front» (vgl. S. 226 und S. 250). Der Text stammt von Erich Weinert (vgl.: Lieder des Roten Frontkämpferbundes, a. a. O., S. 98f).

Im *Komintern-Lied* von 1929 dagegen (Text: Franz Jahnke/Maxim Vallentin) gibt es gar keinen Refrain, sondern nur eine wiederholte Schlußzeile der Strophen (vgl. I. Lammel [Hg.]: Lieder der Partei, a. a. O., S. 78).

Und im *Roten Wedding* aus dem gleichen Jahr (Text: Erich Weinert) ist die Strophe textlich-musikalisch wieder länger (10 Zeilen, 20 Takte) als der Refrain (8 Zeilen, 10 Takte).

Eisler experimentierte also mit verschiedenen Möglichkeiten, Strophen- und Refrainlängen zu bestimmen und in ein Verhältnis zueinander zu bringen. Und er experimentierte offenbar auch mit verschiedenen Textdichtern. Erst in der Zusammenarbeit mit Bertolt Brecht seit Ende der zwanziger Jahre bahnte sich dann eine Klärung der Strophe-Refrain-Frage an. Dabei sind Brecht und Eisler nicht so vorgegangen, daß sie aus der Analyse der bisherigen Liedtypen einen neuen erdacht haben, quasi aus der Retorte. Vielmehr haben sie offenbar in dem Material der kommunistischen Agitprop-Truppen um 1930 die Vorbilder gefunden, die ihren Intentionen am nächsten kamen.

Von dieser aktuellen kommunistischen Musikproduktion, den auf Volkstümlichkeit und Verständlichkeit basierenden Aufklärungs- und Agitationsprogrammen, scheinen Eisler und Brecht sehr viel gelernt zu haben, und sie haben offenbar auch viel in sie hineingetragen an Gedanken und Anregungen. Es ist wohl ein wechselseitiges Verhältnis von Übernahmen und Vorschlägen gewesen.

Wenn man z. B. die scharfe, rezitierende Diktion hört, mit der die Agitpropgruppe «Das Rote Sprachrohr» auf der Schallplatte «Vorwärts und nicht vergessen. Musik der Arbeiterbewegung in Dokumentaraufnahmen»[1] ihr *Rote Fahne*-Lied singt – man hört und sieht einen Auftritt der Truppe auch in Brecht/Eislers Film «Kuhle Wampe» von 1931 –, so ist es sicher, daß Eisler aus den Erfahrungen mit dieser Truppe und auch anderen[2] jene Anweisungen zog, die er den Berliner Arbeiterchören für

1 Eterna 810052; eine Übertragung in Noten findet sich in: Sozialistische Zeitschrift für Kunst und Gesellschaft 20/21, November 1973, S. 72f, zusammen mit einer genaueren Analyse von Musik und Singweise.

2 Über diese Zusammenarbeit – Eisler schrieb auch das Auftrittslied für die

die Aufführung seiner Musik zur *Maßnahme* 1932 gab. Dort heißt es unter anderem:

«Vor allem muß man brechen mit einem für einen Gesangsverein typischen ‹schönen› Vortrag. Das gefühlvolle Säuseln der Bässe, der lyrische Schmelz, man kann auch manchmal ‹Schmalz› sagen, der Tenöre ist für die ‹Maßnahme› absolut unzweckmäßig.

Anzustreben ist sehr straffes, rhythmisches, präzises Singen. Der Sänger soll sich bemühen, ausdruckslos zu singen . . . Er soll seine Noten reflektierend bringen, wie ein Referent in einer Massenversammlung, also kalt, scharf und schneidend.

Vor allem ist anzustreben nicht gefühlvolle Darstellung, sondern deutliche.

Der Text muß in jedem Moment von sämtlichen Zuhörern verstanden werden können.

Sehr wichtig ist, daß die Sänger den Text nicht als selbstverständlich hinnehmen, sondern in den Proben diskutieren.

Jeder Sänger muß sich über den politischen Inhalt seines Gesanges völlig im klaren sein und ihn auch kritisieren.

Der Chorgesangsvortrag ist oft dem Sprechchor verwandt.»[3]

Und in der Zusammenarbeit mit diesen Agitprop-Truppen scheinen Brecht und Eisler auch auf einen Liedtypus gekommen zu sein oder ihn mit ausgeformt zu haben, der dann für ihre zukünftige gemeinsame Produktion bestimmend wurde.

Ich will drei solcher Lieder nennen.

Die Agitprop-Truppe «Sturmtrupp Alarm» brachte von einer Reise in die UdSSR ein Lied mit, das in deutscher Textierung vor allem durch die Truppe «Das Rote Sprachrohr» verbreitet wurde, *Wir schützen die Sowjetunion:*

Truppe (*Wir sind das rote Sprachrohr*) – gibt es wichtige Informationen in der in der vorigen Fußnote genannten Zeitschriftennummer im Beitrag: Musik im Klassenkampf. Zur Kampfmusik Hanns Eislers, vor allem S. 69ff.

3 Hanns Eisler: Schriften I. Musik und Politik 1924–1948, München 1973, S. 168.

(Nach: I. Lammel [Hg.]: Lieder der Partei, a. a. O., S. 76)

Das Truppenlied der Truppe des Roten Frontkämpferbundes «Rote Raketen» lautete folgendermaßen – aus Platzgründen wird immer nur die erste Strophe mitgeteilt.

(Nach: I. Lammel [Hg.]: Lieder der Partei, a. a. O., S. 72)

Und die Truppe «Kolonne Links» hatte seit 1928 folgendes, bald sehr verbreitetes Auftrittslied:

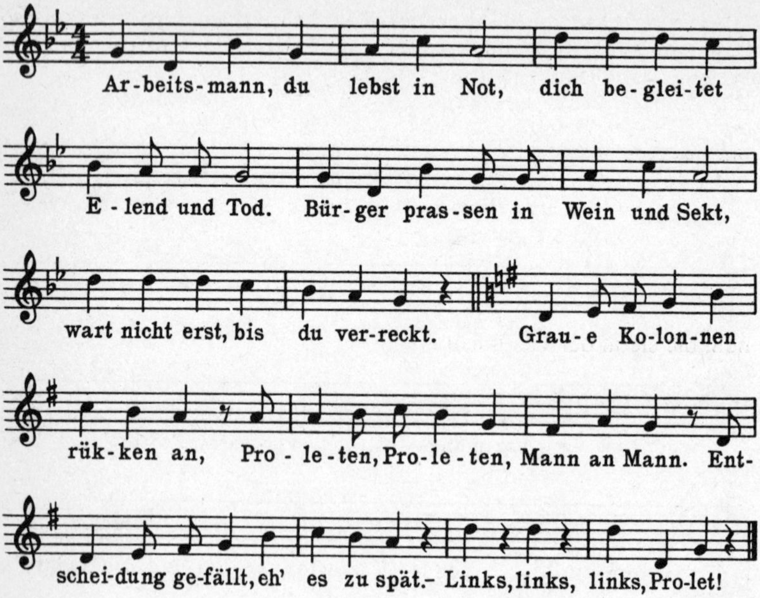

(Nach: I. Lammel [Hg.]: Lieder der Partei, a. a. O., S. 74)

Vier Zeilen Strophe, vier Zeilen Refrain! Das übernahmen Brecht und Eisler für ihre Kampflieder, manchmal mit kleinen Abwandlungen, aber es blieb doch der textliche Grundtyp ihrer Kampflieder, der auch die musikalischen Proportionen bestimmte. Im Hinblick auf die Melodie jedoch ging Eisler über Vorbilder wie die drei genannten hinaus. Deren musikalische Anlage ist ja denkbar einfach: In *Wir schützen die Sowjetunion* ist Refrain- gleich Strophenmelodie, ebenso ist es im *Roten Raketenmarsch*, und bei *Arbeitsmann, du lebst in Not* sind Refrain und Strophe zwar melodisch unterschiedlich, bilden aber in sich Melodiewiederholungen. Eisler knüpfte aber melodisch an die großen Lieder wie die *Internationale* oder *Die Arbeitsmänner* (S. 229f) an, in denen zwar auch Melodieteile wiederholt werden, die aber im ganzen einen melodischen Entwicklungsgang haben, also durchkomponiert sind und in denen die Melodie des Refrains die Konsequenz oder die Folge der Strophenmelodie ist.

Brechts und Eislers Kampflieder der Folgezeit orientieren sich textlich an den Liedern der Agitprop-Truppen um 1930, melodisch aber an den traditionellen Arbeiterliedern: Also Strophe und Refrain jeweils vier (oder etwa vier) Zeilen, alles durchkomponiert mit melodischer Entwicklung zum Refrain hin!

So sind gearbeitet das *Solidaritätslied* («Vorwärts und nicht vergessen») von 1931 (im Film «Kuhle Wampe» zu hören), wenn dort auch der Refrain fünf Zeilen und eine etwas längere Melodie hat (vgl. I. Lammel [Hg.]: Lieder der Partei, a. a. O., S. 86f) das *Einheitsfrontlied* von 1934 (vgl. I. Lammel [Hg.]: Lieder der Partei, a. a. O., S. 90f) und die *Resolution* aus dem gleichen Jahr.[4]

Es geht jetzt nicht darum, diese Lieder besonders zu würdigen, ihren Aufbau und ihre politische Funktion darzustellen und zu beurteilen. Wichtig in unserem Zusammenhang ist folgendes Problem.

Brecht und Eisler hatten ihre Art, Strophe und Refrain in den Liedern zu bemessen und zu verknüpfen, nicht aus der Luft oder aus ihren Köpfen gegriffen, sondern aus einer Verbindung von Vorbildern gewonnen, die sie in der Geschichte der Arbeitermusikbewegung beobachtet hatten. Entscheidend war für sie dabei gewesen, welches Gewicht und welche Funktion dabei der Liedrefrain einnimmt. Vorbilder ohne oder nur mit kleinen Refrains kamen für sie offenbar nicht in Frage. Die Konzentration auf den Refrain erschien ihnen als Angelpunkt bei der Herstellung von Kampfliedern. Warum? Sicher spielten für sie dabei nicht einfach ästhetische Gründe eine Rolle, etwa Gedanken an die formale Ausgewogenheit von Strophe und Refrain, sondern musikalisch-politische Gründe. Stellung und Funktion des Refrains scheinen ihnen von der Betrachtung der Liedgeschichte der Arbeiterbewegung her als besonders symptomatisch und unentbehrlich aufgefallen zu sein, als eine Art notwendige Bedingung für ein Arbeiterlied: Kein gutes Kampflied ohne starken Refrain! Und wenn Brecht und Eisler derartige Gedanken als politische Gedanken hatten, müssen sie die Refraintechnik nicht nur mit dem Ziel der Massenwirksamkeit angewendet haben, sondern auch mit dem Ziel, bestimmte Massen, nämlich die Massen des Proletariats, dadurch zu erreichen. Sie müssen diese Technik für eine speziell der linken, der kommunistischen Bewegung angemessene begriffen haben. Denn bei ihren Vorstellungen vom Ineinandergreifen von formalen und inhaltlichen Kriterien in einem ästhetischen Objekt können sie sich nicht damit zufrieden gegeben haben, eine bestimmte formale Maßnahme wie die Refraintechnik einfach deshalb anzuwenden, weil sie massenwirksam ist, sondern sie müssen sie angewandt haben, weil sie als spezifisch proletarische, also parteiliche Form bekannt und bewährt war, als eine Technik, die beispielsweise niemals in dieser Art auch von faschistisch gesteuerten Massen anerkannt und in Gebrauch genommen werden kann.

Können solche Gedanken, die ich Brecht und Eisler hier in den Kopf lege, sich auf Tatsachen stützen, historische Rechtfertigung erlangen? Kann ein Blick in die Geschichte des Liedes Zusammenhänge zwischen Refraintechnik und Arbeiterbewegung zeigen? Gab es davor keine Refrains? Oder seit wann gab es welche? Woher kommen sie?

4 Zwei andere Lieder aus diesem Jahr, das *AIZ-Lied von der Einheitsfront* und *Keiner oder alle* haben abweichende Proportionen, das erste eine längere Strophe, das zweite einen längeren Refrain.

Zur Geschichte der Lied-Refrains

Der Refrain ist von jeher ein Element des volkstümlichen Musizierens gewesen. Er ist der bestimmende Bestandteil im Wechselgesang zwischen Einzelsänger und Chor, ist also Merkmal einer heute weitgehend verlorengegangenen kollektiven musikalischen Produktionsweise: Abwechselnde oder reihum aufeinanderfolgende Solosänger singen die Strophen, oft halb oder ganz improvisiert, mit Melodieabwandlungen; dies kann auch ein einziger Solist tun. Dann fällt der in der Strophe zuhörende Chor mit dem Refrain ein: Entweder werden ein paar Schlußsilben des Solotextes wiederholt oder ein Schlußwort, eine ganze Zeile oder auch etwas mehr, oder aber lustige Silbenreihungen werden gesungen wie «Fallerallala» (auch als Zwischenzeile wie «Rüsili Büsili Rädädä», vgl. S. 103). Der Refrain ist der feststehende Teil, das strukturierende Element von solchen Liedern, er konkretisiert die Tatsache der gemeinsamen musikalischen Handlung, befreit die Hörer aus ihrer passiven Strophenhaltung, gibt ihnen aber auch Zeit, die gerade improvisierte Strophe zu überdenken und zu belachen, und er gibt dem nächsten Solisten Gelegenheit, sich noch einmal kurz auf seinen baldigen «Auftritt» zu konzentrieren und einen Anlauf zu nehmen.

Ein gutes Beispiel ist der *Bauernhimmel*, ein altes Lied aus Sachsen und Schlesien, in dem die Bauern den Kontrast zwischen der irdischen Unterdrückung und den erträumten himmlischen Freuden besingen.[5] Jede Strophe ist nur zwei Zeilen lang. Von diesen Strophen sind heute noch 50 und mehr bekannt, und es ist offensichtlich, daß beim Singen ständig alte umgedichtet und neue dazu erfunden wurden. Das Melodiemodell der Strophe ist:

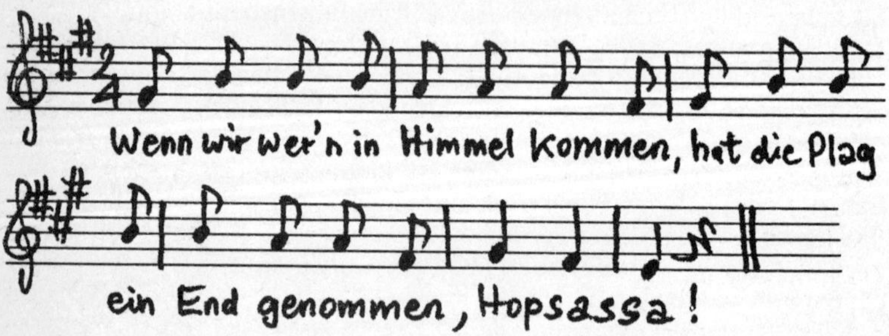

Und auf dieses Modell wurde vielerlei gesungen:

Da ist kein Amtmann und kein Schinder,
kein Soldate und kein Sünder.

5 Wolfgang Steinitz: Deutsche Volkslieder demokratischen Charakters aus sechs Jahrhunderten, gekürzte Ausgabe, Berlin [2]1973, S. 91ff.

Vorm Landrat könn wir alles machen
und ihm ins Gesichte lachen.

Dort gibts nicht Steuern noch Abgaben,
wir brauchen nur die Heilgen loben.

Soldaten dürfen auch nicht kommen,
der Säbel ist ihn'n weggenommen.

Und man lebt dort wie ein König:

Lauter Braten wern wir essen
und das Geld mit Vierteln messen.

Fressen wern wir wie die Fürste
Sauerkraut und Leberwürste.

's Doppelbier wird niemals sauer,
denn dort sein die besten Brauer.

Kirmes ist dort alle Tage,
keiner hat dort was zu sagen.

Und deshalb:

Ist das nicht ein hübsches Leben?
Wenns doch Gott bald wollte geben.

Drum laßt uns die Gebote hala,
daß wirs Türchen nicht verfala.

Nach jeder Strophe fiel der Chor ein mit dem Refrain.

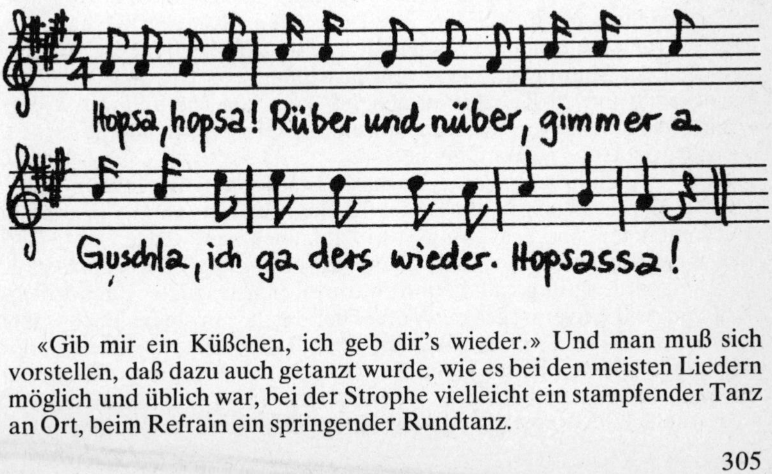

«Gib mir ein Küßchen, ich geb dir's wieder.» Und man muß sich vorstellen, daß dazu auch getanzt wurde, wie es bei den meisten Liedern möglich und üblich war, bei der Strophe vielleicht ein stampfender Tanz an Ort, beim Refrain ein springender Rundtanz.

Das Singen von Volksliedern mit Refrains, «runde singen», «Runda singen» usw., gab es in vielerlei Formen und Refrain-Anordnungen, auch mit mehrfachen Refrains oder Refrainaufteilungen vor und nach der Strophe. Es war und ist ein fester Bestandteil der Volksmusik, und zwar auch in der instrumentalen Volksmusik, der Tanzmusik, wo gleichbleibende Melodieteile, die immer wiederkehrenden Ritornelle, die Tanzfigurenfolge bestimmen und ordnen.

In der mittelalterlichen Kunstmusik, dann auch in Instrumentalmusik, Oper und Kantate des 16. und 17. Jahrhunderts ist das Refrain- und Ritornellprinzip weit verbreitet, nimmt aber innerhalb der Kunstmusik an Bedeutung und Häufigkeit ab, je mehr der Solist, die hervorgehobene Künstlerpersönlichkeit, Träger des Musizierens und Komponierens wird. Denn mit dem Musikmachen durch einen einzelnen, das heißt mit der Ausschließung kollektiver Beteiligung an der musikalischen Produktion, verschwindet für die Refraintechnik der Anlaß. Im Gesellschaftslied des frühen 18. Jahrhunderts gibt es noch Refrains, die Nähe zur volkstümlichen Praxis ist noch da, auch noch in den «Liedern im Volkston» von Johann Abraham Peter Schulz und ähnlichen volkstümelnden Liedern aus der Epoche der Volksliedentdeckung in der 2. Hälfte des 18. Jahrhunderts. Kunstlied und Oper seit dem Ende des 18. Jahrhunderts kennen dann aber Refrains kaum noch. Fischer-Dieskau, einen Refrain anstimmend, ist ein Widerspruch in sich. Ebensowenig hatten Choräle oder Hymnen von jeher Refrains enthalten, da dort ja kein Platz war für das Gegenüber von improvisierten Strophen und chorischem Einfall. (Jedoch gibt es dergleichen in der viel älteren Tradition des katholischen liturgischen Gesanges, in Litaneien, Responsorien und manchen Prozessionsgesängen, die aber wiederum eine große Nähe zur volkstümlichen Musik haben.)

Es waren immer nur solche Gattungen der «hohen» Kunstmusik, die ohnehin eine Verwandtschaft oder Verbindung zur «niederen» volkstümlichen Musik hatten, in denen Refrains vorkamen: die komische Oper, die Suite mit ihrer Folge von Tanzsätzen (Rondeau) und andere. Das Instrumentalrondo mit seiner Ritornelltechnik, später ein Grundbestandteil der Sinfonien, fand – vom instrumentalen Rondeau und dem barocken Ritornell-Konzert ausgehend – nur zögernd und mit Widerständen seinen Weg in die Kunstmusik. Zu sehr haftete ihm der Makel des Niedrigen und Volkstümlichen an.

Als Carl Philipp Emanuel Bach, zweitältester Sohn Johann Sebastians, seit den siebziger Jahren des 18. Jahrhunderts anfing, Rondos in seine Kammer- und Klaviermusik mit aufzunehmen, wurde er von Carl Friedrich Reichardt, der doch heute für seine Liebe zum Volkslied so gerühmt wird, dafür getadelt, und zwar weil er sich «zu der Bequemlichkeit und dem Unvermögen des Volkes herabgelassen» habe. Bach wußte sehr wohl, warum er diese volkstümlichen Rondos in seine Kompositionen aufgenommen hatte: «Ich habe sie deswegen mit eingemischt, um meinen Verkauf zu befördern.» Das sind zwei bürgerliche Arten, auf volkstümliche Kunst zu reagieren: indem man sie verachtet und indem man sie ausbeutet![6] Der Refrain im Instrumentalrondo des 19. Jahrhunderts verfestigte sich dann zur Verschnaufpause des Komponisten oder Solisten zwischen den originellen oder virtuosen Kraftanstrengungen der Couplets. Von kollektiver Musikpraxis war nichts mehr zu spüren.

Man kann also nicht davon ausgehen, daß die ausgedehnten Refrains wie in den Arbeiterliedern etwa «abgesunkenes Kulturgut» aus der Kunstmusik sind. Vielmehr sind sie Folge und Bestandteil volkstümlicher Tänze und Lieder. Die Refraintechnik kommt stets von «unten» her und hat als Wesensmerkmal die kollektive Produktion an sich haften. Die nun folgenden Überlegungen mit dem Ziel, die spezielle Refraintechnik des Arbeiterliedes historisch abzuleiten und klassenmäßig zu definieren, sind nicht mehr als ein Versuch, eine Anregung zum Weiterforschen. Denn für eine genauere und stichhaltige Untersuchung müßten genauere und umfassendere Studien angestellt werden. Die sind mir zur Zeit jedoch nicht möglich.

Eins steht fest:

Die großen Lieder der Französischen Revolution wie die *Marseillaise* und der *Chant du départ* haben schon die ausgedehnten und in sich abgeschlossenen Refrains der späteren Arbeiterlieder: Die *Marseillaise* (S. 213) hat bei acht Textzeilen Strophe jeweils einen vierzeiligen gleichbleibenden Refrain («Aux armes, citoyens. Formez vos bataillons. Marchons! Marchons! Qu'un sang impur abreuve nos sillons!»), der *Chant du départ* – auch in der deutschen Textfassung zu erkennen (S. 200) – hat bei zehn Strophenzeilen vier Refrainzeilen, von denen die letzten beiden jedoch wiederholt werden, also: sechs Refrainzeilen, die beibehalten werden. Andere Revolutionslieder wie die *Carmagnole* haben andere Refrainanordnungen, das letztgenannte Lied z. B. läßt auf vier Strophen- vier Refrainzeilen folgen, allerdings nicht in der durchgehenden Melodieführung, wie später Eisler dieses Textmuster komponierte, sondern mit einer Reihe von melodischen Teilwiederholungen. *Gott erhalte Franz den Kaiser* (das spätere *Deutschlandlied*) von Joseph Haydn ist in der gleichen Zeit entstanden, aber enthält keinen Textrefrain. Die Betrachtung dieser Hymne führt auf zwei wichtige Gesichtspunkte in der Entwicklung der Refraintechnik.

1.
Das *Deutschlandlied* hat zwar keinen textlichen Refrain, hat aber musikalisch eine Art Refrainbildung. Denn die Melodie widerspricht jener Liedform, die wir im üblichen Formenlehreunterricht unter dem Kürzel ABA kennengelernt haben und die unter der Bezeichnung «Liedform», «Wiederkehrform» und «Reprisenform» einen Großteil auch über die Lieddimensionen hinausgehender musikalischer Formen bestimmt: Nach einem Anfangsteil, der in sich mehr oder weniger geschlossen ist, folgt ein abweichender Mittelteil, worauf die ganze Melodie durch eine Wiederholung oder Abwandlung des Anfangsteiles geschlossen wird.

6 Vgl. P. Schleuning: Die Freie Fantasie, Göppingen 1973, S. 234f.

Liedbeispiele hierfür gibt es in großen Mengen, von *Ein feste Burg ist unser Gott* bis *Hänschen klein.* Die Melodie des *Deutschlandliedes* weicht jedoch von diesem Schema ab, indem der Mittelteil nicht eine abstechende Episode vor der Rückkehr des Anfangsteiles ist, sondern das Schwungholen vor einem neuartigen, gesteigerten Höhepunkt der Melodie, als der sich der Schlußteil herausstellt. Statt Wiederkehrform handelt es sich um eine Entwicklungsform. Der Schluß ist nicht die Wiederholung des Anfangs, also eine Art Rückkehr, sondern eine weitergeführte Konsequenz aus den beiden vorangegangenen Teilen, eine Folgerung. Hierin geht diese Haydn-Melodie über viele andere Nationalhymnenmelodien hinaus, beispielsweise auch über die Melodie der DDR-Nationalhymne von Hanns Eisler (*Auferstanden aus Ruinen*), die nach einem kleinen, punktiert-belebten Mittelteil wieder groß und breit die Reprise des Melodiebeginns bringt: Eisler hat bewußt keinen Refrain gewählt, denn er sah diese Nationalhymne in striktem Gegensatz zum Kampflied, sie war ihm Friedenslied.

Haydn hat also melodisch das getan, was die Lieder der Französischen Revolution und dann die der Arbeiterbewegung zugleich auch textlich taten: Die Bestimmung der Strophe zur Vorbereitung und Begründung des folgenden, alles zusammenfassenden Refrains. Damit wandelt sich die Funktion des Refrains. Von einem kollektiven, ruhenden Pol innerhalb der fortlaufenden Strophenerzählung wird er zum Höhepunkt, zum Zentrum der Lieddynamik. Die Strophen erscheinen ihm gegenüber als vorbereitend, zuliefernd. Er jedoch zieht die Schlüsse, bringt die Hauptsentenz zum Ausdruck.

2.

Hierin liegt aber noch ein zweiter Wandel in der Bedeutung des Refrains. Er ist ja in den neueren Liedern nicht mehr der Träger des kollektiven Gesanges gegenüber dem solistischen Strophengesang. Vielmehr singt das gesamte Kollektiv Strophe und Refrain, eine Technik, die es auch schon im Volkslied immer gegeben hat, jedoch nur dann, wenn die Strophenfolge und ihr Wortlaut schon so verfestigt waren, daß mit einer improvisierten Veränderung nicht zu rechnen war. Und das war nicht die Regel.

Strophe und Refrain unterscheiden sich jetzt nicht mehr in ihrer Ausführung, sondern in ihrer Bedeutung für den Zusammenhang des Liedes. In einem Volkslied wie dem erwähnten *Bauernhimmel* betonte der Refrain die gesellige Situation der Singenden, die Freude am gemeinsamen Singen und an der gemeinsamen Hoffnung auf die himmlische Erlösung. Der Refrain brauchte gar nicht immer in engem inhaltlichem Bezug zu dem zu stehen, was alles in den Strophen erzählt wurde. Er hatte oft ein Eigenleben. So ist es ja auch in Liedern mit Fallala-Refrains.

Ganz anders nun in den Freiheits- und Arbeiterliedern. Die Strophen sind ohne den Refrain sinnlos, und der Refrain ist es ohne die Strophen. Diese geben die Beispiele, die Fälle, aus denen dann die allgemeine Wahrheit oder der Aufruf des Refrains seine Begründung erhält. Der

Unterschied zwischen Strophe und Refrain liegt nicht mehr auf der Ebene der Ausführung und geselligen Struktur des Liedersingens, sondern er ist in die Ebene der Textlogik, der inhaltlichen Begründungsabfolge im Lied gelegt. Rufen die Refrain-Sänger im Volkslied sich nach der Strophe sozusagen zu: «Ja, so ist es!» oder: «Hat er nicht schön gesungen!» oder: «Ach du liebe Güte!», so sagt der Refrain im Freiheits- und Arbeiterlied: «Weil das so ist, was in der Strophe gesagt wurde, deshalb ...» So wurde es für die musikalische Gestik im *Internationale*-Refrain dargestellt (vgl. S. 212). Diese neue, hervorragende, beherrschende Funktion des Refrains führt auch dazu, daß er nicht mehr die bescheidenen Dimensionen hat wie im Volkslied, sondern daß er zu einer selbständigen, abgeschlossenen und umfangreichen Größe anwächst, die oft – wie etwa in den Liedern Brechts und Eislers – derjenigen der Strophen korrespondiert, zumindest aber zusammenfällt mit dem musikalischen abschließenden Höhepunkt der Melodie.

Die zwei neuartigen Funktionen des Refrains wurden in den großen Liedern der Französischen Revolution erstmals allgemein bekannt.

Für alle die Lieder, die nun in der Folgezeit unter verschiedenartigsten «Freiheits»-Begriffen dieses Modell übernahmen, sind in anderen Kapiteln dieses Buches Beispiele genannt:

Zu dem *Andreas Hofer-Lied* von 1831 (*Zu Mantua in Banden*) sang man seit 1844 jene Melodie, die sich für andere nationale Befreiungslieder, dann aber vor allem für neue Texte der deutschen Arbeiterbewegung so lange Zeit als beliebt erwiesen hat (vgl. S. 229). Dabei wurde aber nur in wenigen Fällen – und auch dort nur beschränkt – das Prinzip des Textdichters Julius Mosen übernommen, dem Refrain, einem jeweils vierfachen Ausruf gleichen Wortlautes, von Strophe zu Strophe eine geringfügige Wandlung zu geben (vgl. S. 230).

Str. 1 ... mit ihm das Land Tirol.
Str. 2 ... im heiligen Land Tirol.
Str. 3 ... und mit dem Land Tirol.
Str. 4 ... der Mann vom Land Tirol.
Str. 5 ... mit ihm sein Land Tirol.
Str. 6 ... Ade, mein Land Tirol!

Auf diese Weise ist einmal die logische Verbindung zur Strophe auch augen- und ohrenfälliger geknüpft, zum anderen sind die Sänger dazu angehalten, auch im Refrain jene textliche Aufmerksamkeit beizubehalten, die sie in der Strophe haben, also nicht in die bekannte euphorische Schlafstellung zu verfallen, die man vom üblichen, gleichtextigen Refraingesang her kennt.

Außer in diese nationalen Befreiungslieder ging das neuartige Refrainprinzip auch in die ausgesprochen national-chauvinistischen Gesänge ein wie die *Wacht am Rhein* von 1854 (vgl. S. 31) oder das Lied *Ich bin ein Preuße, kennt ihr meine Farben* von 1832; Refrain: «Sei's trüber Tag, sei's heller Sonnenschein: Ich bin ein Preuße, will ein Preuße sein!» Auch hierbei gab es Strophe um Strophe einen Textwechsel im Refrain, und zwar von dessen erster Zeile (ganz ähnlich auch bei *Schleswig-Holstein, meerumschlungen* von 1844). Nationale und nationalistische Freiheits- und Machtgesänge mit derartigen Refrains ließen sich zu Dutzenden aufzählen, auch Studentenlieder jener Zeit und Soldatenlieder aus den Befreiungskriegen.

Dabei gab es auch schon Lieder, deren Refrain weitaus umfangreicher war als die Strophe, so das (jede Wehr-Unfreude diffamierende) Lied *Männer und Buben* von 1813 nach einem Gedicht von Theodor Körner auf die alte Volksliedmelodie *Lille, du allerschönste Stadt*: Die Strophe ist acht, der Refrain zwölf Takte lang. (Die Erwähnung der Melodieherkunft aus dem Volkslied gibt Anlaß, nochmals zu betonen, daß hier nur das erstmalige, sozusagen offiziell politische Auftreten der neuen, festgefügten und umfangreichen Refraingestalt benannt worden ist, daß aber die historischen Wurzeln dieses Refraintyps damit keineswegs geklärt sind; welche Art der Volksliedtradition hier vorbereitend wirkte, müßte eingehender erforscht werden). Viele solcher deutschnationalen Lieder wie die ebengenannten finden sich bei F. M. Böhme: *Volkstümliche Lieder der Deutschen im 18. u. 19. Jahrhundert*, Leipzig 1895.

Und schließlich wurde diese Refrain-Technik vom Arbeiterlied übernommen: Nicht nur der *Chant des ouvriers* von 1846 kann hier als Beispiel gelten (S. 215), sondern auch die vielen *Marseillaise*-Umdichtungen der 48/49er Revolution und der deutschen Arbeiterbewegung und die anderen eigenständigen Lieder aus ihrer Tradition, wie sie im Beginn dieses Kapitels dargestellt wurden. Vor allem aber wirkt die Tradition in der *Internationale* und ihrem Refrain fort.

Man kann feststellen, daß die Refraintechnik um die Mitte des 19. Jahrhunderts nicht Eigentum oder spezifische Ausdrucksform der Arbeiterbewegung war, sondern daß alle sozialen Bewegungen, die «Befreiung» auf ihre Fahnen geschrieben hatten, ob von napoleonischer Unterdrückung, ob von ökonomischer Ausbeutung, ob von geistiger Unfreiheit oder nationaler Zerrissenheit, sich musikalisch auf die Neuerungen der Französischen Revolution beriefen. In solchen politischen Zusammenhängen ist die Verwendung der selbständigen, umfangreichen Refrains erheblich öfter als bei Liedern zu anderen Themen, etwa Liebe, Natur usw.

Es tritt aber bei der Liedproduktion vor, um und nach 1900 eine entscheidende Wandlung ein: Die Herstellung von Liedern mit solchen Refrains bleibt im wesentlichen der Arbeiterbewegung vorbehalten: Von den 188 Liedern aus dem Liederbuch der Hitler-Jugend von 1935, in dem doch nun alles versammelt ist, was zum mindesten «national» genannt werden kann, sind nur gut ein Viertel mit Refrains erwähnenswerten Umfanges ausgestattet. Davon stammt allerdings der Löwenanteil aus den Befreiungskriegen Anfang des 19. Jahrhunderts und den nationalistischen Folgeerscheinungen. Etwa nur 10 Lieder aus der bündischen Tradition oder direkt der nationalsozialistischen Bewegung sind Refrainlieder, wie das Lied *Wir Jungen*:

Wir Jungen

Heinrich Spitta, 1933

Auch das *Horst Wessel-Lied* («Die Fahne hoch») hat keinen Refrain! Es war auch weniger Kampflied als Hymne der Nationalsozialisten. Und so wurde es nach 1933 neben dem *Deutschlandlied* verwendet.

Was die Nazis an Refrainliedern sangen, war Übernommenes aus dem früheren 19. Jahrhundert oder – in wenigen Beispielen – synthetische Volkskultur aus der Jugendbewegung. Ansonsten kamen ihre neueren Lieder nicht aus der Tradition der Freiheits- und Befreiungslieder seit der Französischen Revolution – so wie es bei den Arbeiterliedern war –, sondern aus ganz anderen Quellen. Das waren neben den vielen Soldatenliedern aus den Kriegen des 19. Jahrhunderts und aus dem Ersten Weltkrieg gefühlvolle, biedermeierliche Liedtypen aus dem 19. Jahrhundert, oft auch Melodien, die von Küchenliedern herstammen. Aus dem Jahre 1865 ist folgendes Lied mitgeteilt, das eine Berliner Bettlerin zum Leierkasten sang:[7]

7 Alfred Weidemann: Ein Vorläufer des Horst-Wessel-Liedes? In: Die Musik 1936, S. 911f; zit. bei Joseph Wulf (Hg.): Musik im Dritten Reich, Reinbek 1966, S. 270f.

Zum Vergleich:

Die Fahne hoch

Horst Wessel

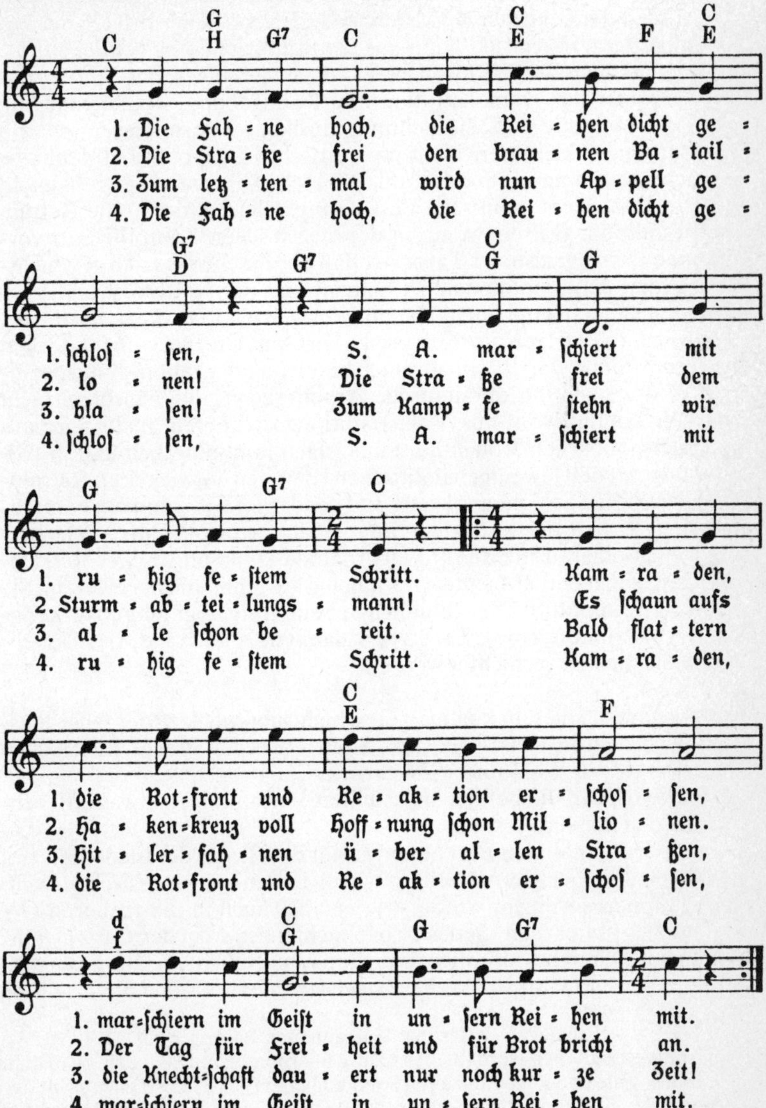

Horst Wessel

Das sind keine schlechteren Traditionen als die des Arbeiterliedes, und sie sind auch nicht unbedingt weniger volkstümlich – schließlich ist ein Großteil der städtischen Gassenhauer, Bänkel- und Bettellieder aus der Operette gezogen und dann auf der Straße lebendig geblieben![8] –, aber es sind nicht die Traditionen des Massengesanges, des Streiks, des Protestes oder der Demonstration und Kundgebung, wo Refrains die kollektive Meinung und Zielrichtung musikalisch formulieren; es sind Liedtraditionen kleinerer, auch proletarischer Gruppen, bei denen es sich mehr um Stimmung und Gefühl, im Höchstfall um Ironie dreht, nicht aber um eine offene politische Bekundung. Hier hat der große Refrain keine Funktion. Daß er wenig in den nazistischen Kampfliedern vorkommt, entspringt also der Tatsache, daß der Faschismus sich geschichtlich auf den deutschnationalen Chauvinismus der Kaiserzeit und Vor-Kaiserzeit stützen kann, nicht aber auf eine Partei- und Massentradition, wie sie in der SPD der Kaiserzeit organisiert war. Und deshalb fehlte dem Faschismus auch der Rückhalt einer bereits entwickelten, ihm spezifischen Kultur, wie ihn die deutsche Arbeiterbewegung hervorgebracht hatte. Er konnte wohl aus Volkstraditionen schöpfen, nicht aber aus parteilich-politischen Volkstraditionen. Den kontinuierlich und in Abstimmung mit den jeweiligen politischen Kämpfen entwickelten Refrainliedern der alten Sozialdemokratie und der darauf aufbauenden kommunistischen Arbeit der zwanziger Jahre hatte er nichts Entsprechendes entgegenzusetzen. Eine direkte Übernahme kommunistischer Refrainmelodien nach der «Machtergreifung» wäre unmöglich gewesen. Sie waren als Kampfmittel der feindlichen Seite festgelegt und unverkennbar. Deshalb mußten diese Liedtypen, damit aber auch alle Arten lebendiger Volkskultur, vernichtet werden.[9]

Kehren wir nach diesem knappen Geschichtsüberblick zu der Ausgangsfrage nach dem historisch-sozialen Stellenwert der Brecht-Eislerschen Refrainlieder von 1931 und 1934 zurück.

Es scheint, daß die bereits angestellten Vermutungen etwas differenziert werden müssen.

Textlich übernahmen Brecht und Eisler den Typus des Liedes mit vier Strophen- und vier Refrainzeilen, wie er in den zeitgenössischen Agitprop-Truppen gesungen wurde, wie er aber auch in der früheren Geschichte des politischen Liedes zu beobachten ist, so in der *Carmagnole*: Es handelt sich dabei also nicht etwa um eine Neuentwicklung aus dem Umkreis der KPD. Musikalisch bezogen sie sich zurück auf die Tradition

8 Vgl. Lucas Richter: Der Berliner Gassenhauer, Leipzig 1969.

9 Andere Liedtypen wurden aber häufig übernommen. Daß auch *Die Fahne hoch* so wie viele der genannten alten Soldatenlieder (vgl. S. 258ff) schon vor den Nazis von den Kommunisten gesungen wurde («Die Fahne hoch, die Reihen fest geschlossen, Max Hölz marschiert . . .»), ist erwiesen. (Hölz beteiligte sich 1921 an den Mansfelder Arbeiteraufständen.) Der S. 186 zitierte Rentner meint sogar, alle Kommunisten hätten gemeint «Das haben sie uns nun auch geklaut!», als das Lied allmählich zum Bekenntnislied und zur Hymne der Nazis wurde.

der durchkomponierten politischen Lieder mit Schlußhöhepunkt wie *Marseillaise* oder *Internationale*, allerdings auch das *Deutschlandlied*. Auch dieser Melodietyp ist also nicht genuine Entwicklung der Arbeiterbewegung und kaum der bürgerlichen Freiheitsbewegung, dies jedenfalls nur dann, wenn man einen Komponisten wie Haydn ihr zurechnet.

Diese Zusammenführung von Entwicklungsmelodik und Textgleichgewicht entstammt also heterogenen Quellen.

Es war eine schwerwiegende Entscheidung, diese Materialkoppelung zu wählen, denn sie führt dazu, daß der Refrain die Hauptbedeutung erlangt und die Strophen völlig überflügelt. Daß da wie in den älteren Refrainliedern die Strophen Beispiele liefern, die den Refrain immer neu begründen, kann man nicht sagen. Dazu ist kein Platz mehr. Zwischen den beiden Textteilen besteht kaum noch eine Begründung-Folgerung-Beziehung wie etwa in der *Internationale*. In deren langen Strophen konnten noch Gedanken, logische Verknüpfungen, Vergleiche und Gegensätze formuliert werden, ehe der Refrain den Schluß daraus zog. Die zweite Strophe ist ein gutes Beispiel:

Es rettet uns kein höh'res Wesen,
kein Gott, kein Kaiser noch Tribun.
Uns aus dem Elend zu erlösen,
können wir nur selber tun.
Leeres Wort: Des Armen Rechte!
Leeres Wort: Des Reichen Pflicht!
Unmündig nennt man uns und Knechte,
duldet die Schmach nun länger nicht!

Da ist auch noch erkennbar, wer singt, was das für Menschen sind. Da besteht noch eine Verbindung zum Volkslied, weil noch erzählt, dargestellt, verbildlicht wird.

In den Kampfliedern von Brecht und Eisler wird nicht mehr individualisiert, sondern nur noch generalisiert. Das geht bei dieser Kürze der Strophen auch gar nicht anders.

Was kann man schon in vier Zeilen Strophe machen? Da reicht es nur zu einer knappen, komprimierten Sentenz:

Auf, ihr Völker dieser Erde,
einigt euch in diesem Sinn:
daß sie jetzt die eure werde
und die große Nährerin.

oder:
Und weil der Mensch ein Mensch ist,
drum braucht er was zum Essen, bitte sehr.
Es macht ihn ein Geschwätz nicht satt,
das schafft kein Essen her.

oder:
Wollen wir es schnell erreichen,

brauchen wir noch dich und dich.
Wer im Stich läßt seinesgleichen,
läßt ja nur sich selbst im Stich.

oder:
Und weil der Mensch ein Mensch ist,
drum hat er Stiefel im Gesicht nicht gern.
Er will unter sich keinen Sklaven sehn
und über sich keinen Herrn.

Das sind gute Strophen, aber eben gut unter der Voraussetzung, daß nichts Genaueres und Konkreteres erzählt wird, daß nur allgemeine Wahrheiten Platz haben, daß – schließlich – auch keine logische Verbindung zum Refrain mehr hergestellt werden kann. Denn welchen der beiden Refrains man an diese Strophen hängt, ist doch fast gleich:

Vorwärts, und nicht vergessen,
worin unsre Stärke besteht!
Beim Hungern und beim Essen,
vorwärts, nie vergessen
die Solidarität!

oder:
Drum links, zwei drei!
Drum links, zwei drei!
Wo dein Platz, Genosse, ist!
Reih dich ein in die Arbeitereinheitsfront,
weil du auch ein Arbeiter bist!

Der Refrain ist da so übermächtig, so alles bestimmend, von so zentraler Wichtigkeit, daß es schon einer längeren Strophe bedürfte, um ihn inhaltlich zu motivieren.

So aber zeigen die Lieder das Bild der alten Instrumentalrondos aus dem frühen 18. Jahrhundert: Der Refrain ist das Zentrale, auf sein Erscheinen ist alles ausgerichtet, auf ihn läuft alles andere untergeordnet zu. Er bestimmt das Musikstück. Die Couplets dagegen, also im Lied die Strophen, huschen dazwischen unbedeutender dahin, sind mehr vorbereitende Episoden als gleichwertige Gestalten, wie die Wellentäler gegenüber den Wellenbergen der Refrains. Die Entwicklungsmelodik steuert die Refrains an und hebt sie hervor. Dagegen sind die kurzen Ströphchen machtlos. Sie fallen zurück, können die motivierende Funktion aus den alten Refrainliedern nicht mehr erfüllen. Strophe und Refrain stehen unverbunden nebeneinander, haben kaum noch Beziehung zueinander, sind zwei nebeneinander gestellte Sentenzen.

Das ist ein apodiktisches Verfahren. Dem Sänger werden nur noch die Wahrheiten und Hauptparolen in den Mund gelegt, Begründung und Schilderung, also Darstellungsweisen, bei denen des Sängers Kopf denkend aktiv wird, entfallen. Der Sänger wird zum «Roten Sprachrohr».

Sicher haben Brecht und Eisler dieses Liedverfahren unter dem Eindruck der letzten Kämpfe der KPD gegen den Faschismus bzw. im antifaschistischen Kampf gewählt, um besonders starke, zugespitzte, unbedingt wirksame Waffen herstellen zu können. Und die entstandenen Produkte sind auch noch für die heutigen Kämpfe von Wert geblieben.

Es ist unverkennbar, daß der autoritäre Charakter dieser Lieder wesentlich bestimmt ist durch die Verbindung von Entwicklungsmelodik und textlichem Strophe-Refrain-Gleichgewicht. Strophische Begründung entfällt, die Refrainsentenz ist alles! Das ist eine historische Entscheidung Eislers und Brechts gewesen. Sie braucht keinen Modellcharakter für uns zu haben. Wir können es uns aussuchen, ob wir lieber die längeren begründenden Strophen nach Art der *Internationale* zum Vorbild nehmen oder ob wir ganz andersartige Refrains zur Strophe setzen. Denn oft ist der Liedrefrain neuerer Lieder nicht mehr nur Massenausdruck, sondern auch Werbespruch für die Strophen, Anreiz, die Begründungen der Strophen anzuhören. (Vgl. zu diesem Problem den Exkurs über Bukis Refrains im Kapitel «Da bleede Ofä».)

So begegnen uns Refrains in den neuen Liedern von Straßenmusikern, deren Funktion sich gegenüber den Refrains in der Arbeiterbewegung grundsätzlich gewandelt hat. Zwar läuft die inhaltliche Darstellung aus den Strophen auch immer noch auf die Refrains zu. Aber auf einer anderen Ebene, nämlich der der Aufmerksamkeit der Zuhörer, läuft eine Entwicklung von dem Refrain in die Strophen hinein. Erst wenn der Refrain so zugkräftig ist, daß er die Passanten zum Stehenbleiben bringt, achten sie auch auf die Darstellungen und Begründungen in den Strophen. Der Refrain muß jetzt mehrere Funktionen erfüllen. Dadurch ist er gezwungen, einen besonders spektakulären, aufsehenerregenden Zug anzunehmen, allbekannte Melodien aufzunehmen und textlich umzukehren, so wie es mit ähnlicher Funktion die alten Bänkel- und Marktschreier-Lieder taten.[10]

Hier als Beispiel dieser Straßenlieder der *Herstatt-Blues* von Klaus dem Geiger. Der Refrain in Noten:

10 Zu den Bänkelliedern einige Beispiele und kurze Ausführungen von uns beiden in J. Beck/H. Boehncke (Hg.): Jahrbuch für Lehrer 1978, Reinbek 1977, S. 367ff.

Walter schreibt dazu:

Straßenmusik kann sein: Der Mann ohne Beine, auf dem Rollenwagen, mit dem Akkordeon, todtrauriges Gesicht. Ein Hut daneben, der sich langsam mit Münzen füllt. Eine traurige Musik, die Passanten kaufen sich frei und gehen schnell weg.

Oder: Zwei Tramper, ferienhalber unterwegs, spielen die angelsächsische Folk-Hitparade rauf und runter und finanzieren sich den nächsten Tag. Was sie spielen, ist ihnen egal.

Oder: Politische Sänger und Gruppen machen aus der Einkaufszone das, was sie angeblich sein soll: eine lokale Öffentlichkeit. Das gibt es inzwischen von Kiel bis München, und die Bürgermeister überlegen sich alle möglichen Tricks, um die unterhaltenden Agitatoren wieder loszuwerden. Wenn die Sänger populär sind, brauchen sie keine große Angst zu haben, dann werden sie auch unterstützt. Mit allgemeinen politischen Bekenntnisliedern ist allerdings noch keine Straßenmusikgruppe populär geworden. Die Lieder müssen schon auf Probleme eingehen, die eben in der lokalen Öffentlichkeit interessant sind. Das haben Buki und die

Blasmusik «Rote Note» mit den Liedern gegen das KKW Wyhl in Freiburg gemacht oder das «Mobile Einsatz-Orchester» mit Tommy in München und Frankfurt und als erste die Kölner Straßenmusiker mit Klaus dem Geiger und Toni.

Klaus nimmt die Straßenmusik als Beruf ernst: er geht jeden Tag zur Arbeit in die Fußgängerzone in Köln. So lernt er die Leute – und die Leute lernen ihn kennen. Unter Umständen trifft er die richtige Sache und den richtigen Ton, dann wird sein Lied zum Hit, zum Gassenhauer-Hit. Der *Herstatt-Blues* war so ein Lied, das noch monatelang nach der berühmten Herstatt-Pleite in Köln Gassenhauer Nr. 1 war:

Herstatt-Blues

Das ist der Herstatt-Blues
das ist der Herstatt-Blues
Man öffnet den Tresor
und was kommt da hervor?
Der Pleitegeier
mit 'nem ganzen Nest voll Eier
und dem Kopp voller Mus
und dem Schnabel voller Schmus!
Da singt er seinen Herstatt-Blues
Den Iwan-Herstatt-Blues

Ich bin der Pleitegeier
von Lehmann–Müller–Meier
die ham mich vollgestopft
für ihre spätre Sicherheit.
Doch mein Boß und sein Troß
saßen auf 'nem hohen Roß.
Und das Roß, das fraß
euer schönes Moos! Da hat der
Gerling sich vergaloppiert
doch das macht dem nix,
denn ihr seids, die verliert.
Das ist der Herstatt-Blues . . .

Oberstadtdirektor Mohnen
steckte 200 Millionen
Steuergelder in' Tresor
und was kommt da jetzt hervor?
Der Pleitegeier
mit 'nem ganzen Nest . . .

'ne Versicherung fürs Leben
hat der Gerling uns gegeben
(und die war teuer)
und die lautete:
in die Röhre gucken alle,
die wo Gerling hoch erheben!
Eines ham wir nicht bedacht,

daß wir ham die wahre Macht!
Denn ohne uns wär doch der Gerling
noch viel weniger als ein Sperling!
Unsre Steuern, unsre Löhne
er klaut sie zu Hauf
und die Bullen passen auf.
Das ist der Herstatt-Blues . . .

Doch es kommt mal die Zeit
und die ist nicht mehr weit
wo der Pleitegeier ausgebrütet
hat ausgebrütet sein Nest voller Eier (au weia!)
Wo nix is, kann man nix holen,
und dann wern wir endlich mal den Richtigen versohlen!
Nee, wir wern uns nicht genieren,
denn wir ham nix zu verlieren.
Der Pleitegeier singt ein schönes Totenlied
das Gerlings-Sperlings-Totenlied
Das ist der Herstatt-Blues . . .

50 Jahre Sacco & Vanzetti-Lieder

Der Fall

Am 5. Mai 1920 nahm die US-Polizei in Brockton (Massachussets) zwei eingewanderte italienische Arbeiter fest, Nicola Sacco, Zuschneider in einer Schuhfabrik, und Bartolomeo Vanzetti, Fischverkäufer. Beide waren Anarchisten, aktive Mitglieder der linken Gewerkschaftsbewegung, sie trugen Propaganda-Material mit sich. Wenige Wochen zuvor hatte es in einem benachbarten Ort einen blutigen Raubüberfall gegeben, die Polizei suchte Schuldige. In Sacco und Vanzetti fand sie Schuldige («des Sozialismus schuldig», wie später der Ankläger Katzmann formulierte), aus Italien stammende Extremisten, denen etwas in die Schuhe zu schieben zwei Fliegen mit einer Klappe zu schlagen bedeutete: einen ungelösten Fall zu «lösen» und die Gewerkschaften einzuschüchtern. Sacco und Vanzetti wurden in einem haarsträubenden Prozeß zum Tode verurteilt; Proteste und Solidaritätskampagnen im In- und Ausland nützten nicht. Der Justizmord war ein Teil der präventiven Konterrevolution – immerhin gerade zehn Jahre nach der Oktoberrevolution. Am 22. August 1927 starben Sacco und Vanzetti auf dem elektrischen Stuhl.

1. Die Film-Musik

Kurz vor dem 50. Todestag der Anarchisten produzierte Hollywood einen Film über den Fall, der mit Erfolg lief. Zur Filmmusik gehörte der Song *Here's to you*, Musik von Ennio Morricone, gesungen von Joan Baez.

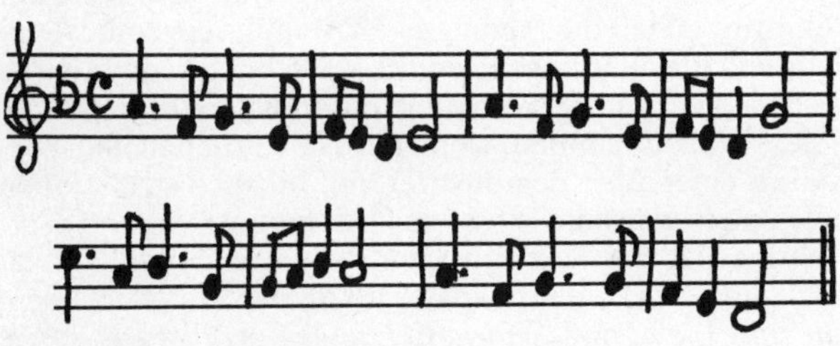

Here's to you Nicola and Bart
Rest for ever live in our hearts
The last and final movement is yours
And agony is your triumph

(Auf euer Wohl, Nicola und Bart / Bleibt für immer lebendig in unseren Herzen / Das letztendliche Werk ist das eure / Und Todesqual ist euer Triumph)

Die französische Version:

Maintenant Nicolas et Bart
Vous dormez au fond de nos cœurs
Vous étiez tout seuls dans la mort
Mais par elle vous vaincrez

(Jetzt, Nicola und Bart / Ruht ihr tief in unseren Herzen / In eurem Tod seid ihr ganz allein gewesen / Aber durch ihn werdet ihr siegen)

Das Lied ist kurz, aber es hat es in sich.

Nehmen wir das amerikanische Original. Da fällt zunächst auf, daß Sacco und Vanzetti ziemlich vertraulich mit Vornamen angeredet werden – das gibt es in keinem anderen Lied zu diesem Fall –, d. h., die historischen Toten rücken in eine nicht begründete Nähe. Das hat wohl mit dem Film zu tun, der Nahaufnahmen produziert, Nähe und Vertraulichkeit herstellt um der Illusion willen. Die Nähe ist obendrein sehr familiär, dieses «Here's to you» («Auf euer Wohl!») klingt nach altem Großfamilienbrauch. (Die Brüder meiner Großmutter haben auch mit Schnäpsen auf das Wohl der Entschlafenen angestoßen, nach der Beerdigung. Aber die hatten ihre Schwester auch persönlich gekannt!) Weiter wird behauptet, die beiden «good guys» würden nun «für immer in unseren Herzen leben» – einer jener lügnerischen Formulierungen aus miesen Liebesgedichten. Schließlich dann der Jüngste Tag, das «Heile heile Segen, tut nimmer weh» ins Gigantische, Menschheitliche aufgeblasen, beschworen von einem oberflächlichen, abstoßenden Geschichtsoptimismus, der jede Niederlage, jedes Leid, im Glanz des im Alkohol vorausgeahnten Welterlösungstages auslöscht, also auch um seine Wirklichkeit bringt. Daß die Agonie ein Triumph sein soll, ist ein starkes Stück, für Filmleute allerdings gewohnt: schließlich kennen wir ja tausend Filme, in denen heruntergekommene bürgerliche Theatertragik zelebriert wird, diese Nahaufnahmen, wenn der Held erhaben und würdig stirbt, die Stärke einer Idee demonstrierend, für die es zu sterben lohnt – wo und wie und in welchem Interesse auch immer.

Es stellt sich heraus, daß der Text von *Here's to you* nichts anderes ist als ein Trinkspruch, und zwar ein sehr später alkoholisierter Nachklang von *Durch Nacht zum Licht!* und *Seid umschlungen, Millionen!* – kein Wunder, daß da jeder mitsingen kann.

Informationen gibt es nicht, vier Zeilen bieten ja auch wenig Platz. Allerdings muß diese Sparsamkeit wohl einer Absicht folgen, denn das ganze Lied hätte ja Raum für mehrere Strophen. Aber die Autoren haben sich bewußt darauf beschränkt, den einen Vierzeiler immer wieder und noch mal singen zu lassen. Dazu mehr, wenn von der Musik die Rede war.

Zunächst: die Melodie ist keine Melodie, sondern das Begleitmuster für eine Melodie, die einfach fehlt. Man kann die Tonfolge als Baß-Ostinato verstehen, über dem improvisiert wird; genauer gesagt als einen verzierten Quartfall-Baß. Wenn darüber die Gedanken der Improvisation ausgestreut würden, könnte das z. B. so aussehen:

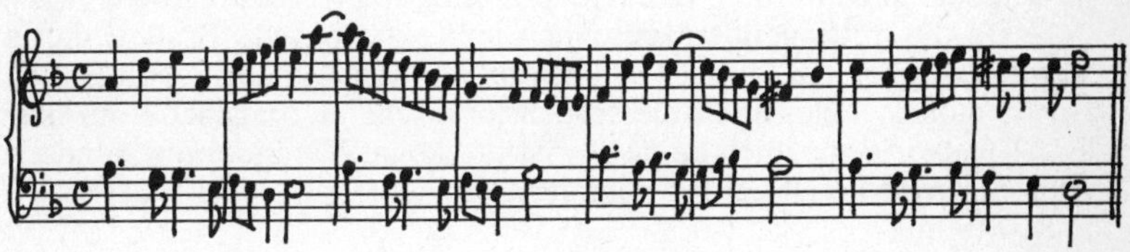

Das wäre eine Möglichkeit. Darauf hat der Komponist verzichtet. Er hält statt dessen Joan Baez an, etwas zu machen, was etwa so einfältig ist, wie wenn eine Stimme unablässig eine Baßfigur aus dem Blues-Schema singt, ohne daß darüber jemand einen Pieps tut. Damit hatte Morricone Erfolg, irgendwas an dieser Methode muß sehr verführerisch sein. Vermutung: Jedes bekannte Grundschema, ob nun ein barockes Baß-Ostinato oder ein Bluesbaß, fährt einem erst mal in die Knochen. Und in unserem Fall registrieren die Knochen erfreut, daß das Schema so einfach ist – zwergenhafte Einzelteile: Viermal nur zwei Takte, Sommerschlußverkauf! – daß sofort mitgetrottet werden kann, auch im Schlaf. Wollte man wirklich mit den Füßen dazu gehen, wär's ein flotter Trott. Aber sitzend verfällt der Zuhörer gerade noch in ein langsames Hin-und-Herschwenken seines Gemüts, wie das die Eisbären im Zoo mit ihrem Kopf machen. Nach und nach regen sich aber auch andere Bedürfnisse, nämlich die aus Erfahrung gespeiste Erwartung, daß sich über dem Schema etwas tun möge. Es tut sich aber nichts. Die Vorlust wird stärker, die Spannung staut sich, denn die Strophe mit den daran geknüpften musikalischen Erwartungen wird ständig wiederholt. Und nun kommt der Trick: statt das Lied endlich mit einer sich über dem Schema befreienden Oberstimme zu beleben, geht der Komponist in die Breite. Die Einzelstimme mit der zunächst bescheidenen Begleitung schwillt an zum Chor mit Orchester. (Wie wenn die Kamera, die zuerst den Westernheld in Großaufnahme zeigte, aufmacht und langsam den Blick auf die tausend Rangers freigibt, die alle zur selben Musik herangeritten kommen. Auch in Musical-Filmen gibt es solche Späße.) Wohlgemerkt: es ändert sich immer noch nichts, da wird nur verdoppelt und verdreifacht! Infolgedessen bohrt sich auch immer mehr die Sehnsucht nach Unendlichkeit ins Ohr, nach einer räumlichen (daß es unendlich viele Mitsinger gäbe) und einer zeitlichen (daß das Lied nie aufhören möge). Vielleicht entzündet die Wiederholungstechnik auch die Hoffnung auf Ekstase, wie sie etwa Glenn Miller mit seinen unendlichen Wiederholungen auf der Grundlage der Riff-Melodik beim Publikum ausgelöst hat: kleine Ekstäslein, immer wenn das Orchester doch noch mal einsetzt, und dann das große Toben im Saal, wenn die Sache dann zu Ende ist, genauer gesagt: abgebrochen wird.

Mir scheint, die Musik ist dem Vierzeiler und seiner ideologischen Aussage durchaus angemessen.

1. Da es keinen Melodiegedanken gibt, braucht auch der Text nicht weitergedacht zu werden. Die Wiederholung ersetzt diese Arbeit.

2. Da die mitfühlende Menschheit im Text als etwas Breites, durch Vervielfältigung des immer Gleichen bzw. durch Anhängen von Nullen Entstandenes, leblos und widerspruchslos erscheint, braucht die musikalische Entwicklung auch keine Variation, keine Veränderung, sondern eben nur Vervielfältigung des immer Gleichen. Getretener Quark wird breit. Stimmt.

3. Da das konkrete Problem des Sacco & Vanzetti-Falles ja doch hinter der Vision von der Welterlösung verschwindet, drängt sich musikalisch das Vorgefühl von Ewigkeit geradezu auf.

Ein politisches Lied? Gedankenarmut, absolut leeres Menschheitspathos, Hymne auf die ewige Wiederkehr des Gleichen?

Ennio Morricone ist Italowestern-Komponist. Er hat gelernt, wie man Zuschauer fesselt, nicht wie man sie befreit.

Gegenbeispiel 1: Italien

Zwei der italienischen Sacco & Vanzetti-Lieder werden auch heute noch in Italien verbreitet. *Lacrime è cundannate*, 1927 in den USA auf einer 78er Platte veröffentlicht, dann von Paquito Del Bono in Rom übernommen. Zu hören auf «Addio Lugano Bella», Dischi del Sole DS 152/54/CL 33/30. Abgedruckt in «Canti anarchici», Samonà e Savelli, Rom 1972. Im selben Liederbuch findet sich auch das Flugblattlied eines unbekannten Autors. Es wurde von der Mussolini-Zensur offiziell erwähnt, als sie 34 Lieder «im Interesse der nationalen Ordnung» verbot (1929).

Il ventitré agosto a Boston in America
Sacco e Vanzetti sopra la sedia elettrica

E con un colpo di elettricità
all'altro mondo li vollero mandar

Circa le undici e mezzo giudice e la gran corte
entrano poi tutti quanti nella cella della morte

– Sacco e Vanzetti state a sentir
dite se avete nulla da dir –

Sacco e Vanzetti tranquilli e sereni
– Noi siamo innocenti aprite le galere –

E lor risposero – Non c'è pietà
voi alla morte dovete andar –

Entra poi nella cella il bravo confessore
domanda a tutti e due la santa religione

Sacco e Vanzetti con grande espression
– Noi moriremo senza religione

E tutto il mondo interno reclama la loro innocenza
il presidente Fuller non ebbe più clemenza

– Siano pure di qualunque nazion
noi li uccidiamo con gran ragion –

– Addio moglie e figlio a te sorella cara
e noi per tutti e due c'è pronta già la bara

Addio amici in cuor la fé
viva l'Italia e abbasso il re –

(Am 23. August in Boston in Amerika: Sacco und Vanzetti auf dem Elektrischen Stuhl. Und mit einem elektrischen Schlag wollte man sie ins Jenseits schicken. / Gegen halb zwölf kommen der Richter und das Hohe Gericht alle in die Todeszelle. «Sacco und Vanzetti, hört zu: habt ihr nichts mehr zu sagen?» / Sacco und Vanzetti, ruhig und klar: «Wir sind unschuldig. Macht die Gefängnisse auf!» Und sie antworteten ihnen: «Es gibt keine Gnade, ihr müßt in den Tod gehen.» / Dann kommt der tapfere Beichtvater in die Zelle, fragt beide nach ihrer heiligen Religion. Sacco und Vanzetti, mit großem Ausdruck: «Wir werden ohne Religion sterben.» / Und die ganze Welt forderte Anerkennung ihrer Unschuld. Der Präsident Fuller hatte keine Gnade. / «Von welcher Nation sie auch immer seien, wir bringen sie mit gutem Grund um.» / «Leb wohl Frau und Sohn und du liebe Schwester, für uns beide ist schon der Sarg bereit. / Lebt wohl Freunde, im Herzen Vertrauen, es lebe Italien und nieder mit dem König!»)

Eine Moritat über einen sensationellen Mordfall. Die Anklage lautet allerdings auf Justizmord. Die Vorgeschichte des ganzen Falles (Verhandlungen vor Gericht, Diskussion in der Öffentlichkeit) wird als bekannt vorausgesetzt. Für das Lied bleibt äußerst sparsam dargestellt der Augenblick der Wahrheit übrig, der Hinrichtungstag. Dramatischer Ausdruck der herrschenden Ungerechtigkeit. Das Personal sehr reduziert, wie auch im Volks- oder Straßentheater: Die Macht (Richter, Priester, Präsident) gegen die zwei Revolutionäre. In direkter Rede sagen die Personen nur das wichtigste. Die Mächtigen sprechen von ihrem Gewaltmonopol, von ihrer Erbarmungslosigkeit und von der Abschreckung, die Justizopfer erklären ihre Unschuld, fordern Freiheit, weisen den falschen Trost ab, beharren auf der politischen Hoffnung. Die Ansprache an die Familie ist eigentlich mehr als nur ein human touch, sie verbindet die sonst sehr distanziert dargestellten Anarchisten mit den anderen draußen, die überleben werden und kämpfen sollen. (Um die Spitzel der Faschisten irrezuführen, sangen in den zwanziger Jahren häufig die Cantastorie [= Volks-, Straßensänger] am Schluß «Es lebe der König!», statt «Nieder mit!»)

Die Wahl der Moritaten-Melodie ist keineswegs zufällig, denn die Melodie hat schon eine präzise Bedeutung, sie heißt *Aria del Caserio* und gehört zu einem sehr verbreiteten Lied aus dem 19. Jahrhundert *Le ultime ore e la decapitazione de Sante Caserio* (Die letzten Stunden und die Enthauptung des Sante Caserio). Auch in der alten Vorlage geht es nicht um einen beliebigen Mordfall, sondern um den Tod eines Anarchisten; ebenso findet die Hinrichtung im Ausland statt, nämlich in Lyon. Der Unterschied: Die Mordanklage stimmt. Sante Caserio, Bauernsohn aus Motta Visconti bei Mailand, Bäcker, Arbeiter, Anarchist, Emigrant erst in der Schweiz, dann in Frankreich, tötete als 21jähriger den französischen Präsidenten Sadi Carnot mit einem Dolch und wurde dafür 1894 guillotiniert. Offenbar hat die Hinrichtung sehr vielen Leuten in Italien das Gemüt bewegt, es gibt eine ganze Reihe Caserio-Lieder, die das ausdrücken. Das bekannteste stammt von einem Cantastorie, der mit Pietro Cini unterschrieb. Bei Dischi del Sole erschien ein LP mit dem Titel «E per la strada», auf der Sandra Mantovani das Lied singt. (DS 143/45CL).

Am 16. August im Morgengrauen hatte der Henker die schreckliche Guillotine vorbereitet. Derweil schlief Caserio noch, ohne an den traurigen Schrekken zu denken. / Ins Gefängnis kommen Direktor und Präfekt, mit bewegter Stimme wecken sie den Jungen. Der sagt erwachend «Was gibt's», «Die Stunde ist gekommen, wach auf.» / Hört diese Nachricht, steht sofort auf, sieht die Gerechtigkeit, zittert am ganzen Körper. «Bevor es zum Sterben geht, habt Ihr nichts zu sagen?» / Da spricht er zum Präfekten: «In der Stunde meines Todes gebt bitte meiner Mutter diesen Brief. Ich vertraue darauf, daß sie ihn bekommt, bei Eurer Barmherzigkeit. / Weiter habe ich nichts zu sagen. Öffnet mir die Tür. Mein Leiden ist beendet. Gebt mit den Tod. Und du, Mutter, ende deinen Schmerz, denk in Frieden an deinen Sohn.» / Dann wurde er sorgfältig vom Henker gefesselt und sofort auf den Platz von Lyon gebracht. Mit Gewalt wurde der Kopf in die Guillotine hineingestoßen, die ihn abschnitt. / Frankreich macht ein Freudenfest, schreiend «Es lebe der Henker, der ihm den Kopf abgeschnitten hat!» Tyrannische und herzlose Leute, die den Schmerz eines anderen verachten und verlachen. / Als die geliebte Mutter ihn sah, liefen Tränen über das Gesicht der Unglücklichen. Die Mutter wäre zufrieden gewesen, hätte sie ihn vor seinem Tod an die Brust drücken können.

Das hier erkennbare Muster der Pietà – die trauernde Mutter Maria mit dem Leichnam Jesu – wird in anderen Liedfassungen noch weiter ausgemalt. Vermutlich hat sich der Cantastorie an religiösen Liedern orientiert, wie sie in dem katholischen Italien durchaus zur Volkskultur gehören. Der Mythos von der Madonna und dem Schmerzenssohn braucht ja nicht unbedingt im Dienste der Verklärung, d. h. der Vernebelung zu stehen; die Erfahrung, daß Mütter über zu früh gestorbene Söhne trauern (Soldaten, Matrosen, Arbeiter, Räuber, Freiheitskämpfer . . .), ist kein Privileg der Heiligen. Und aus der Klage der Pietà kann schnell die Anklage hervorbrechen.

Vergleicht man das Sacco & Vanzetti-Lied mit dem Caserio-Lied, fällt auf, daß die spätere Fassung nicht nur die Melodie, sondern auch Gesten und Szenen der Vorlage übernommen hat. In den Unterschieden aber zeigt sich, wie bewußt das neue Lied die Moritat politisiert: Sacco und Vanzetti sind nicht bloß bemitleidenswerte Opfer, sondern Handelnde; sie geben politische Erklärungen ab; der Appell an die Angehörigen bildet die Überleitung zu einer politischen Parole; insgesamt stellt das Lied dem Zuhörer selbständige Menschen gegenüber, die nicht einfach unter Tränen auf den Schoß genommen werden wie Caserio.

Nachtrag:

Noch ein Beispiel, wie bestimmte wichtig genommene Gesten aus alten Liedern weiter verwendet werden. In einem anderen Caserio-Lied *L'interrogatorio di Caserio* (Verhör des Caserio) heißt es:

«Li conoscete voi
vostri compagni?»
«Si li conosco
io son dell'anarcrchía
Caserio fa i'fornaio
e non la spia.»

«Kennt Ihr
Eure Genossen?»
«Ja, ich kenne sie
ich bin Anarchist
Caserio ist Bäcker
und nicht Spion.»

Fast ein halbes Jahrhundert später sangen die italienischen Partisanen des antifaschistischen Widerstandes *E qui briganti neri*, ein Lied, das beschreibt, wie ein Kämpfer gefangen, verhört und hingerichtet wird. Eine Strophe heißt:

E quando mi portarono al tribunale
dicendo se conosco il mio compare
si si che lo conosco
ma non dirà chi sia
io faccio il partigiano
e non la spia.

Und als sie mich zum Tribunal schleppten
Und fragten, ob ich meinen Genossen kenne:
Ja, Ja, ich kenne ihn.
Aber sag nicht, wer er ist.
Ich bin ein Partisan
Und kein Spion.

Gegenbeispiel 2: Woody Guthrie

1946/47 produzierte Woody Guthrie zum 20. Todestag von Sacco und Vanzetti einige 78er Platten mit elf Liedern, die sich alle mit diesem Fall beschäftigen. (Inzwischen von Chant du Monde auf einer LP zusammengefaßt: «Ballades de Sacco & Vanzetti», LDX 74467.)

Von einem parteiischen Standpunkt her beschreibt Woody Guthrie zu sehr einfachen, traditionellen Folk-Melodien so ziemlich alles, was an dem Fall Sacco und Vanzetti interessiert: Biographie der beiden, ihre politische Tätigkeit, was sie gedacht haben *(Vanzetti's Letter)*, die weltpolitische Konstellation *(The Flood and the Storm)*, und vor allem die Details des 60-Tage-Prozesses. Mehrmals wird z. B. die Zeugin der Anklage erwähnt, Eva Splaine, die das Gangster-Auto eine und eine halbe Sekunde gesehen hat, und sich ein Jahr später noch ganz genau daran erinnern will, daß niemand anders als Nicola Sacco dringesessen habe. Dagegen breitet Woody Guthrie in seinen Liedern die Argumente und Beweise der Verteidigung aus; wie detailiert und einfach, kann man z. B. an dem Song *Suassos Lane* sehen:

Suassos Lane is just an alley
Up here in old north Plymouth
You saw my fish cart
Roll here in Suassos Lane.
Goodbye my comrades
Goodbye my north Plymouth
Goodbye to Boston harbor
Goodbye to Suassos lane

The say I killed him
Said I killed the payroll carrier
Over in South Braintree
Thirty five miles from Suassos Lane.

My name is Lefevre Brini
On the same day, Bart Vanzetti
Brouhgt fish to Cherry Court
One block from Suassos Lane.

My name is Joseph Rosen
I am a woolen peddler
I sold Vanzetti a roll of cloth
This day in Suassos Lane.

I'm Mrs. Alphonsine Brini
Mister Rosen and Bart Vanzetti
Showed me the cloth with big holes in it
One block from Suassos Lane.

My name ist Melvin Corl,
I was painting my fishing schooner
Vanzetti talked to me an hour
A mile or so from Suassos Lane

How could I be in South Braintree
Killing men in front of the factory
When all these friends and others saw me
Cart my fish up Suassos Lane?

I tell you working people
Fight hard for higher wages
Fight to kill blackmarket prices
This is why take my life.

I tell you working people
Fight hard for cleaner houses
Fight hard for wife and children
That's why you took my life.

(Suassos Lane ist nur eine Straße / Hier oben im Norden vom alten Plymouth / Ihr habt meinen Fischkarren gesehen / Der rollte über Suassos Lane / Refr: Adieu meine Genossen / Adieu mein Nord-Plymouth / Adieu

Hafen von Boston / Adieu Suassos Lane / – Sie sagen, ich hab ihn getötet / Sagten, ich hätte den Lohngeldboten getötet / Drüben in South Braintree / 35 Meilen weg von Suassos Lane / – Mein Name ist Lefevre Brini / Am selben Tag hat Bart Vanzetti / Fisch gebracht nach Cherry Court / Ein Block weiter als Suassos Lane / – Mein Name ist Joseph Rosen / Ich bin ein Hausierer mit Strickwaren / Ich verkaufte Vanzetti einen Ballen Tuch / An jenem Tag in Suassos Lane. / – / Ich bin Frau Alphonsine Brini / Herr Rosen und Bart Vanzetti / Zeigten mir das Tuch mit großen Löchern drin / Ein Block weiter als Suassos Lane. / – / Mein Name ist Melvin Corl / Ich habe mein Fischerboot gestrichen / Vanzetti sprach mit mir eine Stunde / Ungefähr eine Meile weg von Suassos Lane. / – / Wie hätte ich in South Braintree sein können / Männer töten gegenüber der Fabrik / Wenn alle diese Freunde und andere mich sahen / Meine Fische karren über die Suassos Lane? / – Ich sage euch, das arbeitende Volk / Kämpft hart um höheren Lohn / Kämpft um die Schwarzmarktpreise zu vernichten / Deshalb nehmt ihr mir das Leben. / – / Ich sage euch, das arbeitende Volk / Kämpft hart um bessere Wohnung / Kämpft hart für Frau und Kinder / Deshalb habt ihr mein Leben genommen.)

Nicht nur, daß in diesem Lied das Gericht angeklagt wird, weil es die angeführten Zeugenaussagen ignoriert hat, vielmehr noch setzt sich aus dem Mosaik der Einzelaussagen und den Erklärungen zur Person der Zeugen ein Bild vom Alltag des Bart Vanzetti zusammen, seiner Arbeit, seinem Umgang. Zudem erklären die letzten beiden Strophen die politische Perspektive des Falles. Und das alles macht dieser Woody Guthrie mit einer unglaublichen Leichtigkeit und den einfachsten technischen Mitteln. Ohne Zweifel spricht das Lied Gefühle an, aber auf andere Weise, und andere Gefühle als das der Film-Song *Here's to you* tut. Nämlich ohne Lüge.

Man könnte nun einwenden, es wär zuviel verlangt von einem einfachen Solidaritätslied, daß es auch noch die Fakten hinblättert. Gut. Schauen wir uns noch zum Vergleich ein anderes Woody-Guthrie-Lied an, das nichts anderes will, als das Gefühl von Solidarität und Sympathie auszudrücken. *I Just Want To Sing Your Name:*

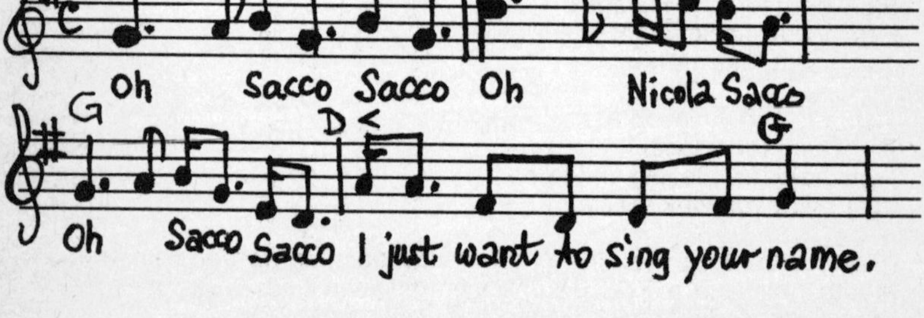

Oh Sacco Sacco
Oh Nicola Sacco
Oh Sacco Sacco
I just want to sing your name.

Sacco Sacco Sacco Sacco Sacco, Oh Sacco
Nicola Sacco Sacco
I just want to sing your name.

Oh Rosie Rosie
Oh Miz Rosie Sacco

Oh Rosie Rosie
I just want to sing your name.
I never did see you, see you
I never did get to meet you
I just heard your story story
And I just want to sing your name.

Hey, hey Bart Vanzetti
Hey, hey Bart Vanzetti
You made speeches for the workers workers
Well I just want to sing your name.

Hey Judge Webster Thayer
Ho ho Judge Webster Thayer
Hey hey old Judge Webster Thayer
I don't want to sing your name.

Bart Vanzetti and Nicola Sacco
Bart Vanzetti and Nicola Sacco
Come here looking for the land of freedom
I just want to sing your name.

Vanzetti sold fish around the Plymouth harbor
Sacco was a shoe factory's best shoe-cutter
All of my sons and all of my daughters
They're gonna help me sing your name.

Oh Sacco Sacco
Hey Bart Vanzetti
your wife and kids and all your family
I just want to sing your name.

Oh . . .
Yes . . .
Yes . . .
Well, I just want to sing your name.

(Oh Sacco – Rosie Sacco – ich möchte jetzt deinen Namen singen. Ich hab euch nie gesehn, ich hab euch nie getroffen, ich hab nur eure Geschichte gehört, und ich möchte jetzt euren Namen singen. He, Bart Vanzetti, du hast

Reden gehalten für die Arbeiter, ja ich möchte deinen Namen singen. He, Richter Webster Thayer, ich will deinen Namen nicht singen. Bart Vanzetti und Nicola Sacco kommen, um das Land der Freiheit zu suchen, ich will jetzt eure Namen singen. Vanzetti verkaufte Fisch am Hafen von Plymouth, Sacco war bester Zuschneider in einer Schuhfabrik. Alle meine Söhne und alle meine Töchter helfen mir, eure Namen zu singen. Oh Sacco, he Vanzetti, eure Frauen und Kinder und eure ganze Familie – ich möchte jetzt eure Namen singen . . .)

Peter meinte, als ich ihm diesen Song vorspielte: «In einer schweren Situation hilft einem oft ein freundlicher Blick mehr als eine lange Rede.» Das leuchtet mir ein, auch wenn zum Zeitpunkt, als dieses Lied gesungen wurde, die Angesungenen schon tot waren. Trotzdem hilft es, nämlich den Singenden und allen denen, die etwas aufs Haupt kriegen und Solidarität brauchen, und zwar eine freundliche, ernsthafte Solidarität, nicht jene aufgeblasene Menschheitschöre. Mir scheint, Woody Guthrie hat hier auch einige Gesten aus den Spirituals übernommen, in der Musik und in der Anlage des Textes. In den Songs der schwarzen Gemeinde wird ja ziemlich viel aus der Bibel wieder vermenschlicht; die Verwandlung von «Himmel und Erde preisen deinen Namen, o Herr» in «Meine Söhne und Töchter helfen mir, eure Namen zu singen», wäre z. B. so eine Geste. Es geht um Parteinahme, und zwar auf einer unmittelbaren Ebene, ganz sinnlich. Die einen Namen werden gesungen, der andere, der des Richters, schmeckt nicht, soll nicht gesungen werden. Ein Vergleich noch mal zur Filmmusik: Obwohl – oder vielleicht gerade weil – die Haltung des Singenden von sehr großer Zuneigung geprägt ist, kommt die oberflächliche Kantinen-Nähe nicht zustande. Nicht die beliebigen Kumpel Nicola und Bart sind gemeint, sondern eben Sacco und Vanzetti, nicht bloß Rosie, sondern «Miz Rosie Sacco». Die Distanz ermöglicht erst wirkliche Zärtlichkeit; und der Sänger legt ja auch Wert drauf, mitzuteilen, daß er die Personen nicht persönlich kennt, nur ihre Story, und darüber kommt die politische-persönliche Beziehung zustande. Übrigens: selbst in diesem überhaupt nicht erzählenden Lied kommt Woody Guthrie nicht drum herum, zu sagen, welche Berufe Sacco und Vanzetti ausgeübt haben, und was sie politisch wollten.
Woody Guthrie war eben kein Fachidiot für Filmmusik.

Nachklapp: deutsche Version
Ungeachtet der Tatsache, daß man die Filmmusik von Ennio Morricone vernünftig nicht verwenden kann, hat Franz Josef Degenhardt eine deutsche Version geliefert. Sie ist demnach. Die Schlußstrophe heißt:

Dieses Lied, Nicola und Bart
ist für euch und Angela.
Hinter euch steht heute die Welt
in der das Volk die Macht schon hält.

Wir waren uns bei der Interpretation dieser Verse nicht einig. Peter beharrte drauf, daß Angela Fehse, seine Jugendliebe, gemeint sein müßte. Ich dagegen denke an eine andere Angela.

Welche Welt nun schließlich die sein soll, in der das Volk die Macht schon hält, hat uns total auseinandergebracht. Ein Freund des Hauses tippte auf die Sowjetunion samt Anliegern. Ein diesem Freund feindlich gesinnter anderer Freund des Hauses plädierte für China. Mein Großonkel wies darauf hin, daß diese Welt 1945 in Schutt und Asche gefallen ist. Meine Tochter sagte: «Die Beatles!», meine Schwester «Wyhl!», ihr Besuch aus Berlin «Die Eff Uuh!», und ich denke manchmal, daß der gute Degenhardt mit einigen Nachrichten von Ufos hinterm Berg hält, die uns die Sache einsichtig gemacht hätten.

PS. Es wäre ja sehr interessant, wenn die Regierung der Sowjetunion hinter den Anarchisten stünde. Im Spanischen Bürgerkrieg war das (noch) nicht so.

Völker, singt die Akzente!

«Vorwärts und nicht vergessen!» heißt das Liederbuch («Lieder der Revolution») des Verlages Rote Fahne von 1974, also der neuen KPD. Und das Lied, dessen Textbeginn der Buchtitel zitiert, das Brecht/Eislersche *Solidaritätslied* von 1931, ist so abgedruckt:

DAS SOLIDARITÄTSLIED Originalsatz von Hanns Eisler

dm
am
dm
am
B
am
gm7
am
gm
am
gm
am
dm7
E
gm
A
gm
A

Die zahlreichen Akzentzeichen über den Noten sollen den Sänger auffordern, mit mehr Nachdruck zu singen, lauter, betonter.

Das wird wohl ein großes Akzentgebrüll im Refrain – die Strophe ist frei davon –, vor allem im abschließenden Refrain, wo der Schluß in Akzenten verraucht. Wozu das, fragt man sich: Es sind doch sowieso die Töne auf betonte oder besonders wichtige Wörter, die da mit Akzenten versehen sind, und es sind auch die hohen Töne, die man eh besonders laut singt! Läßt einem denn die Partei nicht einmal bei der Entscheidung, wo man betont singt, eine freie Entscheidung? «Du mußt», sagen diese Akzente. So wie der Klassenkampf «vorangetrieben» und «angefacht» wird, so auch der Gesang. Vorwärts und nicht vergessen, worin unsre Stärke besteht: nämlich im lauten Gesang!

Woher mögen die Herausgeber dieses Liederbuchs das haben?

Das verrät ein Blick in die Gesamtausgabe von Hanns Eislers «Lieder und Kantaten», und zwar in den Band II, Copyright 1957. Also noch unter Eislers Augen und sicher nicht gegen seine Zustimmung, eher wohl mit seinem Zuraten ist dort das *Solidaritätslied* abgedruckt, und zwar mit den Akzenten an genau den gleichen Stellen (später übernommen in Inge Lammels: Lieder der Partei, 1961). Nur sind bei Eisler selbst die Akzente senkrecht, in Form eines Daches. Einen einzigen Akzent allerdings haben die Genossen von der KPD allerdings von den Genossen der SED nicht übernommen. Und darin zeigt sich vielleicht der Unterschied in der politischen Linie:

Eisler hat auch in der Strophe einen Akzent, und zwar da, wo die Melodie noch einmal emportaucht, ehe sie ganz absäuft und der Gesang bekanntermaßen im Gebrummel versackt (auf dem Ton a, wo man singt «daß sie jetzt die eure werde»). Kann man das wirklich Eisler zutrauen, daß er da einen Akzent hinsetzte? Man muß sich das mal vorsingen. Und wie ist nun aus dem Fortlassen dieses Akzentes bei der KPD der Unterschied der Kampflinie herauszudestillieren?

Drei «linke» Lieder, die uns nicht gefallen

Wenn es ums Lesen geht, gehört es einfach dazu, daß man einen Autor mag und den anderen nicht. Da wird auch oft und gerne drüber geredet. Ganz ähnlich auch bei Bildern oder Filmen: «Schmidt-Rottluff finde ich primitiv» oder «Louis Malle ist große Klasse», das hört man sich durchaus an und ist sogar an den Begründungen interessiert. Glücklicherweise hat sich das auch allmählich auf dem Gebiet der Musik eingebürgert, aber beileibe nicht auf allen Gebieten: Anti- und Sympathie im Bereich der «klassischen» Musik werden vielleicht einmal kurz erwähnt – meistens «Mozart ja, Beethoven nein!» –, aber ohne nähere Erläuterungen. Dagegen hört man auf dem Gebiet der Rockmusik seit einigen Jahren unter Jugendlichen, also nicht nur im Funk, längere und genauere Diskussionen über Vorlieben und ablehnende Haltungen für bestimmte Gruppen. Das ist ein großer Fortschritt!

Bei Liedern habe ich das aber noch selten erlebt. Das Erstaunen darüber, daß nach der langen, adornitischen Schweigezeit, nach der ideologiekritischen Gesangsverweigerung nun seit einigen Jahren wieder so etwas wie Lieder- und Gesangskultur aufkommen, scheint eine derartige Faszination auszuüben, daß alle auf die zum Gesang geöffneten Mäuler schauen, nicht aber auf die Objekte, die da herauskommen: die Lieder. Hauptsache, es wird gesungen, das ist offenbar schon ein so gutes Zeichen, daß die Lieder demgegenüber in den Hintergrund des Bewußtseins treten!

Militantes, Besinnliches, Mittelalterliches, Forsches, Wahres und Erlogenes, alles ergibt in friedlichem Verein die neue Gesangskultur, den neuen Liederfrühling!

Gegen diesen undifferenzierten Singsang, diesen Rückzug des kritischen Bewußtseins beim Thema Lied und Singen haben wir schon an anderen Stellen in diesem Buch etwas gesagt. Und es ist wohl wichtig, unser Mißbehagen an einigen konkreten Liedbeispielen zu verdeutlichen, die sich auf entsprechende andere Fälle übertragen lassen. Wir meinen, daß mit der neuen Lieder- und Singewelle auch viele von den Haltungen und Gedanken wieder hervorgekommen sind, die in den Zeiten der ideologiekritischen Abstinenz versteckt worden waren: Jene Lied- und Singideale der Jugendbewegung und des Faschismus, die noch vor wenigen Jahren einem abschätzigen Lächeln oder erbostem Zorn begegneten, sind heute ausgesprochen und unausgesprochen wieder da. Das sagt jetzt nichts gegen z. B. das Gruppensingen zur Gitarre. Sondern es sagt etwas dagegen, daß die dabei gesungenen Lieder eigentlich nur als Gesangsmaterial betrachtet werden so wie die Kohle zum Heizen.

Denn der Brennstoff ist ja gleich, Hauptsache es ist warm, ob nun Kohle, Gas oder Atom, gell?

Nein! Man muß sich schon die Mühe machen, bei den Liedern, die man singt oder singen will, ein bißchen nach der Melodiegeschichte zu forschen oder wenigstens den Textinhalt kritisch zu prüfen. Sonst macht man wirklich nichts anderes als musikalisch rauchen.

Wenn wir hier ein paar Beispiele dafür geben, was für Lieder wir schlecht finden, dann ist das mehr als Vorschlag gemeint, auch mal in dieser oder ähnlicher Art an Lieder heranzugehen, nicht aber als Abwertung all der Leute, die die angesprochenen Lieder gerne singen. Es gibt bisher so wenig Beispiele und Übung dafür, mit Musik und speziell Liedern irgendwie kritisch umzugehen, daß man es wirklich niemand übelnehmen kann, wenn er/sie das noch nie überlegt hat.

Ein besonders empfindlicher Punkt:

Der Brokdorf-Kanon

Walter hat schon viel dazu geschrieben und die Noten wiedergegeben (S. 69). Er bezieht sich hauptsächlich auf den dorischen Gestus und den früher mal gesungenen Text «Blut, Blut, Räuber saufen Blut!»

Bei mir ist die Begegnung mit diesem Kanon in der Anti-KKW-Bewegung anders gelaufen.

Ich hörte ihn zum erstenmal bei irgendeiner Gelegenheit in Wyhl. Und das war für mich ein richtiger Schlag. Viele hatten sich bemüht, die Bauernkriegsromantik, die sich für manche Städter in der Zusammenarbeit mit den Kaiserstühlern übermächtig aufdrängte – Scholle, Boden und Bauernstärke! –, bewußt zu machen, zu durchleuchten und vielleicht sogar zu überwinden, notfalls auch einfach zurückzudrängen. Allerdings spannen manche Kaiserstühler an dieser Legende von der Stärke des Landvolkes auch noch mit, gegen ihren Willen unterstützt von einigen K-Gruppen, die ständig den Bizeps des einfachen Volks vorführen.

Das ist der große Rückschlag! dachte ich, jetzt bricht die Regression aus!

Denn die meisten von uns haben den Kanon ja nicht mit dem «Blut!»-Text kennengelernt, den Walter anführt, sondern mit dem Text:

He, ho! Spann den Wagen an!
Sieh, der Wind treibt Regen übers Land!
Hol die goldnen Garben, hol die goldnen Garben!

(Und so weiter.)

Und es ist doch sonnenklar, daß wir diese ganze ländliche Lügensphäre im Kopf haben, wenn wir den Kanon singen. Die Haltung und die Bilder, die der ursprüngliche Text einer übernommenen Melodie hat, haften unüberwindlich an der Melodie und bestimmten das neutextierte Lied. Da kann man so schön und kontrovers dichten, wie man will (was hier noch nicht einmal geschehen ist)!

Und die Person oder der Personenkreis, von wo der KKW-Text ausgeht, haben dennoch offenbar mit großer Zielsicherheit den alten Kanon ausgesucht und verwendet.

Einmal ist da in der Musik dieses Falsch-Trutzige, diese Vorstellung von den unbeugsamen Landleuten, die allen Gefahren widerstehen, unbeweglich und stur: Wer kann uns Bauern bändigen! Da ist auch diese falsche, aber dennoch in den Köpfen haftende geschichtliche Perspektive der Melodie dabei. Man denkt: Diese Melodie muß sehr alt sein, wohl aus den Bauernkriegen! Über die Irrigkeit dieser Meinung hat Walter genug im Kapitel über die Lieder aus dem Bauernkrieg geschrieben.

Gut, nun wird der neue Text gedichtet mit seinen wenigen Gedanken. Aber der Mangel an neuen Sätzen und Gedanken läßt genügend Raum für die vielerlei Assoziationen und Begleitgedanken, die der alte Text im Kopf des Singenden hervorbringt.

Dort waren «goldne» Garben, also die gesunde, volle Ernte zu verteidigen vor dem Verderben. Wovor? Vor dem Regen, den der Wind übers Land treibt! Klar, von der Nässe wird die Ernte faulen. Deshalb schnell her mit dem Leiterwagen und den Pferden zum Aufladen. Klingt ganz normal, wenn auch nicht gerade normal im Zusammenhang mit der Arbeit eines Städters bzw. mit der Schularbeit eines städtischen Kindes – denn die meisten kennen das alte Lied doch aus der Schule. Aber das ist ein allgemeines Problem mit unseren sogenannten Volksliedern – «Im Märzen der Bauer!»

Es gibt also dabei allgemein die Sphäre des Landlebens und der bäuerlichen Tätigkeit. Das ist ganz vordergründig. Da die Regierungen offen zugeben, daß KKWs nur in gering besiedelten Gebieten gebaut werden – aus Gründen erhöhter Sicherheit! –, nicht aber in Bonn, ist der KKW-Kampf immer auf die Zusammenarbeit mit der Landbevölkerung angewiesen (von uns Städtern aus betrachtet). «Stadt und Land Hand in Hand!»

Wenn man also schon nicht die Möglichkeit oder Gelegenheit hat, tatsächlich mit der Landbevölkerung zusammenzuarbeiten wie in Brokdorf, dann singt man doch wenigstens ein Lied mit bäuerlichem Touch. Es trägt mit seinem alten Text im Hintergrund, wenn man es singt und durch die Straßen – möglichst eines Dorfes! – zieht, immer die Parole mit: «Wir stehen an der Seite der Landbevölkerung!»

Jedoch ist da noch eine zweite Schicht des Textverständnisses. Sie bedeutet: Wir müssen das, was im neuen Text steht, machen, damit das, was im alten Text steht, auch erhalten bleibt, nämlich die Möglichkeit einer unbeeinträchtigten und unvergifteten ländlichen Produktion.

Das wird noch deutlicher gemacht dadurch, daß die Gefahren der Kernkraft, gegen die man kämpft, im alten Text bildlich voll enthalten sind. Denn wie es früher einfach die Feuchtigkeit des Regens war, die die Ernte verderben lassen konnte, so sind es heute der radioaktive Fallout oder die Strahlung bei Unfällen, die vor allem dann so überaus gefährlich werden, wenn «der Wind Regen übers Land treibt» oder wenn überhaupt «Wind» in der entsprechenden Richtung weht.

In dem alten, stets mitgedachten Text liegt einmal das, wofür man kämpft, dann auch das, wogegen man kämpft. Und deshalb «spannt man den Wagen an», «He! Ho!», wie in der Wagner-Oper.

Ich finde bedenklich, daß dieses Lied, musikalisch und textlich so kurzatmig und mager, daß man schon gar nicht mehr von einem Lied sprechen kann, seine ganze Existenzberechtigung aus dem unausgesprochenen Einvernehmen mit unbewußten Erinnerungen und Assoziationen zieht.

Da greift natürlich auch kein Argument. Als ich es in Freiburg bei einer Demo mal versuchte, sagten viele: «Aber irgendwie ist es doch gut und gibt einem ein gutes, starkes Gefühl!»

Ist es denn wirklich ein gutes Gefühl, wenn man den Kampf gegen Kernkraftwerke auch musikalisch nicht mit Argumenten führt, sondern nur mit dem dumpfen Bodensatz der Ahnungen und Dämmerungen? Machen wir es da nicht genauso wie die Reklame der Betreiber: «Wer sorgt dafür, daß mein Fläschchen auch in den achtziger Jahren warm bleibt?» fragt Baby.

Nichts gegen Gefühle, aber das ist keins, was uns nützt! Benennt doch mal, was ihr fühlt, wenn ihr den Kanon singt! Vielleicht kommt ihr dann dazu, bedenklich über seine Funktion in unserem Kampf zu werden.

Und ist das überhaupt ein Lied?

Was sucht eigentlich ein Kanon in einem politischen Kampf?

Wißt ihr, wo wir sonst Kanons singen oder gesungen haben? In der Familie, am Lagerfeuer, in der Schule, beim Kindergeburtstag, beim Wandern ... Man kostete die Kanons lange aus, wollte gar nicht zum Schluß kommen. Daß der Text immer der gleiche war, hat uns nie gestört. Denn auf die Texte kommt es im Kanon nie an. Die Texte sind nie wichtig. Am besten sind solche, die keinen logischen Anspruch haben und dennoch bei ihrer ständigen Wiederholung voll Gehalt bleiben: z. B. *Ehre sei Gott in der Höhe*! Oft ist Kanons die Mühsal anzumerken, mit denen Texte dazu geschustert wurden, z. B. *Alles schweiget* oder *Johann Jacob Wendehals* oder *Wie lustig ists im schönen grünen Wald* oder *Ich armes welsches Teuflein* oder *Abendstille überall.* Das Absurde paßt gut: Mozarts Nonsens-Kanons oder die Witzkanons von Beethoven (*Tatata, lieber Mälzel*)! Die Kanonkultur verbreitete ein frohes, problemfreies Geselligkeitsgefühl. Aber diese Kultur ist schon lang im Aussterben!

Der Kanontext reicht aus, wenn er eine einheitliche Stimmung verbreitet, damit basta! Mehr Anforderungen kann ein Kanontext überhaupt nicht erfüllen, denn im Kanon kommt es auf etwas ganz anderes an, nämlich auf das Versinken in dem Zusammenklang, in den ständigen, hypnotisierenden Klangkreisen, und auf das Faszinierende der Tatsache, daß alle das gleiche singen, aber dennoch ein großer harmonischer und – bei guten Kanons – auch harmonisch sich wandelnder, modulierender Klangbau zustande kommt.

Was sucht nun so etwas in einem Kampf gegen Kernkraftwerke?

Nichts. Oder vielmehr, es sucht was, nämlich eine falsche Richtung, es zeigt womöglich eine falsche Richtung an, die der Kernkraftwerkkampf nimmt. Ist er schon so etabliert und unwidersprüchlich geworden, so eine Art Pfadfindertätigkeit, daß man ihn wie einen Wandertag begeht, mit einem Kanon auf den Lippen? Ist er zur Stimmung geworden? Oder ist Musik eine Ebene, die völlig getrennt ist und getrennt beurteilt werden muß von den «ernsten» taktischen und strategischen Überlegungen? Dann bin ich dafür, daß nicht mehr gesungen wird.

Interessant ist übrigens, daß ich nicht der einzige bin, der die Leere und Dürre dieses Kanons erkannt hat. Den Leuten, die die Aufnahme des Kanons für die LP «Wehrt euch!» des Kommunistischen Bundes («Nord» – sagte man im Süden immer noch dazu) geplant und arrangiert haben, war das auch klar. Wie sollen wir dieses dürre Huhn so aufblähen, daß der «Wienerwald» es abkauft? fragten sie sich. Und es ist ja klar: Die hypnotische und einschläfernde Stimmung, die der Kanon für den Sänger in der Demo haben mag, verliert sich, wenn die wenigen Melodie- und Wortwendungen aus den Rillen sprechen. Dann wird die Wahrheit über dieses Lied zu deutlich. Es wird auch zu kurz für einen Platten-Take.

Also: Das Lied muß irgendwie mit Besetzungstricks gestreckt und gewürzt werden. Und dabei kommt dann der ganze ideologische Schwachsinn des Liedes noch deutlicher zum Ausdruck.

1. Stufe: Wind pfeift und heult, ohne Begleitung.
2. Stufe: Zum Wind wird allmählich die Gitarrenbegleitung – viele Gitarren! – zum Kanon eingeblendet!
   (Bis hierher geht es genauso in einem anderen Lied der Platte mit dem Titel *Sturm*, nur daß dann hier abgebrochen wird und der Gesang mit einem Text beginnt, der uns sehr viel über Haltungen und Gedanken sagt, die auch für den Kanon und seinen Wind gelten:

> Es heult ein Sturm übers Wattenmeer,
> er singt noch in Freiheit sein wildes Lied, he ho!
> Der treibt die Wolken vor sich her
> und erzählt, was so alles geschieht, he ho!
> Er trägt zu uns, was er so hört,
> er singt ja die Wahrheit, sein altes Lied, he ho!
> Er warnt uns laut vor einer Gefahr,
> weil hier bald etwas geschieht, he ho!
> Doch spricht er nicht von einer Flut
> und von dem Deichbruch wie letztes Jahr, he ho!
> Er warnt uns laut vor der Atomglut,
> für manche ist das noch nicht klar, he ho!
> Der Wind kennt all ihre Pläne . . . (die von den Bossen nämlich)
> . . .
> Er warnt uns eindringlich: Ihr Leute!
> und stürmt durch das Land auf und ab, he ho!
> . . .
>
> und so weiter!

Das ist neu gemacht, wohlgemerkt! Und doch ist alles wie vor 50 Jahren. Die Naturelemente warnen, nicht die Menschen! Die Natur weiß alles, da brauchen sich die Menschen gar nicht mehr zu bemühen! Ich nehme an, die Leute vom KB werden sich zur Begründung dieser Texte auf die Freiheit der Kunst berufen oder auf den kulturellen Stand der Bevölkerung! Also keine Hebung des Niveaus? Auf der Hülle steht ein Mao-Zitat: «Kunstwerke, denen es an künstlerischem Wert mangelt, sind, wie fortschrittlich sie politisch sein mögen, kraftlos.» Da muß dieses Lied so kraftlos sein wie Philip Marlowe nach einem Magenhaken, denn fortschrittlich ist der Text nur dann, wenn man das auch manchen Texten aus dem «Völkischen Beobachter» zuschreibt [Keine Übertreibung!]. Und was heißt überhaupt «Kunstwerk»? Seid ihr Beethoven oder wollt ihr das gerne sein?)

3. Stufe: Jetzt wird langsam die 1. Kanonstimme eingeblendet.
4. Stufe: Jetzt wird langsam die 2. Kanonstimme dazu hochgezogen.
5. Stufe: Die Gitarren werden durch Orgel und Schlagzeug ersetzt.
6. Stufe: Die Gesangsstimmen (übrigens alles Frauenstimmen!) werden schwächer, die Orgel wird lauter, das Schlagzeug macht Besenarbeit, ein Banjo macht kleine Soli.
7. Stufe: Alles klingt langsam aus, d. h. wird abgeblendet.

(8. Stufe: Fehlt leider, nämlich wieder der Wind als Abschluß. Ich bin sicher, daß bei der Aufnahme darüber geredet wurde.)

Nun hat der Kanon erst einmal seine für den Plattenmarkt nötige Dauer bekommen – wie schön dagegen eine Aufnahme auf der «Atomanlagen»-Platte der Bürgeraktion Küste: Sie dauert nur 19 Sekunden und ist doch der Plattenpressung für wert befunden worden! –, und es sind auch Folkies und Rockfans zufrieden, und schließlich ist der ganzen muffigen Stimmung, die der Kanon ohnehin schon hat, durchs Arrangement entsprochen worden.

Wie sich im Kanon der Kernkraftwerkskampf auf Land und Natur beruft, und wie dabei die Menschen nicht beschrieben, sondern aufgerufen werden, so wird er im Arrangement auch noch zusätzlich von der Natur angeleitet und eingebunden: Allem voran wird Wind gemacht.[1] Und der Kampf steigt, wie er in dem Kanon aus unergründlichen Geschichtstiefen kommt, aus fernen Welten auf. Jede neue Stimme taucht geheimnisvoll auf, und am Schluß verschwinden wieder alle in die Ferne. Ein Geisterzug! Vorüberziehende Kampfeshaufen aus vergangenen, legendären Zeiten!

Mit solcher Musik machen wir uns doch selbst was vor, uns doch selbst kaputt. Wenn wir nicht unsere Haltung zu dieser Musik revidieren und kritisieren können, können wir auch unsere Kampfformen im Widerstand gegen die Kernkraftwerke nicht analysieren und neu bestimmen.

1 In *Mueders Stübele* (vgl. S. 98) «weht ein andrer Wind»: Da steht er ironisch für die mündliche Mitteilung gegen die Autorität der Zeitung. Es gibt keinen Autor wie auch in dem alten Wort «Das hat mir der Wind erzählt.»

Die Nazifalle

Das ist ein Lied auf einer Single mit dem Titel «Einmal Faschismus, das reicht!», ebenfalls vom KB herausgegeben. (Das mit dem KB ist Zufall, könnte auch von anderen stammen.)

Das Lied bezieht sich, wie auch ein anderes der Platte, auf das Attentat auf Spaniens Außenminister Carrero Blanco. Die Melodie stammt von dem Lied *Wildgänse rauschen durch die Nacht.*

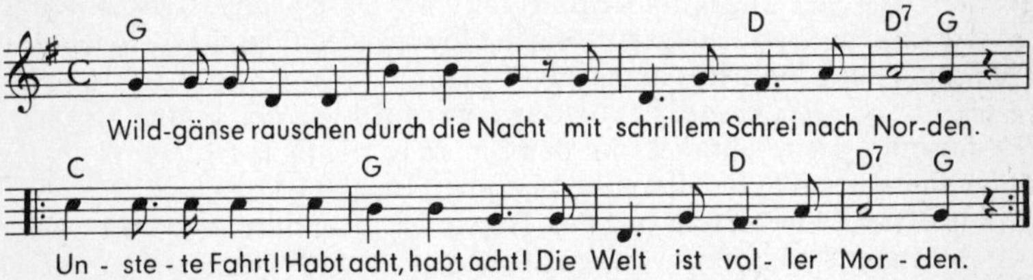

2. Fahrt durch die nachtdurchwogte Welt, graureisige Geschwader! :,: Fahlhelle zuckt und Schlachtruf gellt, weit wallt und wogt der Hader. :,:

3. Rausch zu, fahr zu, du graues Heer! Rausch zu, fahr zu nach Norden! :,: Zieht ihr nach Süden übers Meer, was ist aus uns geworden? :,:

4. Wir sind wie ihr ein graues Heer und fahrn in Kaisers Namen. :,: Und fahrn wir ohne Wiederkehr, rauscht uns im Herbst ein Amen. :,:

Dieses Lied stammt aus der Jugendbewegung, für die der 1917 gefallene Textdichter des Liedes, Walter Flex, ein «Symbol des frühvollendeten dichterischen Genius» war, wie man im neuesten «Brockhaus» lesen kann. Die Melodie stammt von Robert Götz.

Dieser Walter Flex hatte hohe Ideale, die man in dem Lied wiederfinden kann. Er meinte, das Wort «Bruder» habe für ihn einen tiefen Sinn, und er könne es deshalb nicht auf einen Südfranzosen oder einen Kosaken anwenden. Und in Flex' letzten Büchern, «Ein Kriegserlebnis» und dem zum geflügelten Wort gewordenen «Wanderer zwischen beiden Welten», findet man Stellen wie die folgenden:

«Sein Gehen war federnde, in sich beruhende und lässig bewegte Kraft, jenes Gehen, das ‹Schreiten› heißt, ein geruhiges, stolzes und in Stunden der Gefahr hochmütiges Schreiten. Der Gang dieses Menschen konnte Spiel sein oder Kampf oder Gottesdienst, je nach der Stunde. Er war Andacht und Freude. Wie der schlanke, schöne Mensch in dem abgetragenen grauen Rock wie ein Pilger den Berg hinabzog, die lichten grauen Augen ganz voll Glanz und zielsicherer Sehnsucht, war er wie Zarathustra, der von den Höhen kommt, oder der Goethesche Wanderer . . .» Sein Sinnspruch für die Jugendbewegung: «Rein bleiben und reif werden – das ist schönste und schwerste Lebenskunst.»[2] Schließlich

2 «Rein bleiben, reif werden, aber wer erntet die Früchte?» (Aus einem Ge-

noch eine Szene: «Nach einer Weile des Schweigens fragte sie: ‹Hat Ernst vor seinem Tode einen Sturmangriff mitgemacht?› Ich nickte mit dem Kopf. ‹Ja, bei Warthi.› Da schloß sie die Augen und lehnte sich im Stuhl zurück. ‹Das war sein großer Wunsch›, sagte sie langsam, als freue sie sich im Schmerze einer Erfüllung, um die sie lange gebangt hatte. Eine Mutter muß wohl um den tiefsten Wunsch ihres Kindes wissen. Und das muß ein tiefer Wunsch sein, um dessen Erfüllung sie noch nach seinem Tode bangt. O ihr Mütter, ihr deutschen Mütter!»[3]

Aber wozu diese Zitate? Daß der Textdichter schon in der rechten Abzweigung der Jugendbewegung hin zum Faschismus steckte, hätte man doch schon an den «graureisigen Geschwadern» und der Nordlandsehnsucht des Liedtextes bemerken müssen.

Das ist so die rechte Textvorlage für ein Lied der Platte «Einmal Faschismus, das reicht»! Wohl, damit man es richtig merkt, wovon man wegkommen will? Und dann die Melodie!

Die erste Zeile besteht nur aus Tönen des Grunddreiklanges G-Dur, mit Ausnahme allerdings von drei Tönen, d, fis und a, die – o Wunder! – den Dreiklang der Dominante oder 5. Stufe ergeben. Die zweite Zeile ist eine Wiederholung der ersten mit Ausnahme des ersten Taktes. Und um diese Schwierigkeit zu meistern, muß man tatsächlich ein besonders finsteres Gesicht machen und immerzu den Ton c singen, nichts anderes. Das ist wohl die höchste Form melodischer Differenziertheit, die diesen «graureisigen Geschwadern» in den Kopf zu hämmern war damals in der Eiszeit. Beim Versuch, die Melodie der *Internationale* zu lernen, wären sie sicher in den nächsten Fjord gestürzt! Da ist sogar die Melodie des Brokdorf-Kanons noch eine Arie dagegen! Und auf diese Melodie und mit diesem textlichen Hintergrund im Nacken wird auf der Platte – immer schön die Wiederholung der 2. und 3. Zeile mit der oberen Terz verstärkt! – zu vielfachem Gitarrengetön gesungen:

Wer bohrt denn da die Straße auf
in Spanien unverdrossen
und hebt sich einen Tunnel aus?
Das sind die baskischen Genossen.

Drei Panzerminen gut plaziert,
so wurde es beschlossen.
So stellt man eine Nazifalle her,
so machten's die baskischen Genossen.

Im Nachbarhause hockten sie,
die Stunden wie Minuten verflossen,

dicht des aufgeklärten Bündischen Alexander Gruber um 1960 auf einen Soldatenfriedhof des Ersten Weltkriegs am Hartmannsweiler Kopf im Elsaß).

3 Nach Walter Laqueur: Die deutsche Jugendbewegung, Köln 1962, S. 59f, S. 122.

bis der schwarze Cadillac dann
war im Visier der baskischen Genossen.

Ein Blitz, ein Knall wie Donnerhall
wird Carrero Blanco hochgeschossen.
Vierzehn ganze Meter schafft er,
und das verdankt er den baskischen Genossen.

Wir sehen, das Faschistenpack
ist auch nur aus Haut und Knochen!

(In erregtes Sprechen übergehend):
Den Faschismus niederhaun! Das können wir!
Unter der Führung der Arbeiterklasse!
Im Kampf für den Sozialismus!
Arbeiter! Genossen!

Streifen wir nur kurz einmal die Frage, ob es einem Bund, der sich kommunistisch nennt und marxistisch gibt, wohl ansteht, entgegen allen Lehren von Marx und seinen Nachfolgern den individuellen Terror in derartig leuchtenden Farben zu zeichnen und zu preisen!

Dieses Lied habe ich einmal in einem Kreis von Leuten vorgespielt, die alle an politischen Liedern interessiert waren. Allen wurde elend von dem Text, aber über die Melodie machte sich niemand viel Gedanken. Im Gegenteil. Man sagte: «Wenn der Text vernünftiger wäre und nicht eine so menschenverachtende Haltung zeigte, dann könnte man das gut mitsingen, denn die Melodie kennt ja schließlich jeder!»

Ich meine aber, daß die Melodie genau so menschenverachtend ist. Sie ist ja schließlich auf diesen germanischen Stabreim-Text erfunden worden in der Vorstellung, nur so und nicht anders könnte die wogende Weise der trutzigen Trotzköpfe gelautet haben. Und davon haftet ihr auch allerhand an in ihrer ganzen Primitivität. Daß die Marxisten in ästhetischen Fragen oft «Barbaren» seien, hat Hanns Eisler ganz zu Recht festgestellt.

Bei solchen Liedern frage ich mich: Wen will man eigentlich damit werben? Es ist doch so, daß eine politische Gruppe oder Partei Lieder nicht auf Platte preßt, um sich selbst damit «auszudrücken» ohne große Rücksicht auf das Publikum, so wie es vielleicht Brahms in einem Streichquartett tat. Sie will doch dabei gleichzeitig oder vorrangig für sich, für ihre Ziele werben, möglichst Anhänger und Sympathisanten werben. Und kann sie wohl mit den Leuten, die durch solch ein Lied angezogen werden, froh sein? Kann sie mit diesen potentiellen Schlägern und konkreten Hohlköpfen arbeiten, sich auf sie verlassen, von ihnen produktive Mitarbeit erwarten? Man kann sich doch nur selbst schaden mit solcher Musik!

Drum bin ich rot geworden

Dies Lied von Bruno Eckardt, genannt «Eck», ist seit drei oder vier Jahren einer der beliebtesten Gesänge auf linken Festen und Versammlungen. Wir drucken es hier in einer neunstrophigen Fassung ab, in der wir es einmal gehört und gesungen haben.

2. Und ich kanns nicht mehr ertragen
wenn ich die ganze Scheiße sehe
vor lauter Fäuste ballen
tun mir schon die Hände weh
Refrain: Drum bin ich rot geworden . . .

3. Und man sagt mir das war immer so
das muß einfach so sein
daß die einen immer ackern gehn
und der andere steckt die Knete ein
Refrain: Drum bin ich rot geworden . . .

4. Ich ging noch kaum zur Schule
da schlug man mir die Schnauze voll
damit ich früh begreifen lern
daß ich sie halten soll
Refrain: Drum bin ich rot geworden . . .

5. Und man sagt mir die Menschen sollen verschieden sein
der eine klein der andere groß
doch der eine ist arm und ohne Recht
und der andere das ist mein Boss
Refrain: Drum bin ich rot geworden . . .

6. Mach ich auch jetzt den Buckel krumm
für 4,50 oder 7,10
für mich ist diese Welt erst heil
wenn die Bosse am Fließband stehen
Refrain: Drum bin ich rot geworden . . .

7. Wenn Minister Genscher auf Arbeitssuche geht
und sein Bullenpack dazu
dann hat nach ach so langer Zeit
meine arme Seele Ruh
Refrain: Drum bin ich rot geworden . . .

8. Und der Krug der geht zum Brunnen
bis das es endlich kracht
und das Volk das keine Stimme hat
erkämpft sich seine Macht
Refrain: Drum bin ich rot geworden . . .

9. Und uns gehört die Zukunft
überall und in der Fabrik
und was sie uns gestohlen ham
das hol'n wir uns zurück
Refrain: Drum bin ich rot geworden . . .

Mir ist immer die ungeheure Selbstzufriedenheit und Selbstbestätigung aufgefallen, mit der dieses Lied unter Linken gesungen wird. Leicht ist es ja, man kann es sofort mitsingen und sich merken. Das ist ja auch kein Schade! Beispiele dafür, daß der Refrain der Strophe melodisch ähnlich ist, gibt es in diesem Buch noch an anderen Stellen, einmal bei Bukis schönem Lied vom *Blöden Ofen* (S. 99ff) und dann bei dem gerade besprochenen Teutonenlied *Wildgänse rauschen durch die Nacht.* Hier in diesem Lied nun ist Refrain gleich Strophenmelodie. Warum auch nicht, wenn die Melodie nicht zu primitiv ist. Und das ist diese irische Volksmelodie wirklich nicht, vor allem an den Stellen nach dem hohen gis, wo man auch meinen könnte, die Melodie würde sich abwärts ins tiefe e und damit nach E-Dur wenden. Schade, daß Eck das nicht gemacht hat, also die Strophe so auf E hat enden lassen, im Refrain dann aber die ursprüngliche Umbiegung zurück nach A-Dur hat wirken lassen. Das hätte dem ganzen vielleicht mehr Spannung und Abwechslung gegeben.

Mögliches Strophenende:

Ja, warum also nicht so eine Melodiewiederholung, wenn – zweitens – der Text ein Gegengewicht an Differenzierung und Vielfalt mitbringt. Und das tut er gerade nicht, meine ich, sondern führt mit der Melodie eine schöne Lebensgemeinschaft in dumpfer Unwidersprüchlichkeit. «Wieso», werden welche fragen, «im Text ist doch die Rede gerade vom Widerspruch im Kapitalismus und seinen Folgen.» Ist wirklich davon die Rede? Wird der Widerspruch beschrieben?

Warum ist der Sänger denn rot geworden?

Bei der Geburt war's ihm «schon klar, daß das Leben nicht so weitergeht», dann sieht er «die ganze Scheiße», daß «die einen ackern» und der andere «die Knete einsteckt», daß er in der Schule lernen soll, «die Schnauze zu halten», daß «einer arm und ohne Recht» ist und der andere «mein Boss». «Drum bin ich rot geworden!»

Andere sind deshalb Faschisten geworden oder haben klein beigegeben und resigniert. Daß man erfährt, warum er rot geworden ist, davon kann keine Rede sein und soll wohl auch keine Rede sein. Denn es soll ja kein Lied über eine bestimmte Person sein, also ein konkretes Lied, sondern eines für alle beliebigen irgendwie linken Massen, ein abstraktes Lied. Und da ist reingepackt, was jeden irgendwie mal geärgert hat, was also für alle ein gemeinsamer Nenner ist, was aber darum auch für keinen der einzelnen Zuhörer ausreicht, seinen spezifischen Weg in die Linke einzubegreifen. Da gibt es wirklich so viele und so unterschiedliche Wege und Gründe, daß das nur in sehr vielen Strophen zu bewältigen wäre.

Auf der Ebene des Titels und Refrains gibt es keine Begründung. Die Freude, mit der der Refrain mitgesungen wird, ist regressiv, hat die Geste des sich Fallenlassens, der Befreiung vom anstrengenden Nachdenken und von der Frage: «Stimmt das denn eigentlich, bin ich so rot geworden?»

Aber es ist ja nur Musik! Da ist der schon ein Spiel- und Spaßverderber, der genau nachfragt.

Und die Aussichten und Hoffnungen?

Die sind wirklich überhaupt nicht links. Da gibts nur Rache und Vergeltung: Der Boss soll am Fließband stehen (Strafbataillon), Genscher soll arbeitslos werden («Hähä, soll er selber mal sehen, wie das ist!»). Einmal läuft das Faß über, und alles wird zurückgeholt. Die starke Stimme des Volkes erklingt, und seine Faust schlägt zu! Mit diesem Bewußtsein sind viele in die SA eingetreten. Und mit Erfolg!

Entscheidend ist ein Kriterium, das das Land rechten Vorbildern, nicht aber linken an die Seite stellt (vgl. S. 258): Es ist überhaupt nicht lustig oder witzig, sondern hat so eine Biertischvertraulichkeit und -seligkeit, die dem besinnungslosen Hordengesang immer eigen ist.[4] Und wenn es schon nicht lustig ist: Für ein ernstes Lied ist es zu gedankenarm. Das ist nur muffige Kameraderie! Wir haben alle das gleiche Geschick! Und dann noch die unrealistische Zukunftsperspektive! Verbale Kraftmeierei! Ein richtiger deutscher linker Stammtisch! Prost!

(Übrigens: Wie kommt es wohl zu so einem Text wie «Mit der roten Sonne im roten Herz können wir nicht untergehn»? «Uns geht die Sonne nicht unter» ist der Titel eines HJ-Liederbuches von 1934, bezogen auf den Refrain des bündischen Liedes «Wilde Gesellen, vom Sturmwind verweht». Eine unangenehme Übereinstimmung, aber wohl eine wahre!)

4 Dagegen die *Internationale*-Episode bei Godard (S. 275)!

Lied zur Gründung eines linken Buchladens in Freiburg 1975

(Klaus Ganter)

1969 gründete der SDS Freiburg einen Buchladen mit Namen «Libro Libre», der lange Zeit ein Zentrum der Freiburger Linken bildete. 1970 ging der Laden an den Bund Kommunistischer Arbeiter über, eine aus dem SDS hervorgegangene Organisation. Dies änderte aber am Sortiment und an der Vielfalt des Bücherangebots noch nichts. Das trat erst ein, als der BKA und andere Zirkel 1973 den KBW gründeten. Fortab herrschte die Dürre der Linie. Selbstverständlich gingen Publikumsverkehr und Umsatz zurück. Da dies auch in anderen Städten so war, schloß der KBW 1974 seine sämtlichen Buchläden, «um zügig an den Aufbau neuer Vertriebsformen der revolutionären Literatur zu gehen» und diese «in die Hände der Genossen zu legen und sie damit wirklich zu nutzen». Statt Ladengeschäften nur noch Verkauf der Einheitsliteratur im Ortsbüro, an Büchertischen, in Veranstaltungen usw. Die Freiburger Linke ging nicht stillschweigend darüber hinweg, daß der KBW ihr ihren alten Buchladen kaputtgemacht und dann noch weggenommen hatte. Sie gründete auf Gesellschafterbasis einen neuen, eigenen Buchladen, schöner und größer, als es der Libro Libre je war. Zur Gründung am 15. 4. 1975 dichtete ein alter SDSler einen neuen Text auf die Melodie des Einheitsfrontliedes von Hanns Eisler.

Der Ladenname «Aspirin» bezieht sich auf ein ironisches Gedicht des kubanischen Dichters Rocque Dalton «Über Kopfschmerzen», an dessen Schluß es heißt: «Der Kommunismus wird unter anderem sein ein Aspirin von der Größe der Sonne.» Leider mußte der Name auf eine Strafandrohung der Bayer-Werke hin umgeändert werden. Heute heißt er – nach einem badischen Bauernkrieger und Bundschuh-Organisator – «Jos Fritz».

Im freien Libro Libre
da gab es linke Bücher, bitte sehr
da kam der KBW daher
da gabs den Libro nicht mehr
Da ward ausrangiert und liquidiert und ein Ausverkauf gemacht
denn Bücher stören die Revolution
das hat Joscha Stalénin gesagt.

Aber weil der Mensch ein Mensch ist
hat er Hunger auch im Kopf, bitte sehr
es macht ihn ein Geschwätz nicht klug

es muß auch ein Wissen her.
Drum lies (3 ×) das und dies
daß du weißt (3 ×) woran du bist.

Und weil der Mensch ein Mensch ist
braucht er nicht nur eine Linie, bitte sehr
es macht die KVZ nicht satt
und die UZ nicht mehr.
Drum geh mal hin zum Aspirin,
wo auch andere Blätter stehn
wo Parteibesen alten Staub aufrühren
wirst du nicht viel klarer sehn.

Und weil der Student ein Student ist
will er auch ganz gerne was studiern
doch die bürgerliche Wissenschaft
macht Wüste aus seinem Gehirn.
Drum links, zwei drei, drum links, zwei drei
daß damit ein Ende ist,
steige aus aus der Fachidiotenfront
weil du mehr als ein Sklave bist!

Und weil das Geschäft ein Geschäft ist
kriegst du vieles auch bei Herder[1], bitte sehr
aber wo, wenn die Herrn mal nicht mehr wollen
kriegst du linke Bücher her?
Drum links, zwei drei, drum links, zwei drei
wo dein Platz Genosse ist
Vieles kriegst du n u r im ASPIRIN
weil das auch ein Linker ist.

(Quelle: Flugblatt)

1 Herder ist die größte bürgerliche Buchhandlung Freiburgs.

«Wir haben jetzt die Schnauze voll . . .»

(Eigentlich müßte der Taktstrich überall um 1 Viertelwert vorgerückt werden, vgl. spätere Notenbeispiele des Liedes!)

1. Das NHG
Das klemmt uns ein;
In drei, vier Jahr'n
Soll'n wir fertig sein!

2. Wer forscht und lehrt
Denn da so frei?
Und woll'n wir nicht,
Holt er die Polizei!

3. Woll'n wir diskutier'n
Schreit das Ordnungsrecht: «Halt!»
Das geht hier nicht,
Das ist Gewalt!

4. Der ASTA treibt
Dann nur noch Sport,
Zu Brokdorf nichts,
Nichts zu Völkermord!

5. Doch wenn ihr meint,
Wir geh'n jetzt krumm,
Habt ihr euch geirrt,
Wir bleiben nicht stumm!

Refr.: Wir haben jetzt die Schnauze voll,
Es ist genug! Ihr treibt's zu toll,
Wir spielen (oder: machen) nicht mehr länger mit!

Das ist ein Lied aus einem Streik, den man offiziell nicht «Streik» nennen darf, den aber Tausende von Studenten in den Lernfabriken der Bundesrepublik trotzdem so nennen. In den letzten drei, vier Jahren hat offenbar so nach und nach das Interesse der studentischen Jugendkultur an gemeinsamen, spontanen und phantasievollen Äußerungen wieder zugenommen, nachdem zuvor die Geisterbeschwörung der zwanziger Jahre das Feld beherrscht hatte. Eigentlich ist dieses Lied mit Noten und Text kaum mitzuteilen, ich will deshalb kurz beschreiben, wie ich es das erste Mal gehört habe.

Das war während der Schlußveranstaltung der Streikwoche '76/77 in Göttingen, und die Leute hatten schon ziemlich lange einem Sänger und seinen Stories zugehört. Dann kam die Theologenband auf die Bühne und fetzte u. a. diesen Song los. Witzigerweise benutzten grade die Theologen ein Responsorial-Muster aus den USA, d. h. einen Lied-Typ, wo immer der Prediger einen Satz vorbetet, den die Gemeinde dann wiederholt oder beantwortet. Aber mit Kirchen-Lahmheit hatte die ganze Sache überhaupt nichts zu tun. Denn 1. waren die Parolen der Wechselgesang-Strophen Allgemeingut und nicht verordneter Katechismus, und 2. klang der Sound von vielleicht tausend wütenden und fröhlichen Studenten im wahrsten Sinn tausendstimmig. Jeder legte einen anderen Ton in den jeweiligen Satz, tja, und so was klingt dann eben lebendig. Der Refrain ist ein besonderer Glücksfall: Da sind einerseits die aggressiven Verweigerungsparolen, und andererseits eine Melodie, auf die man tanzen kann. Eine Parole also, die swingt. Und wenn da jemand kommt und sagt: «Das wollt ihr also nicht, NHG und alles drum und dran, und ihr habt die Schnauze voll, was wollt ihr denn?» Dann sagt es der Rhythmus und das Tanzen der Singenden. Der Swing drückt die Wünsche aus, die Wörter die Unzufriedenheit. Ist das nichts?

Wem das nicht langt, dem kann nicht geholfen werden.

Das ist der Stand der Bewegung.

Michael Rosemeyer, Student aus Göttingen, hat etwas über die Entstehung und den Gebrauch des Songs aufgeschrieben:

«Dieses Lied drückt ziemlich genau die Stimmung aus, die während des Streiks im Wintersemester 1976/77 an der Uni Göttingen herrschte.

Das hieß eben zum einen: Raus aus der ganzen Scheiße. Oberflächlich gesehen ging der Streik gegen die Einführung eines Niedersächsischen Hochschulgesetzes (NHG), das Ordnungsrecht, Regelstudienzeiten, stärkeres Eingreifen der Kultusbürokratie in die Belange der Uni vorsieht. Man kann aber die Wucht, mit der dieser Streik ausbrach, nicht erklären, wenn man nur diesen Grund sieht. Viele Diskussionen liefen zu der Zeit um die Frage: Warum lassen wir uns diese Uni eigentlich immer noch gefallen? (Stichworte: unpersönliche Situation in den Seminaren; Betonkultur; man lernt nicht das, was einen eigentlich interessiert . . .) Jede(r) merkt sehr sinnlich, wie ein Roll-back stattfindet; die letzten «Errungenschaften» der alten Studentenbewegung werden liquidiert, eine immer stärker werdende Existenzangst greift um sich, usw. usw.

Auf der anderen Seite herrschte eben auch eine gewisse Aufbruchstimmung. Im Sommersemester '76 fand der Streik der Psychologen statt, wo wir merkten, daß sich wieder was tut. Im Wintersemester war dann die Bewegung in Berlin sehr wichtig für uns als eine Art von Vorbild. In fast allen Seminaren fanden Diskussionen und Abstimmungen über Streik statt. Trotzdem waren wir wohl alle erstaunt, als dann auf der Uni-VV am 13. 12. 1976 3000 Leute waren. Von allen Ecken und Enden kamen Streikbeschlüsse, selbst von Iranisten und ähnlichen Fachbereichen, von deren Existenz ich vorher nicht mal wußte. Es herrschte eine fast euphorische Stimmung. Und dieser Streik konnte sich tatsächlich auf eine breite Basis stützen. Es ist ganz klar, daß dies auch das Klima war, in dem eben die vielen kulturellen Aktivitäten, die es während des Streiks gab, erst entstehen konnten. Die «Frankfurter Rundschau» vom 6. 1. 1977 beschreibt es so: «Der Göttinger Protest sorgte aber nicht nur für die Wiederbelebung des weitgehend abgestorbenen studentischen Widerstandes, sondern legte gleichzeitig auch ungeahnte Kapazitäten an Kreativität und Phantasie frei. Die altehrwürdige Georgia Augusta-Universität wurde in der ‹Streikwoche› geradezu von Lebendigkeit überschwemmt. Da bildeten sich spontane Musik- und Theatergruppen, die den ‹repressiven Uni-Alltag› auf die Bühne brachten, da wurden Vorlesungen mit Songs der ‹Theologen-Band› gesprengt, da sangen 3000 Leute einen Abend lang selbstgedichtete Mobilisierungslieder, da sammelte eine Vollversammlung einen halben Eimer Geld für Hausmeister und Putzfrauen, die dank dem Streik zusätzliche Arbeit bekommen hatten.»

Die populärste der vielen Gruppen, die sich bildeten, war ohne Zweifel die «Theologenband», die auch *Wir haben jetzt die Schnauze voll* bekannt machte. Ich zitiere mal an dieser Stelle aus einem Artikel, den sie für die Zeitung der Fachschaft Theologie verfaßt haben:

«Dies ist's, was wir, Theologenkapelle, die wir unter den Streikenden von Göttingen waren, gesehen haben über der Uni zur Zeit des Aufstandes, der da geschah im ersten Jahr der Regierung seiner Magnifizenz Ernst Albrecht I.

Es begab sich aber zu der Zeit, daß ein Streik proklamiert ward und wir befanden, daß wir zu seiner Bereicherung unsere Kreativität opfern sollten.

Und wie wir opferten!

Unter Verwendung von über Holz gespanntem Gedärm, blecherner

Hörner und einiger liturgiegeschulter Kehlköpfe stümperten wir los.

Angefangen hat es auf der Fak-VV am 9. 12. 76. Es bestand die Gefahr, daß entgegen der Absprache einige Lehrveranstaltungen durchgeführt werden könnten. Deshalb setzten sich spontan einige Theologen zusammen. Während der Aktion kamen noch andere dazu. Es war unsere Idee, Lehrveranstaltungen nicht militant zu stören, sondern durch Lieder, die am Wochenende vor dem Streik und während der Aktionstage spontan geschrieben wurden, LVs zu sprengen und umzufunktionieren.

Unsere zunächst zaghaften Ansätze stießen auf große Resonanz. Die Betroffenheit, die für uns beim Schreiben der Lieder entscheidend war, wurde von Zuhörern durch engagiertes Mitsingen und -klatschen ausgedrückt, für uns ein unerwartetes Phänomen. Langsam wurde es auch im ZHG und VG (zwei Gebäude, Anm. M. R.) bekannt, daß es diese Theologenkapelle gab. Wir wurden aufgefordert, auch dort mitzuhelfen, Lehrveranstaltungen zu verhindern. Schließlich spielten wir auf den Streikfeten und der Demo. Es zeigte sich, daß die Bereitschaft innerhalb der Studentenschaft sehr groß war, solch eine für Göttingen neue Form aufzunehmen. Bezeichnend ist ja, daß auch anderswo ähnliche Initiativen entstanden.

Die Texte kamen dieser Bereitschaft entgegen, weil sie auf die konkrete Situation bezogen waren, hauptsächlich Unmut und Protest ausdrückten und offensichtlich nicht irgendeinem Parteien- oder Gruppenklüngel entstammten.»

Ich habe mich jetzt, rund eineinhalb Jahre nach dem Streik, noch mal mit Eckhard, Hajo und Thilo, drei Mitgliedern der «Popen-Combo» unterhalten, wobei ich versucht habe, in der Niederschrift die zitierten Teile des Gesprächs einigermaßen authentisch wiederzugeben:

M. R.: Wie ist eigentlich *Wir haben jetzt . . .* entstanden?

Hajo: Das ist in einer Wohngemeinschaft gewesen, die ich ganz gut kenne. Da liefen also auch irgendwelche Streikvorbereitungen. Da war so 'ne Germanistentruppe, die eigentlich ein Flugblatt schreiben wollte. Und *die* Leute sagten, man müßte doch eigentlich auch mal ein Lied machen. Von denen haben mich dann zwei gefragt, ob ich da nicht mitmachen will, weil ich Gitarre spielen kann. Und wir haben uns dann zu dritt hingesetzt, nur eine Stunde Zeit, weil das gedruckt werden mußte, und dabei ist eben dieses Lied rausgekommen. Das war am Sonntag direkt vorm Streik. Die Melodie ist im Prinzip eine vereinfachte Fassung von *You will never come to heaven*, auch dieses Vorsänger-Chor-Schema. Wir sind darauf gekommen, weil es für die VV war, und ein neues Lied da vorzusingen, das ist wahnsinnig schwierig. Deshalb haben wir dieses genommen, weil dann die Leute gleich mitsingen können.

134 YOU WILL NEVER COME TO HEAVEN

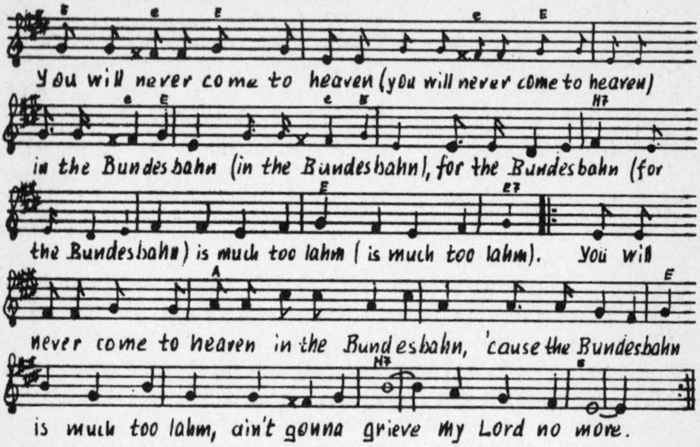

(Auch: Oh you'll never get to heaven ...)

2. Oh you'll never get to heaven on roller-skates, 'cause you'll roll right past those pearly gates ...

3. Oh you'll never get to heaven in your girlfriend's arms, 'cause the Lord don't like those female charms ...

4. ... in a ping-pong-ball, 'cause a ping-pong-ball is much too small ...

5. ... in a rocking chair, 'cause the Lord don't want lazybones there ...

6. ... in an old Ford car, 'cause that damned old thing won't go so far ...

7. ... in the Bundestag, 'cause the Bundestag makes too much Krach ...

8. ... in our school, for our teacher is a fool

– Denkt Euch weitere Strophen aus –

M. R.: Und wie ist es zur Theologen-Band gekommen?

Eckhard: Wir sind so in der Nacht von Montag auf Dienstag entstanden.

Hajo: Ich hab mal gefragt, wer Lust hätte, so 'ne Art Kabarett zu machen, und zwar mit dem Gedanken dabei, daß man eben nicht so in Seminare reinstolpert und sagt, jetzt muß hier diskutiert werden. Sondern daß man sich z. B. hier auf dem Flur aufbaut und das so rüberschallt, daß von vornherein gar keine Seminare anfangen. Und da haben wir uns eben für abends um zehn verabredet.

Thilo: Ich bin ja erst am nächsten Morgen dazugekommen, über den Wolf hab ich das gehört. Der sagte: «Hier, der spielt Posaune», und zur Fachschafts-VV hab ich dann meine Posaune mitgebracht.

Hajo: Die Texte sind immer von einzelnen gemacht worden. Wir haben die dann nur hinterher diskutiert.

Eckhard: Am Anfang hatten wir nur zwei Lieder. Und dann war das alles so euphorisch, da kam Text auf Text raus; zwei Flaschen Bier gleich drei Texte.

Hajo: Es gab zwei bis drei eigene Melodien, sonst viele alte: *Wir sind des Geiers schwarzer Haufen; Sloop John B.; Get Back; Frère Jacques* und einen Choral auf: *Maria durch ein' Dornwald ging.* Das hatten wir ja auch mal versucht, mehrstimmig zu singen. Da ist nichts draus geworden.

Eckhard: Na immerhin, sechs Stimmen waren es.

M. R.: Und ab Dienstag seid ihr dann durch die Uni getobt . . .

Hajo: Na ja, wir sind mehr «getobt worden». Eigentlich sind wir nur in einer einzigen Vorlesung dringewesen, bei Toews. Da war'n wir zweimal drin, weil der nicht aufhören wollte.

Eckhard: Ehrlich? Weiß ich gar nicht mehr! Da müssen wir so laut gewesen sein, daß ich den gar nicht gehört habe!

Hajo: Das lief schon etwa zwanzig Minuten. Da war'n bestimmt 200 Leute drin und etwa 20–30, die die Vorlesung hören wollten. Es wurde dann immer rhythmisch geklatscht und irgendwelche Weihnachtslieder gesungen. Die waren schon alle total heiser. Und dann kamen wir rein; da gab es ein großes Hallo, und das war dann im Prinzip das, was die Sache geknackt hat. Dann kam Toews nicht mehr dazwischen, weil wir 20–25 Minuten spielten. Nachher wurde dann dort diskutiert.

M. R.: Welche Funktion hatte denn eurer Meinung nach die Band für den Streik?

Hajo: Das war alles so wahnsinnig improvisiert, daß der Unterschied Publikum–Vorführer gar nicht erst aufkam. Die Leute hatten auch schon von vornherein die Bereitschaft, da so einzusteigen. Wir haben da nur was gebündelt.

Eckhard: Auf alle Fälle war schon 'ne Stimmung da. Eine gewisse Euphorie war schon vorhanden, die hat uns beflügelt. Und wir haben dann die Leute beflügelt.

Eckhard: Die Streikfete war auch gut. Ich muß sagen, für mich war es ein unheimliches Erlebnis, als der Moßmann sang und zur zweiten Hälfte antreten wollte und die Leute haben die Theologen-Band gerufen. Irgendwie fand ich das stark, und das im 1. Semester.

Man muß sich das mal vorstellen: Ein paar tausend Leute singen auf der Fete gemeinsam «Wir haben jetzt die Schnauze voll» oder «Bruder Albrecht, schläfst du noch, hörst du die Studenten demonstriern, protestiern». Das zentrale Hörsaalgebäude war ein Hexenkessel; es war ein überragendes Zusammengehörigkeitsgefühl da. Leute, die sich höchstens vom Sehen kannten, fielen sich in die Arme und tanzten miteinander.

Ein Ausdruck dieser Stimmung war auch, daß praktisch alle Gebäude mit Parolen besprüht waren, Protest gegen diese kalte Architektur und Versuch, unseren Anspruch an diese Uni («Die Uni gehört uns») auch so sichtbar zu machen. Außerdem waren die Institute umbenannt: Das Haus, in dem z. B. die Mehrzahl der Seminare der Phil. Fak. stattfinden, hieß Peter Paul Zahl-Institut. Diese Bezeichnung wurde von uns auch noch lange nach dem Streik benutzt.

Im Januar sollte der Streik dann weitergehen. Warum das nicht klappte, darüber gibt es bis heute die unterschiedlichsten Meinungen. Ich glaube, daß über die Weihnachtsferien eine gewisse Enttäuschung angesichts der konkreten «Ergebnisse» des Streiks eingesetzt hat. In der Tat muß man sagen, daß es uns eben nicht gelungen ist, die Landesregierung zur Zurücknahme des NHG zu zwingen, o. ä., wobei ich das allerdings auch schon zu Beginn des Streiks nicht für realistisch gehalten habe.

Im Verlauf und als Folge des Streiks ist es allerdings zu einer enormen Stärkung der Basisgruppen an allen Fachbereichen gekommen, die bei den Wahlen auch die überwiegende Mehrzahl der Fachschaftsräte gewannen.

Genauso werte ich den Wahlsieg der SBL (Sozialistische Bündnisliste, bestehend im wesentlichen aus KB, GIM, Mitgliedern des SB und Unorganisierten) und der BUF (Bewegung undogmatischer Frühling; Spontis, Anarchisten – später auch wegen gewisser Aktivitäten Bewegung undogmatischer Flugblätter genannt) als eine der wichtigen Folgen des Streiks.

Im Nachhinein muß man allerdings auch feststellen, daß die «neue» Studentenbewegung doch nicht in dem Maße Wirklichkeit wurde, wie viele (darunter auch ich) das angesichts der Vorgänge in Berlin, Tübingen, Göttingen und anderen Städten erwartet haben. Aber auch wenn diese Erwartungen etwas zurückgeschraubt werden mußten, können wir uns über Mangel an Abwechslung hier in Göttingen nicht beklagen. Ich möchte jetzt nicht auf die ganze Buback-Nachruf-Chose eingehn, sondern nur an dieser Stelle noch ein Lied vorstellen, das Roland Epper zu diesem Thema geschrieben hat und das ich unheimlich dufte finde. Er hat es zum erstenmal im Rahmen der Volksverhexer-Revue auf dem «Buback-Kongreß» gesungen.»

Einerseits und andrerseits und außerdem

1. Ach, die Nacht wird vom Mensch nicht gern allein verbracht;
da hat man's gern, wenn einer da ist, der ein Licht anmacht.
Darum wird man in der Nacht auch immer angemacht
ohne einerseits und andrerseits und außerdem!

2. Dieses Land ist so dunkel wie die Nacht jetzt;
da gehört sich's doch, daß einer da mal reinfetzt
und so 'n riesengroßes, helles, grelles Licht setzt
ohne einerseits und andrerseits und außerdem!

3. Aber wenn es hier im Lande einmal bubackt
und dann einer seine Schreibmaschine auspackt,

kommt so 'n Staatsanwalt daher, der ihn gleich einsackt
ohne einerseits und andrerseits und außerdem!

4. Und wenn der Herr diesen Täter gar nicht findet,
weil der still und weise anonym verschwindet,
nimmt er den, der das herausgibt, druckt und bindet
ohne einerseits und andrerseits und außerdem!

5. Und hat sich einer noch nicht richtig distanzieret,
wird der ebenfalls vor das Gericht zitieret;
daß da keiner so ein Ding da noch mal schmieret
so ohne einerseits und andrerseits und außerdem!

6. Bisher ham die uns nur auf den Kopf geschlagen
und das können wir schon ganz schön gut vertragen;
drum versuchen sie die Köpfe einzupacken
in dieses «einerseits und andrerseits und außerdem»!

7. Diesen Job, den übernehmen hier die Richter,
Staatsanwälte, Journalisten, Rechtsvernichter
und es urteilt dieses greise Staatsgelichter
ohne «einerseits und andrerseits und außerdem»!

8. Doch vor Gericht sind die Genossen nicht alleine (na hoffentlich)
denn wir machen uns alle auf die Beine
in die Stadt und dann (ihr wißt schon, was ich meine)
ohne «einerseits und andrerseits und außerdem»!!

Dieses Lied gehört in den Zusammenhang der «Mescalero-Affäre», d. h. jenes bundesdeutschen Presse-Skandals, der einmal mehr zeigte, wie wirksam die privat verwaltete öffentliche Meinung einen Sachverhalt auf den Kopf stellen kann. Wer sich noch nicht darüber informiert hat, kann den Sonderband von «Ästhetik und Kommunikation» benutzen, der 1977 unter dem Titel «Nicht heimlich und nicht kühl» in Berlin erschienen ist.

So ein wirksames Lied wie das Göttinger *Wir haben jetzt die Schnauze voll* fällt nicht vom Himmel, sondern ist entstanden in einer Situation, in der in der Uni viel los war, auch u. a. mit der aktuellen Liedermacherei. Nicht uninteressant, mal nachzufragen, welche Muster da so im allgemeinen benutzt wurden.

1. Der Schlager *Oh Candida*, umgetextet, ironisch-flapsig à la Udo Lindenberg gesungen, mit dem Refrain:

Oh Candida
Am Montag streiken wir wieda
So schnell kriegen die uns nicht nieda
Irgendwie wird das doch weitergehn
(muß man das Ding doch drehn)

2. Das Berliner *Rauch-Haus-Lied* von Ton-Steine-Scherben, als es um eine Hausbesetzung im Uni-Bereich ging. Refrain:

Wir im besetzten Haus
rufen: «Ihr kriegt uns hier nicht raus!
Das ist unser Haus
Schmeißt doch endlich (folgen lokal bekannte Namen) raus!»

3. Die Wyhler *Wacht am Rhein.* Refrain:

Auf welcher Seite stehst du, he?
In diesem Hochschulstreik,
In welche Richtung gehst du?
Wir brauchen Einigkeit!

4. Das *Hecker-Lied*, bzw. Frankfurter Studentenlied aus dem Vormärz. Eine Strophe:

In Hannover an der Leine
Da saß der Eduard (Pestel, d. Verf.)
Er dachte an den Asta
Und suchte einen Rat.
/: Er tat ihn suspendieren
Mit einem kleinen Trick
Wozu gibt es Justitia
In unsrer Republik?! :/

5. *Auf der Reeperbahn . . .*, Hans Albers-Song:

Auf dem Campus nachts um halb Eins
Ob du 'n Flugblatt hast, oder hast keins
Irgendwie wehrste dich
Mit 'nem Pinselstrich
Auf dem Campus nachts um halb Eins.
Wer noch niemals in lauschiger Nacht
Eine Klebeaktion mitgemacht
Ist ein armer Wicht
Denn er kennt dich nicht
Mein Campus, Campus bei Nacht!

6. Noch so ein alter Schlager, bei dem es im Original um Liebe und Musik geht:

Wir brauchen keine Millionen
Uns fehlt kein Pfennig zum Glück
Drum Pestel, bleib uns gestohlen
Wir wolln unsern Asta zurück.

Uns fehlt kein Schloß, um zu wohnen
Kein Auto, funkelnd und schick

Wir brauchen die Druckerei
Und unser Asta-Gebäude zurück
dschubidubiduhbah . . .

7. Alter Schlager, auf den Staatskommissar gemünzt:

Wenn du gehn willst, dann geh
Ich gebe dich frei
Denn die Zeit für uns zwei war nicht sehr schön
Wenn du gehn willst, dann geh
Ich sag dir good bye
Denn ich will, daß wir uns nie mehr wiedersehn.

(Dazwischen einfache Zweizeiler-Strophen)

Mir fällt auf, wenn ich diese Liste ansehe, daß da zwar einige neue linke Lieder benutzt werden (*Rauch-Haus-Lied, Wacht am Rhein*) und ein neu belebtes (*Hecker-Lied*), aber besonders groß ist offenbar die Lust an Schlager-Parodien (wohl angeregt durch die Programme der drei «Tornados» aus Berlin). Und zwar besteht der Reiz immer darin, die Formeln der Lügen-Liebe aus der Unterhaltungsindustrie mit konkreten und aktuellen politischen Inhalten zu füllen. Das funkt eigentlich jedesmal, besondes deutlich beim 7. Beispiel: Da wird die Trennungsmelancholie der Schlagerliebe ironisch übertragen auf eine Herrschaftsbeziehung, nämlich die zwischen Studenten und Staatskommissar, wo wahrhaftig von Liebe nicht die Rede sein kann. Richtig frech ist die Parodie allerdings deshalb, weil die Herrschaften in Amt und Würden ja immer so tun, als ob ihnen auch Zuneigung von unten entgegengebracht wird. Ja, und dann der plötzliche Trennungsschmerz . . .

Diese Technik der Schlagerparodie ist keine Studentenspezialität. Ein Beispiel: 1971/72 haben Leoncarlo Settimelli und Laura Falavolti[1] in sechs besetzten Fabriken in Arezzo, Florenz, Turin und Mailand untersucht, auf welche Melodien dort neue, aktuelle Texte gemacht wurden. Klar, daß den italienischen streikenden Arbeitern vergleichsweise viel mehr populäre politische Traditionslieder zur Verfügung standen (u. a. *Bella Ciao, Porta Romana, Nabucco, Sciur parun, Bandiera Rossa, La lega*) oder Muster linker Liedermacher/innen (Giovanna Marini oder Franco Trincale), aber von 33 neuen Songs gingen immerhin 9 auf Schlagermelodien. Aber wie! Die Schlager wurden nicht einfach als Kutsche für aktuelle Inhalte benutzt (was da und dort in der BRD-Linken ja bedenkenlos betrieben wird), sondern ähnlich wie bei den Göttinger Studenten gleichzeitig entlarvt und lächerlich gemacht. Da war z. B. der große Erfolg von José Feliciano im Schwange *Che sarà* («Was wird sein . . .»), eine Schnulze, die über die Zukunft meditiert, im üblichen Sinne: man kanns nicht wissen, man kann nichts dran machen, wer weiß, wie's kommt, seufz! Die Musik mischt dann noch etwas Fernweh rein, und fertig ist der Gefühlsbrei, der den Gastarbeitern eingelöffelt wird,

1 Canti socialisti e comunisti, Rom 1973, S. 15f.

bevor man sie auf den kalten Weg nach Norden schickt. Die Arbeiter der Lebole-Fabrik in Arezzo haben diese Ideologie einfach an diejenigen zurückzugeben, die sie ihnen zumuten, an die Kapital-Verwalter, im konkreten Fall an ihren Chef Beniamino. Sie sangen:

O Beniamino che stai alla direzione
seduto come un vecchio addormentato
L'ignoranza e l'avarizia son la tua malattia
Beniamino devi lasciarci e andare via

Che sarà che sarà che sarà
che sarà della tua vita che sarà
puoi dar tutto o forse niente
molto presto si vedrà
chi la dura chi la dura vincerà.

O Benjamino von der Direktion
Sitzend wie ein altes Faultier
Dummheit und Geiz sind deine Krankheit
Benjamino, wir müssen uns trennen, du mußt gehen.
Was wird sein . . .
Was wird aus deinem Leben werden . . .
Du kannst alles geben oder vielleicht nichts
Sehr schnell wird man sehn
Wer auf die Dauer siegen wird . . .

Die Technik der ironischen Schlagerparodie wird meistens in den verschiedensten Kämpfen ganz spontan angewendet, und logischerweise richten sich die so entstandenen Songs auch immer gegen das Muster, gegen die Stimmungsmuster der musikalischen Verdummungsindustrie. So hätten die Arbeiter der Lebole-Fabrik, nachdem sie die Fabrik besetzt, sich selber organisiert und klare Forderungen gestellt hatten, niemals gradlinig dem Schlager folgend singen können: «Jetzt haben wir die Fabrik besetzt, die Zukunft liegt im Ungewissen, was wird sein, was wird sein . . .» Wenn ein Streikposten so vor sich hindämmert, ist der Streik bald verloren.

Nachtrag zu dem Göttinger Studenten-Massenlied:

Als ein halbes Jahr später, nachdem der große Schwung und die Hoffnungen des Wintersemesters 1976/77 stark gedämpft waren, trotzdem versucht wurde, den Studentenkampf wieder zu beleben, kam die Gegenseite zu Wort: Die aktiven Anpasser der studentischen Rechten zogen durch die Uni mit dem Refrain «Wir haben jetzt die Schnauze voll», allerdings ohne die Strophen. Das war einerseits natürlich Spott gegenüber der schwächeren Linken, andererseits zeigt sich, daß die Verweigerungsformel, dieses «Basta! Jetzt langts!» ambivalent ist. Der Spießer kann mit denselben Worten sagen, daß ihm die Unruhe reicht, wie die Unzufriedenen sagen, daß ihnen die Friedhofsruhe reicht.

Aber ob die Uni-Rechten zu ihrer Forderung nach Ruhe und Ordnung swingen können?

Das Studentenlied am Bauzaun in Grohnde

Je mehr seit den Demonstrationen in Brokdorf die studentische Linke in die Anti-AKW-Bewegung kam, um so häufiger hörte man bei solchen Veranstaltungen auch neue Studentenlieder. So wurde auch das *Wir haben jetzt die Schnauze voll* gegen AKW umgetextet.

Text & Musik: De Likedelers (Bremen)

Refrain:
Wir haben jetzt die Schnauze voll!
Es ist genug, ihr treibt's zu toll,
wir machen das nicht länger mit!
Denn die Welt ist noch nicht ganz versaut,
das AKW wird nicht gebaut,
nicht hier und auch nicht anderswo!

1. Fortschritt wie noch nie!
Schreit die Atomindustrie,
Es schreitet mit
auch der Profit!

2. Die Atomkraftwelt
Verkehrt sich bald
Der Fluß wird warm
Der Mensch wird kalt.

3. Verseuchtes Gras
Dient der Kuh zum Fraß
Sie muht im Abendschein
Dann geht sie ein.

4. Verseuchte Milch
Ist kein Genuß
Selbst eisgekühlt
Bringt sie nur Verdruß.

5. Das Kind im Bauch
Das spürt es auch
Kommt es zur Welt
Ist's schon entstellt.

6. Nun spitzt mal die Ohr'n
KEWA, NWK und Co.
Ihr habt hier nichts verlorn
Nicht hier und auch nicht anderswo!

7. Brokdorf oder Wyhl.
Ein AKW ist schon zuviel
Grohnde, Esenshamm,
Wir gehn dagegen an!

8. Was lange gärt,
Wird endlich Wut!
Wer sich nicht wehrt,
Der lebt verkehrt!

Allerdings wird hier wieder dieser Konflikt zwischen der Verweigerungs-Haltung der studentischen Jugendkultur, auch deren Radikalität, und den regionalen Bewegungen der direkt Betroffenen gegen Atomkraftwerke deutlich. Vgl. dazu Kapitel «Wacht am Rhein», III. Teil.

Verzeichnis der besprochenen und erwähnten Lieder

Bei Liedtiteln, die nur aus Artikel und Substantiv bestehen wie *Die Internationale*, ist nach dem Substantiv geordnet: *Internationale, Die.* Gibt es dazu irgendeinen Zusatz, so ist nach dem Beginn des vollen Titels geordnet: *Der schlimmste Feind; Die Wacht am Rhein.* Das Verzeichnis enthält Liedtitel und Liedanfänge.

Die Autoren

Walter Moßmann, geboren 1941, wohnt in Bremen. Freier Journalist, Studium der Politikwissenschaft, Soziologie, Germanistik von 1960–1968. 1965–1969 beim Waldeck-Festival, Platten: «Achterbahn-Chancons» und «Große Anfrage». 1968/69 im SDS. Seit 1973 bei den badisch-elsässischen Bürgerinitiativen um Wyhl. Platten (Trikont): «Flugblattlieder», «Neue Flugblattlieder», «Die Wacht am Rhein», «Der Tod von Duisburg». Seit 1968 Rundfunksendungen über Musik und Politik. Neuere Veröffentlichungen über Wyhl und die Folgen in: Kursbuch 39 und Kursbuch 50, über die Volkshochschule Wyhlerwald in: H. Dauber/E. Verne (Hg.): Freiheit zum Lernen (Reinbek 1976, rororo sachbuch 6959), über Wolf Biermann in: Th. Rothschild (Hg.): Wolf Biermann. Liedermacher und Sozialist (Reinbek 1977, rororo 4017) und über elsässische Lieder in: Rock-Session 1 (Reinbek 1977, rororo sachbuch 7086).

Peter Schleuning, geboren 1941, wohnt in Bremen. Lehrbeauftragter für Musikdidaktik an der Universität Bremen, Vertreter einer Professur für Musikgeschichte an der Universität Oldenburg.

1960–1970 Studium der Musikwissenschaft, Kunstgeschichte und Soziologie an den Universitäten Kiel, München und Freiburg; Abschluß mit einer Promotion über Klavierphantasien des 18. Jahrhunderts. 1965 Künstlerische Konzertreifeprüfung im Fach Flöte an der Staatlichen Musikhochschule Freiburg; Konzerttätigkeit. Mitglied der politischen Kinogruppe «ASPIRIN», der Improvisationsgruppe Freiburg, der Blaskapelle «Rote Note» und der im Rahmen der badisch-elsässischen Bürgerinitiativen arbeitenden Initiativgruppe KKW-NEIN Freiburg gegen das Kernkraftwerk Wyhl. 1971–1976 Assistent im Fach Musik an der Pädagogischen Hochschule Karlsruhe. Zahlreiche Aufsätze und Rundfunksendungen zur Musikgeschichte, Musiksoziologie und Musikdidaktik. Mit der Freiburger Musiklehrergruppe zusammen Arbeit an dem von ihm herausgegebenen Buch «Kinderlieder selber machen. Beispiele, Erfahrungen und Anleitungen aus der Arbeit einer Freiburger Musiklehrergruppe: Kinder machen selbst Lieder» (Reinbek 1978, rororo sachbuch 7115).

Quellennachweis der Abbildungen und Texte

S. 19: Die Wacht am Rhein, das deutsche Volks- und Soldatenlied des Jahres 1870. Herausgegeben von Georg Scherer und Franz Lipperheide, Berlin 1871, S. 63
S. 26: Die Wacht am Rhein, a. a. O., S. 9
S. 27 oben: Die Wacht am Rhein, a. a. O., gegenüber S. 14
S. 27 unten: Die Wacht am Rhein, a. a. O., S. 4
S. 31: Die Wacht am Rhein, a. a. O., S. 37
S. 50: Collage von George Mooskopf
S. 50: Lieb Vaterland: Text Eckart Hachfeld, Musik: Udo Jürgens, © 1970 by Edition Montana, Hans R. Beierlein, München
S. 54: Foto: dpa-Scheidemann
S. 75ff: Auf welcher Seite stehst du, he? © Otfried Halver, Hamburg
S. 82: Ausschnitt aus der Michelin-Karte 205, © Pneu Michelin, Paris
S. 85f: Dä bleede Ofä © Roland Burkhardt, Freiburg
S. 87: Foto: Roland Burkhardt, Freiburg (Selbstauslöser)
S. 89: Foto: Sully Roecken, Schallstadt-Wolfenweiler
S. 90: Der Mann vom Nachbardorf © Ernst Schillinger, Ihringen
S. 91: Foto: Sully Roecken, Schallstadt-Wolfenweiler
S. 96: Foto: Martin Schulte-Kellinghaus, Freiburg
S. 106: Foto: Martin Schulte-Kellinghaus, Freiburg
S. 110: Foto: Sully Roecken, Schallstadt-Wolfenweiler
S. 111: rhingold © André Weckmann
S. 115f: Johannes R. Becher: Heimatlied aus Johannes R. Becher/Hanns Eisler: Neue deutsche Volkslieder, © Aufbau-Verlag, Berlin (DDR) und Weimar
S. 122: Börries von Münchhausen: Bauernaufstand, in: Der Turm A, Gesamtausgabe, hg. von K. Schilling u. a., Bonn 1974, © Sauerland-Verlag, Iserlohn
S. 130 oben: Chopin, Polonaisen, Verlag Henle
S. 130 unten: Aus: Inge Lammel (Hg.): Lieder der Partei, Leipzig [3]1971, S. 9, VEB Friedrich Hofmeister Musikverlag
S. 139f: Text und Noten nach: Ludwig Erk, Franz Böhme: Deutscher Liederhort, 3. Band, Leipzig [2]1925
S. 141: Aus: H. Strobach: Lieder aus dem Bauernkrieg, a. a. O., S. 272
S. 151: Aus dem Autograph des G. B. Reißner, nach: Jahrbuch für Liturgik und Hymnologie, Kassel 1966
S. 153: Aus: H. Strobach: Lieder aus dem Bauernkrieg, a. a. O., S. 272, Tafel 4
S. 157: Abbildung aus: H. Strobach: Lieder aus dem Bauernkrieg, a. a. O., S. 252, Tafel 1
S. 160: Aus: Der Turm A, Gesamtausgabe, hg. von K. Schilling u. a., Bonn 1974, © des Satzes: Bärenreiter Verlag, Kassel
S. 161: Aus: Der Turm A, a. a. O., © Voggenreiter-Verlag, Bonn
S. 162: Aus: Der Turm A, a. a. O., © Voggenreiter-Verlag, Bonn
S. 163: Aus: H. Strobach: Lieder aus dem Bauernkrieg, a. a. O., S. 272
S. 165: Aus H. Becher: Vom Barette schwankt die Feder. Die Geschichte der

deutschen Jugendbewegung, Wiesbaden 1949, S. 111
S. 169: Zeichnung nach einem alten Stich von 1789
S. 170f: Aus: Popeye, der Seemann, Heft 30, 1975: Popeye trifft die Ameisenzwerge, S. 9 und S. 11, © King Features/Bull's
S. 172f: Aus: Superman, Heft 5, Stuttgart 1976, S. 8, S. 10, S. 13, © 1976, National Periodical Publications/Ehapa Verlag, Stuttgart
S. 174f: Nach: Inge Lammel (Hg.): Lieder der Partei, Leipzig ^{3}1971, S. 7, © der deutschen Version: Edition Montana, Hans R. Beierlein, München
S. 177: Aus: Pariser Kommune 1871: Eine Bilddokumentation, Berlin 1971, S. 89, Neue Gesellschaft für Bildende Kunst
S. 189: Aus: Martin Geck: Die Bildnisse Richard Wagners, München 1970, Abb. 25c, Richard Wagner-Gedenkstätte, Bayreuth
S. 191f: Aus: Weinert für unsere Zeit. Ein Lesebuch, Berlin (DDR) und Weimar, Aufbau-Verlag
S. 195: Aus: Emile Tersen: L'internationale, Paris 1962, S. 7, Edition Sociales
S. 196: Aus: Arbeiterklasse und Musik. Eine Dokumentation des Arbeiterliedarchivs, Berlin (DDR) 1974, S. 170, Akademie der Künste der Deutschen Demokratischen Republik
S. 197: Aus: Arbeiterklasse und Musik, a. a. O., S. 184
S. 204–206: Aus: E. Tersen: L'internationale, a. a. O., S. 13–15
S. 210: Aus: Leoncarlo Settimelli, Laura Falavolti (Hg.): Canti Socialisti e Comunisti, Rom 1973, S. 160, Giulio Savelli editore
S. 230: Aus: Inge Lammel (Hg.): Lieder der Partei, Leipzig ^{3}1971, S. 21, VEB Friedrich Hofmeister Musikverlag, Leipzig
S. 241: Aus: Hanns Eisler: Lieder und Kantaten, Bd. 5, Leipzig 1961, S. 155f., VEB Friedrich Hofmeister Musikverlag, Leipzig
S. 248: Aus: Sozialistische Zeitschrift für Kunst und Gesellschaft 20/21, S. 50
S. 254–257: Aus: Canciones de las Brigadas, Barcelona ^{5}1938, S. 128–131 Neudruck Rotfront-Verlag, Kiel
S. 262: Hanns Eisler: Vierzehn Arten, den Regen zu beschreiben, op. 40, 1943, VEB Friedrich Hofmeister Musikverlag, Leipzig
S. 264, S. 268: Hanns Eisler, Erich Weinert: Roter Wedding, in: Hanns Eisler: Lieder und Kantaten, Bd. 5, Leipzig 1961, VEB Friedrich Hofmeister Musikverlag, Leipzig
S. 266: Erich Weinert: Roter Wedding, Aufbau-Verlag, Berlin (DDR) und Weimar
S. 280: Aus: Arbeitersongbuch. Hg. von Wolfgang Bergmann u. a., Frankfurt am Main 1973, Fischer Taschenbuch 1403, S. 28f., © Barbara Jäger, Köln
S. 293: Leuna-Lied, in: Inge Lammel (Hg.): Lieder der Partei, a. a. O., S. 49, VEB Friedrich Hofmeister Musikverlag, Leipzig
S. 293: Der kleine Trompeter, in: Inge Lammel (Hg.): Lieder der Partei, a. a. O., S. 63, VEB Friedrich Hofmeister Musikverlag, Leipzig
S. 295: Max Kegel, Carl Gramm: Sozialistenmarsch, in: Inge Lammel (Hg.): Lieder der Partei, a. a. O., S. 24, VEB Friedrich Hofmeister Musikverlag, Leipzig
S. 296: Waclaw Swiecicki: Warschawjanka, in: Inge Lammel (Hg.): Lieder der Partei, a. a. O., S. 11, VEB Friedrich Hofmeister Musikverlag, Leipzig
S. 297: Offidani: Hundertschaftenlied, in: Inge Lammel (Hg.): Lieder der Partei, a. a. O., S. 61, VEB Friedrich Hofmeister Musikverlag, Leipzig
S. 300: Wir schützen die Sowjetunion, in: Inge Lammel (Hg.): Lieder der Partei,

a. a. O., S. 76, VEB Friedrich Hofmeister Musikverlag, Leipzig
S. 301: Max Jensen, E. F.: Roter Raketenmarsch, in: Inge Lammel (Hg.): Lieder der Partei, a. a. O., S. 72, VEB Friedrich Hofmeister Musikverlag, Leipzig
S. 302: Helmut Damerius: Arbeitsmann, du lebst in Not, in: Inge Lammel: Lieder der Partei, a. a. O., S. 74, VEB Friedrich Hofmeister Musikverlag, Leipzig
S. 318: Der Herstatt-Blues © Klaus der Geiger, Köln
S. 343: Walter Flex, Robert Götz: Wildgänse rauschen durch die Nacht, aus: Die Mundorgel, Köln ^{3}1968, © Voggenreiter-Verlag, Bonn
S. 346: Bruno Eckardt: Drum bin ich rot geworden, in: «Drum bin ich rot geworden», Neue Arbeiterlieder, Berlin 1975, S. 32f, © Kreuzberger Musikgruppe, Berlin

ro
ro
ro

832/7

Programmschwerpunkt:

Populäre Kultur

Populäre Kultur macht Spaß und verdient, ernstgenommen zu werden. Denn Film, Comics, Rockmusik, mit denen sich der Programmschwerpunkt populäre Kultur befaßt, unterhalten nicht nur, sondern spiegeln unsere Nöte, Ängste, Hoffnungen und Träume wider. Unterhaltung – zugleich Bedürfnis und Industrie – prägt unser gesellschaftliches Leben weit stärker als die „hohe" Kultur. Die Bände zur populären Kultur beschreiben, wie und von wem wir unterhalten werden, aber auch warum. Kritisches Verständnis der Massenware Unterhaltung schmälert das Vergnügen an ihr nicht. Doch verhilft es zu einem bewußteren Umgang mit ihr.

Die bislang einzige, umfassende Einführung in die Massenkultur für Medienarbeiter, Lehrer, Schüier und alle, die sich zur Unterhaltung mit Unterhaltung befassen, ist

Unterhaltung – Lexikon zur populären Kultur von Georg Seeßlen und Bernt Kling (rororo handbuch Bd. 1-6209/ DM 7,80, Bd. 2-6210/DM 7,80). Das reichillustrierte Leselexikon informiert in einleitenden Essays und zahlreichen Stichworten über die wichtigsten Genres und Medien. „Zu den einzelnen Stichwörtern ... gelingen den Autoren, die profunde Kenntnisse im Universum der Unterhaltung demonstrieren, ausgezeichnete Analysen in gut lesbarer Sprache. Sachliche Fehler unterlaufen dabei kaum."
(Frankfurter Rundschau)

Rockmusik

Rockmusik lebt von den Rockmusikern. **Das Rock-Lexikon** von Siegfried Schmidt-Joos und Barry Graves (rororo handbuch 6177/ DM 9,80), „die bisher lesbarste und am gründlichsten recherchierte Übersicht über die Rockmusik, die es bisher in irgendeiner Sprache gibt" (Westdeutsche Allgemeine), stellt 550 stilprägende Musiker und Gruppen ausführlich in Einzelartikeln vor.

Rockmusik ist aber mehr als die Geschichte ihrer Interpreten. Sie ist Kunst und Handwerk, Medium und Ware. Wer Rock begreifen will, findet im **Sachlexikon Rockmusik** (rororo handbuch 6223/DM 7,80) Informationen, die sachverständig machen: über Gattungen, Techniken und Instrumente, stilistische Dialekte und über persönliche Richtungen, Vermarktungsformen und Gesellschaftsbezüge.

Rockmusik ist allerdings auch zu lebendig, ist zu sehr Ausdruck einer Lebensweise, um sich in Lexika vollständig erfassen zu lassen. In **Rock Session** (rororo sachbuch 7086/ 7156/ DM 7,80), dem jährlich erscheinenden Magazin der populären Musik, schreiben Musikkritiker und Journalisten, Schriftsteller, Liedermacher und Musiker, wie sie Rockmusik erleben,

was an Neuem ihnen wichtig scheint, welche Zusammenhänge zu anderen Ausdrucksformen sie sehen.

Rockmusik beruht schließlich auf verschiedenen musikalischen Richtungen, die sie wiederum beeinflußt hat. Auskunft darüber geben Bände über die wichtigsten Stile der populären Musik. Erschienen oder in Vorbereitung sind: **Rock 'n Roll** von Arnold Shaw (rororo sachbuch 7109/DM 7,80), **Die Story des Jazz**, herausgegeben von Joachim-Ernst Berendt (rororo sachbuch 7121/ DM 7,80), **Folksong** von Robin Denselow/Dave Laing/ Tom Schröder/ Robert Shelton (rororo sachbuch 7151/ DM 7,80) und die **Story des Blues** von Paul Oliver (rororo sachbuch 7170/ DM 7,80). In Planung sind Bände über Country & Western und Soul.

Comics

Die Beliebtheit der Comics bei jungen und alten, naiven und intellektuellen Lesern hat eine Flut von pädagogischen, soziologischen und literaturwissenschaftlichen Studien ausgelöst. Bei dem Bemühen um die „soziokulturelle Bedeutung der Massenzeichenware" sind die Verständlichkeit und der legitime Spaß an den Bildergeschichten oft untergegangen.

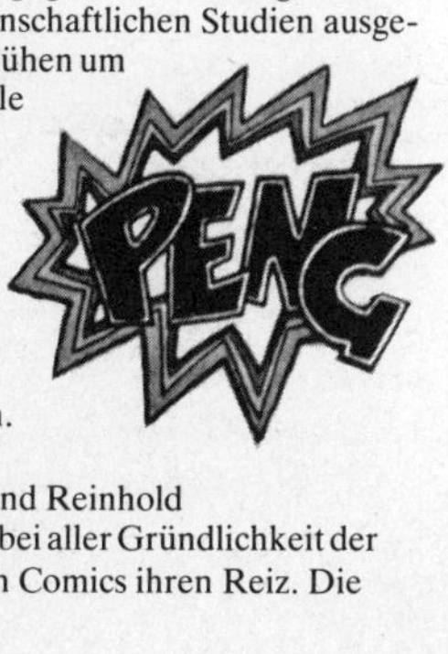

Wolfgang Fuchs und Reinhold Reitberger lassen bei aller Gründlichkeit der Untersuchung den Comics ihren Reiz. Die Autoren von **Comics – Anatomie eines Massenmediums** (rororo 1594/DM 7,80), der „bislang umfangreichsten und detailliertesten deutschsprachigen Analyse in Sachen Bildgeschichte" (Frankfurter Allgemeine Zeitung), haben in ihrem **Comics-Handbuch** (rororo handbuch 6215/ DM 8,80) den neuesten Kenntnisstand systematisch, anschaulich und griffig zusammengefaßt.

Film

Film ist die wirksamste Form populärer Kultur. In allen Schichten und fast allen Gesellschaften nimmt er gefangen. Kein anderes Medium vermittelt so suggestiv den Eindruck von Wirklichkeit und öffnet zugleich der Phantasie so viele Wege. Deshalb kann Film auch sehr verschieden gesehen werden – naiv als das, was er zeigt oder im Bewußtsein der technischen Tricks, der Mythen, Traditionen

und Erfindungen, mit denen er wirkt. Wer sich die ganze Fülle an Bedeutungen erschließen will, kommt ohne Hintergrundwissen nicht aus.

Das **rororo Filmlexikon** in sechs Bänden (rororo handbuch 6228-6233 je DM 9,80) erfaßt auf über 1700 Seiten das Medium weltweit und in allen seinen Aspekten – als Kunstform und Unterhaltungsware, als Technologie und Industrie – von den Anfängen bis heute. Kein anderes Nachschlagewerk in deutscher Sprache bietet dem Filminteressierten mehr Informationen.
Den historischen Zusammenhang erschließt das Standardwerk von Ulrich Gregor und Enno Patalas **Geschichte des Films** (rororo handbuch 6193/94 je DM 8,80).

sachbuch rororo

Rowohlt Taschenbuch Verlag

887/1

(rororo aktuell 4122)

900/1